Die theologische Erkenntnislehre Ibn al-ʿArabīs

Die theologische Erkenntnislehre Ibn al-ʿArabīs

Eine Untersuchung des Begriffsvermögens (ʿaql), der Imagination (al-ḫayāl) und des Herzens (al-qalb) in Bezug auf ihr Erkenntnisvermögen in der Theologie aus der Perspektive der Sufis.

Ali Ghandour

Editio Gryphus

Bibliografische Information der Deutschen Nationalbibliothek: Die Deutsche Nationalbibliothek verzeichnet diese Publikation in der Deutschen Nationalbibliografie; detaillierte bibliografische Daten sind im Internet über http://dnb.dnb.de abrufbar.

Erste Auflage 2018

ISBN 978-3-9817551-3-8

www.editiogryphus.de

Printed in Germany

Buchgestaltung: Editio Gryphus
Herstellung: Books on Demand, Norderstedt

إلى أمي وأبي وجدتي
ونادية وريمي وشيشنو

Inhaltsverzeichnis

1. Einleitung 17

1.1. **Zum Theologiebegriff** 20
1.1.1. Theologie im allgemeinen Sinne 20
1.1.2. Theologie im spezifischen Sinne 22

1.2. **Gegenstand, Ziel und Methodik der Untersuchung** 28
1.2.1. Problemstellung und Gegenstand 29
1.2.2. Ziel 31
1.2.3. Methode 32

1.3. **Forschungsstand** 34

2. Muḥyī ad-Dīn Ibn al-ʿArabī 43

2.1. **Kurzbiographie** 43
2.1.1. Die Hintergründe 47
2.1.1.1. *at-Taṣawwuf* 47
2.1.1.2. Fikh, Koran- und Hadithwissenschaften 54
2.1.1.3. *Kalām* und Philosophie 57
2.1.2. Ibn al-ʿArabī als *muǧtahid* 60
2.1.3. Die Werke 62
2.1.4. Der Einfluss Ibn al-ʿArabīs 64

2.2. **Die Sprache Ibn al-ʿArabīs** 74
2.2.1. *al-Wuǧūd* 77
2.2.2. *al-Aʿyān aṯ-ṯābita* (die festen Entitäten) 80
2.2.3. *at-Taǧallī* (die Manifestation) 83

3. Die Erkenntnis 91

3.1. **Der Wissens- und Erkenntnisbegriff vor dem 13. Jh.** 91
3.1.1. Die sprachlichen Definitionen 92

3.1.2. Die koranischen Verwendungen 94
3.1.3. Die theologischen Definitionen 97
3.1.4. *ʿIlm* und *maʿrifa* als Termini des taṣawwuf 109

3.2. **Wissen und Erkenntnis bei Ibn al-ʿArabī** 118
3.2.1. Wissen und Erkenntnis 118
3.2.2. Die Kategorien des Wissens 127
3.2.2.1. Die Wissenskategorien nach ihren Erkenntnismitteln 128
3.2.2.1.1. Das Wissen des Begriffsvermögens (*ʿilm al-ʿaql*) 129
3.2.2.1.2. Das Wissen der Zustände (*ʿilm al-aḥwāl*) 129
3.2.2.1.3. Das Wissen des Innersten bzw. die Herzens erkenntnis (*ʿilm al-asrār*) 131
3.2.2.2. Die Wissenskategorien nach ihrer Natur 133
3.2.2.2.1. Das notwendige (*al-ʿilm aḍ-ḍarūrī*) und das erworbene Wissen (*al-ʿilm al-muktasab*) 134
3.2.2.2.2. Das sanftmütige Wissen (*al-ʿilm al-ladunī*) und das geschenkte Wissen (*al-ʿilm al-wahbī*) 137
3.2.3. Die Wissensgegenstände (*al-maʿlūmāt*) 142
3.2.4. Die Relation zwischen dem Wissen und den Wissensgegenständen 146

4. Das Selbst 153

4.1. **Die Konzeption des Selbst** 153

4.2. **Die primordiale Natur (*fiṭra*)** 160
4.2.1. Fiṭra in der Sprache und Theologie 160
4.2.2. Die fiṭra bei Ibn al-ʿArabī 164

5. Vom Begriffsvermögen (*al-ʿaql*) und der Imagination (*ḫayāl*) 169

5.1. **Das Begriffsvermögen (*al-ʿaql*)** 171
5.1.1. Zum Begriff *ʿaql* 172
5.1.2. Die Abhängigkeit des Begriffsvermögens 175
5.1.3. Das Verhältnis zwischen den Sinnen und dem Begriffsvermögen 177
5.1.4. Das Erkenntnisspektrum des Begriffsvermögens 185
5.1.5. Die Induktion 188

5.2. **Die Imagination (*al-ḫayāl*)** 190
5.2.1. *al-Ḫayāl* in der Sprache 190
5.2.2. Die Ambiguität des Begriffes *ḫayāl* 193
5.2.3. Das akbarītische Konzept des *ḫayāl* 195
5.2.4. Die Imagination als Erkenntnisvermögen 203
5.2.5. Imagination und Fantasie und ihr Verhältnis zum Begriffsvermögen 205

5.3. **Die Erkenntnisgrenzen des Selbst in der Theologie** 212
5.3.1. Die Kritik des reinen Begriffsvermögens 212
5.3.1.1. Die Erhabenheit des göttlichen Wesens 215
5.3.1.2. Die Hürde der Sprache 218
5.3.2. Der Bereich des Denkens und Reflektierens in der Theologie 221

6. Vom Herzen (*al-qalb*) 225

6.1. **Sprachlicher und historischer Überblick** 225
6.1.1. Die sprachliche Definition von *qalb* 225
6.1.2. Historischer Exkurs 226
6.1.2.1. an-Nūrī 230
6.1.2.2. al-Ḥakīm at-Tirmiḏī 230
6.1.2.3. al-Ġazālī 234

6.2. **Das Herz bei Ibn al-ʿArabī** 238
6.2.1. Überblick über die Eigenschaften des Herzens 241
6.2.2. Das Fluktuieren des Herzens 246
6.2.3. Zur Potentialität und Aktivität des Herzens 250

6.3. **Die Herzenserkenntnis** 254
6.3.1. Die Verschleierung (*al-Iḥtiǧāb*) 254
6.3.2. Die Entschleierung (*al-kašf*) 258
6.3.2.1. Die Möglichkeit der Entschleierung 261
6.3.2.1.1. Die Nicht-Dualität 261
6.3.2.1.2. Die Selbsterkenntnis 263
6.3.2.2. Der Gott der Glaubenssätze und die Herzenserkenntnis 267

6.3.2.3. Die theologische Bestätigung der Entschleierung (*kašf*) 271
6.3.2.4. Die Kriterien der Entschleierung 274
6.3.3. Das spirituelle Schmecken (*aḏ-ḏawq*) 278
6.3.4. Die Realisation (*at-taḥqīq*) 281
6.3.5. Die Unendlichkeit des Wissens 285

7. Schlussbetrachtungen 289

7.1. **Fazit** 289

7.2. **Implikationen der akbarītischen theologischen Erkenntnislehre** 294

Glossar 297
Literaturverzeichnis 305

بسم الله الرحمن الرحيم والصلاة والسلام على سيدنا ومولانا رسول الله وعلى آله

Vorwort

Die vorliegende Arbeit ist die leicht überarbeitete Fassung meiner Dissertation mit dem Titel *„Die theologische Erkenntnislehre Ibn al-ʿArabīs – Eine Untersuchung des Begriffsvermögens (ʿaql), der Imagination (al-ḫayāl) und des Herzens (al-qalb) in Bezug auf ihr Erkenntnisvermögen in der Theologie aus der Perspektive der Sufis"*, die am Institut für Islamische Theologie an der Westfälischen Wilhelms-Universität Münster Mitte 2017 eingereicht und im Januar 2018 erfolgreich verteidigt wurde.

Diese Arbeit hat von der herausragenden Unterstützung des Graduiertenkollegs Islamische Theologie der Stiftung Mercator profitiert. Als Kollegiat des Graduiertenkollegs hatte ich die Möglichkeit, in einem intensiven Austausch mit Fachkollegen und insbesondere mit den hochgeschätzten Kollegiatinnen und Kollegiaten zu treten, woraus sich dauerhafte Freundschaften entwickelten. An dieser Stelle möchte ich mich bei allen Mitgliedern des Kollegs bedanken. Meinen besonderen Dank möchte ich Dr. Jan Felix Engelhardt aussprechen, der mir in der Promotionszeit mit Rat und Tat zur Seite stand.

Ich möchte mich auch bei meinem Doktorvater Prof. Dr. Mouhanad Khorchide und meiner Doktormutter Prof. Katajun Amirpur für ihre Unterstützung und ihr Vertrauen bedanken. Des Weiteren bin ich allen Kolleginnen und Kollegen am Institut für Islamische Theologie an der Westfälischen Wilhelms-Universität Münster verbunden, insbesondere den geschätzten Kollegen Prof. Dr. Milad Karimi, Dr. Suayip Seven, Dr. Ahmed Abd-Elsalam, Daniel Roters sowie der Bibliothekarin Sema Küçük, die mich stets bei der Bestellung der für die vorliegende Arbeit erforderlichen Literatur entlastete. Ferner möchte ich in großer Verbundenheit meinen geschätzten Freunden und Kollegen Florian Ahmad Lützen und Dr. Çefli Ademi meinen Dank aussprechen, für ihre Unterstützung und für den Halt, den sie mir gaben. Zu danken habe ich auch Tijana Šarac und Margarita Giovanni für das Lektorieren dieser Arbeit.

Ein besonderer Dank gilt meiner Familie und in erster Linie meiner Schwester Nadia, die mir all die Unterstützung, die ich brauchte, gab. Auch allen meinen Freunden, die an meiner Seite standen, möchte ich an dieser Stelle Danke sagen.

Abschließend möchte ich mich bei den Musikern Aly & Fila, Andy Moor, Allen & Envy und zahlreichen anderen Djs der Trance Musik, deren Musik mich beim Verfassen dieser Arbeit inspirierte und begleitete, bedanken.

Ali Ghandour
Hamburg, den 02.02.2018

Anmerkung

Alle Übersetzungen aus dem Arabischen stammen vom Autor, es sei denn, sie sind anders gekennzeichnet. Des Weiteren werden alle arabischen Begriffe, die eingedeutscht sind, nicht in Umschrift geschrieben, wie z. B. Fikh, Imam, Iman, Scharia, Allah. Grundlage in diesem Zusammenhang ist Duden Fremdwörterbuch und Duden Wörterbuch.

Die Todesdaten nach christlicher Datierung werden bei der ersten Erwähnung in ( ) gesetzt.

Die Hadithe werden aus *Kanz al-ʿummāl* von al-Mutaqqī al-Hindī zitiert. Als Referenz wird die Nummer des Hadith, wie sie in dem besagten Werk steht sowie die Hauptquellen, in welchen die Überlieferung vorkommt, angegeben. Beispiel: *„Die Handlungen entsprechen der Absicht.“* (Kanz, Nr. 7263/ al-Buḫārī, Muslim.) Unter der angegeben Nummer, die in allen Druckversionen einheitlich ist, kann man den arabischen Wortlaut, den Überlieferer sowie die weiteren Quellen nachschlagen. Auf die Quellen der Überlieferungen, die nicht in *Kanz al-ʿummāl* aufgelistet wurden, wird in den Fußnoten hingewiesen.

Durch den Buchdruck wurde die arabische Schrift mehr oder weniger vereinheitlicht, sodass Schreibvarianten verloren gingen und eine maschinelle gleich aussehende Schrift sich verbreitete. Der Verlag Editio Gryphus möchte diesem Verlust entgegenwirken, indem er für die bei ihm verlegten Bücher mehrere Varianten der arabischen Schrift verwendet. Da das Buch die Erkenntnislehre des andalusischen Gelehrten Muḥyī ad-Dīn Ibn al-ʿArabī behandelt, wurde die magribinisch-andalusische Schrift des Arabischen in ihrer marokkanischen Variante gewählt.

Hier ist darauf zu achten, dass der Buchstabe *qāf* ق mit nur einem Punkt über dem Buchstaben ق und der Buchstabe *fāʾ* ف mit einem Punkt unter dem Buchstaben ف geschrieben wird.

1. Einleitung

„Und sag: Mein Herr, gib mir mehr Wissen." - Koran[1]

Die Zeit zwischen dem 12. und dem 13. Jh. war entscheidend in der intellektuellen Geschichte der Muslime. Allein wenn man sich die Liste der Gelehrten im Bereich des *kalām* und der Philosophie, die in dieser Epoche wirkten, betrachtet und darin u.a. Namen wie Ibn Rušd (gest. 1198), Faḫr ad-Dīn ar-Rāzī (gest. 1209), al-Āmidī (gest. 1233), Naṣīr ad-Dīn aṭ-Ṭūṣī (gest. 1274) oder al-Bayḍāwī (gest. 1286) findet, dann stellt man fest, dass es hier um einen Wendepunkt geht. Denn das, was diese Gelehrten gemeinsam haben und insbesondere die *mutakallimūn*[2] unter ihnen, ist die Rezeption und die Auseinandersetzung mit der *avicennischen* Philosophie. Dies führte zu einer Veränderung in der Struktur des *kalām*-Diskurses, der ab dieser Zeit philosophischer wurde. Das kann man deutlich in den Werken von ar-Rāzī und al-Āmidī und ihren Nachfolgern konstatieren. Die Logik wurde seit dieser Zeit zu einem festen Bestandteil des *kalām* und philosophische Themen wie z. B. die Natur des Seins wurden stark rezipiert.

Darüber hinaus war diese Dynamik nicht nur auf die Wissensgebiete des *kalām* und der *uṣūl al-fiqh* beschränkt, sondern betraf auch andere Bereiche. Einer davon ist der *taṣawwuf*. Es genügt zu wissen, dass im 12. und 13. Jh., um nur einige zu erwähnen, Größen wie al-Ǧīlānī (gest. 1166), al'Aṭṭār (gest. 1220), as-Suhrawardī (gest. 1234), Ibn al-Fāriḍ (gest. 1235), aš-Šāḏilī (gest. 1258), Ibn Sab'īn (gest. 1269), ar-Rūmi (gest. 1273), al-Qūnawī (gest. 1274) oder Faḫr ad-Dīn al-'Irāqī (gest. 1289) lebten. Mit diesen Namen erlebten die Werke über den *taṣawwuf* einen davor unbekannten Tiefsinn und eine Tragweite, die sich dann in den darauf folgenden Jahrhunderten intensivierte. Der Einfluss eines bestimmten Gelehrten war aller-

1 Koran 20:114, eigene Übersetzung.

2 Die Theologie in ihrem allgemeinen Sinn schließt mehrere Wissenschaften ein. Eine exklusivistische Benutzung von Theologe als Übersetzung für ***mutakallim*** (plural: ***mutakallimūn***) ist deswegen problematisch, weil sie die Vertreter anderer theologischen Disziplinen ausschließt. Ein ***mutakallim*** ist ja lediglich ein Gelehrter in einem Feld der Theologie. In dieser Arbeit wird das Wort ***mutakallim*** ohne Übersetzung wiedergegeben. Frank Griffel vertritt in seiner Studie zu Imam al-Ġazālī den gleichen Standpunkt und lässt das Wort ***mutakallim*** unübersetzt. Siehe das Wort ***mutakallimūn*** im Index von: GRIFFEL, FRANK: ***al-Ghazālī's philosophical theology***, Oxford; New York: Oxford University Press 2009, S. 398 f.

dings so immens, dass man von einem *taṣawwuf* vor und nach ihm reden kann. Hier ist die Rede von Muḥyī ad-Dīn Ibn al-ʿArabī (gest. 1240), durch dessen Werk und Wirken der gesamte *taṣawwuf* zu einer eigenständigen Lesart der prophetischen Tradition wurde. Eine Lesart, die dann ins Gespräch mit den philosophischen und *kalām* Traditionen kam und zu interessanten Erscheinungen in der muslimischen Ideengeschichte führte. Die intellektuelle Geschichte der Muslime zwischen dem 13. und 19. Jh. war stark von dem Zusammenspiel zwischen Philosophie, *kalām* und *taṣawwuf*, wie er von Ibn al-ʿArabī und seinen Anhängern dargestellt wurde, geprägt.

Im Gegensatz zu den Behauptungen der Niedergangthese, die davon ausgeht, dass spätestens seit dem 11./12. Jh. eine intellektuelle Dekadenz bei den Muslimen auftrat, gab es lebendige und fruchtbare Diskurse, wie sie in den jüngsten Studien von Khaled el-Rouayheb,[3] Shahab Ahmed,[4] Reinhard Schulze,[5] Stefan Reichmuth,[6] Ralf Elger,[7] Dina Legall,[8] William Chittick[9] oder Thomas Bauer[10] aufgezeigt wurden. Allerdings ist die Vorstellung, dass es sich in der Zeit zwischen dem 12. und dem 19. Jh. um eine dunkle und morbide Epoche handelt, immer noch präsent, obwohl sie in den akademischen Kreisen heute kaum vertreten wird und nicht unhinterfragt ist. Ferner benötigt die spätere Phase der muslimischen Geschichte noch weitere Forschungen, da die meisten Handschriften und Werke aus dieser Zeit noch nicht wissenschaftlich erschlossen wurden. Die bis jetzt erschienen Studien zeigen uns, dass diese Zeit dynamisch war und ihre Besonderheiten hatte.

Wie wir im Kapitel „2.1.4. DER EINFLUSS IBN AL-ʿARABĪS" noch sehen werden, hat Ibn al-ʿArabī die gesamte sufische Tradition nach ihm beeinflusst. Es ist deswegen von Wichtigkeit zu verstehen, auf welchen Fundamenten

3 EL-ROUAYHEB, KHALED: *Islamic Intellectual History in the Seventeenth Century: Scholarly Currents in the Ottoman Empire and the Maghreb*, New York: Cambridge University Press 2015.

4 AHMED, SHAHAB: *What Is Islam?: The Importance of Being Islamic*, Princeton ; Oxford: Princeton Univers. Press 2015.

5 SCHULZE, REINHARD: *Das Islamische Achtzehnte Jahrhundert*, Die Welt des Islams 30/1 (1990), S. 140–159, *Was Ist die Islamische Aufklärung?*, Die Welt des Islams 36/3 (1996), S. 276–325.

6 REICHMUTH, STEFAN: *The World of Murtada al-Zabidi*, Cambridge, U.K.: Gibb Memorial Trust 2009.

7 ELGER, RALF: Mustafa al-Bakri: *Zur Selbstdarstellung eines syrischen Gelehrten, Sufis und Dichters des 18. Jahrhunderts*, Schenefeld: EB-Verlag 2004.

8 LEGALL, DINA: *A Culture of Sufism: Naqshbandis in the Ottoman World, 1450-1700*, Albany: State University of New York Press 2004.

9 CHITTICK, WILLIAM C.: *In Search of the Lost Heart: Explorations in Islamic Thought*, Albany, N.Y.: State University of New York Press 2012.

10 BAUER, THOMAS: *Die Kultur der Ambiguität: eine andere Geschichte des Islams*, Berlin: Verlag der Weltreligionen 2011.

seine Lehre basiert. Denn nur wenn die epistemologischen Fundamente Ibn al-ʿArabīs entziffert sind, kann man auch die Tradition nach ihm und die theologischen Diskussionen, die aufgrund der Auseinandersetzung mit seinen Ideen entstanden, nachvollziehen. Die vorliegende Arbeit versteht sich als ein bescheidener Beitrag, die theologische Erkenntnislehre von dieser Schlüsselfigur der muslimischen Gelehrsamkeit zu ergründen. Dabei stellt sich dann als erste Frage, was unter theologischer Erkenntnislehre in diesem Zusammenhang verstanden wird. An dieser Stelle ist darauf hinzuweisen, dass der Begriff „theologische Erkenntnislehre" in dieser Arbeit, trotz einiger Gemeinsamkeiten, nicht im gleichen Sinn wie in den Christlichen Theologien verwendet wird. Um daraus resultierende Missverständnisse zu vermeiden, wurde gleich im ersten Punkt dieses Kapitels der Theologiebegriff untersucht, von welchem die Erörterungen dieser Arbeit ausgeht.

Die theologische Erkenntnislehre versucht nicht, Argumente für die Existenz Gottes zu liefern, die Vernünftigkeit des Glaubens zu belegen oder gar die Wahrhaftigkeit der prophetischen Botschaft zu demonstrieren. Diese Punkte sind Fragen, die eher im Bereich des *kalām* oder der muslimisch geprägten Philosophie behandelt werden. In diesen Disziplinen geht es um die rationale Reflexion der Glaubenszugänge. Anders verhält es sich mit der theologischen Erkenntnislehre, die sich nicht außerhalb des Glaubensrahmens und der göttlichen Kunde bewegt. Sie hat den Glauben und insbesondere das Verhältnis des Glaubens zu Gott als Gegenstand. In der theologischen Erkenntnislehre geht es eher um die Frage: Was sind die legitimen Wege im Rahmen der prophetischen Botschaft um Wissen über Gott zu erlangen und wie soll der Glaube im gleichen Rahmen erfasst werden? Die vorliegende Arbeit unternimmt den Versuch, diese Fragen aus der Perspektive der Sufis, repräsentiert durch einen ihrer Hauptvertreter, nämlich Ibn al-ʿArabī, zu beantworten.

1.1. Zum Theologiebegriff

Als erstes, bevor der Gegenstand dieser Arbeit genau erörtert wird, soll der Begriff Theologie, deren Erkenntnislehre bei Ibn al-ʿArabī ich in dieser Arbeit behandle, beleuchtet werden. Theologie in Zusammenhang mit *Islam* kann mehrere Bedeutungen haben. Oft wird Theologie in ihrer allgemeinen Bedeutung als Fach bzw. Oberbegriff mit der Theologie in ihrer spezifischen Definition, im Sinne einer bestimmten Wissenschaft verwechselt. Darüber hinaus soll neben der Erklärung dieser zwei Hauptbedeutungen von Theologie auf das Theologieverständnis von Ibn al-ʿArabī eingegangen werden, um eine Verortung des Gegenstandes der vorliegenden Arbeit zu ermöglichen.

1.1.1. Theologie im allgemeinen Sinne

Theologie[11] kann in einem allgemeinen und in einem spezifischen Sinn verstanden werden. In ihrem allgemeinen Sinn ist die Theologie als die Summe aller Disziplinen zu verstehen, die sich mit der prophetischen Botschaft auseinandersetzen, also aller Disziplinen, die sich mit dem *dīn*[12] beschäftigen, sei es direkt oder indirekt. Somit ist Theologie im allgemeinen Sinne ein Sammelbegriff für verschiedene Wissenschaften und

11 Wenn in dieser Arbeit von Theologie gesprochen wird, ist damit Theologie in einem muslimischen Kontext gemeint. Theologien anderer Traditionen werden mit dem jeweiligen Adjektiv gekennzeichnet, wie z. B. die katholische oder evangelische Theologie.

12 In dieser Arbeit wird das Wort *dīn* nicht mit dem Begriff Religion übersetzt. Dieser Punkt ist für den modernen Leser schwer nachvollziehbar. Denn man empfindet es heute als selbstverständlich, dass der Islam eine Religion sei, ein Objekt, dessen Grenze und Definition in irgendeiner Weise festlegbar sind. Smith Wilfred Cantwell zeigt in dem Kapitel „The Special Case of Islam" seiner Studie „*The Meaning and End of Religion*" einige Similaritäten zwischen dem Begriff Religion und *dīn* auf. Allerdings weist er darauf hin, dass diese Ähnlichkeiten irreführend sind, denn die Muslime haben erst mit dem 19. Jh. angefangen, den Namen Islam für eine Religion zu benutzen: „*Since the latter part of the nineteenth century, there has demonstrably been a sudden and almost complete shift among vocal Muslims to a use of the term Islam to name a religion.*" SMITH, WILFRED CANTWELL: *The Meaning and End of Religion*, Fortress Press 1963, S. 105. Smith nennt diesen Prozess die Reifikation. Es gab eine lange erste Reifikation zwischen dem Aufkommen des Propheten und dem 19. Jh. In dieser Phase entwickelten die Muslime zwar Konzepte um ihren Glauben und ihre Gemeinde von anderen zu unterscheiden, aber die Kategorie Religion mit all ihren Implikationen kannten sie nicht. Vgl. ebd., S. 75–108. Man darf nicht vergessen, dass Konzepte wie Religion oder die Vorstellung, dass der Islam eine Kategorie ist, moderne Phänomene sind, die nicht unproblematisch sind und die in diesem Zusammenhang kritisch betrachtet werden müssen. Die Gleichsetzung von *dīn* mit all den Nuancen des arabischen Wortes mit dem Konzept von Religion, blendet viele Aspekte aus und vermittelt den Eindruck, dass die Menschen in der Vormoderne mit Konzepten wie Religion arbeiteten oder dass sie Islam als Eigenname einer Religion verstanden. Siehe in diesem Zusammenhang auch: NONGBRI, BRENT: *Before Religion: A History of a Modern Concept*, New Haven: Yale University Press 2015.

Teildisziplinen.[13] In dieser Verwendung wird die Theologie in den Quellen als *al-ʿulūm aš-šarʿiyya* (die Wissenschaften, die in Verbindung mit der Scharia stehen) oder *al-ʾulūm ad-dīniyya* (die Wissenschaften, die in Verbindung mit dem *dīn* stehen) bezeichnet.[14] Welche Wissenschaften zu den *ʿulūm aš-šarʿiyya* gehören, variiert, je nachdem, welche Klassififizierung vorgenommen wird. Bekannte Aufgliederungen stammen u. a. von al-Ġazālī (gest. 1111), Quṭb ad-Dīn aš-Šīrāzī (gest. 1310) oder Tāškubrīzādah (gest. 1561).[15]

Nach Quṭb ad-Dīn aš-Šīrāzī können z. B. die religiösen Wissenschaften in zwei verschiedene Bereiche unterteilt werden: ***a)*** in tradierte (*naqlī*) und intellektuelle (*ʿaqlī*) Lehren sowie ***b)*** in fundamentale (*uṣūl*) und sekundäre (*furūʿ*) Lehren.[16]

Zu den intellektuellen bzw. rationalen Wissenschaften zählt er alle religiösen Lehren, die man ohne Zugriff auf die göttliche Kunde (*waḥy*) behandeln kann, wie z. B. die Frage nach der Existenz Gottes oder die Frage nach den Kriterien, die ein Prophet erfüllen soll. Ferner zählt er alle weiteren Wissenschaften, die man nur auf Basis der göttlichen Kunde (*waḥy*) betreiben kann, zu den tradierten Wissenschaften hinzu. Hier soll *tradiert* nicht im Sinne einer rein überlieferten Lehre, über die man nicht reflektieren kann oder darf, verstanden werden. Es sind vielmehr alle Wissenschaften, die als Erkenntnisquelle, neben dem Begriffsvermögen, den Koran und die Sunna als die zwei Primärquellen haben.

Zu den *naqlī* Lehren, die gleichzeitig auch sekundäre Wissenschaften sind, zählt er die Koranwissenschaft, Hadithwissenschaft, das Fikh und die Methodologie des Fikh. Darüber hinaus gehören alle Wissenschaften, die als Hilfsmittel zum Verständnis der Quellen benutzt werden, wie die Geschichte, die Philologie und Literaturwissenschaften mit all ihren Zweigen, zu den sekundären theologischen Wissenschaften. Allein die Lehre über das Wesen Gottes, über Seine Eigenschaften, Handlungen

13 Zum System der theologischen Wissenschaften siehe: BAKKER, JENS: *Normative Grundstrukturen der Theologie des sunnitischen Islam im 12.,18. Jahrhundert*, Berlin: EB-Verlag 2009, S. 507 ff.

14 Vgl. BAKAR, OSMAN: *Classification of Knowledge in Islam: A Study in Islamic Philosophies of Science*, Cambridge, U.K: The Islamic Texts Society 1998, S. 205; 249; BAKKER: *Normative Grundstrukturen der Theologie des sunnitischen Islam im 12.,18. Jahrhundert*, S. 529; 536 ff.

15 Für die Klassifikation nach al-Ġazālī siehe: BAKAR: *Classification of Knowledge in Islam*, S. 207–217; für aš-Šīrāzī siehe: Ebd., S. 257–260; zu Tāškubrīzādah siehe: BAKKER: *Normative Grundstrukturen der Theologie des sunnitischen Islam im 12.,18. Jahrhundert*, S. 536–600.

16 Vgl. BAKAR: *Classification of Knowledge in Islam*, S. 249.

und die Fragen bezüglich des Prophetentums gehören bei aš-Šīrāzī zu den fundamentalen Lehren.[17]

Zur Theologie gehört laut dieser Definition jede Wissenschaft, die sowohl über Gott spricht, sei es mit rein intellektuellen Mitteln oder auch basierend auf der göttlichen Kunde (*waḥy*), als auch jede Wissenschaft, die sich hermeneutisch, philologisch, historisch oder normativ ethisch bzw. normativ rechtlich mit der göttlichen Kunde (*waḥy*) beschäftigt. Alle Formen der Ethik und der Normen, die ihre Begründung aus der göttlichen Kunde (*waḥy*) schöpfen sowie aus den weiteren Quellen, deren Legitimation der göttlichen Kunde (*waḥy*) entstammt, sind als Theologie zu betrachten.

Die Frage danach, was neben dem Koran und der Sunna als Quelle und Erkenntnismittel zu betrachten ist, ist die zentrale epistemologische Frage in diesem Zusammenhang, aufgrund welcher überhaupt erst eine Differenzierung zwischen den unterschiedlichen Lehren innerhalb der Theologie möglich ist.

Eine weitere allgemeine Definition von Theologie wäre, zu sagen, dass jede Disziplin als eine theologische Disziplin gilt, wenn sie sich mit einem der klassischen Teile der prophetischen Botschaft beschäftigt: *īmān*, *islām*, *iḥsān*, sprich, mit dem Glauben und seiner äußerlichen und innerlichen Wirklichkeit. Theologie in diesem allgemeinen Sinne versucht, diese drei Bereiche der prophetischen Botschaft zu begründen, zu verstehen und begreifbar zu machen, anhand unterschiedlicher Epistemologien.[18]

1.1.2. Theologie im spezifischen Sinne

Des Weiteren kann Theologie in einem spezifischen Sinn verstanden werden, nämlich als *uṣūl ad-dīn*, sprich die Disziplin, die sich mit den fundamentalen Fragen des Glaubens auseinandersetzt. Theologie ist in dieser zweiten Definition eine Wissenschaft, die sich hauptsächlich mit dem *théos* in dem Begriff Theologie beschäftigt. Schon Imam Faḫr ad-Dīn ar-Rāzī benutzte für *ʿilm al-kalām* die Bezeichnung *iṯūlūǧyā*, die arabisierte Form vom griechischen *theología* und er verstand darunter die Lehre, die sich mit Gott beschäftigt *(al-ʿilm al-ilāhī)*.[19]

17 Vgl. ebd., S. 250 f.

18 Diese Definition von Theologie wurde z. B. von Spevack Aaron als Fundament seiner Forschung zu Bāǧūrī (gest. 1860) verwendet; siehe: SPEVACK, AARON: *The Archetypal Sunni Scholar: Law, Theology, and Mysticism in the Synthesis of al-Bajuri*, New York: State University of New York Press 2015, S. 38–48.

19 AR-RĀZĪ, FAḪR AD-DĪN: *al-Maṭālib al-ʿāliyya min al-ʿilm al-ilāhī*, Beirut: Dār al-Kitāb al-ʿarabī 1987, S. 33.

Oft wurden *uṣūl ad-dīn* (die Fundamente des *dīn*) mit der Wissenschaft des *kalām* gleichgesetzt. *Kalām*[20] wird z. B. von at-Taftazānī als die Wissenschaft definiert, die, basierend auf sicheren Beweisen, Wissen über die Glaubenssätze der prophetischen Botschaft (*dīn*) ermittelt.[21] Die Aufgabe des *kalām* ist laut den *mutakallimūn* die Auslegung des Glaubens mit sicheren rationalen Argumenten und die intellektuelle Abwendung bzw. Auseinandersetzung mit den Scheinargumenten und Zweifel hervorbringenden Fragen.[22] Es entspricht somit teilweise der Apologetik in der katholischen Theologie. Es ist aber nicht nur Apologetik. Es beinhaltet Teile der Philosophie und der fundamentalen Theologie.

Kernthema des *kalām* sind Gott und Seine Eigenschaften. Dazu kommen Fragen bezüglich der Prophetologie und Eschatologie.[23] Eine weitere Definition geht allerdings davon aus, dass der Zweck des *kalām* das Reflektieren über das Seiende als Seiendes, basierend auf der göttlichen Kunde (*waḥy*), ist.[24] Das erklärt, warum in den späteren Werken des *kalām* neben der Metaphysik zusätzlich die Ontologie, die Naturphilosophie und Kosmologie behandelt wurden. Tāškubrīzādah sieht den Unterschied zwischen dem *kalām* und der Philosophie im klassischen Sinne in zwei Punkten: *a)* Der *kalām* hat die Stärkung der prophetischen Botschaft durch den Verstand als Ziel und *b)* die Glaubenssätze, die er vertritt, haben ihr Fundament im Koran und in der Sunna.[25] Somit liegt der Unterschied zwischen den zwei Disziplinen in der Absicht und dem Bekenntnis.

Dass der *kalām* tatsächlich die Lehre ist, die die Fundamente des *dīn* begründet und auslegt, wurde allerdings im Laufe der Geschichte immer in Frage gestellt. Die Behandlung der Glaubensfragen basierend auf den Regeln der Metaphysik bzw. durch eine rein rationale Beweisführung, wurde seit den Anfängen des *kalām* von Vertretern der *ahl al-ḥadīṯ*[26] und später

20 Für die historische Verortung des Begriffes siehe: WOLFSON, HARRY AUSTRYN: *The Philosophy of the Kalam*, 1. Aufl., Cambridge, Mass: Harvard University Press 1976, S. 1 ff.

21 AT-TAFTĀZĀNĪ, SAʿD AD-DĪN: *Šarḥ al-maqāṣid*, Beirut: ʿĀlam al-kutub 1998, Bd. 1, S. 163; AL-ĞURĞĀNĪ, AŠ-ŠARĪF ʿALĪ B. MUḤAMMAD: *at-Taʿrīfāt*, Casablanca: Muʾassasat al-ḥusnā 2006, S. 164.

22 Vgl. AŠ-ŠARĪF AL-ĞURĞĀNĪ, ʿALĪ: *Šarḥ al-mawāqif*, Kairo: al-Maktaba al-azhariyyya li-t-turāṯ 2011, Bd. 1, S. 34.

23 Vgl. ebd., Bd. 1, S. 42 f.

24 Vgl. ṬĀŠKÖPRÜZĀDE, AḤMAD: *Miftāḥ as-saʿāda*, Beirut: Dār al-kutub al-ʿilmiyya 1985, Bd. 2, S. 132.

25 Vgl. ebd.

26 Mit *ahl al-ḥadīṯ* meine ich hier die Gelehrten, die zwischen dem 2. und 5. Jh. nach der Hidschra lebten und sich mit dem Sammeln der Hadithe beschäftigten. Man kann diese Gelehrtenbewegung nicht als eine homogene Gruppe sehen. Die feindselige Einstellung gegen die *Muʿtazilīten*, die Askese und die starke Betonung der Überlieferungen in der Theologie könnte man als wichtige Merkmale dieser Gelehrten betrachten.

durch manche *Ḥanbalīten* in Zweifel gezogen. Man denke nur an den Konflikt zwischen al-Ḥāriṯ al-Muḥāsibī (gest. 857) und Aḥmad b. Ḥanbal (gest. 855). al-Muḥāsibī, einer der frühen Sufis, gehört zu den ersten Traditionsgelehrten, die anhand der Prinzipien des *kalām* mit den *Muʿtazilīten* disputierten. Aḥmad b. Ḥanbal war ein Traditionsgelehrter, der die Methoden des *kalām* kategorisch ablehnte.[27] Die Haltung von Imam Aḥmad wird von seinen Anhängern und anderen Traditionalisten nach ihm weiter vertreten, auch nachdem sich die sunnitische Theologie basierend auf den Lehren al-Ašʿarīs (gest. 935) und al-Māturīdīs (gest. 941) etablierte.[28]

Die Kritik gegen den *kalām* war jedoch eher apologetisch und polemisch und es kam nicht zu einer seriösen Auseinandersetzung mit den Argumenten der *mutakallimūn*. Als exemplarisch für die polemischen Texte bis zum 13. Jh. gelten z. B. die folgenden Werke:

» *al-Ġunya ʿan al-kalām wa-ahlih* von Abū Sulymān al-Ḫaṭṭābī (gest. 988)
» *Ḏamm al-kalām* von Abū al-Faḍl ar-Rāzī (gest. 1062)
» *ar-Rad ʿalā al-mubtadiʿa* von Ibn al-Bannāʾ al-Ḥanbalī (gest. 1078)
» *Ḏamm al-kalām wa-ahlih* von Abū Ismāʿīl al-Anṣārī (gest. 1089)
» *Taḥrīm an-naẓar ilā kutub ʿilm al-kalām* von Ibn Qudāma al-Maqdisī (gest. 1223)

Imam al-Ġazālī könnte man vielleicht als den ersten Gelehrten betrachten, der analytisch auf manche Schwächen des *kalām* hinwies. Die Bedeutung der Position al-Ġazālīs bestand in diesem Zusammenhang darin, dass er das Begriffsvermögen nur dort hervorhob, wo der Einsatz des Begriffsvermögens zu einem Ergebnis führt. Dort, wo das Begriffsvermögen ergebnislos ist, fängt die Erkenntnis des *taṣawwuf* an.[29] Imam al-Ġazālī bemerkte zwar, dass der *taṣawwuf* eigentlich die Lehre sei, die den Gläubigen sichere Erkenntnisse über Gott und die Wirklichkeit vermittelt,[30] allerdings führte er seine Ideen nicht aus und konzentrierte sich in seinen Schriften auf die praktischen Teile des *taṣawwuf*, wie man es deutlich in seinen Werken *Iḥyā ulūm ad-dīn* oder *Kimyāʾ as-saʿāda* registriert. Darüber hinaus pflegte er trotz seiner Kritik an den *kalām* diese Wissenschaft sel-

27 Zum Streit zwischen al-Muḥāsibī und Aḥmad b. Ḥanbal siehe: PICKEN, GAVIN: ***Ibn Ḥanbal and al-Muḥāsibī: A Study of Early Conflicting Scholarly Methodologies***, in: Arabica, Bd. 55, Brill 2008, S. 337–361.

28 Für die Kritik der Traditionalisten gegen den *kalām* siehe: ABRAHAMOV, BINYAMIN: *Islamic Theology: Traditionalism and Rationalism*, Edinburgh: Edinburgh University Press 1998, S. 27–31; und: HALVERSON, JEFFRY: *Theology and Creed in Sunni Islam: The Muslim Brotherhood, Ash'arism, and Political Sunnism*, New York, N.Y: Palgrave Macmillan 2010, S. 33–57.

29 Vgl. AL-ĠAZĀLĪ, ABŪ ḤĀMID: *Der Erretter aus dem Irrtum, übers. von Abd Elsamad Elschazli*, Philosophische Bibliothek 389, Hamburg: Felix Meiner 1988, S. XX.

30 Vgl. AL-ĠAZĀLĪ, ABŪ ḤĀMID: *al-Munqiḏ min aḍ-ḍalāl*, Damaskus: Dār at-taqawā 2010, S. 64 ff.

ber weiter und verfasste einige Bücher in diesem Bereich, dessen Wichtigkeit er also nicht in Frage gestellt hat.[31] Eine kritische Auseinandersetzung aus den Reihen der Sufis und Traditionsgelehrten mit dem *kalām* kam erst mit Ibn al-ʿArabī auf und hier zeigt sich die Besonderheit dieses Gelehrten in der Ideengeschichte.

1.1.3. Theologie bei Ibn al-ʿArabī

Für die Theologie im engen Sinne, die im vorigen Punkt als *uṣūl ad-dīn* identifiziert wurde, verwendet Ibn al-ʿArabī den Begriff *ʿilm al-kalām*. Jedoch kommt der Begriff *uṣūl ad-dīn* nur ein einziges Mal im gesamten Werk *al-Futūḥāt al-makkiyya* vor und zwar als Synonym zu *ʿilm al-kalām*.[32] Ibn al-ʿArabī spricht vielmehr vom Wissen über Gott [*al-ʿilm bi-llāh*] oder von der Gotteserkenntnis [*maʿrifat allāh*]. Das sind die Begriffe, die in seinem Denken häufig vorkommen und die er strikt vom *kalām* unterscheidet. Seine Haltung gegenüber dem *ʿilm al-kalām* war eine skeptische aber keine polemische. Genauso wie vor ihm Imam al-Ġazālī in seinem Werk *Ilǧām al-ʿawām*, betonte Ibn al-ʿArabī:

> وإن علم الكلام مع شرفه لا يحتاج إليه أكثر الناس بل شخص واحد يكفي منه في البلد مثل الطبيب
> [...] ولو مات الإنسان وهو لا يعرف اصطلاح القائلين بعلم النظر مثل الجوهر و العرض والجسم
> والجسماني والروح والروحاني لم يسأله الله تعالى عن ذلك[33]
>
> *Auch wenn er [der kalām] eine edle Wissenschaft ist, so brauchen ihn die meisten Menschen nicht. Eine einzige Person, die sich mit dem kalām beschäftigt, würde vollkommen in einer Stadt ausreichen. [...] und wenn jemand stirbt und er hat nie von der Terminologie jener gehört, die sich mit der Substanz und Akzidenz, mit dem Körper und der Körperhaftigkeit, mit dem Geist und der Geistigkeit beschäftigen, so wird Allah ihn nicht danach fragen.*

Dies ist ein Mittelweg zwischen der totalen Ablehnung des *kalām* und der Position, die ihn als die höchste und wichtigste Lehre betrachtet. Die Bedeutung von *ʿilm al-kalām* beschränkt sich nach Ibn al-ʿArabī lediglich darauf, auf die Fragen und Kritik derjenigen widerlegend einzugehen, die nicht an den Koran glauben und die Existenz Gottes, Seine Eigenschaften bzw. einige Eigenschaften, die Sendung der Propheten, das Pro-

31 Vgl. Fooda, Saʿīd: *Mawqif al-Imam al-Ġazālī min ʿilm al-kalām*, Amman: Dār al-fatḥ 2009, S. 269 ff.

32 Vgl. Ibn al-ʿArabī, Muḥyī ad-Dīn: *al-Futūḥāt al-makkiyya*, Kairo: Dār al-Kutub al-ʿarabīyya 1911, Bd. 4, S. 80.

33 Ebd., Bd. 1, S. 35 f.

phetentum des letzten Gesandten sowie die Erschaffung und Auferstehung verleugnen. Dieses Wissen hat also eine rein apologetische Aufgabe, da es die gleiche Art der rationalen Beweisführung benutzt, die diejenigen, welche die Fundamente des Glaubens durch das Begriffsvermögen widerlegen wollen, anwenden.[34]

Ilm al-kalām führt aber nach Ibn al-ʿArabī nicht zu Wissen über Allah, wie er es versteht. Epistemologisch ist der *kalām* nicht in der Lage, sich mit dem Göttlichen und was damit zusammenhängt, auseinanderzusetzen. Seine Kritik an den *kalām* wird im Laufe dieser Arbeit noch an mehreren Stellen thematisiert.

Der Begriff *al-ʿilm bi-llāh*, den Ibn al-ʿArabī benutzt, ist genauer genommen der Ausdruck, welcher dem griechischen Begriff *theología* am nächsten kommt. Theologie ist dem Wort nach eine Rede von Gott.[35] Es ist eine Rede im Sinne von „Wissen über Gott vermitteln". Somit ist die Theologie wortwörtlich das Wissen über Gott, wenn man die Doppeldeutigkeit des Begriffes Logos – also Wort und Verstand – berücksichtigt.[36] Ab dieser Stelle in meiner Arbeit, falls nicht anders bemerkt, wird *al-ʿilm bi-llāh* als Theologie wiedergegeben, wenn das Wort in Verbindung mit Ibn al-ʿArabī steht. Nun stellt sich die Frage, was Ibn al-ʿArabī unter Theologie versteht. Nach ihm hat die Theologie sieben Lehren:[37]

» Das Wissen über die Namen Allahs
» Das Wissen über die göttlichen Manifestationen
» Das Wissen über die Rede Gottes an Seine Diener durch die göttliche Kunde
» Das Wissen über die Vollkommenheit und den Mangel des *wuǧūd*
» Das Wissen über die Wirklichkeit des Menschen
» Das Wissen über die Imagination
» Das Wissen über die innerlichen Krankheiten des Selbst und ihre Heilmittel

Wichtig in diesem Kontext ist, zu verstehen, dass Ibn al-ʿArabī unter der Theologie diese konkreten Lehren verstand. Wenn in der vorliegenden Arbeit von Theologie in Zusammenhang mit Ibn al-ʿArabī gesprochen wird,

34 Vgl. ebd., Bd. 1, S. 35.
35 Vgl. Kern, Walter, Hermann J. Pottmeyer und Max Seckler: *Handbuch der Fundamentaltheologie, 4 Bde., Bd.4, Traktat Theologische Erkenntnislehre*, 2. Aufl., Tübingen: UTB 2000, S. 133; 140.
36 Siehe λόγος in: Liddell, Henry George und Robert Scott: *Liddell and Scott. An Intermediate Greek-English Lexicon*, Oxford: Clarendon Press 1889, http://www.perseus.tufts.edu/.
37 Vgl. Ibn al-ʿArabī: *al-Futūḥāt al-makkiyya*, Bd. 1, S. 34.

dann ist damit das Wissen über Gott, das sich in diesen sieben Lehren bzw. Erkenntnisbereichen entfaltet, gemeint.

Ferner ist die Theologie bei ihm von *ʿilm al-kalām* und von dem Begriff Theologie als Sammelbegriff für verschiedene Disziplinen, wie unter „1.1.1. THEOLOGIE IM ALLGEMEINEN SINNE" erklärt wurde, zu unterscheiden.

1.2. Gegenstand, Ziel und Methodik der Untersuchung

Im Fall der ersten Definition von Theologie kann man nicht von einer Erkenntnislehre reden, sondern von mehreren Erkenntnislehren. Theologie im allgemeinen Sinne inkludiert mehrere Wissenschaften, die unterschiedliche Fragestellungen und Gegenstände haben und somit auch unterschiedliche epistemologische Herangehensweisen. Die Frage, ob z. B. ein Text historisch authentisch ist, gleicht nicht der Frage nach der theologischen Relevanz jenes Textes. Zwar kann in manchen Fällen die theologische Relevanz von der historischen Authentizität abhängen, jedoch ist diese Relation nicht allgemeingültig und nicht zwangsläufig.[38]

Die Vielfalt innerhalb der Verständnisse der prophetischen Botschaft ist auch eine Vielfalt der Erkenntnislehren. Allerdings soll man stets daran erinnern, dass die verschiedenen theologischen Disziplinen zumindest in ihrer klassischen Form keine klare Trennung zwischen der Epistemologie, Hermeneutik und Methodik kennen. Man hat alle relevanten epistemologischen, methodischen und hermeneutischen Fragen unter dem Oberbegriff *uṣūl* (Fundamente) subsumiert. Infolgedessen hat jede theologische Wissenschaft ihre eigene *uṣūl*. Man spricht z. B. von *uṣūl al-ḥadīṯ, uṣūl at-tafsīr, uṣūl ad-dīn, uṣūl al-fiqh,* oder *uṣūl an-naḥw.*

Nimmt man als Beispiel *uṣūl al-fiq*h, dann bemerkt man, dass darin Fragen behandelt werden wie z.B.: Was ist überhaupt normatives Wissen? Wie erlange ich ein normatives Wissen? Entspricht eine Norm (*ḥukm*) einer Wahrheit oder eher einer Hypothese? Welche Quellen und Methoden haben Geltung für die Normenfindung?[39] Schaut man genauer hin, dann stellt man fest, dass die Differenzen zwischen den Rechtsschulen dem Bereich der *uṣūl* entspringen, von welchem die Epistemologie ein Aspekt ist.

Neben den unterschiedlichen Fundamenten (*uṣūl*) liegt ein weiteres Kriterium für die Differenzierung zwischen den theologischen Disziplinen vor – der Erkenntnisgegenstand. Das heißt, schon bei der Frage nach dem was kann ich erkennen? bzw. was will ich erkennen? findet eine Trennung zwischen den verschiedenen Disziplinen statt, und zwar bevor man zu der Frage „wie kann ich erkennen?“ kommt. Die Frage nach der Existenz

38 Z. B. ist es nach der Mehrheit der Gelehrten zulässig, schwache Überlieferungen in mehreren Gebieten, wie der Moral, der Vorzüge mancher Taten, der Geschichte und manchmal in den Normen, zu benutzen. Siehe: IBN ʿĀBIDĪN, MUḤAMMAD AMĪN: *Ḥāšiyat radd al-muḥtār*, Beirut: Dār al-kutub al-ʿilmiyya 1994, Bd. 1, S. 252 f.

39 Diese Fragen kommen z. B. in *al-Mustaṣfā* von Imam al-Ġazālī vor; siehe das Kapitel über den *ḥukm* sowie das über *adillat al-aḥkām* in AL-ĠAZĀLĪ, ABŪ ḤĀMID: *al-Mustaṣfā min ʿilm al-uṣūl*, Damaskus: ar-Risāla al-ʿilmiyya 2012.

Gottes fällt somit in einen anderen Bereich als die Frage, ob die Person A tatsächlich Person B getroffen hat. So ist die Frage nach der Natur des Seins in einem völlig anderen Fach zu verorten als die Frage nach der moralischen Geltung einer Handlung. Aus diesem Grund, und bevor man sich mit der theologischen Erkenntnislehre beschäftigt, soll die Frage nach dem was geklärt werden.[40]

1.2.1. Problemstellung und Gegenstand

Die vorliegende Arbeit geht von dem Begriff Theologie *(al-ʿilm bi-llāh)* aus, wie er von Ibn al-ʿArabī verstanden wird, also von einem bestimmten Verständnis der Theologie in ihrem spezifischen Sinne. Nach ihm setzt die Theologie *(al-ʿilm bi-llāh)* den Glauben an die göttliche Kunde (*waḥy*) und somit an die Sendung (*risāla*) des Propheten Muḥammad ﷺ voraus.[41] Der Iman ist ein Postulat für alle weiteren theologischen Fragen.[42] Demnach ist die Theologie eine Reflexion und Erforschung des Glaubens, basierend auf der göttlichen Kunde (*waḥy*). So stellt sich die Frage, welche Erkenntnismittel innerhalb der Theologie zu einem richtigen Wissen über Gott und die damit zusammenhängenden Fragen führen. Wie sind die verschiedenen Erkenntnismittel bzw. Erkenntniswege theologisch zu begründen, sprich wie lässt sich ihre Legitimation aus der göttlichen Kunde (*waḥy*) bestätigen? Und da die Theologie nach Ibn al-ʿArabī mehrere Punkte, die auch vom *kalām* und der Philosophie behandelt werden, berührt, kommt als weitere Frage hinzu, was die theologische Erkenntnislehre Ibn al-ʿArabīs von jener des *kalām* oder jener der Philosophie unterscheidet, wenn sie ohnehin die gleichen Fragen stellen und den gleichen Gegenstand haben. Diese Fragen sind deswegen berechtigt, da sowohl Ibn al-ʿArabī als Vertreter des *taṣawwuf* als auch die Philosophen und *mutakallimūn* den Anspruch erheben, durch ihre Erkenntnislehre ein sicheres Wissen über Gott und Seine Beziehung zur Welt erreichen zu können. Deshalb soll in der vorliegenden Arbeit gezeigt werden, welche

40 Die Fragen ***nach dem was*** und ***nach dem wie*** sind miteinander so eng verflochten, dass man nicht von einer klaren Trennung zwischen den theologischen Disziplinen nur aufgrund ihrer epistemologischen Verortung sprechen kann. Vielmehr besteht trotz der epistemologischen Unterschiedlichkeit eine Komplementarität unter den verschiedenen theologischen Disziplinen und ihrer Erkenntnislehren. Siehe dazu: ʿAbd ar-Raḥmān, Ṭāhā: ***Taǧdīd al-minhaǧ taqwīm fī at-turaṯ***, Casablanca: al-Markaz aṯ-ṯaqāfī al-ʿarabī 1994.

41 Ibn al-ʿArabī: ***al-Futūḥāt al-makkiyya***, Bd. 1, S. 41; Bd. 2, S. 298.

42 In der Philosophie hingegen ist dieser Glaube keine Voraussetzung und im Fall des ***kalām*** ist die göttliche Kunde (***waḥy***) in weiten Teilen keine primäre bzw. gar keine Quelle. Der ***kalām*** versucht eben genau diese göttliche Kunde (***waḥy***) durch rationale Argumente als richtig und wahr zu bestätigen und kann sie, seiner Methodik zufolge, nicht als Quelle bzw. selbstevidente Quelle benutzen.

Kritik Ibn al-ʿArabī an den *kalām* und die Philosophie richtete, wenn es um das Wissen über Gott geht.

Demnach ist der Gegenstand der vorliegenden Arbeit die theologische Erkenntnislehre bei Imam Ibn al-ʿArabī, sprich die Frage, wie man zu einem Wissen über Gott gelangt. Dabei liegt der Fokus auf der Beziehung zwischen dem Menschen und dem Wirklichen ﷾ im Sinne einer Begegnung, die auf mehreren Ebenen stattfindet und aus welcher ein theologisches Wissen oder anders ausgedrückt, ein Wissen über den Wirklichen als Gott, hervorgeht.

Der *kalām* und die philosophischen Traditionen der Muslime reduzierten die Mensch-Gott Beziehung auf rationale und nicht selten dogmatische Sätze, sodass sie die Lebens- und Glaubenserfahrung aus der Theologie ausgeschlossen haben. Erkenntnisse, die einem bestimmten rationalistischen – oft aristotelischen[43] – Schema widersprechen, wurden abgelehnt.[44]

Die Ausgangsthese dieser Arbeit ist, dass Ibn al-ʿArabī gegen diese Haltung dekonstruktivistisch vorging und im nächsten Schritt einen anderen Weg vorschlug, wie man Theologie betreiben kann. Sein Ziel war es, die Theologie von der ständigen Suche nach fixen Wahrheiten zu befreien und dann zu einer solchen zu gelangen, die Platz für den Widerspruch und den Wandel einer umfassenden Wirklichkeit in den verschiedenen Formen des Seins anbietet. Eine Theologie, die keine objektive absolute Wahrheit beansprucht, sondern eine, die die menschliche Erfahrung einerseits und die verschiedenen Formen der Wirklichkeit und des Wirklichen ﷾ andererseits zu deuten versucht.

Die Lehren Ibn al-ʿArabīs werden manchmal, insbesondere auch in ihrer modernen Rezeption, so dargestellt, als ob sie lediglich eine Sammlung von Visionen und „mystischen" Erfahrungen seien, die für den Außenseiter unbegreifbar blieben und für die wissenschaftliche Erforschung unzugänglich seien.[45] Daher ist die folgende Frage, die diese Arbeit in ihrer Gesamtheit begleiten wird, von Bedeutung, und zwar, ob dieses Vorurteil

43 Das gilt für den ***kalām*** der Zeit nach dem 12. Jh. Dr. ʿAlī Sāmī an-Naššār hat in seiner Dissertation „***Manāhiǧ al-baḥṯ ʿind mufakkirī al-islām***" deutlich aufgezeigt, dass der ***kalām*** vor Imam al-Ġazālī eigene Epistemologien aufweist, die oft von der aristotelischen Logik abweichen. Siehe: AN-NAŠŠĀR, ʿALĪ SĀMĪ: ***Manāhiǧ al-baḥṯ ʿind mufakkirī al-islām***, 2. Aufl., Kairo: Dār as-salām 2012, S. 69–140; zur Einfürhung der aristotelischen Logik in den ***kalām*** durch al-Ġazālī siehe: WOLFSON: ***The Philosophy of the Kalam***, S. 41–43.

44 Vgl. ʿABD AR-RAḤMĀN, Ṭāhā: ***Al-ʿAmal ad-dīnī wa-taǧdīd al-ʿaql***, Rabat: al-Markaz aṯ-ṯaqāfī al-ʿarabī 1997, S. 17–44; siehe auch: WOLFSON: ***The Philosophy of the kalām***, S. 3–43.

45 Chittick weist z. B. darauf in Bezug auf die Darstellung Ibn al-ʿArabīs bei Stephen Hirtenstein hin, siehe: CHITTICK, WILLIAM C.: ***Ibn Arabi: Heir to the Prophets***, Oxford: Oneworld Publications 2007, S. 2.

stimmt oder, ob die Lehren Ibn al-ʿArabīs, zumindest in dem hier behandelten Bereich, doch für das Begriffsvermögen einleuchtend und theologisch fassbar sind.

1.2.2. Ziel

Neben der Beantwortung der oben thematisierten Fragestellungen hat diese Arbeit als konkretes Ziel, eine Antwort auf die prinzipiellen Fragen jeglicher theologischen Erkenntnislehre aus dem Blickwinkel Ibn al-ʿArabīs zu geben, wie sie schon formuliert wurde, nämlich, was Wissen bzw. Erkennen ist. Wie, was und womit kann man etwas im Bereich der Theologie (*al-ʿilm bi-llāh*) wissen, um am Ende eine systematische Darstellung der theologischen Erkenntnislehre des andalusischen Gelehrten zu eruieren? Die Arbeit möchte darüber hinaus dem theologischen Diskurs – insbesondere auch dem allmählich in Deutschland entstehenden Fach – Impulse und Denkanstöße geben, wie eine theologische Erkenntnislehre in unserem Kontext, sprich in einer pluralen Gesellschaft in einer sich immer mehr und mehr globalisierenden Welt des 21. Jh., aussehen könnte.

Die Untersuchung der theologischen Lehren Ibn al-ʿArabīs ist aus mehreren Gründen eine Herausforderung. Der erste Grund ist seine unsystematische Art und Weise, die Dinge zu behandeln. Der erste Schritt meiner Arbeit ist somit zunächst einmal, die zerstreuten Passagen und Schriften, die mit dem hier behandelten Thema zu tun haben, zu sammeln, um sie dann systematisch zu erschließen. Es wird vorwiegend mit den primären arabischen Quellen gearbeitet, insbesondere mit den beiden Hauptwerken Ibn al-ʿArabīs, nämlich *al-Futūḥāt al-makkiyya* und *Fuṣūṣ al-ḥikam*. Alle direkt zitierten Passagen werden sowohl im arabischen Original als auch in deutscher Übersetzung wiedergegeben, sodass der Leser meine Interpretation nachvollziehen kann.

Der zweite Grund ist die Sprache Ibn al-ʿArabīs, die Besonderheiten aufweist, auf die ich in einem separaten Punkt ausführlich eingehen werde. Der dritte Grund sind die Fehlannahmen in der Forschung, auf die ich noch im Forschungsstand zurückkommen werde.

Ibn al-ʿArabī lässt sich in keine vorgefasste Lehre, Tradition oder Schule kategorisieren. Man findet zwar Parallelen zu unterschiedlichen Ansichten in der Ideengeschichte, ihn aber a priori irgendeiner Denkschule zuzuschreiben, erweist sich als wissenschaftlich ungenau und birgt die Gefahr, in seine Lehre Ideen und Konzepte hineinzulesen, die er nicht gemeint hat. Diesen Punkt hervorzuheben gehört somit zu den indirekten Zielen dieser Arbeit.

1.2.3. Methode

Neben diesem ersten Kapitel besteht diese Arbeit aus fünf weiteren Hauptkapiteln; dazu kommt am Ende eine abschließende Betrachtung der Ergebnisse aus den Hauptkapiteln.

Das zweite Kapitel gibt einen kurzen Überblick über die Biographie und den Einfluss Ibn al-ʿArabīs, sodass man seine Hintergründe erfährt und ihn besser in der Tradition verorten kann. Hier wird auch auf die Sprache und einige Grundkonzepte Ibn al-ʿArabīs eingegangen.

Das dritte Kapitel behandelt die Frage nach dem Wesen des Wissens als solches. Was ist Wissen und welche Kategorien kennt Ibn al-ʿArabī, wenn er über Wissen spricht? Dieses Kapitel ist das Fundament für die weiteren Untersuchungen. Es bildet zugleich den theoretischen Rahmen zum Thema. Um die Positionen Ibn al-ʿArabīs hinsichtlich der Hauptfrage dieses Abschnittes in ihren historisch-theologischen Hintergrund einzubinden, wird zuerst das Wissen aus vier Blickwinkeln behandelt, nämlich aus der sprachlichen, koranwissenschaftlichen, theologischen (*kalām*) und sufischen Perspektive.

Im vierten Kapitel wird dann auf das Konzept des Selbst eingegangen und der Frage nachgegangen, ob das Selbst über ein angeborenes Wissen, welches in der Theologie *fiṭra* (die primordiale Natur) genannt wird, verfügt.

Im fünften Kapitel werden die verschiedenen Erkenntnismittel des Selbst untersucht. In diesem Zusammenhang soll das Begriffsvermögen (*ʿaql*) und seine Funktionen bei Ibn al-ʿArabī definiert werden, um dann seine Kritik an dem Begriffsvermögen und dessen theologischen Erkenntnissen zu behandeln.

Da die Imagination eine zentrale Rolle in der Lehre Ibn al-ʿArabīs spielt, ist es notwendig, sie unter den Erkenntnismitteln des Selbst zu definieren sowie ihre ontologische Stellung und epistemologischen Aufgaben in dem *akbarītischen*[46] Denken auszuführen. Zum Schluss werden die Erkenntnis-

46 Die ***akbarītische*** Schule ist der Name, den man den Vertretern der Lehren Ibn al-ʿArabīs gibt. Die Bezeichnung stammt von seinem Titel aš-Šayḫ al-Akbar. Merkmal dieser Schule sind ihre epistemologischen und ontologischen Positionen, die sich vom ***kalām*** unterscheiden. Der Begriff ist insbesondere in der englischsprachigen Literatur ein fester Fachbegriff geworden. Siehe z. B.: ABRAHAMOV, BINYAMIN: ***Ibn al-ʿArabi and the Sufis***, Oxford: Anqa Publishing 2014, S. 53; LAWSON, TODD: ***Reason and Inspiration in Islam: Theology,***

grenzen des Selbst in der Theologie dargestellt, um somit den Weg zum nächsten Kapitel zu ebnen.

Im sechsten Kapitel wird das zentrale Erkenntnismittel bei Ibn al-ʿArabi behandelt – das Herz. Ebenso werden hier das Konzept des Herzens, seine Funktionen und seine Relationen zu den anderen Erkenntnismitteln sowie seine Erkenntnismöglichkeiten erörtert.

Die Ergebnisse der vier Hauptkapitel sollen dann zum Schluss in eine Ergebnisformulierung hinein fließen, deren Tragweite und Relevanz für die Theologie ich in einem Ausblick herausarbeiten werde.

Des Weiteren wird die Tradition um die Lehren Ibn al-ʿArabīs als zweite primäre Quelle benutzt, um seine Ansichten darzustellen. Es ist jene Tradition, die die Ideen Ibn al-ʿArabīs systematisierte und weiterführte und welche schon mit seinen beiden Hauptschülern Ṣadr ad-Dīn al-Qūnawī sowie Ibn Sawdakīn an-Nūrī (gest. 1248) anfing und bis zum späten 19. Jh. eine Hauptströmung in der Theologie ausmachte.[47] Insbesondere die zahlreichen Kommentare zu *Fuṣūṣ al-ḥikam*, die zu unterschiedlichen Zeiten und an verschiedenen Orten entstanden, waren für mich eine wichtige Quelle, um die Lehren Ibn al-ʿArabīs innerhalb seiner eigenen Tradition zu lesen und zu verstehen. Da diese Arbeit in einem bekenntnisorientierten Fach entsteht, versteht sie sich als eine Fortsetzung und als ein Teil dieser Tradition.

Philosophy and Mysticism in Muslim Thought: Essays in Honour of Hermann Landolt, London; New York: London : New York: I.B.Tauris 2005, S. 356; NASR, SEYYED HOSSEIN UND OLIVER LEAMAN (HRSG.): *History of Islamic Philosophy*, New York: Psychology Press 1996, S. 1049; TODD, RICHARD: *The Sufi Doctrine of Man: Sadr al-Din al-Qunawi's Metaphysical Anthropology*, Lam edition Aufl., Leiden: Brill 2014, S. 28.

47 Für den Einfluss Ibn al-ʿArabīs auf die späteren Gelehrten siehe: CHITTICK, WILLIAM C.: *In Search of the Lost Heart: Explorations in Islamic Thought, hg. von Mohammed Rustom, Atif Khalil und Kazuyo Murata*, Albany, N.Y.: State University of New York Press 2012; siehe auch: Chittick: *Ibn Arabi*, S. 1–4.

1.3. Forschungsstand

Ibn al-ʿArabī gehört zu jenen Gelehrten, die in den letzten Jahrzehnten mehr und mehr gelesen und studiert wurden. Allerdings kann man in der deutschsprachigen Theologie schwer von einem Forschungsstand sprechen, da das Fach gerade seine Anfänge erlebt. Daher wird hier auf den Forschungsstand der verwandten Fächer wie der Islamwissenschaft oder der Philosophie zurückgegriffen. In der deutschsprachigen akademischen Landschaft hat Ibn al-ʿArabī bis jetzt keine große Aufmerksamkeit erlangt, weshalb fast alle relevanten Arbeiten über ihn in Fremdsprachen verfasst sind.

Ich werde zuerst einen Überblick über den allgemeinen Forschungsstand zu Ibn al-ʿArabī und seinen Lehren geben. Danach wird explizit auf den Forschungsstand bezüglich der Erkenntnislehre bei Ibn al-ʿArabī eingegangen.

Man kann die Geschichte der akademischen Studien über Ibn al-ʿArabī seit dem 20. Jh. in drei Phasen unterteilen. Die erste Phase, die aus mehreren Gründen keine Kontinuität in der Forschung fand, fing mit den ersten Übersetzungen und Arbeiten über die Lehren Ibn al-ʿArabīs an. In diesem Zusammenhang sind u. a. die Übersetzung von *Turǧūmān al-ašwāq* ins Englische von Reynolds A. Nicholson (gest. 1945) im Jahr 1911 zu erwähnen,[48] die drei übersetzten Abhandlungen, die Henrik Samuel Nyberg (gest. 1974) im Jahr 1919 samt einer Einleitung publizierte[49] sowie der dritte Teil des *El Islam christianizado* von Migel Asin Palacios (gest. 1944), erschienen im Jahr 1931.[50] Ein Merkmal dieser Phase ist, dass die genannten Forscher meist daran interessiert waren, den Ursprung der Lehren Ibn al-ʿArabīs außerhalb der muslimischen Traditionen zu platzieren.

48 Nicholson, Reynold Alleyne: *The Tarjumán al-ashwáq: A Collection of Mystical Odes*, Royal Asiatic society 1911.

49 Nyberg, Henrik Samuel: *Kleinere Schriften des Ibn al-'Arabi: nach Handschriften in Upsala und Berlin zum ersten Mal hrsg. und mit Einleitung und Kommentar versehen*, Leiden: Brill 1919.

50 Asin Palacios, Miguel: *El Islam christianizado: estudio del sufismo a través de las obras de Abenarabi de Murcia. Dibujos de Carlos de Miguel*, Madrid: Editorial Plutarco 1931. Zu dieser Phase kann man auch Hans Kofler (gest. 1947) sowie Arthur Jeffery (gest. 1959) zählen. Mehr zu ihrem Beitrag, siehe: Rahmati, Fateme: *Der Mensch als Spiegelbild Gottes in der Mystik Ibn 'Arabis*, Wiesbaden: Harrassowitz 2007, S. 6 f.

Palacios sah z. B. in aš-Šayḫ al-Akbar[51] einen Christen ohne Christus[52] und Tor Andræ (gest. 1947) versuchte in seiner Arbeit *„Die Person Muhammad"*, griechisch-neuplatonische Elemente zu identifizieren.[53] Hingegen führte Hans Heinrich Schaeder (gest. 1957) die Lehren Ibn al-ʿArabīs auf altpersische Weltanschauungen zurück.[54] Abū al-ʿAlāʾ ʿAfīfī – ein Schüler von Nicholson – versuchte seinerseits, die Lehren Ibn al-ʿArabīs mit der Brille der griechischen Philosophie, insbesondere des Neoplatonismus, zu lesen.[55] Allgemein lässt sich sagen, dass in der ersten Hälfte des 20. Jh. die Stellung Ibn al-ʿArabīs in den akademischen Studien nicht besonders hoch war und abgesehen von wenigen Versuchen, sein Werk zu studieren, wurde er von den meisten Orientalisten ignoriert.[56] Man kann auch von einer gewissen Ablehnung sprechen, wie Chittick konstatiert, da die frühen Orientalisten Ibn al-ʿArabī als widerspruchsvoll zurückwiesen.[57] Chodkiewicz spricht sogar von einer feindseligen Haltung mancher Orientalisten gegenüber Ibn al-ʿArabī wie es z. B. bei seinem Landsmann Louis Massignon und seinen Schülern der Fall war.[58]

In den 1950er und 1960er Jahren kam es dann zu einem Wendepunkt in den *akbarītischen* Studien. Henry Corbin (gest. 1978) sowie Toshihiko Izutsu (gest. 1993) erkannten das wesenseigene philosophische Anliegen des Werkes von Ibn al-ʿArabī. Auch in dieser Phase versuchten insbe-

51 Ibn ʿImād al-Ḥanbalī schrieb in seiner Chronik, dass wenn die Leute aš-Šayḫ al-Akbar sagen, damit ausschließlich Ibn al-ʿArabī gemeint ist. Vgl. AL-ḤANBALĪ, IBN ʿIMĀD: *Šaḏarāt aḏ-ḏahab fī aḫbār man dahab*, Damaskus: Dār Ibn kaṯīr 1993, Bd. 7, S. 332. Das bestätigt Chittick in seinem Artikel zu Ibn al-ʿArabī: *„The later Sufi tradition called him al-Shaykh al-Akbar, the Greatest Master, a title that was understood to mean that no one else has been or will be able to unpack the multi-layered significance of the sources of the Islamic tradition with such detail and profundity."* Siehe: CHITTICK, WILLIAM C.: *Ibn Arabi*, in: ZALTA, EDWARD UND URI NODELMAN (HRSG.): *The Stanford Encyclopedia of Philosophy*, 2015. Auch im akademischen Milieu hat sich diese Bezeichnung etabliert, so wird sie als gängige Bezeichnung für Ibn al-ʿArabī von u. a. Chodkiewicz, Peter Coates oder Abrahamov verwendet, siehe: CHODKIEWICZ, MICHEL: *Un océan sans rivage. Ibn Arabî, le Livre et la Loi*, Paris: Seuil 1992, S. 17; COATES, PETER: *Ibn 'Arabi and Modern Thought: The History of Taking Metaphysics Seriously*, Oxford: Anqa Pub 2002, S. 66; ABRAHAMOV: *Ibn al 'Arabi and the Sufis*, S. 36.

52 Vgl. CHODKIEWICZ, MICHEL: *Le Sceau des saints prophétie et sainteté dans la doctrine d'Ibn Arabî*, 2. Aufl., Paris: Gallimard 2012, S. 14.

53 Vgl. RAHMATI: *Der Mensch als Spiegelbild Gottes in der Mystik Ibn 'Arabis*, S. 3.

54 Vgl. ebd., S. 6.

55 Vgl. CLARK, JANE: *Universal Meanings in Ibn ʿArabī's Fusūs al-hikam: Some Comments on the Chapter of Moses*, *Journal of The Muhyiddin Ibn 'Arabi Society* 38 (2005), S. 105–129, hier S. 106; Das gilt sowohl für seine Studie über die Philosophie des Meisters als auch für seine kommentierte Edition von *Fuṣūṣ al-ḥikam*. Siehe: ʿAFĪFĪ, ABŪ AL-ʿALĀʾ: *al-Falsafa aṣ-ṣūfiyya ʿinda Muḥyī ad-Dīn Ibn al-ʿArabī*, Kairo: Dār al-kutub al-qawmiyya 2009.

56 Vgl. CHITTICK, WILLIAM C.: *Imaginal Worlds: Ibn al-'Arabi and the Problem of Religious Diversity*, Albany: State University of New York Press 1994, S. 2.

57 Vgl. CHITTICK: *Ibn Arabi*, S. 4.

58 Vgl. CHODKIEWICZ: *Le Sceau des saints prophétie et sainteté dans la doctrine d'Ibn Arabî*, S. 14; sowie: CHITTICK, WILLIAM C.: *Waḥdat al-Wujud in India*, in: Eshots, Yanis (Hrsg.): Islamic philosophy yearbook, Bd. 3, Moscow: Vostochnaya Literatura Publishers 2012, S. 40.

sondere Corbin und Izutsu die allgemeine Bedeutung der Gedanken Ibn al-ʿArabīs für die Geschichte des menschlichen Denkens hervorzuheben, anstatt ihre Studien auf seine Rolle innerhalb der muslimischen Traditionen einzuschränken.[59] Da die Studien Corbins und Izutsus zu den Standardwerken gehören, soll eine kritische Bewertung dieser folgen.

Chittick betrachtet das Werk „*Sufism and Taoism: A Comparative Study of Key Philosophical Concepts*" von Izutsu als einen wichtigen Beitrag in der Systematisierung mancher Konzepte Ibn al-ʿArabīs. Izutsu war vielleicht der erste, der auf die Feinheiten der Sprache bei Ibn al-ʿArabī hinwies und ihre Wichtigkeit für das Verständnis seines Werkes betonte. Seine Studien könnte man als die erste ausführliche Systematisierung der Grundkonzepte des *akbarītischen* Denkens anführen.[60] Allerdings bemängelt Chittick in dessen Buch einige Punkte, denen ich zustimme:

> *Izutsu limits himself to an analysis of the mainly philosophical and metaphysical discussions of the Fuṣūṣ. Moreover, he quotes copiously from the writings of Kashani to explain Ibn al-ʿArabī's meaning, and, as was pointed out, Kashani is a third-generation commentator on the Fuṣūṣ, firmly entrenched in the line of Qunawi and the movement to bring Ibn al-ʿArabī's teachings into harmony with philosophy. Hence Izutsu's study is especially valuable for showing how the Fuṣūṣ was read by the later commentators and how the Shaykh's teachings were being integrated into the philosophical tradition, but it does not necessarily reflect the central concerns of the Fuṣūṣ itself, nor, with greater reason, those of Ibn al-ʿArabī. Moreover, Izutsu's personal interests lie mainly in the abstract discussions of philosophy, not in the mundus imaginalis, nor in the practical sides of Islamic spirituality. He is one of the few non-Muslim scholars who have grasped the tremendous philosophical and linguistic riches waiting to be mined in later Islamic thought, and he has made unique contributions to the study of this tradition. But his personal predilections deeply color his perception of Ibn al-ʿArabī.*[61]

59 Vgl. CHITTICK, WILLIAM C.: *Bildhafte Welten: Ibn Arabi und die Frage der religiösen Vielfalt*, Herrliberg: Edition Shershir 2015, S. 11.

60 Was die Arbeit ʿAfīfīs betrifft, so ist sie meines Erachtens nach keine systematische Untersuchung, die die Besonderheiten des *akbarītischen* Denkens hervorhebt. Vielmehr versucht ʿAfīfī die klassischen Themen der Philosophie in den Werken Ibn al-ʿArabīs zu untersuchen. ʿAfīfī vermittelt leider in seiner Arbeit den Eindruck, dass er eine vorgefasste Meinung über Ibn al-ʿArabī hat, von welcher er nicht abweicht und welche er nicht in Frage stellt. Ibn al-ʿArabī war für ihn ein neuplatonischer Monist, der die prophetische Botschaft und seine Quellen nur als eine Tarnung für seine wirkliche Philosophie benutzte, wenn nicht sogar missbrauchte. Siehe dazu z. B.: ʿAFĪFĪ: *al-Falsafa aṣ-ṣūfiyya ʿinda Muḥyī ad-Dīn Ibn al-ʿArabī*, S. 19 f.

61 CHITTICK, WILLIAM C.: *The Sufi Path of Knowledge: Ibn Al-'Arabi's Metaphysics of Imagination*, SUNY Press 1989, S. xix.

Die gleiche Kritik kann an Corbins Werk *„L'Imagination créatrice dans le soufisme d'Ibn 'Arabi"* gerichtet werden. Chittick zufolge würde jeder, der mit den Werken und Gedanken Ibn al-ʿArabīs vertraut ist, feststellen, dass Corbin stark in die Texte Ibn al-ʿArabīs eingreift, sodass seine Arbeit eine deutlich persönliche Note aufweist. Man weiß nicht, wo die Gedanken Ibn al-ʿArabīs enden und wo die von Corbin anfangen.[62]

Trotz aller Kritik bleiben diese zwei Werke wichtige Beiträge in der akademischen Forschung und stellen einen ersten Baustein in der systematischen Erforschung der Denkschule Ibn al-ʿArabīs dar. Erst durch sie wurde erstmals die Relevanz des *akbarītischen* Denkens in der Moderne wissenschaftlich klar aufgezeigt.[63]

Nach den fundamentalen Studien Corbins und Izutsus kam eine neue Phase, die sich mehrheitlich in der Forschung durchgesetzt hat und auf deren Merkmale hier eingegangen wird. Dieser Paradigmenwechsel zeichnete sich dadurch aus, dass die Forscher anfingen, Ibn al-ʿArabī aus der Innenperspektive seiner eigenen Werke und der Tradition, aus welcher er stammt, zu untersuchen, anstatt zu versuchen, ihn einer vorgefassten Kategorie zuzuordnen. Man begann, Ibn al-ʿArabī als Phänomen in der Theologie ernst zu nehmen. Des Weiteren wurde in dieser Phase der Fokus auf *al-Futūḥāt al-makkiyya,* das Hauptwerk Ibn al-ʿArabīs, gesetzt. Ein weiteres Merkmal ist die ganzheitliche Betrachtung der Lehren Ibn al-ʿArabīs, das heißt, sich den verschiedenen Aspekten seines Gedankengebäudes zuzuwenden und nicht nur der philosophischen Seite. Diese Methode hat ihre Anfänge im Grunde in den 40er Jahren mit Michel Vâlsan (gest. 1974), der zahlreiche kommentierte Texte Ibn al-ʿArabīs in der von René Guénon (gest. 1951) herausgegebenen Zeitschrift *„Études Traditionnelles"* publizierte.[64] Vâlsan versuchte, im Gegensatz zu den in seiner Zeit erschienenen Arbeiten, nicht nur die esoterischen und metaphysischen Punkte der Lehren Ibn al-ʿArabīs zu untersuchen, sondern legte auch viel Wert auf die exoterischen Facetten, ohne die nur ein verzerrtes Bild der *akbarītischen* Lehren entsteht. Dazu verwendete er nicht nur *Fuṣūṣ al-ḥikam,* sondern hauptsächlich *al-Futūḥāt al-makkiyya* sowie weitere Werke wie *at-Taḏbīrāt al-ilāhiyya* oder *Ḥilyat al-abdāl.*

62 Vgl. ebd., S. xix.
63 Vgl. ebd.
64 Eine Liste seiner Werke findet man unter: http://www.sciencesacree.com/pages/les-ecrits-de-michel-valsan.html

Danach und insbesondere mit Gelehrten wie u. a. Titus Burckhardt (gest. 1984), Michel Chodkiewicz, William Chittick, James Morris, Claude Addas, Su'ād al-Ḥakīm, Ralph Austin, Stephen Hirtenstein, Eric Winkel oder Denis Gril hat sich diese Herangehensweise in der Forschung endgültig etabliert. Für diesen Paradigmenwechsel haben mehrere Faktoren eine Rolle gespielt. Wissenschaftshistorisch war die Zeit nach den 70ern eine Zeit, die von starken Umbrüchen geprägt war. Hier ist das Aufkommen eines neuen Denkens ein wichtiger Faktor. Die Rationalität wie sie bis dato verstanden wurde, geriet in die Schusslinie mehrerer gesellschaftlicher, philosophischer und künstlerischer Bewegungen, die man unter dem nicht wenig problematischen Begriff der Postmoderne subsumieren kann.[65]

War Ibn al-'Arabī doch für das moderne Denken eine verwirrende Persönlichkeit, so wurde die hier noch kritisch betrachtete Ambiguität und Widersprüchlichkeit gerade vom postmodernen Denken gefeiert. Um es in die Worte Chitticks zu fassen, steht Ibn al-'Arabī für eine Möglichkeit, Rationalität zu erhalten und gleichzeitig über sie hinauszugehen, sodass Rationalität und Spiritualität miteinander harmonieren können.[66] Der zweite wichtige Faktor ist die Gründung der Muhyiddin Ibn 'Arabi Society sowie ihrer Zeitschrift *Journals of the Muhyiddin Ibn 'Arabi Society*, die seit 1982 kontinuierlich erscheint. Bis jetzt sind 62 Bände veröffentlicht. Wirft man einen Blick in die bis jetzt publizierten Aufsätze, dann stellt man fest, dass verschiedene Aspekte der Lehre Ibn al-'Arabīs behandelt sowie zahlreiche Texte des andalusischen Meisters übersetzt wurden.[67]

Fundamental für die akademischen Studien waren *The Sufi Path of Knowledge: Ibn Al-Arabi's Metaphysics of Imagination* sowie *The Self-Disclosure of God: Principles of Ibn Al-'Arabi's Cosmology*[68] von Chittick und *Un océan sans rivage, Ibn Arabî, le Livre et la Loi* sowie *Le Sceau des saints : Prophétie et sainteté dans la doctrine d'Ibn Arabî* von Chodkiewicz.

In *The Sufi Path of Knowledge* haben wir das erste Mal eine systematische Darstellung der Hauptthemen, die Ibn al-'Arabī behandelte: die Theologie, Ontologie, Epistemologie, Hermeneutik sowie das Seelenheil. Chittick übersetze in diesem Buch zahlreiche lange Passagen aus dem Hauptwerk *al-Futūḥāt al-makkiyya* und kommentierte das Übertragene,

65 Zur Unschärfe des Begriffes Postmoderne und seiner Bedeutung vgl. Baum, Patrick und Stefan Höltgen: *Lexikon der Postmoderne: Von Abjekt bis Zizek - Begriffe und Personen*, Bochum: Projekt 2010, S. 147–151.

66 Vgl. Chittick: *Imaginal Worlds*, S. 2.

67 Eine Liste aller veröffentlichten Aufsätze und Übersetzungen ist unter http://www.ibnarabisociety.org/journals.html abrufbar.

68 Chittick, William C.: *The Self-disclosure of God: Principles of Ibn Al-'Arabi's Cosmology*, Albany, NY: SUNY Press 1998.

sodass er am Ende ein Gesamtbild von den Lehren Ibn al-ʿArabīs aufzeigen konnte. Dieses Buch wurde in dieser Arbeit besonders berücksichtigt. Insbesondere war das Kapitel über die Epistemologie eine wichtige Quelle für diese Dissertation. In den für das Thema dedizierten 41 Seiten behandelte Chittick die Grundkonzepte der Erkenntnislehre Ibn al-ʿArabīs. Die meiste Arbeit bestand allerdings darin, unterschiedliche Passagen aus *al-Futūḥāt al-makkiyya* zu übersetzen.

In *Un océan sans rivage* zeigte Chodkiewicz die Verbindung der Lehren Ibn al-ʿArabīs mit den Quellen des *dīn*, insbesondere mit dem Koran. Die Arbeit von Chodkiewicz ist gerade deswegen von Relevanz, weil er darin die vielen Annahmen und vorgefassten Meinungen, welche die frühen Studien geprägt haben, dekonstruierte.

Im letzten Jahrzehnt sind Studien zu aš-Šayḫ al-Akbar erschienen, die bis jetzt unerforschte Aspekte seiner Lehre untersuchen. Peter Coates untersuchte 2002 die Relevanz von Ibn al-ʿArabī im Lichte des zeitgenössischen philosophischen sowie psychologischen Diskurses in „*Ibn 'Arabi and Modern Thought: The History of Taking Metaphysics Seriously*".[69] In Jahr 2004 erschienen zwei weitere interessante Studien. In der ersten verglich Ian Almond in seiner Arbeit *Sufism and Deconstruction: A Comparative Study of Derrida and Ibn 'Arabi* die Dekonstruktion Derridas hervorragend mit den Positionen Ibn al-ʿArabīs und hob damit die Relevanz mancher Aspekte der *akbarītischen* Lehre für die poststrukturalistische Forschung hervor, wie z. B. die Metaphysikkritik und die Lehre der Interpretation bei Ibn al-ʿArabī und zeigte zahlreiche Berührungspunkte zwischen dem französischen Philosophen und dem Gelehrten aus Murcia.[70] In der zweiten Studie aus dem Jahr 2004 behandelte Salman Bashier in „*Ibn Al-'Arabi's Barzakh: The Concept of the Limit and the Relationship Between God and the World*" das Thema des *Barzaḫ* und seiner Stellung in der Ontologie und Kosmologie und verglich es mit den Lehren von bekannten Philosophen wie Ibn Sīna (Avicenna) (gest. 1037) und Ibn Rušd (Averroës).[71] Ferner untersuchte im Jahr 2012 Sa'diyya Shaikh Fragen der Genderforschung aus der Perspektive der Ideen Ibn al-ʿArabīs in *Sufi Narratives of Intimacy – Ibn 'Arabi, Gender, and Sexuality*.[72] Weiter erschien im Jahr 2013 von El Habib Louai die

69 COATES: *Ibn 'Arabi and Modern Thought.*

70 ALMOND, IAN: *Sufism and Deconstruction: A Comparative Study of Derrida and Ibn 'Arabi*, Routledge 2004.

71 BASHIER, SALMAN: *Ibn Al-'Arabi's Barzakh: The Concept of the Limit and the Relationship Between God and the World*, Albany: State University of New York Press 2004.

72 SHAIKH, SA 'DIYYA: *Sufi Narratives of Intimacy: Ibn 'Arabi, Gender, and Sexuality*, Chapel Hill: Univ of North Carolina Pr 2012.

Studie *„Key Concepts in the Writings of Ibn Arabi and Hans-Georg Gadamer“* im Bereich der Hermeneutik.[73] Darin untersuchte er die Berührungspunkte, jedoch vor allem die Unterschiede zwischen der Hermeneutik und dem Sprachverständnis der beiden Gelehrten.

Im Jahr 2014 erschien eine Studie von S. Shamsuddin, M. Seman und M. Z. Abd Rahmit mit dem Titel *„Fundamental Fictional Mediators: in the theory of Pantheism to Ibn Arabi and its relevance to the Western and Eastern Theories“*. In dieser Arbeit wurde eine differenziertere Darstellung der Positionen Ibn al-ʿArabīs bezüglich der ontologischen Relation zwischen Gott und der Welt ausgeführt. Die Relevanz dieser Arbeit liegt darin, dass sie die Ergebnisse früherer Studien, insbesondere die von ʿAfīfī, kritisch betrachtet.[74] Allgemein lässt sich sagen, dass der Fokus der Studien der zwei letzten Jahrzehnte auf den Bereichen Ontologie, Kosmologie sowie Hermeneutik und Sprachverständnis lag.

Was die Übersetzungen betrifft, so wurden mehrere Traktate publiziert, meist auf Englisch oder Französisch. Sie alle hier aufzuführen würde den Rahmen dieses Punktes sprengen. Nichtsdestotrotz sind drei Übersetzungen hier zu erwähnen, da sie in der Forschung von Wichtigkeit sind. Diese sind die Übersetzungen von *al-Futūḥāt al-makkiyya* ins Türkische[75] und ins Englische.[76] Die dritte ist die neue Übersetzung von *Fuṣūṣ al-ḥikam* von Binyamin Abrahamov ins Englische.[77]

Bemerkenswert für den Forschungsstand im deutschsprachigen Raum ist die Rarität akademischer Forschungen über Ibn al-ʿArabī. Man könnte gar von einer Ausblendung sprechen. Denn abgesehen von der im Jahr 2007 erschienenen Arbeit Fateme Rahmatis *„Der Mensch als Spiegelbild Gottes in der Mystik Ibn ʿArabīs“* und die im Jahr 2016 publizierte Dissertation von meinem Kollegen Selahattin Akti *„Gott und das Übel: die Theodizee-Frage in der Existenzphilosophie des Mystikers Muhyīddīn Ibn ʿArabī“*[78] ist keine weitere Studie publiziert worden.[79] Alles, was überdies auf Deutsch erschienen ist, sind die

73 Louai, El Habib: *Key Concepts in the Writings of Ibn Arabi and Hans-Georg Gadamer*, Saarbrücken: Lap Lambert Academic Publishing 2013.

74 Shamsuddin, Salahuddin, Muhammad Seman und Muhammad Zaki Abd Rahman: *Fundamental Fictional Mediators: in the theory of Pantheism to Ibn Arabi and its relevance to the Western and Eastern Theories*, Saarbrücken: LAP LAMBERT Academic Publishing 2014.

75 Demirli, Ekrem: *Fütuhat-ı Mekkiyye*, İstanbul: Litera Yayıncılık 2014.

76 Hier handelt es sich um die Übersetzung von Eric Winkel. Bis jetzt sind 12 Bände erschienen.

77 Abrahamov, Binyamin: *Ibn al-Arabi's Fusus al-Hikam*, London ; New York: Taylor & Francis Ltd 2015.

78 Akti, Selahattin: *Gott und das Übel: Die Theodizee-Frage in der Existenzphilosophie des Mystikers Muhyiddin Ibn Arabi*, 1. Aufl., Xanten: Chalice 2016.

79 In diesem Zusammenhang kann man auch die 1973 erschienene Arbeit von Manfred Profitlich über die Terminologie Ibn al-ʿArabīs erwähnen. Siehe: Profitlich, Manfred: *Die Terminologie Ibn „Arabīs im ‚Kitāb*

Übersetzungen von u.a *„Turǧumān al-ašwāq“*[80] und *ʿAnqā muġrib*[81] sowie zwei Übersetzungen englischer Werke von William Chittick.[82]

Bezüglich des Themas der Erkenntnislehre, so bemerkte Fateme Rahmati im Ausblick ihrer Dissertation: *„Etliche weitere Themen sind in seiner Mystik noch nicht systematisch bearbeitet worden, zum Beispiel seine Epistemologie und Psychologie.“*[83] In der Tat gibt es in den europäischen Sprachen keine ausführliche Studie bzw. Monographie zur systematischen Darstellung der Epistemologie Ibn al-ʿArabīs. Bis jetzt wurden lediglich einige Aspekte der Erkenntnislehre des aš-Šayḫ al-Akbar untersucht, wie z. B. die Imagination von Corbin in *„L'Imagination créatrice dans le soufisme d'Ibn 'Arabi“* oder die Interpretationslehre von Chodkiewicz in seinem *„Un océan sans rivage. Ibn Arabî, le Livre et la Loi“*. Allgemeine Überblicke über die Erkenntnislehre findet man bei Chittick in *„The Sufi Path of Knowledge“* sowie in dem Aufsatz *„Ibn 'Arabî's Theory of Knowledge“* von Binyamin Abrahamov.[84] Jedoch fehlt bist jetzt eine umfassende Studie, die die Gesamtheit der Erkenntnislehre Ibn al-ʿArabīs darstellt und ihre Signifikanz für die Theologie beleuchtet.

Des Weiteren sind auf Arabisch drei Arbeiten erschienen, welche die Erkenntnislehre bei dem andalusischen Meister behandeln. Die erste ist die im Jahr 2000 erschienene Arbeit von Aḥmad ʿAbd al-Muhaymin *„Naẓariyyat al-maʿrifa bayn Ibn Rušd wa-Ibn ʿArabī“*.[85] Hier unternahm der Autor einen Vergleich zwischen Ibn Rušd (Averroës) und Ibn al-ʿArabī. Jedoch fehlen in dieser Studie wichtige Bestandteile der Erkenntnislehre bei Ibn al-ʿArabī denn weder das Begriffsvermögen (*ʿaql*) noch die Sinne oder die Imagination wurden behandelt. Auch auf das Verhältnis zwischen der sufischen Erkenntnis und der göttlichen Kunde (*waḥy*) wurde nicht eingegangen. Der Autor konzentrierte sich fast ausschließlich auf drei Aspekte der Herzenserkenntnis sowie die Definition der verschiedenen Kategorien des Wissens bei Ibn al-ʿArabī.

wasāʾil as-sāʾil“ des Ibn Saudakīn; Text, Übersetzung und Analyse.“, Freiburg im Breisgau: K. Schwarz 1973.

80 Ibn al-ʿArabī, Muḥyī ad-Dīn: *Deuter der Sehnsüchte Turjuman al-Ashwaq, übers. von Wolfgang Herrmann*, Herrliberg: Edition Shershir 2013.

81 Ibn al-ʿArabī, Muḥyī ad-Dīn: *Der sagenhafte Greif des Westens: ʿAnqāʾ Mughrib, übers. von Wolfgang Herrmann*, Herrliberg: Ed. Shershir 2012.

82 Chittick, William C.: *Ibn Arabi: Erbe der Propheten*, Herrliberg: Edition Shershir 2012; sowie: Chittick: *Bildhafte Welten*.

83 Rahmati: *Der Mensch als Spiegelbild Gottes in der Mystik Ibn 'Arabis*, S. 137.

84 Abrahamov, Binyamin: *Ibn Arabî's Theory of Knowledge (Part I)*, in: *Journal of The Muhyiddin Ibn 'Arabi Society* 41 (2007).

85 ʿAbd al-Muhaymin, Aḥmad: *Naẓariyyat al-maʿrifa bayn Ibn Rušd wa-Ibn ʿArabī*, Alexandria: Dār al-wafāʾ 2000.

Im Jahr 2001 erschien eine weitere Studie, „*Naẓariyyat al-ma ʿrifa ʿind Ibn ʿArabī*" von Sāʿid Ḫamīsī.[86] In diesem von einer gewissen Apologetik gefärbten Buch wurde allerdings der Mehrwert der *akbaritischen* Lehre für die Theologie nicht herausgearbeitet. Ferner erschien im Jahr 2006 eine Arbeit von Hifrū Muḥammad Dīrikī mit dem Titel „*al-Ma ʿifa wa-ḥudūduha ʿind Ibn ʿArabī*".[87] Hier ist der Schwerpunkt auf die rationale Erkenntnis und ihre Grenzen gesetzt sowie auf manche Aspekte der prophetischen und sufischen Erkenntnis, die der Autor rationalistisch zu erklären versucht. In diesen drei Arbeiten wurde, abgesehen von einer Arbeit von Chittick sowie der Studie von Corbin, die westliche Forschung im Bereich des *taṣawwuf* im Allgemeinen und die Forschung bezüglich Ibn al-ʿArabī und seiner Schule im Besonderen völlig ignoriert, was ihrer Qualität geschadet hat.

86 Ḫamīsī, Sāʿid: *Naẓariyyat al-maʿrifa ʿind Ibn ʿArabī*, Kairo: Dār al-faǧr 2001.
87 Dīrkī, Hifrū Muḥammad: *al-Maʿifa wa-ḥudūduha ʿind Ibn ʿArabī*, Damaskus: at-Takwīn 2006.

2. Muḥyī ad-Dīn Ibn al-ʿArabī

„Unser gespräch zwischen sprachland
und klausenort erinnert mich
an die zeit der jugend
an die zeit des erblühns“[1] *- aš-Šayḫ al-Akbar*

2.1. Kurzbiographie

Seit der Dissertation von Claude Addas *„Ibn ‚Arabi ou la quête du Soufre Rouge“*,[2] in der sie die Biographie Ibn al-ʿArabīs ausführlich rekonstruierte, liegt ein Werk vor, welches sein Leben wissenschaftlich und anhand zahlreicher historischer Quellen erforscht. Zu dieser Forschungsarbeit kann man auch die Biographie Ibn al-ʿArabīs von Stephen Hirtenstein *„The Unlimited Mercifier: The spiritual life and thought of Ibn ‚Arabi“*[3] sowie *„aš-Šayḫ al-Akbar Muḥyī ad-Dīn Ibn al-ʿArabī“* von Muḥammad Riyād al-Māliḥ zählen.[4] Besonders im letzten Buch hat der Autor eine außerordentliche biographische und bibliographische Forschung geleistet, die die bibliographische Arbeit von Osman Yaḥya vervollständigte.[5]

Als Quellen für das Leben Ibn al-ʿArabīs werden vor allem die zahlreichen autobiographischen Hinweise in seinen Werken benutzt. Dazu kommen die Biographien seiner zeitgenössischen Chronisten sowie die Werke seiner Schüler bzw. deren Schüler. Aber auch die Tatsache, dass Ibn al-ʿArabī in verschiedenen Epochen eine umstrittene Persönlichkeit darstellte, war ein Grund für eine intensive biographische Beschäftigung mit seinem Leben und Wirken, sowohl seitens seiner Gegner als auch seiner Anhänger.

1 IBN AL-ʿARABĪ, MUḤYĪ AD-DĪN und STEFAN WEIDNER: *Der Übersetzer der Sehnsüchte: Liebesgedichte aus dem arabischen Mittelalter*, 1. Aufl., Salzburg: Jung u. Jung 2016, S. 104. Die Kleinschreibung stammt vom Übersetzer.
2 ADDAS, CLAUDE: *Ibn ʿArabī, ou, La quête du soufre rouge*, Paris: Gallimard 1989.
3 HIRTENSTEIN, STEPHEN: *The Unlimited Mercifier: The spiritual life and thought of Ibn ʿArabi*, Anqa Publishing 1999.
4 AL-MĀLIḤ, MUḤAMMAD RIYĀḌ: *aš-Šayḫ al-Akbar Muḥyī ad-Dīn Ibn al-ʿArabī*, Abu Dhabi: Abu Dhabi Authority for Culture & Heritage Cultural Foundation 2007.
5 OSMAN, YAHYA: *Muʾallafāt Ibn ʿArabī tārīḫuhā wa-taṣnīfuhā*, Kairo: al-Hayʾa al-miṣriyya al-ʿāma li-l-kitāb 2001.

Hier wird allerdings lediglich eine kurze Biographie von ihm, basierend auf dem Forschungsstand, dargestellt. Für eine ausführliche Biographie sollten die oben erwähnten Werke zu Rate gezogen werden.

Muḥammad b. ʿAlī b. Muḥammad b. al-ʿArabī al-Ḥātimī aṭ-Ṭāʾī wurde 1165 in Murcia geboren. Damals stand sein Vater als General im Dienste von Ibn Mardanīš (gest. 1172), einem lokalen Herrscher über die Region um Murcia, der damals seine Unabhängigkeit von den Almoraviden proklamierte.[6] Es waren Zeiten der Unruhe in Andalusien. Die christlichen Mächte aus Kastilien führten ihre Eroberung von Andalusien weiter, während die Almohaden aus Nordafrika die restlichen Gebiete, die noch unter der Herrschaft der Almoraviden standen, Stück für Stück übernahmen.[7]

Nachdem Ibn Mardanīš von den Almohaden besiegt wurde, zog der Vater Ibn al-ʿArabīs mit seiner Familie nach Sevilla um und trat in den Dienst des Kalifen Abū Yaʿqūb Yūsuf ein. Somit verbrachte Ibn al-ʿArabī ab 1172 seine Kindheit in Sevilla.[8] Dank der Position seines Vaters genoss Ibn al-ʿArabī eine ruhige Kindheit in den aristokratischen Kreisen der damaligen andalusischen Gesellschaft. Den Umständen nach, und als einziger Sohn, stand ihm nichts im Wege, um in die Fußstapfen seines Vaters zu treten und selbst ein Militär zu werden.[9] Doch nahm sein Leben während seiner Pubertät eine radikale andere Richtung.[10] Ungefähr um das fünfzehnte Lebensjahr fing er an, ein zurückgezogenes und asketisches Leben zu führen.[11] In dieser Zeit, wie er selbst berichtet,[12] hatte er keine Lehrer.

6 Vgl. ADDAS, CLAUDE: *Ibn Arabî et le voyage sans retour*, Paris: Seuil 1996, S. 18.

7 Vgl. ADDAS: *Ibn ʿArabī, ou, La quête du soufre rouge*, S. 32. In diesen turbulenten Zeiten kam Ibn al-ʿArabī zur Welt. Auch im Osten spielten sich der Niedergang der Fatimiden sowie das Aufkommen der Ayyubīden ab. Vgl. CHODKIEWICZ, MICHEL: *Le Sceau des saints prophétie et sainteté dans la doctrine d'Ibn Arabî*, 2. Aufl., Paris: Gallimard 2012, S. 15.

8 Vgl. ADDAS: *Ibn Arabî et le voyage sans retour*, S. 18; sowie: CHODKIEWICZ: *Le Sceau des saints prophétie et sainteté dans la doctrine d'Ibn Arabî*, S. 15.

9 ADDAS: *Ibn Arabî et le voyage sans retour*, S. 19.

10 Die genaue Zeit der Umkehr ist nicht klar. Claude Addas geht davon aus, dass er ca. 15 Jahre alt war, als er Ibn Rušd (Averroës) traf. Das würde bedeuten, dass Ibn al-ʿArabī mindestes vierzehn Monate davor seine spirituelle Umkehr erlebte. Denn ein Bericht seines Schülers Ibn Sawdakīn zitiert eine Aussage Ibn al-ʿArabīs, in welcher dieser sagt, dass er vierzehn Monate im spirituellen Rückzug (*ḫulwa*) verweilt habe, bevor er den *fatḥ*, die Gabe der Erkenntnis, bekommen habe. IBN SAWDAKĪN, ISMĀʿĪL: *Wasāʾil as-sāʾil*, in: *Bulġat al-ġawwāṣ fī l-akwān ilā maʿdin al-iḫlāṣ fī maʿrifat al-insān*, Beirut: Dār al-kutub al-ʿilmiyya 2011, S. 233–275, hier S. 250; Zu der Frage des Alters bei seiner Umkehr siehe dazu: ADDAS: *Ibn Arabî et le voyage sans retour*, S. 20 f; und: ADDAS: *Ibn ʿArabī, ou, La quête du soufre rouge*, S. 52 ff. Zur Einführung seiner Edition von *Maḥāsin al-maǧālis* schrieb Asín Palacios eine Biographie zu Ibn al-ʿArīf, siehe dazu: IBN AL-ʿARĪF: *Maḥāsinu al-maǧālis*, hg. von Asin Palacios, Paris: Librairie Orientaliste 1933, S. 1–12.

11 Siehe die ausführliche Beschreibung dieser Phase in: HIRTENSTEIN, STEPHEN: *Der grenzenlos Barmherzige: Das spirituelle Leben und Denken des Ibn Arabi*, übers. von Karin Monte, Zürich: Chalice Verlag 2008, S. 83 ff; sowie: ADDAS: *Ibn ʿArabī, ou, La quête du soufre rouge*, S. 52 ff.

12 IBN AL-ʿARABĪ, MUḤYĪ AD-DĪN: *al-Futūḥāt al-makkiyya*, Kairo: Dār al-Kutub al-ʿarabīyya 1911, Bd. 3, S. 539.

Allerdings erlebte er zahlreiche mystische Erfahrungen und Visionen und erlangte schon in diesem Alter Erkenntnisse, die er später verschriftlichen sollte.[13] Um das Jahr 1184, im Alter von neunzehn Jahren, betrat er den Weg des *taṣawwuf* (*sulūk*). Bis zum Jahr 1201 wird er eine Reihe von Sufis in Andalusien und Nordafrika treffen und von ihnen profitieren. Seine Beziehung zu seinen Lehrern war komplex und entsprach nicht dem klassischen Verhältnis zwischen Meister und Schüler, sondern war vielmehr asymmetrisch.[14] Er sah sich sowohl als Schüler als auch als Lehrer.[15] Ibn al-ʿArabī wird später die Namen und Erfahrungen mit diesen westlichen Lehrern in zwei Büchern niederschreiben, nämlich in *Rūḥ al-qudus fī maʿrifat an-nafs* und in *ad-Durra al-fāḫira*. Aber auch aus zahlreichen Passagen in *al-Futūḥāt al-makkiyya* kann man viele Informationen über diese Phase seines Lebens entnehmen.[16] Die Sufi Lehrer, die Ibn al-ʿArabī konsultierte und von denen er profitierte, waren für ihn die Verkörperung des *taṣawwuf* in seiner reinen Form. Es waren meist einfache Menschen, viele davon waren nicht gelehrt, aber besaßen trotzdem ein fundiertes Wissen bezüglich der Erkenntnisse über Allah.[17] Parallel dazu besuchte er die Unterrichte zahlreicher Gelehrter, bei denen er die Koranwissenschaften, Hadithwissenschaften, Fikh und die anderen Disziplinen, in denen er später selber eine Autorität wurde, studierte. Wir werden ihn ab dem Jahr 1193 auch jenseits von Andalusien antreffen, 1194 in Tunis und Tlemcen, 1195 und dann nochmals von 1196 bis 1197 in Fes, 1200 in Salé, 1200 bis 1201 in Marrakech, danach in Tunis, bevor er für immer den Westen verließ, um sich auf eine Reise ohne Rückkehr gen Osten zu begeben. Trotz seiner Besuche in Nordafrika war er zwischendurch oft in Andalusien und sowohl vor 1193 als auch danach verweilte er dort in verschiedenen Städten und Orten wie z. B. Cordoba, Algeciras, Ronda, Almeria, Granada oder Marchena.[18]

Die Phase im Westen zwischen 1165 und 1201, sprich die ersten 36 Jahre seines Lebens, die er zwischen Andalusien und Nordafrika verbrachte, stellt die Zeit des Reifens dar. Als er sich entschied, nach Mekka zu pilgern und den Osten zu besuchen, war diese Reise keine, um dort Wissen zu erlangen, welches es in seinem Herkunftsland nicht gab, sondern eher,

13 Vgl. ADDAS: *Ibn Arabî et le voyage sans retour*, S. 36 f.

14 Zu seinen Lehrern in dieser Phase siehe: ADDAS: *Ibn ʿArabī, ou, La quête du soufre rouge*, S. 83–119.

15 Vgl. ADDAS: *Ibn Arabî et le voyage sans retour*, S. 44.

16 Vgl. ebd., S. 43.

17 Vgl. ebd., S. 38 f.

18 Für eine ausführliche Chronologie seiner Reisen siehe: ADDAS: *Ibn ʿArabī, ou, La quête du soufre rouge*, S. 346 ff.

um sein Wissen in diesen Gegenden zu verstreuen. Dass das Denken Ibn al-ʿArabīs schon während seiner Zeit im Westen Reife erlangt hatte, kann man den zahlreichen Schriften und Büchern entnehmen, die er in dieser ersten Phase verfasste. Bücher wie z. B. 1- *Kitāb al- Mašāhid al-qudsiyya*, 2- *al-Isrā*, 3- *at-Tadbīrāt al-ilāhiyya*, 4- *Inšāʾ ad-dawāʾir*, 5- *Mawāqiʿ an-nuǧūm* oder 6- *ʿAnqāʾ muġrib* stammen alle aus seiner Lebenszeit im Westen.[19] In den erwähnten Werken findet man schon die meisten Lehren, die er später ausführlich behandeln und nicht revidieren oder ihnen gar widersprechen sollte.

Seine Reise nach Mekka fing im Jahr 1201 in Tunis an. Er besuchte auf seinem Weg 1202 Kairo, Hebron, Jerusalem und Medina. Er blieb in Mekka bis zum Jahr 1204. Dann kehrte er noch im selben Jahr nach Jerusalem zurück, um von dort in den Irak zu reisen, wo er Bagdad und Mossul besuchte. Zwischen den Jahren 1205 und 1207 war er in Jerusalem, Hebron und Kairo. 1207 reiste er wieder nach Mekka. Im Jahr 1209 war er in Aleppo und 1212 wieder in Bagdad. Zwischen 1213 und 1215 sehen wir ihn zwischen Mekka und Aleppo. 1216 unternahm er seine Reise nach Anatolien, dort war er in Sivas, Malatya, Kayseri und Konya. Im Jahr 2020 war er schließlich wieder in Aleppo. Die letzte Reise, bevor er sich ab 1223 endgültig in Damaskus niederließ, ging wieder nach Malatya im Jahr 1221. Dies waren seine wichtigsten Stationen im Osten.[20]

Während dieses Lebensabschnittes trat Ibn al-ʿArabī als eine Autorität in mehreren Wissenschaften auf. Nicht nur im Bereich des *taṣawwuf* war er ein prominenter Gelehrter, sondern auch im Bereich der Hadithwissenschaft. Im Osten kam es zum Treffen mit mehreren Gelehrten. Es war die fruchtbarste Zeit seines Lebens, da die meisten seiner Werke aus dieser Phase stammten. Er wurde im Laufe seiner ständigen Reisen stets von Schülern bzw. Gefährten, die später auch eine Rolle bei der Verbreitung seiner Lehren spielen sollten, begleitet. Ibn al-ʿArabī verbrachte seine letzten siebzehn Jahre in Damaskus. Insbesondere in dieser Zeit hat er

19 Vgl. ebd; Für ***Inšā' ad-dawā'ir*** siehe: IBN AL-ʿARABĪ: ***al-Futūḥāt al-makkiyya***, Bd. 1, S. 98; Zum Datum von ***ʿAnqā muġrib*** siehe: IBN AL-ʿARABĪ, MUḤYĪ AD-DĪN: ***Der sagenhafte Greif des Westens: ʿAnqā' Mughrib***, übers. von Wolfgang Herrmann, Herrliberg: Ed. Shershir 2012, S. 27; Zu ***at-Tadbīrāt al-ilāhiyya*** siehe: IBN AL-ʿARABĪ, MUḤYĪ AD-DĪN: ***at-Tadbīrāt al-ilāhiyya fī iṣlāḥ al-mamlaka al-insāniyya***, in: ʿABD AL-FATTĀḤ, SAʿĪD (Hrsg.): ***Rasā'il Ibn ʿArabi*** (2), Beirut: Mu'assasat al-instišār 2002, S. 310.

20 Vgl. AL-MĀLIḤ: ***aš-Šayḫ al-Akbar Muḥyī ad-Dīn Ibn al-ʿArabī***, S. 63 ff; sowie ADDAS: ***Ibn ʿArabī, ou, La quête du soufre rouge***, S. 352 ff.

sich dem Lehren und Schreiben gewidmet.[21] Er verließ unsere Welt am 8. November 1240.

In den nächsten Punkten sollen nun die theologischen Hintergründe seiner Lehren behandelt sowie auf die Frage eingegangen werden, ob es Einflüsse außerhalb der muslimischen Traditionen auf ihn gab. Im letzten Punkt werden seine Hauptwerke vorgestellt.

2.1.1. Die Hintergründe

Mit den theologischen Hintergründen sind die unterschiedlichen Einflüsse, die ihn geprägt haben, gemeint. Wenn man die drei Hauptzweige der Theologie betrachtet, nämlich den Fikh, den *kalām* und den *taṣawwuf*, dann kann man die folgenden Fragen stellen, auf die versucht wird, in den nachfolgenden Unterpunkten eine Antwort zu liefern: Welche Rechtsschulen (*maḏāhib*) haben ihn beeinflusst und gehörte er selber einer der damals bekannten Rechtsschulen an? Die gleiche Frage kann man im Bereich des *kalām* stellen; vor allem die Frage, ob Ibn al-ʿArabī ein *Ašʿarit* war, ist hier interessant. Wenn man dies bejaht, wie könnte dies dann gedeutet werden, da er sie in mehreren Punkten kritisiert? Und falls man die Frage verneint, stellt sich die Frage, welche *kalām-Schule* bzw. ob er überhaupt eine solche vertrat. Des Weiteren kommt die Frage hinzu, ob es Einflüsse anderer *kalām-Schulen* auf ihn gab und, wenn ja, welche Schulen dies waren. Wenn man sich dem Bereich des *taṣawwuf* zuwendet, dann sind hier ebenfalls einige Fragen von Wichtigkeit: Wie sah sein Werdegang auf diesem Gebiet aus? Wer waren seine Hauptlehrer? Und welche Hintergründe hatten sie? Darüber hinaus soll auch die Frage behandelt werden, ob Ibn al-ʿArabī von anderen muslimischen Schulen beeinflusst wurde, wie z.B. den *Ismaʿīlīten* oder den *Imamiten*.

2.1.1.1. *at-Taṣawwuf*

Addas zufolge könnte man bei Ibn al-ʿArabi den Einfluss der Tradition von hauptsächlich vier Gelehrten im Bereich des *taṣawwuf* konstatieren,[22]

21 Siehe die Chronologie seiner Tätigkeiten im Osten in: AL-MĀLIḤ: *aš-Šayḫ al-Akbar Muḥyī ad-Dīn Ibn al-ʿArabī*, S. 64 ff; siehe auch: ADDAS: *Ibn ʿArabī, ou, La quête du soufre rouge*, S. 219–337.

22 Vgl. ADDAS: *Ibn ʿArabī, ou, La quête du soufre rouge*, S. 363 f.

nämlich Imam Ibn al-ʿArīf (gest. 1141),[23] Imam Ibn Barraǧān (gest. 1141),[24] Imam Abū Madyan (gest. 1198)[25] und Imam Ibn Muǧāhid (1178).[26] Hinzu zählt man eine Reihe von Lehrern, bei welchen er die traditionellen Wissenschaften studierte. Demnach könnte man davon ausgehen, dass diese fünf Inputs eine wesentliche Rolle in der Erfahrung Ibn al-ʿArabīs im Bereich des *taṣawwuf* gespielt haben.

Imam Ibn al-ʿArīf und Imam Ibn Barraǧān gehörten neben Ibn Qasī (gest. 1151)[27] zu der sogenannten Schule von Almeria. Henry Corbin – und vor ihm Asín Palacios – sahen in dieser Schule von Almeria das Fortbestehen der Lehren vom Ibn Massara (gest. 931),[28] welcher ihrer Meinung nach die Ideen des Pseudo-Empedokles in ihrer neoplatonischen Interpretation, gemischt mit *muʿtazilītischen* und *ismāʿīlītischen* Elementen, vertrat.[29]

Allerdings gibt es weder für die Annahme, dass die Schule von Almeria eine Art Kontinuität der Lehren von Ibn Massara sei, noch für die behaupteten Einflüsse des Neoplatonismus und der *Ismāʿīlīten* evidente Belege.[30] Die uns heute vorliegenden zwei Traktate von Ibn Massara, die Asín Palacios

23 Siehe: AS-SIMLĀLĪ, AL-ʿABBĀS B. IBRĀHĪM: *al-Iʿlām bi-man ḥalla murākuš wa-aġmāt min al-aʿlām*, Rabat: al-Maṭbaʿa al-malakiyya 1993, Bde. 2, 5-24; sowie: AT-TĀDILĪ, ABŪ YAʿQŪB B. AZ-ZAYYĀT: *at-Tašawwuf ilā riǧāl ahl at-taṣawwuf*, hg. von Aḥmad at-Tawfīq, 2. Aufl., Rabat: Manšūrat kulliyat al-ādāb 1997, S. 118–123; und: AḎ-ḎAHABĪ, ŠAMS AD-DĪN: *Siyar aʿlām an-nubalā'*, Beirut: Muʾassasat ar-Risāla 1996, Bde. 20, 111-114; siehe auch: IBN AL-ABBĀR, ABŪ ʿABDILLĀH MUḤAMMAD: *Muʿǧam aṣḥāb al-qāḍī al-imām Abī ʿalī aṣ-Ṣadafī*, hg. von Franciscus Codera, Madrid: A.J. Rochas 1884, S. 18–22.

24 Siehe: IBN AL-ABBĀR, ABŪ ʿABDILLĀH MUḤAMMAD: *at-Takmila li-kitāb aṣ-ṣila*, Beirut: Dār al-fikr 1995, Bd. 4, S. 6; sowie: AḎ-ḎAHABĪ: *Siyar aʿlām an-nubalā'*, Bd. 22, S. 334. Er wird auch zu den Überlieferern des Hadith gezählt. Aus diesem Grund erwähnte ihn Imam Ibn Ḥaǧar in seinem *Lisān al-mizān*, siehe: IBN ḤAǦAR AL-ASQALĀNĪ, AḤMAD B. ʿALĪ: *Lisān al-mīzān*, hg. von ʿAbd al-Fattāḥ Abū Ġudda, Beirut: Maktabat al-matbūʿāt al-islāmiyya 2002, Bd. 5, S. 173.

25 Die ausführlichste Biographie von Abū Madyan findet man im Werk Ibn Qunfuḏs. Neben der Biographie von al-Quṭb Abū Madyan erwähnte er zahlreichen Angaben zu seinen Lehrern und Schülern, siehe: IBN QUNFUḎ, ABŪ AL-ʿABBĀS: *Uns al-faqīr wa-ʿizz al-ḥaqīr fī at-taʿrīf bi aš-šayḫ Abī Madyan wa uṣḥūbih*, Kairo: Dar al-muqaṭṭam 2002. Siehe auch: AT-TĀDILĪ: *at-Tašawwuf ilā riǧāl ahl at-taṣawwuf*, S. 319–326; und: AḎ-ḎAHABĪ: *Siyar aʿlām an-nubalā'*, Bd. 21, S. 220; sowie: AŠ-ŠAʿRĀNĪ, ʿAbd al-Wahhāb: aṭ-Ṭabaqāt al-Kubrā, Beirut: Dār al-kutub al-ʿilmiyya 2006, S. 219–221.

26 at-Tādilī: at-Tašawwuf ilā riǧāl ahl at-*taṣawwuf*, S. 380, Fußnote: 180.

27 AS-SIMLĀLĪ: *al-Iʿlām*, Bd. 2, S. 58–60; Eine polemische Biographie findet man bei al-Murrākušī, welche die Quelle für aḏ-Ḏahabī und Ibn Ḥaǧar war, siehe: AL-MURRĀKUŠĪ, ABŪ MUḤAMMAD: *al-Muʿǧib fī talḫīṣ aḫbār al-maġrib*, Beirut: al-Maktaba al-ʿaṣriyya 2006, S. 156 f.

28 Vgl. CORBIN, HENRY: *Histoire de la philosophie islamique*, 2. Aufl., Paris: Gallimard 2006, S. 307. Für eine ausführliche Liste biographischer Quellen zu Ibn Massara siehe: BROWN, VAHID: *Muhammad b. Masarra al-Jabali and his Place in Medieval Islamicate Intellectual History: Towards a Reappraisal*, Reed College 2006, S. 39–92; Für eine kurze Biographie: RENARD, JOHN: *Historical dictionary of Sufism*, Lanham, Md.: Scarecrow Press 2005; siehe auch: STROUMSA, SARAH UND SARA SVIRI: *The beginnings of mystical philosophy in al-Andalus: Ibn Masarra and his Epistle on contemplation*, in: *Jerusalem Studies in Arabic and Islam* (JSAI) 36 (2009), S. 316–349, hier S. 316–349.

29 Vgl. ADDAS: *Ibn ʿArabī, ou, La quête du soufre rouge*, S. 79.

30 Vgl. ebd.

sicherlich nicht kannte, da sie erst nach seinem Tod entdeckt wurden,[31] sowie die Tatsache, dass Ibn al-'Arabi ihn in der Gesamtheit seiner uns bekannten Werke nur ca. dreimal zitiert,[32] macht eine sichere Rekonstruktion der Ideen von Ibn Massara schwierig, geschweige denn, ihn einer Strömung zuordnen zu können. Basierend auf bloßen Hypothesen eine Schlussfolgerung zu ziehen, zeigt sich äußerst fragwürdig. Außerdem ist die Berührung zwischen dem *taṣawwuf* und der Philosophie, wie Addas feststellt, etwas Vertrautes, sodass man dem keine große Bedeutung beimisst.[33] Vielmehr gehörten Ibn al-ʿArīf und Ibn Barraǧān zu den Kreisen der sunnitischen Gelehrten ihrer Zeit, die sich mit dem *taṣawwuf* beschäftigten, wie wir aus ihren Biographien entnehmen können. Das erklärt z. B., warum Imam Ibn al-ʿArīf als der Ġazālī Andalusiens betitelt wurde.[34]

Wirft man einen Blick auf die Gelehrten, bei welchen Imam Ibn al-ʿArīf studierte, dann findet man, um nur einige zu erwähnen, Namen wie Abū ʿAlī aṣ-Ṣafadī (gest. 1120),[35] Imam Ibn al-Faṣīḥ (gest. 1113?)[36] und andere Gelehrte des Sunnitentums in Andalusien.[37] Das gleiche gilt auch für die weiteren drei Gelehrten Ibn Barraǧān, Abū Madyan und Ibn Muǧāhid. Sie haben alle nur bei Gelehrten aus sunnitischen Kreisen, wie man es in ihren Biographien nachlesen kann, studiert. Sie galten als eifrige Verteidiger von Imam al-Ġazālī (gest. 1111).[38] Besonders Imam Abū Madyan studierte bei einem Gelehrten, der eine wesentliche Rolle in der Etablierung der Lehren al-Ġazālīs in Nordafrika gespielt hat, und zwar Imam Ibn Ḥirzihim (gest. 1164).[39] Der Chronist Imam aḏ-Ḏahabī (gest. 1348), welcher für seine Nähe zu Ibn Taymiyya (gest. 1328) bekannt war, bezeichnet Imam Ibn Barraǧān als *„Lehrmeister, Imam, Gotteskenner und Vorbild"*[40] und über Imam Abū

31 Vgl. ebd., S. 80.
32 Vgl. ebd.
33 Vgl. ebd.
34 Vgl. AS-SIMLĀLĪ: *al-Iʿlām*, Bd. 2, S. 7.
35 Er gehörte zu den prominentesten Gelehrten des Hadith. Zu seinen Lehrern zählt man Abū al-Walīd al-Bāǧī (gest. 1082) sowie Muḥammad b. Naṣr al-Ḥumaydī (gest. 1095), der Schüler von Ibn Ḥazm (gest. 1064). Siehe seine Biographie in: AḎ-ḎAHABĪ: *Siyar aʿlām an-nubalāʾ*, Bd. 19. S. 376-378; AT-TILMISĀNĪ, ŠIHĀB AD-DĪN: *Azhār ar-riyād fī aḫbār al-Qāḍī ʿIyyāḍ*, hg. von Muṣṭafā as-Saqqā und Ibrahīm al-Abyārī, Kairo: Laǧnat a-Taʾlīf wa-Tarǧama wa-Našr 1942, Bde. 3, 151-154; AZ-ZIRIKLĪ, ḪAYR AD-DĪN: *al-Aʿlām*, Beirut: Dār al-ʿilm li-l-malāyīn 2002, Bd. 2, S. 55; Für ausführliche biographische Daten bezüglich seinen Schülern siehe: IBN AL-ABBĀR: *Muʿǧam aṣḥāb al-qāḍī al-imām Abī ʿalī aṣ-Ṣadafī*.
36 Siehe: IBN BAŠKUWĀL, ABŪ AL-QĀSIM: *aṣ-Ṣila*, Kairo: Dār al-kitāb al-miṣrī 1990, S. 2, S. 587.
37 Asín Palacios gesteht, dass man nur seine Lehrer in den traditionellen Wissenschaften zurückverfolgen kann. Siehe dazu: IBN AL-ʿARĪF: *Maḥāsinu al-maǧālis*, S. 3.
38 Vgl. ebd.
39 Vgl. IBN QUNFUḎ: *Uns al-faqīr wa-ʿizz al-ḥaqīr fī at-taʿrīf bi aš-šayḫ Abī Madyan wa aṣḥābih*, S. 46 f.
40 Vgl. AḎ-ḎAHABĪ: *Siyar aʿlām an-nubalāʾ*, S. 20, S. 73.

Madyan schrieb er: „*der Asket und Lehrmeister der Leute des Westens (maġrib)*".[41] Die Haltung von Imam aḏ-Ḏahabī zu den beiden und die Tatsache, dass er sie nicht kritisierte, sind starke Zeichen dafür, dass diese Imame auch in „konservativen" Kreisen Akzeptanz fanden. Es ist selten, dass Imam aḏ-Ḏahabī umstrittene Namen in seiner Sammlung erwähnte, ohne darauf hinzuweisen oder sie, wenn auch nur latent, zu kritisieren.[42] Durch die Schriften von Ibn Barraǧān, die heute vorhanden sind, insbesondere seine beiden *tafasīr*,[43] kann man seine *ašʿarītischen* Tendenzen herauslesen, die sich deutlich in seiner Kritik der *Muʿtazilīten* zeigen.[44]

Den Einfluss von Abū Madyan, Ibn Barraǧān, Ibn al-ʿArīf und Ibn Muǧāhid kann man auf zwei Wegen feststellen. Zum einen sind die meisten Sufi-Meister, die Ibn al-ʿArabī getroffen bzw. begleitet hat, entweder direkte Schüler der besagten vier Gelehrten oder Schüler von deren Schülern. Zum anderen werden sie und manche ihrer Konzepte in seinen Schriften erwähnt und manchmal vertreten.[45]

Die folgende Tabelle zeigt die Namen der wichtigsten Lehrer Ibn al-ʿArabīs bzw. Sufi Meister, die er getroffen hat. Anhand dessen soll er-

41 Ebd., Bd. 21, S. 220.

42 Noch ein weiteres Indiz ist die Tatsache, dass der berühmte Hadithgelehrte al-Ḥāfiẓ ʿAbdulḥaqq al-Išbīlī (gest. 1185), Autor von der bekannten Hadithsammlung *al-Aḥkām al-kubrā*, selber der Schüler von Ibn Barraǧan war. Vgl. Ibn Barraǧān, Abū al-Ḥakam: *at-Tafsīr aṣ-ṣufī li l-qurʾān*, hg. von Muḥammad al-ʿAdlūnī, Casablanca: Dar aṯ-ṯaqāfa 2011, S. 20.

43 Die beiden *tafāsīr* wurden kritisch editiert. Der große *tafsīr* liegt sowohl in einer partiellen Edition von Prof. Dr. al-ʿAdlūnī als auch in einer vollständigen Edition von Ḥusnī ʿAbd al-Karīm und al-Miṣrī vor: Ibn Barraǧān: *at-Tafsīr aṣ-ṣufī li l-qurʾān; Ibn Barraǧān*, Ibn Barraǧān: *Tanbīh al-afhām ilā tadabbur al-kitāb al-ḥakīm wa-taʿarruf al-aʾyāt wa n-nabaʾ al-ʿaẓīm*, hg. von Fātiḥ Ḥusnī ʿAbd al-Karīm, und Raʾfat al-Miṣrī, Amman: Dār an-nūr al-mubīn 2016. Der kleine Kommentar erschien 2016 in einer kritischen Edition bei Brill: Ibn Barraǧān, Abū al-Ḥakam: *A Qurʾān Commentary by Ibn Barrajān of Seville* (d. 536/1141): *Īḍāḥ al-ḥikma bi-aḥkām al-ʿibra (Wisdom Deciphered, the Unseen Discovered)*, hg. von Gerhard Böwering und Yousef Casewit, Brill 2015.

44 al-Ḫayyāṭī, Muḥammādī: „*al-Manḥā al-ʿaqadī fī tafsīr Ibn Barraǧān bayn al-fahm aṣ-ṣufī wa an-nazʿa al-ašʿariyya*", Portal, 2013, http://www.habous.gov.ma/ (zugegriffen am 13.3.2014). Dass er ein Experte im Bereich des *kalām* war, kann man auch aus seiner Biographie bei Ibn al-Abbār entnehmen, siehe: Ibn al-Abbār: *at-Takmila li-kitāb aṣ-ṣila*, Bd. 3, S. 21.

45 Zum Einfluss von Abū Madyan auf Ibn al-ʿArabī siehe: Abrahamov, Binyamin: *Ibn al-ʿArabi and the Sufis*, Oxford: Anqa Publishing 2014, S. 157–164. Zum Einfluss von Ibn Barraǧān siehe: Küçük, Hülya: *Light Upon Light in Andalusian Sufism: Abū l-Ḥakam Ibn Barrajān (d.536/1141) and Muḥyī l-Dīn Ibn al-ʿArabī (d.638/1240) as the Evolver of His Hermeneutism, Part 1: Ibn Barrajān's Life ans Works*, Zeitschrift der Deutschen Morgenländischen Gesellschaft 163/1 (2013), S. 87–116; und: Küçük, Hülya: *Light Upon Light in Andalusian Sufism: Abū l-Ḥakam Ibn Barrajān (d.536/1141) and Muḥyī l-Dīn Ibn al-ʿArabī (d.638/1240) as the Evolver of His Hermeneutism, Part 2: Ibn Barrajān's Views and Legacy*, Zeitschrift Der Deutschen Morgenlandischen Gesellschaft 163/2 (2013); sowie: Abrahamov: *Ibn al-ʿArabi and the Sufis*, S. 135–137. Zum Einfluss von Ibn al-ʿArīf siehe: Ebd., S. 139–144.

sichtlich werden, dass die Traditionskette der hier aufgelisteten Lehrer auf mindestens einen der oben erwähnten Sufis zurückgeht.[46]

<table>
<tr><td rowspan="19">Ibn al-ʿArabī</td><td colspan="2">Yusuf a-Kūmī</td><td rowspan="8">Abū Madyan</td></tr>
<tr><td colspan="2">ʿAbd Allah Mawrūrī</td></tr>
<tr><td colspan="2">ʿAbd al-ʿazīz Mahdāwī</td></tr>
<tr><td colspan="2">Aḥmad as-Salawī</td></tr>
<tr><td colspan="2">Ibn Saydabūn</td></tr>
<tr><td colspan="2">Ibn Ḫamīs al-Kinanī</td></tr>
<tr><td colspan="2">Mūsā al-Sadrānī</td></tr>
<tr><td colspan="2">Ayyūb al-Fihrī</td></tr>
<tr><td>ʿAbd Allah al-Qalfāt</td><td rowspan="2">Abū ar-Rabīʿ al-Mālaqī</td><td rowspan="4">Ibn al-ʿArīf</td></tr>
<tr><td>Ibn aṭ-Ṭarīf</td></tr>
<tr><td>ʿAbd al-Ǧalīl</td><td rowspan="2">Ibn Ġālib</td></tr>
<tr><td>Abū Ayyūb al-Fihrī</td></tr>
<tr><td colspan="2">Ibn al-Ḫarrāṭ al-Azdī</td><td rowspan="2">Ibn Barraǧān</td></tr>
<tr><td colspan="2">Ibn Ġālib</td></tr>
<tr><td colspan="2">Mirtūlī</td><td rowspan="5">Ibn Mugahld</td></tr>
<tr><td colspan="2">Ibn Qassūm</td></tr>
<tr><td colspan="2">Yūsuf al-Šunbarbūlī</td></tr>
<tr><td colspan="2">Ayyūb al-Fihrī</td></tr>
<tr><td colspan="2">Ibn Ṭarīf</td></tr>
</table>

46 Die Daten der Tabelle sind den Diagrammen, die Claude Addas für ihre Studie erstellt hat, entnommen. Siehe: ADDAS: *Ibn ʿArabī, ou, La quête du soufre rouge*, S. 363 f.

Ferner konstatiert Binyamin Abrahamov den Einfluss von weiteren Sufis, nämlich Ibn Qasī und Abū al-ʿAbbās al-ʿUraybī sowie von den zwei Meistern des Ostens, al-Ġazālī und ʿAbd al-Qādir al-Ǧīlānī.[47] Der Einfluss al-Ǧīlānīs kann auch durch die Tradition Abū Madyans belegt werden, da dieser einer der ersten war, die die Lehren al-Ǧīlānīs in den Westen eingeführt haben und zwar nachdem er ihn im Osten während des Hadsch traf.[48]

Was den Einfluss al-Ġazālīs betrifft, so ist es, wie schon erwähnt, ein indirekter Einfluss durch die Sufis, die er begleitet hat. Darüber hinaus war Ibn al-ʿArabī mit den Werken und Lehren des Imam al-Ġazālī vertraut, das belegen u. a. die zahlreichen Zitate in *al-Futūḥāt al-makkiyya*.

Ferner haben auch die frühen Sufis, die vor Imam al-Ġazālī wirkten, einen Einfluss auf Ibn al-ʿArabī gehabt. Als Sufi sah er sich in ihrer Tradition und benutze sie oft als Referenz in seinen Schriften. Von den ganz Frühen kann man al-Muḥāsibī (gest. 857), Ḏū an-Nūn al-Miṣrī (gest. 859), al-Bisṭāmī (gest. 874), Sahl at-Tustarī (gest. 896), al-Ḫarrāz (gest. 899), al- Ǧunyad (gest. 910) und aš-Šiblī (gest. 946) erwähnen. Anhand mehrerer Bücher kann man das fundierte Wissen, welches Ibn al-ʿArabī über die Lehren der frühen Sufis besaß, aufzeigen. Eines davon ist *„al-Iʿlām bi-išārāt ahl al-ilhām"*, in welchem er eine Fülle von Aussagen der oben erwähnten Sufis zitierte.[49] Ein anderes Buch ist seine Biographie zu Ḏū an-Nūn al-Miṣrī *„al-Kawkab ad-durrī fī manāqib Ḏī an-Nūn al-Miṣrī"*.[50] In diesem zeigt Ibn al-ʿArabī seine Verbindung mit dem frühen *taṣawwuf*, indem er alle Berichte über bzw. von Ḏū an-Nūn mit seinen eigenen Überlieferungsketten tradiert. Es ist wahrscheinlich das ausführlichste noch erhaltene Buch über die Lehren Ḏū an-Nūns. Ferner schrieb Ibn al-ʿArabī selber in der Einleitung, dass er das Kompendium über Ḏū an-Nūn al-Miṣrī aus einem anderen seiner Bücher extrahierte, nämlich *„Uns al-munqaṭiʿīn ilā llāh"*. Dieses Werk, welches uns leider nicht erreicht hat, war sicherlich eine größere Sammlung. Es beinhaltet die Biographien, Lehren und Aussagen verschiedener Sufis, die Ibn al-ʿArabī aus den Hauptwerken des *taṣawwuf*

47 Abrahamov: *Ibn al-'Arabi and the Sufis*: al-Ġazālī : S. 117-134; Ibn Qasī: S. 145-150; ʿAbd al-Qādir al-Ǧīlānī: S. 151-155; Abū al-ʿAbbās al-ʿUraybī: S. 165-169.

48 Vgl. at-Talīdī, ʿAbd Allah: *al-Muṭrib bi-mašāhīr awliyāʾ al-maġrib*, Rabat: Dār al-amān 2003, S. 66.

49 Ibn al-ʿArabī, Muḥyī ad-Dīn: *al-Iʿlām bi-išārāt ahl al-ilhām*, in: *Rasāʾil Ibn ʿArabī*, Beirut: Dār ṣādir 1997, S. 96–105.

50 Ibn al-ʿArabī, Muḥyī ad-Dīn: *al-Kawkab ad-durrī fī manāqib Ḏī an-Nūn al-Miṣrī*, in: ʿAbd al-Fattāḥ, Saʿīd (Hrsg.): *Rasāʾil Ibn ʿArabi* (3), Beirut: Muʾassasat al-instišār 2002.

sammelte bzw. die er selber traf. Die Liste der Werke, aus welchen Ibn al-'Arabī dieses Buch zusammengestellt hat, ist Folgende:[51]

- *Ḥilyat al-awliyā'* von Abū Nu'aym al-Iṣfahānī (gest. 1038)
- *Ṣifat aṣ-ṣafwa* von Ibn al-Ǧawzī (gest. 1201)
- *Bahǧat al-asrār wa-lawāmi' al-anwār* von Abū al-Ḥasan al-Hamaḏānī (gest. 1023)
- *Tahḏīb al-asrār* von Abū Sa'īd an-Nīsāpūrī (gest. 1016)
- *ar-Rīsāla* von Abū al-Qāṣim al-Qušayrī (gest. 1074)
- *Manāqib al-abrār wa-maḥāsin al-aḫyār* von Ibn Ḫamīs al-Mawṣilī (gest. 1157)
- *Kitāb al-munqati'īn* von Ibn Muġīt aṣ-Ṣaffār (gest. 1038)
- *ad-Daḫā'ir wa-l-a'lāq* von Ibn Salām aš-Išbīlī (gest. 1150)

Was uns vor allem aus dieser Passage von *al-Kawkab ad-dūrī* interessiert, ist, dass Ibn al-'Arabī die Hauptsammlungen des *taṣawwuf* gekannt und studiert hat. Es waren jene Werke, die die Biographien, Aussagen und Lehren der frühen Sufis bewahrt haben. Ferner zeigt sich seine tiefe Kenntnis über die frühen Sufis auch in den zahlreichen Zitaten, die in den verschiedenen Werken von ihm zerstreut sind, vor allem in *al-Futūḥāt al-makkiyya*. Allerdings war er nicht neutral gegenüber dem geistigen Erbe der Sufis. Wie Abrahamov konstatiert: „*Sometimes he puts forward an earlier notion as corroboration of his own thought; at other times he polemicizes against scholars, before finally accepting their view with some modifications. Also, he does not hesitate to reject ideas introduced by famous Sufis.*“[52] Des Weiteren hinterließen andere Systematiker vor al-Ġazālī ihre Spuren in den Lehren Ibn al-'Arabīs wie z.B. Imam Abū Ṭālib al-Makkī (gest. 996)[53] und vor allem Imam al-Ḥakīm at-Tirmiḏī (gest. 932).[54] Mit Letzterem beschäftigte sich Ibn al-'Arabī z. B. in einem langen Kapitel in *al-Futūḥāt al-makkiyya*.[55]

In den nun folgenden Unterpunkten sollen die Hintergründe Ibn al-'Arabīs bezüglich des Fikh und der Glaubenslehre dargestellt werden. Dadurch wird seine Zugehörigkeit im großen Rahmen des Sunnitentums noch deutlicher.

51 Die Liste erwähnte er in der Einleitung von *al-Kawkab ad-durrī*. Siehe: Ebd., S. 54–56.

52 ABRAHAMOV: *Ibn al-'Arabi and the Sufis*, S. 9.

53 Ebd., S. 111 ff.

54 Ebd., S. 85 ff.

55 Ibn al-'Arabī beschäftigt sich intensiv mit dem Konzept des *Ḫatm al-Awliyā'* von at-Tirmiḏī. Siehe dazu: CHODKIEWICZ: *Le Sceau des saints prophétie et sainteté dans la doctrine d'Ibn Arabî*, S. 36–69; sowie: RADTKE, BERND: *A Forerunner of Ibn al-'Arabî: Hakîm Tirmidhî on Sainthood*, in: *Journal of the Muhyiddin Ibn 'Arabi Society* 8 (1989), S. 42–49. Ferner dedizierte Ibn al-'Arabī *al-Futūḥāt al-makkiyya* das 73. Kapitel, um 155 Fragen von al-Hakīm at-Tirmiḏī zu beantworten.

2.1.1.2. Fikh, Koran- und Hadithwissenschaften

Ibn al-ʿArabī wuchs in Andalusien auf, einem der Zentren der *mālikītischen* Schule. Andalusien und seine Rechtsgelehrten spielten eine zentrale Rolle bei der Entstehung und Systematisierung der *mālikītischen* Schule.[56] Schon zu Lebzeiten Imam Maliks (gest. 795) gab es Kontakt zwischen den Gelehrten Andalusiens und dem medinensischen Imam sowie seinen Schülern.[57] Der Austausch mit den anderen *mālikītischen* Zentren in Nordafrika, Ägypten und dem Irak wird bis zum Ende der muslimischen Existenz auf der iberischen Halbinsel nie aufhören. Aber gerade in der Periode, in welcher Ibn al-ʿArabī lebte, durchlief diese Schule eine schwere Phase, worauf später noch genauer eingegangen wird.

Allerdings lebten unter den letzten Generationen vor Ibn al-ʿArabī in Andalusien große *mālikītische* Juristen, die maßgeblich die Schule beeinflusst haben, wie z. B. Ibn ʿAbd al-Barr (gest. 1071), Abu al-Walīd al-Bāǧī (gest. 1081), Ibn Rušd al-Ǧadd (gest. 1126), Abū Bakr b. al-ʿArabī (gest. 1148) und al-Qāḍī ʿIyāḍ (gest. 1149) um nur einige zu erwähnen. Ibn al-ʿArabī nahm Unterricht bei den Gelehrten, die in der Linie dieser Prominenten in Andalusien standen. So studierte er die Hauptwerke von Ibn ʿAbd al-Barr bei Ibn Zarqūn (gest. 1190), der Oberrichter von Sevilla und direkter Schüler von al-Qaḍī ʿIyāḍ und Abū ʿImrān Mūsā war, welcher selber Schüler von Ibn ʿAbd al-Barr war.[58] Ibn al-ʿArabī studierte auch bei Ibn al-Faras al-Ḫazraǧī (gest. 1200), dem Oberrichter von Granada. Er galt nach Ibn Zarqūn als die zweite Autorität in der *mālikītischen* Rechtsschule in Andalusien.[59] Somit hat Ibn al-ʿArabī bei den zwei wichtigsten *mālikītischen* Gelehrten seiner Zeit studiert. Ein weiter *mālikītischer* Lehrer, bei dem er gelernt hat, war der Hadithgelehrte ʿAbd Allāh al-Ḥaǧarī (gest. 1194). Aḏ-Ḏahabī gab ihm zehn Bezeichnungen in seiner Biographie, die seinen Rang in der Gelehrsamkeit zeigen sollen. Zu ihm schrieb er:

56 Zum Einfluss der andalusischen Gelehrten auf die Entwicklung der *mālikītischen* Schule siehe: Vazquez-Paluch, Daniel Andrzej: *The Establishment of the Māliki School in Muslim Spain*, London: School of Oriental and African Studies (University of London) 2008.

57 Zum Beitrag Andalusiens bei der Entstehung der *mālikītischen* Schule siehe: Ghandour, Ali: *Die Vielfalt innerhalb der Maḏāhib in ihrer Entstehungs- und Entwicklungsphase am Beispiel des mālikitīschen Maḏhab*, in: Milad Karimi und Mouhanad Khorchide (Hrsg.): *Jahrbuch für Islamische Theologie und Religionspädagogik*, Freiburg: Kalam Verlag 2012..

58 Ibn al-ʿArabī, Muḥyī ad-Dīn: *Iǧāza ilā al-malik al-muẓaffar* (Hs. 4679), al-Maktaba aẓ-ẓāhiriyya, Damaskus 1888, Blatt 16. Zur Biographie von Ibn Zarqūn siehe: Aḏ-Ḏahabī: *Siyar aʿlām an-nubalāʾ*, Bd. 21, S. 147 ff.

59 Vgl. Addas: *Ibn ʿArabī, ou, La quête du soufre rouge*, S. 366; Siehe seine Biographie in: Aḏ-Ḏahabī: *Siyar aʿlām an-nubalāʾ*, Bd. 21, S. 365.

الشيخ، الإمام العلامة المعمر المقرئ المجود المحدث الحافظ الحجة شيخ الإسلام[60]

Der Lehrer (aš-šayḫ), Imam, der Großgelehrte (ʿallāma), der lang im Dienste des Wissens war (muʿammir), der Koranüberlieferer, der Koranrezitator, der Hadithüberlieferer, der den Kanon des Hadith auswendig kennt (al-ḥāfiẓ), die Autorität in seinem Fach (al-ḥuǧǧa), der Gelehrte [der Lehre] der Ergebenheit schlechthin (šayḫ al-islām)[61].

Zeitgleich zu den Unterrichten von al-Ḥaǧarī besuchte er jene von Ayyūb al-Fihrī (gest. 1212), einem weiteren Hadithgelehrten. Ferner zählt man zu den prominenten Gelehrten, bei denen er zusätzlich Unterricht nahm, ʿAbd ar-Raḥmān as-Suhaylī (gest. 1185), den Kommentator von *Sīrat Ibn Hišām*; Ibn al-Ḫarrāṭ al-Išbīlī (gest. 1185), den Autor mehrerer Hadithwerke; Ibn Miqdām ar-Ruʿaynī (gest. 1207) und Ibn aš-Šarrāṭ (gest. 1190).[62] Allein in seiner *iǧāza* an den König al-Muẓaffar erwähnte Ibn al-ʿArabī sechsundsechzig Namen, bei denen er entweder studiert hatte oder die ihm eine *iǧāza* mitgeteilt hatten.[63] al-Māliḥ konnte in seiner Studie zu Ibn al-ʿArabī 253 Lehrer in dessen verschiedenen Schriften identifizieren.[64]

Ibn al-ʿArabī erreichte durch sein intensives Studium des Hadith einen hohen Rang, sodass er befähigt war, mehrere Werke zur Hadithwissenschaft zu schreiben. Er fasste z. B. *Ṣāḥīḥ Muslim* und *Ṣāḥīḥ al-Buḫārī* in einem Werk zusammen. Des Weiteren schrieb er auch separate Zusammenfassungen zu den zwei *Ṣaḥīḥ* Werken und *Sunan at-Tirmiḏī*.[65] Eine Arbeit, die nur *ḥufāẓ*, sprich Leute, die den Kanon der Hadithe auswendig und gut kannten, durften. Ferner fing er einen Korankommentar an. Seinem Bericht zufolge betrug dieser *Tafsir* vierundsechzig Bände: Wohlgemerkt konnte er bis zu seinem Tod nur bis zur achtzehnten Sure kommentieren und somit blieb dieses Projekt unvollständig.[66] Was man allerdings beim Untersuchen seiner *iǧāza* sowie der unterschiedlichen autobiographischen Hinweise in seinen Werken feststellt, ist, dass es, obwohl er bei prominenten *mālikītischen* Gelehrten studiert hatte, keine Indizien dafür gibt, dass er eines der Hauptwerke des *mālikītischen* Kanons unterrichtet bekam. Zwar fließt der Fikh in ein intensives Studium des Hadith ein, aber man kann

60 AḎ-ḎAHABĪ: *Siyar aʿlām an-nubalāʾ*, Bd. 21, S. 251.

61 Hier darf *islām* nicht im Sinne einer Religion verstanden werden. Mit *islām* wird hier der Akt der Ergebung ausgedrückt.

62 Vgl. ADDAS: *Ibn ʿArabī, ou, La quête du soufre rouge*, S. 365–367.

63 Siehe: *Iǧāza ilā al-malik al-muẓaffar* (Hs. 4679), Blatt 16-18.

64 Siehe: AL-MĀLIḤ: *aš-Šayḫ al-Akbar Muḥyī ad-Dīn Ibn al-ʿArabī*, S. 87–109.

65 Vgl. IBN AL-ʿARABĪ, MUḤYĪ AD-DĪN: *Iǧāza ilā al-malik al-muẓaffar* (Hs. 4679), Blatt 18.

66 Vgl. ebd., Blatt 18.

nur vermuten, dass seine Berührung mit der *mālikītischen* Schule durch die Prägung seiner Lehrer stattfand, jedoch nicht durch ein Studium.

Das hat einen historischen Grund: Ibn al-ʿArabī lebte in der Herrschaftszeit des dritten und wichtigsten Kalifen der Almohaden, Abū Yūsuf Yaʿqūb al-Manṣūr (gest. 1199). Dieser war ein Anhänger der *ẓāhirītischen* Auslegung und ein strenger Gegner des spekulativen und ambigen Fikh, wie man es aus den etablierten Schulen kennt.[67] Er verbat das Unterrichten der *mālikītischen* Werke. Nur ein Fikhverständnis basierend auf der *ẓāhirītischen* Lesart des Korans und des Hadith war erlaubt, wodurch die *ẓāhirītische* Schule gestärkt wurde.[68] Nicht ohne Grund blühte in seiner Zeit die Hadithwissenschaft in Andalusien und Nordafrika.[69] Es ist somit höchstwahrscheinlich, dass Ibn al-ʿArabī sein Wissen über die verschiedenen Schulen und Fikh-Positionen aus den ausführlichen Kommentaren zum Hadith erhielt, die damals im Umlauf waren und die er entweder bei seinen Lehrern studierte oder im Selbststudium gelesen hatte.

Ibn al-ʿArabī war kein *Mālikīt*, obwohl die meisten seiner Lehrer *Mālikiten* waren. Es ist vor allem eine andere andalusische Persönlichkeit, die ihn in dem Bereich des Fikh mehr als andere beeinflusste, nämlich Ibn Ḥazm (gest. 1064), der berühmte *ẓāhirītische* Gelehrte. Es studierte die Werke Ibn Ḥazms bei mehreren Dozenten, wie man es u. a. aus einer Passage in *al-Futūḥāt al-makkiyya* entnehmen kann.[70] Ibn al-ʿArabī sollte auch eine Rolle in der Verbreitung der Werke Ibn Ḥazms im Osten spielen.[71] Darüber hinaus schrieb er eine Zusammenfassung von *al-Muḥallā*, dem Magnum Opus Ibn Ḥazms im Fikh.[72] Allerdings sah sich Ibn al-ʿArabī trotz seiner Nähe zu der *ẓāhirītischen* Schule weder als Anhänger Ibn Ḥazms

67 *„Zur selbständigen, ja sogar staatlich bevorzugten Richtung in der Ausübung des Islam wurde nämlich die Zâhirrichtung unter dem dritten Herrscher aus der Dynastie der Almohaden in Spanien und Nordafrika: Abu Jūsuf Jaʿkūb (am Ende des VI. Jhderts. d. H.), der eine besondere Vorliebe für Tradition und Traditionsgelehrte bethätigte. „Er bekannte sich öffentlich — so erzählt Ibn al-Aṯîr — zur Ẓâhirijja und wandte sich von der mâlikitischen Richtung ab; die Sache der Ẓâhiriten nahm denn auch zu seinen Zeiten einen grossen Aufschwung. Im Maġrib waren sie durch viele Bekenner vertreten, die man mit Beziehung auf Ibn Ḥazm mit dem Namen Ḥazmijja bezeichnete, nur waren diese in die mälikitische Schule aufgegangen.“* GOLDZIHER, IGNAZ: *Die Ẓāhirīten*, Leipzig: Otto Schulze 1884, S. 173.

68 Für eine Untersuchung zu den wichtigsten *ẓāhirītischen* Gelehrten im Reich der Almohaden siehe: ADANG, CAMILLA: *Zahiris of Almohad Times*, in: FIERRO, MARIBEL UND MARÍA LUISA AVILA (Hrsg.): *Estudios onomástico-biográficos de al-Andalus*. Vol. X. Biografías almohades II, Madrid: Consejo Superior de Investigaciones Científicas 2000, S. 413–479.

69 Vgl. AL-MURRĀKUŠĪ: *al-Muʿǧib fī talḫīṣ aḫbār al-maġrib*, S. 202–204.

70 Vgl. IBN AL-ʿARABĪ: *al-Futūḥāt al-makkiyya*, Bd. 2, S. 302.

71 Siehe dazu: ADANG, CAMILLA: *Shurayh al-Ru'ayni and the Transmission of the Works of Ibn Hazm*, in: ADANG, CAMILLA, MARIBEL FIERRO UND SABINE SCHMIDTKE (HRSG.): *Ibn Ḥazm of Cordoba: the life and works of a controversial thinker*, Leiden: Brill 2013, S. 513–537.

72 Vgl. AL-MĀLIḤ: *aš-Šayḫ al-Akbar Muḥyī ad-Dīn Ibn al-ʿArabī*, S. 502.

noch als *Ẓāhirīt*.[73] Bei einer genauen Betrachtung seiner Methodik in der Normenlehre kommt man zum Schluss, dass er ein selbständiger Gelehrter (*muǧtahid*) war, der sein eigenes Verständnisweg (*maḏhab*) vertrat.[74] Es liegen zwei ausführliche Studien zu Fikh und Methodologie der Normenlehre bei Ibn al-ʿArabī vor, in denen der Versuch unternommen wurde, seine Methodologie sowie seine Rechtspositionen zu rekonstruieren.[75]

2.1.1.3. *Kalām* und Philosophie

Betrachtet man die Biographien der Gelehrten, bei denen Ibn al-ʿArabī studiert hat und die Werke, die er in seinen Schriften erwähnt, dann kann man zumindest auf der Basis dieser zwei Quellen keinen bedeutenden Einfluss der Philosophen feststellen, denn es gab weder unter seinen Lehrern Philosophen noch werden Philosophen oder philosophische Werke in seinen Büchern namentlich – bis auf zwei Ausnahmen – erwähnt.[76]

Die uns bekannten Biographien geben keinen Hinweis darauf, dass er eine philosophische Ausbildung hatte. Einzig *al-Madīna al-fāḍila* von al-Fārābī (gest. 950 wurde in *al-Futūḥāt al-makkiyya* erwähnt sowie *Sir al-asrār* des Pseudo-Aristoteles in *at-Tadbīrāt al-ilāhiyya*.[77] Ansonsten wurde im gesamten Hauptwerk Ibn al-ʿArabīs kein weiteres philosophisches Werk angeführt.[78] In der besagten Passage aus *al-Futūḥāt al-makkiyya* erfahren wir, dass er eines der bekanntesten philosophischen Werke von al-Fārabī nicht kannte.[79] Die anderen prominenten Philosophen wie Ibn Sīnā (1037), al-Kindī (gest. 873), oder Ibn Ṭufayl (gest. 1185) finden in seinen Schriften nie Erwähnung. Er sah es gar nicht als notwendig an, ihre Positionen zu diskutieren[80], eine Aufgabe, der sich erst seine Schüler und Anhänger seiner Schule verpflichteten.

73 Vgl. Ibn al-ʿArabī, Muḥyī ad-Dīn: *Diwān Ibn ʿArabī*, Beirut: Dār ṣādir 2012, S. 433.

74 Vgl. Addas: *Ibn ʿArabī, ou, La quête du soufre rouge*, S. 66.

75 Siehe: al-Badrī, Muḥammad Fārūq: *Fiqh aš-Šayḫ Muḥyī ad-Dīn Ibn ʿArabī fī l-ʿIbādāt*, Beirut: Dār al-kutub al-ʿilmiyya, 2006; sowie: al-Ġurāb, Maḥmūd Maḥmūd: *al-Fiqh ʿind aš-Šayḫ al-Akbar Ibn al-ʿArabī*, Damaskus: Maṭbaʿat Naḍr 1993.

76 *„As we would expect, Ibn ‚Arabi is not particularly given to referring to philosophy and philosophers directly."* Rosenthal, Franz: *Ibn 'Arabī between ‚Philosophy' and ‚Mysticism': ‚Sūfism and Philosophy Are Neighbors and Visit Each Other'. fa-inna at-taṣawwuf wa-t-tafalsuf yatajāwarāni wa-yatazāwarāni*, in: *Oriens* 31 (1988), S. 1–35, hier S. 7.

77 Vgl. Ibn al-ʿArabī: *al-Futūḥāt al-makkiyya*, Bd. 3, S. 178; sowie: Ibn al-ʿArabī: *at-Tadbīrāt al-ilāhiyya fī iṣlāḥ al-mamlaka al-insāniyya*, S. 310.

78 Vgl. Addas: *Ibn ʿArabī, ou, La quête du soufre rouge*, S. 187 f; sowie: Rosenthal: *„Ibn 'Arabī between ‚Philosophy' and ‚Mysticism'"*, S. 19.

79 Ibn al-ʿArabī: *al-Futūḥāt al-makkiyya*, s. v. 3. S. 178.

80 Vgl. Addas: *Ibn ʿArabī, ou, La quête du soufre rouge*, S. 137.

Zum Verhältnis Ibn al-ʿArabis zu der Philosophie schrieb Claude Addas:

> *Zu seiner Unkenntnis über die arabische Philosophie kommt noch seine eklatante Unwissenheit bezüglich der griechischen Philosophie. Außer seiner Erwähnung des Buches Sirr al-asrār vom Pseudo-Aristoteles […] sowie des Buches der Elemente von Hypokrit, bleiben seine Hinweise auf Platon, Sokrates und Aristoteles sehr vage und man sieht deutlich, dass er sie nie gelesen hat.*[81]

Allerdings scheint die Beschreibung Addas nicht ganz zutreffend zu sein, auch wenn sie auf einer genauen Untersuchung der Schriften Ibn al-ʿArabīs basiert. Zwar ist es schwer, die Quellen Ibn al-ʿArabīs in der Philosophie zu identifizieren, jedoch kann man anhand mehrerer Beispiele – wie dies Franz Rosenthal verdeutlichte – zeigen, dass Ibn al-ʿArabī in der Tat über ein respektables Wissen im Bereich der Philosophie verfügte. Er hatte stets philosophische Konzepte im Hinterkopf, mit denen er sich in seiner Lehre auseinandersetzte. Ferner wies Rosenthal darauf hin, dass, auch wenn Ibn al-ʿArabī die Ansichten der Philosophen nicht namentlich erwähnte, er ihre Ansichten dennoch anonym zitierte.[82]

Zu behaupten, dass Ibn al-ʿArabi über kein fundiertes Wissen in der Philo sophie verfügte, erweist sich auch deswegen als problematisch, weil er mit Sicherheit die Werke von bekannten Gelehrten wie Ibn Rušd (gest. 1198),[83] al-Ġazālī und Faḫr ad-Dīn ar-Rāzī (gest. 1209) gelesen hatte.[84] Jemand, der mit den Werken dieser Gelehrten vertraut war, wird mindestens ein fundiertes Grundwissen in der Philosophie haben. Rosenthal betont auch die Tatsache, dass viele philosophische Diskussionen damals zum Grundwissen der Gelehrsamkeit seiner Zeit gehörten.[85]

81 Aus dem Französischen übersetzt. Ebd., S. 139.

82 Siehe die verschiedenen Beispiele aus den unterschiedlichen Bereichen der Philosophie in: ROSENTHAL: *„Ibn 'Arabī between ‚Philosophy' and ‚Mysticism*'".

83 Addas negiert, dass Ibn al-ʿArabī die philosophischen Werke Averroës gelesen hat. Vgl. ADDAS: *Ibn ʿArabī, ou, La quête du soufre rouge*, S. 137. Rosenthal seinerseits bestätigt zwar, dass wir keine Indizien haben, dass er die Bücher Averroës gelesen hat, aber *„it would seem a safe assumption that he had at least some knowledge of them*." ROSENTHAL: *„Ibn 'Arabī between ‚Philosophy' and ‚Mysticism'"*, S. 18.

84 Ibn al-ʿArabī schien die Positionen und Werke von Faḫr ad-Dīn ar-Rāzī gut zu kennen. In *al-Futūḥāt al-makkiyya* zitierte er ihn im 17. Kapitel. Vgl. IBN AL-ʿARABĪ: *al-Futūḥāt al-makkiyya*, Bd. 1, S. 162. Auch anhand seines Briefes an ihn stellt man fest, dass er seine Werke kannte. Dazu kannte Ibn al-ʿArabī persönlich einen direkten Schüler von ar-Rāzī, nämlich ar-Rašīd al-Farġānī. Vgl. ebd., Bd. 1, S. 507.

85 *„The situation is not much different with respect to all of Ibn ‚Arabi's statements on philosophical topics. All the accepted parts of philosophy were alive in his educational background. It was almost inevitable for him to touch on them.*" ROSENTHAL: *„Ibn 'Arabī between ‚Philosophy' and ‚Mysticism'"*, S. 21. *„What is more important, he was acquainted with all the philosophical thought and ways of looking at the world that had merged into Muslim civilization.*" Ebd., S. 34.

Die Haltung Ibn al-ʿArabīs gegenüber der Philosophie ist vergleichbar mit seiner Haltung gegenüber dem *kalām*. Ibn al-ʿArabī wuchs in einer *ašʿarītischen* Umgebung auf. Die Gelehrten, bei denen er studiert hatte, hatten einen *ašʿarītischen* Hintergrund, sowohl seine Sufi Lehrer als auch seine Lehrer im Bereich des Hadith. In *al-Futūḥāt al-makkiyya* werden die meisten bekannten *ašʿarītischen* Theologen erwähnt, darunter findet man die wichtigsten Autoritäten wie al-Ašʿarī (gest. 935), al-Bāqillānī (gest. 1013), Ibn Fūrak (gest. 1015), al-Isfarāyīnī (gest. 1027), al-Ǧuwaynī (gest. 1085), al-Ġazālī oder ar-Rāzī.[86]

Anhand der zahlreichen Passagen, in welchen Ibn al-ʿArabī die Positionen der *Ašʿarīten* und *Muʿtazilīten* behandelt, zeigt sich, dass er eine solide Kenntnis über den *kalām* besaß.[87] Er selbst sah sich weder als *Ašʿarīt* noch als *Muʿtazilīt*, da er sich nicht als *mutakallim* verstand.[88] Er vertrat sowohl Positionen der *Ašʿarīten* als auch der *Muʿtazilīten*, manchmal versuchte er, eine Synthese zu schaffen und manchmal lehnte er ihre Positionen ab.[89]

Ibn al-ʿArabīs Haltung gegenüber dem *kalām* und der Philosophie ist eine skeptische und kritische. Kritisch, weil er unterschiedliche Positionen in der Philosophie und dem *kalām* unter die Lupe nahm, teilweise dekonstruierte und teilweise in seine Lehre – manchmal in umgestalteter Form – integrierte und weiterdachte. Darüber hinaus war er skeptisch, weil er die Position vertrat, dass die epistemologischen Mittel der Philosophie und des *kalām* in der Theologie zu keinem sicheren Wissen führen.[90]

Was den Einfluss anderer muslimischer Traditionen betrifft, wie der *ismāʿīlītischen*[91] bzw. *imāmītischen* Tradition oder nicht muslimischer Tra-

86 Siehe die genauen Angaben in dem Namenregister in: IBN AL-ʿARABĪ, MUHYĪ AD-DĪN: *al-Futūḥāt al-makkiyya*, hg. von Aḥmad Šams ad-Dīn, Beirut: Dār al-kutub al-ʿilmiyya 2006, S. 199–235.

87 Zur Kritik an die *mutakallimūn* siehe: AL-ʿISĀWĪ, ʿĀDIL: *Ruḍūḍ Ibn ʿArabī ʿalā al-mutakallimīn min ḫilāl kitāb al-futūḥāt al-makkiyya*, Bagdad: Dār al-kutub wa al-watāʾiq al-waṭaniyya 2010; sowie: SĀLIM, ZAKĪ: *al-Ittiǧah an-naqdī ʿind Ibn al-ʿArabī*, Kairo: Maktabat aṯ-ṯaqāfa ad-diniyya 2006. In diesem Buch wurde auch auf die Kritik an die Philosophen und Rechtsgelehrten durch zahlreiche Beispiele eingegangen.

88 Vgl. IBN AL-ʿARABĪ: *al-Futūḥāt al-makkiyya*, Bd. 1, S. 188; Bd. 3, S. 211.

89 Vgl. ADDAS: *Ibn ʿArabī, ou, La quête du soufre rouge*, S. 133.

90 Dieser Punkt wird anhand der vorliegenden Arbeit aufgezeigt.

91 Was die *ismaʿīlītische* Schule betrifft, so gibt es in einigen Punkten eine Berührung zwischen der Lehre Ibn al-ʿArabīs und den Lehren von den Brüdern der Reinheit (*Iḫwān aṣ-ṣafā*). Ob Ibn al-ʿArabī ihr Werk *Rasāʾil iḫwān aṣ-ṣafā* gelesen hat, ist bis jetzt unklar. Laut ADDAS gibt es in den uns bekannten Büchern Ibn al-ʿArabīs keine direkte Referenz dafür. Vgl. ADDAS: *Ibn ʿArabī, ou, La quête du soufre rouge*, S. 81. Aber da die *Rasāʾil* in den philosophischen und sufischen Kreisen in Andalusien wohl bekannt waren, kann man schon davon ausgehen, dass Ibn al-ʿArabī einige Lehren der Brüder der Reinheit in sein Lehrgebäude integriert hat. Zum Einfluss der *Ismāʿīlīten* auf die Sufis in Andalusien im Allgemeinen und auf Ibn al-ʿArabī im Speziellen siehe: EBSTEIN, MICHAEL: *Mysticism and philosophy in al-Andalus: Ibn Masarra, Ibn al-ʿArabī and the Ismāʿīlī tradition*, Leiden: Brill 2014.

ditionen wie der jüdischen oder hinduistischen, so kommt Addas in ihrer Forschung zu dem Schluss, dass nichts dergleichen sich belegen lässt.[92]

2.1.2. Ibn al-ʿArabī als *muǧtahid*

Bei einer genauen Untersuchung der Biographien der Lehrer Ibn al-ʿArabīs sowie der Gelehrten, die in der Kette dieser Tradition stehen und welche man bis zum 9. Jh. zurückverfolgen kann, stellt man fest, dass Ibn al-ʿArabī sich innerhalb des großen Rahmens des Sunnitentums bewegte. Uns sind keine nicht-sunnitischen Lehrer von ihm bekannt. Seit seinen frühen Jahren bewegte er sich im andalusisch-maghrebinischen sunnitischen Milieu. Die Werke, die er zitierte und welche er als Fundament für den *taṣawwuf* benutzte, stammen allesamt von sunnitischen Gelehrten. Dieser Aspekt ist deswegen zu betonen, weil er die konstruierte Dichotomie zwischen einer Orthodoxie und einer Heterodoxie in Frage stellt, wobei sich die Traditionen der Muslime nicht in orthodox und unorthodox unterteilen lassen. Es sind Kategorien, die aus anderen Traditionen stammen und die nicht viel Sinn ergeben, wenn man sie auf Muslime projiziert. Die Vorstellung, dass das Sunnitentum ein Synonym für eine orthodoxe und konservative Strömung sei, trübt die Sicht auf bestimmte historische Phänomene. Die Lehren Ibn al-ʿArabīs sind ein Beispiel dafür, dass unter dem Sunnitentum viel mehr zu verstehen ist als heute suggeriert wird, wenn man seinen Werdegang sowie die Bücher und Gelehrte, die er zitiert, ernst nimmt.[93] Seine Lehre war eine Denkart innerhalb des Sunnitentums, da er sich selbst als Sunnit verstand.[94]

Es sind vielleicht die vorgefertigten Konzepte über das Sunnitentum, die manche Forscher gehindert haben, Ibn al-ʿArabī als einen sunnitischen Gelehrten zu akzeptieren und deswegen versuchten sie, basierend auf Hypothesen, die man kaum belegen kann, Ibn al-ʿArabī nicht-sunnitischen Strömungen zuzuschreiben.[95] Auch die Darstellung Ibn al-ʿArabīs als einer Person, die im Konflikt mit der Orthodoxie stand oder gar die Gegenüberstellung von *taṣawwuf* und Orthodoxie, wie sie z. B. Stefan

92 Vgl. ADDAS: *Ibn ʿArabī, ou, La quête du soufre rouge*, S. 138 f.

93 Damit sind die exklusivistischen Tendenzen unserer Zeit gemeint, wie z. B. der *wahhabitische* Exklusivismus.

94 Vgl. IBN AL-ʿARABĪ: *al-Futūḥāt al-makkiyya*, Bd. 1, S. 171; 333; 606.

95 Zu diesem Punkt siehe den Abschnitt über den Forschungsstand.

Weidner vertritt,[96] sind nichts weiter als konstruierte Dichotomien, die keinen historischen Halt finden.

Nicht nur die Kategorie „*orthodox*" ist in den Traditionen der Muslime nicht vorhanden, sondern der *tasawwuf* in seiner Entstehung und Geschichte war stets ein Teil des sunnitischen Diskurses und eng mit der Entstehung der theologischen Lehren der Sunniten verknüpft. Die Vorstellung, dass es zwei Lager gegeben habe, die klar getrennt seien, nämlich eine Gruppe der Orthodoxen[97] und eine Gruppe der Sufis, ist eine ahistorische Vorstellung. Man kann lediglich von verschiedenen Diskursen, Strömungen, Schulen und Unterschulen sprechen, die miteinander verflochten waren. Dass es manchmal Konflikte zwischen den Gelehrten der verschiedenen Strömungen gab, sollte selbstverständlich sein.[98]

Darüber hinaus zeigt uns das Verständnis Ibn al-ʿArabīs vom Fikh, dass bis zu seiner Zeit die Zugehörigkeit zu einer der damals vorhandenen fünf sunnitischen Schulen nicht bindend war. Es gab wohl die Möglichkeit, seinem eigenen Verständnisweg (*maḏhab*) bzw. eigenem *iǧtihād* zu folgen, natürlich nur, wenn man dazu befähigt war. Ibn al-ʿArabī ist gerade ein Beispiel dafür, dass man aus der sunnitischen Lehre heraus auch ein Fikh entwickeln kann, das alle Normen, die durch den *iǧtihad* getroffen werden, als gleichermaßen geltend betrachtet,[99] ein Fikh, welches die Vielfalt der Normenlehre nicht nur allein durch die Methodologie erklärt, sondern auch theologisch und metaphysisch zu erklären versucht,[100] und schließlich ein Fikh, in dem der Mensch

96 Vgl. Ibn al-ʿArabī/Weidner: *Der Übersetzer der Sehnsüchte*, S. 14 f.

97 Es stellt sich auch die Frage, wer sind die Orthodoxen und wer bestimmt sie?

98 Für die Komplexität der Beziehung zwischen dem *taṣawwuf* und den anderen theologischen Disziplinen und Schulen insbesondere in der formativen Phase siehe: Malamud, Margaret: *Sufi Organizations and Structures of Authority in Medieval Nishapur*, in: *International Journal of Middle East Studies* 26 (1994), S. 427–442; Melchert, Christopher: *The Piety of the Hadith Folk*, in: *International Journal of Middle East Studies* 34 (2002), S. 425–439; Bin Ramli, Harith: *The Rise of Early Sufism: A Survey of Recent Scholarship on its Social Dimensions*, History Compass 8/11 (2010), S. 1299–1315; Mojaddedi, Jawid A.: *Legitimizing Sufism in al-Qushayri's ‚Risala*, in: *Studia Islamica* 90 (2000), S. 37–50; Melchert, Christopher: *The Ḥanābila and the Early Sufis*, in: *Arabica* 48/3 (2001), S. 352–367; Melchert, Christopher: The Transition from Asceticism to Mysticism at the Middle of the Ninth Century C.E., in: *Studia Islamica* 83 (1996), S. 51–70; Shihadeh, Ayman: *Sufism and Theology*, Edinburgh University Press 2007; Mayer, Mayer: *Theology and Sufism*, in: Winter, Tim (Hrsg.): *The Cambridge Companion to Classical Islamic Theology*, Cambridge ; New York: Cambridge University Press 2008, S. 258–287; Zur Beziehung zum Schiitentum siehe: Nasr, Seyyed Hossein: *Shi'ism and Sufism: Their Relationship in Essence and in History*, in: *Religious Studies* 6/3 (1970), S. 229–242.

99 Vgl. Ibn al-ʿArabī: *al-Futūḥāt al-makkiyya*, Bd. 1, S. 548; Bd. 2, S. 165.

100 Ibn al-ʿArabī behandelte von Kapitel 67 bis 72 in *al-Futūḥāt al-makkiyya* dezidiert die fünf Säulen der Hingabe (*islām*). Er behandelte dort die Glaubenspraxis und die verschiedenen Normen, die mit der Glaubenspraxis zu tun haben. Er ging oft auf die Meinungsunterschiede zwischen den Rechtsgelehrten ein, die er aber nicht nur methodologisch erklärte, sondern er brachte zu jedem Punkt die metaphysischen bzw. die

und sein Vermögen sowie die Erleichterung des Lebens eine zentrale Rolle spielen.[101]

Auch seine Haltung gegenüber den *kalām*-Diskussionen zwischen den *Ašʿarīten* und *Muʿtazilīten* macht klar, dass man sich zwar dem großen Rahmen des Sunnitentum zuschreiben, aber trotzdem den theologischen Diskussionen innerhalb dieses Rahmens kritisch gegenüberstehen kann.

2.1.3. Die Werke

Osman Yaḥyā publizierte 1964 die *„Histoire et classification de l'oeuvre d'Ibn Arabi: étude critique"*.[102] Dies ist die erste wissenschaftliche Indexierung der Werke Ibn al-ʿArabīs, mit, falls vorhanden, der Auflistung der Handschriften der jeweiligen Texte. Insgesamt konnte Osman Yaḥyā 1395 Schriften aufzählen.[103] Allerdings beinhaltet diese Zahl auch die Duplikate. Ohne sie bleiben immerhin 846 Werke übrig und 550 davon sind noch in Form von 2917 Handschriften vorhanden.[104] Dreiundvierzig Jahre nach der Arbeit von Osman Yaḥyā erschien die Arbeit von al-Māliḥ, der die Liste von Yaḥyā auf 1410 Schriften erweiterte.[105]

Allerdings sind nicht alle 550 heute vorhandenen Titel auch tatsächlich authentisch. In seiner Arbeit kam Yaḥyā, basierend auf den Arbeiten von Carl Brockelmann und ʿAwwād sowie eigener Untersuchung der Handschriften, zum Ergebnis, dass 135 der 550 uns heute bekannten Werke entweder nicht von Ibn al-ʿArabī sind oder es Zweifel gibt, was ihre Echtheit betrifft.[106] Immerhin bleiben 415 authentische Werke eine gewaltige Zahl, die jeden Forscher, der sich mit dem Erbe Ibn al-ʿArabīs beschäftigen will, vor eine immense Auswahl an Texten stellt. Ibn al-ʿArabī hinterließ in den verschiedensten Bereichen zahlreiche Schriften. Nicht nur im Bereich des *taṣawwuf* war er produktiv, sondern er verfasste Schriften in *uṣūl ad-dīn*, *tafsīr* und Hadith, Ethik, Fikh, Geschichte und Dichtung.[107]

innerlichen Gründe vor, die zu einem Meinungsunterschied zu den jeweiligen Punkten führten. Siehe: Ebd., Bd. 1, S. 329–763.

101 Vgl. ebd., Bd. 2, S. 685.

102 Osman, Yahya: *Histoire et classification de l'oeuvre d'Ibn 'Arabi : étude critique*, Damaskus: Institut français de Damas / Centre National de la Recherche Scientifique 1964.

103 Vgl. Osman: *Muʾallafāt Ibn ʿArabī tārīḫuhā wa-taṣnīfuhā*, S. 79.

104 Vgl. ebd., S. 79.

105 Vgl. al-Māliḥ: *aš-Šayḫ al-Akbar Muḥyī ad-Dīn Ibn al-ʿArabī*, S. 575.

106 Vgl. Osman: *Muʾallafāt Ibn ʿArabī tārīḫuhā wa-taṣnīfuhā*, S. 81.

107 Sieh die Auflistung in: Ebd., S. 129–132.

Zweifelsohne sind die bekanntesten Werke Ibn al-ʿArabīs *al-Futūḥāt al-makkiyya* sowie *Fuṣūṣ al-ḥikam*. Ihre Wichtigkeit zeigt sich dadurch, dass diese zwei Werke nach Ibn al-ʿArabī Gegenstand von mehreren Kommentierungen und Arbeiten waren. Zu *al-Futūḥāt al-makkiyya* zählt al-Māliḥ in seinem Index 42 partielle Kommentare.[108] Was *Fuṣūṣ al-ḥikam* betrifft, so listet er 195 Kommentare zu diesem Buch auf.[109] Diese stammen aus unterschiedlichen Zeiten und Orten, was uns die Verbreitung dieses Buches demonstriert.

Das Buch *al-Futūḥāt al-makkiyya*, welches 560 Kapitel umfasst und welches Ibn al-ʿArabī in 37 Bänden niederschrieb, gilt als die Enzyklopädie seiner Lehre. Denn es gibt kaum ein Thema, welches er in den anderen Schriften behandelt, auf das er nicht in seiner *summa theologica* – oder wie Chodkiewicz es bezeichnet: *summa mystica* – eingeht.[110] Wirft man einen Blick in den Index der Edition von *Dār al-Kutub al-ʿilmiyya*, dann stellt man fest, dass das Werk die meisten *āyāt* des Korans sowie über 2200 direkte Hadithe zitiert. Er behandelte darin neben den sufischen Themen Fragen der Ontologie, Metaphysik, Erkenntnislehre, Ethik, Normenlehre, Methodologie der Normenlehre, Koran- und Haditherklärung, sowie die meisten Fragen des *kalām*.

Wesentlich kleiner ist *Fuṣūṣ al-ḥikam*. Es ist ein einbändiges Buch aus 27 Kapiteln. Hauptthema dieses Werkes ist die göttliche Wirklichkeit und ihre Beziehung zu der Welt sowie ihr Verhältnis zu sich selbst. Es ist das Buch, in welchem Ibn al-ʿArabī seine Ontologie sowie ihre Implikationen in der Theologie ausführlich diskutiert. Darüber hinaus gibt es weitere Werke, die zentral sind, dazu können die folgenden Werke gezählt werden:

» *at-Tadbīrāt al-ilāhiyya fī iṣlāḥ al-mamlaka al-insāniyya,*
» *Inšāʾ ad-dawāʾir*
» *Mawāqiʿ an-nuǧūm*
» *at-Tanazullāt al-mawṣiliyya*
» *Kitāb al-maʿrifa*
» *Kitāb al-yaqīn*
» *Ḥilyat al-abdāl*
» *ʿAnqāʾ muġrib*

108 Siehe: AL-MĀLIḤ: *aš-Šayḫ al-Akbar Muḥyī ad-Dīn Ibn al-ʿArabī*, S. 347–354.
109 Vgl. ebd., S. 396–428.
110 Vgl. CHODKIEWICZ, MICHEL: *Un océan sans rivage. Ibn Arabî, le Livre et la Loi*, Paris: Seuil 1992, S. 84.

» *Turǧumān al-ašwāq*
» *ad-Diwān*

Hinzu kommen zahlreiche kleine Traktate, die oft in Form einer Schriftsammlung publiziert wurden.[111] Ibn al-ʿArabī schreibt nicht systematisch. Nur in wenigen Ausnahmen widmet er ein Buch einem einzigen Thema. Oft ist es so, dass er unterschiedliche Themen in einer Schrift behandelt. Neben der großen Auswahl seiner Werke ist dies ein weiterer Punkt, welcher die Auseinandersetzung mit seinen Ideen schwer macht.

2.1.4. Der Einfluss Ibn al-ʿArabīs

Nicht ohne Grund wird Ibn al-ʿArabī als *aš-Šayḫ al-Akbar*, der *doctor maxismus*, in der Tradition bezeichnet. Eine Bezeichnung, die wie schon erwähnt, auch Teil der westlichen akademischen Studien über ihn wurde. In der gesamten Geschichte der Muslime finden wir keinen anderen Gelehrten, der sowohl in Westafrika als auch in China oder an den Küsten Indonesiens gelesen und kommentiert wurde, der sowohl von Sunniten als auch von Schiiten gefeiert aber auch verachtet wird. Kaum ein Gelehrter hat die mystische Dichtung auf Arabisch, Persisch, Türkisch oder Urdu so geprägt, wie Ibn al-ʿArabī es getan hat.[112]

Seine Spuren sind nicht nur im Bereich des *taṣawwuf* und der Theologie allgemein oder in der Weltliteratur vorhanden, sondern gehen weit darüber hinaus und erreichten sogar Gebiete wie die Architektur, wie es moderne Studien zum *Taj Mahal* aufzeigen.[113]

Auf der Ebene des *taṣawwuf* gilt Ibn al-ʿArabī als der Theologe der Sufis schlechthin. Es gibt fast keine Sufi-Bewegung nach ihm, die seine Lehren, Terminologie und Werke nicht rezipiert hat.[114] Denn die Gründer der bekannten *turuq* (Sufiorden) haben keine systematischen Werke oder ganzheitlichen theologischen Lehren hinterlassen. Bei der Entstehung des in Form von *turuq* (Orden) organisierten *taṣawwuf* im Laufe des 13. und 14. Jh. hätte somit etwas gefehlt, wenn es Ibn al-ʿArabīs Werk nicht geben hätte. Das besondere daran ist, dass es keine *ṭarīqa* gibt, die ihn ausschließlich für sich beansprucht. Ibn al-ʿArabī, wie Chodkiewicz es sagt, gehört zu dem

111 Z. B. die Edition von Dār ṣādir: Ibn al-ʿArabī, Muḥyī ad-Dīn: *Rasāʾil Ibn ʿArabī*, Beirut: Dār ṣādir 1997.
112 Vgl. Chodkiewicz: *Un océan sans rivage. Ibn Arabî, le Livre et la Loi*, S. 32.
113 Siehe: Begley, Wayne E.: *The Myth of the Taj Mahal and a New Theory of its Symbolic Meaning*, in: *The Art Bulletin* 1 (1976), S. 7–37.
114 Für einen allgemeinen Überblick über die Rezeption Ibn al-ʿArabīs in den *turuq* siehe: Chodkiewicz, Michel: *The Diffusion of Ibn ʿArabi's Doctrine*, in: *Journal of the Muhyiddin Ibn ʿArabi Society* 9 (1991), S. 36–58.

gemeinsamen Erbe aller *turuq*.[115] In ihm haben die Sufis aus ihrer Perspektive eine Antwort auf all die theologischen Fragen, die sonst im *kalām*, der Philosophie oder dem *uṣūl al-fiqh* (Methodologie der Normenlehre) gestellt wurden.[116] Bedenkt man den Fakt, dass die *turuq* die Lehren Ibn al-ʿArabīs rezipiert und sich zu eigen gemacht haben, und dass sie überall aktiv und tief in der Gesellschaft verwurzelt waren, seien es z. B. die *Tiǧānīs* in Westafrika, die *Šaḏilīs* in Ägypten und Nordafrika oder die *Naqšbandīs*[117] in der Türkei, Zentralasien, Indien oder China, dann könnte allein diese Tatsache die direkte oder subtile Präsenz sowie den Einfluss Ibn al-ʿArabīs in den gesamten muslimischen Ländern erklären.

Ibn al-ʿArabī war schon zu Lebzeiten ein Ziel vieler Gelehrter, die bei ihm studierten und seine Vorlesungen aufsuchten.[118] Unter den Hunderten Studenten, die seine Sitzungen besuchten, haben wir einen Kern, der eine entscheidende Rolle in der Verbreitung seiner Lehre spielen sollte. Zwei Personen sind hier von Wichtigkeit: Ibn Sawdakīn an-Nūrī und Ṣadr ad-Dīn al-Qūnawī. Der erste übernahm das Unterrichten des Werkes *al-Futūḥāt al-makkiyya* nach dem Ableben seines Meisters[119] und schrieb einen Kommentar zu einem Kapitel aus *Fuṣūṣ al-ḥikam* sowie zum Werk *at-Taǧalliyyāt*. Von ihm stammt auch *al-Masāʾil*, eine Sammlung von Aussagen und Antworten, die er von seinem Lehrer hörte.[120] Was al-Qūnawī angeht, so war er der Stiefsohn und ein enger Schüler Ibn al-ʿArabīs.[121] Von ihm stammen die ersten Systematisierungen der Lehren seines Stiefvaters.[122] Im Gegensatz zu seinem Lehrer versuchte er sich in einer eher philosophischen Sprache auszudrücken. Dadurch versuchte er, die Leh-

115 Vgl. Chodkiewicz: *Un océan sans rivage. Ibn Arabî, le Livre et la Loi*, S. 36.

116 Dazu schreibt Chodkiewicz: *„Sein Werk, anders als alle Lehren, die diesem vorausgingen, zeigt ein Merkmal, das aš-Šuʿranī in seinem al Yawāqīt veranschaulicht: Es hat eine Antwort auf alles. De omni re scibili: Ontologie, Kosmologie, Prophetologie, Exegese, Ritual, Lehre über die Engel. Es umfasst gänzlich die Wissenschaften, die ‚jene auf dem Weg' nicht umgehen können ohne sich selbst in Gefahr zu bringen."* (Eigene Übersetzung) Ebd.

117 Zur Rezeption Ibn al-ʿArabīs in der frühen Entstehung dieser *tarīqa* siehe: Algar, Hamid: *„Reflections of Ibn 'Arabi in Earyl Naqshbandî Tradition"*, in: *Journal of the Muhyiddin Ibn 'Arabi Society* 10 (1991), S. 45–66.

118 Eine ausführliche aber unvollständige Liste von 225 Personen, die die Unterrichte Ibn al-ʿArabīs besuchten, findet man in: al-Māliḥ: *aš-Šayḫ al-Akbar Muḥyī ad-Dīn Ibn al-ʿArabī*, S. 651–691.

119 Vgl. Clark, Jane: *Towards a Biography of Ṣadr ad-Dīn al-Qūnawī*, in: *Journal of the Muhyiddin Ibn 'Arabi Society* 49 (2011), S. 1–34, hier S. 17; Clark, Jane: *Early Best-sellers in the Akbarian Tradition*, in: *Journal of the Muhyiddin Ibn 'Arabi Society* 33 (2003), S. 22–53, hier S. 34.

120 Siehe die Liste seiner Werke in: Ibn Sawdakīn, Ismāʿīl: *Šarḥ at-taǧalliyyāt al-ilhāhiyya*, Casablanca: Dār aṯ-ṯaqāfa 2009, S. 19; siehe in diesem Zusammenhang auch: Profitlich, Manfred: *Die Terminologie Ibn „Arabīs im ‚Kitāb wasāʾil as-sāʾil' des Ibn Saudakīn; Text, Übersetzung und Analyse."*, Freiburg im Breisgau: K. Schwarz 1973.

121 Vgl. Clark: *Towards a Biography of Ṣadr ad-Dīn al-Qūnawī*, S. 7.

122 Vgl. Todd, Richard: *The Sufi Doctrine of Man: Sadr al-Din al-Qunawi's Metaphysical Anthropology*, Lam edition Aufl., Leiden: Brill 2014, S. 45 ff; Shaker, Anthony F.: *Thinking in the Language of Reality* (Kindle Ebook), Xlibris US 2015, Kap. Introduction; Pos. 156.

ren Ibn al-'Arabīs für die Philosophen verständlich zu machen.[123] Seine Korrespondenz mit dem Philosophen Naṣr ad-Dīn aṭ-Ṭūṣī ist ein Zeugnis für sein Unternehmen, die theologischen Erkenntnisse der Sufis und die Philosophie nicht nur ins Gespräch zu bringen, sondern auch miteinander in Einklang zu bringen.[124] Ferner studierten bei ihm jene Gelehrten, denen wir die ersten kompletten Kommentare zu *Fuṣūṣ al-ḥikam* verdanken. Es waren auch jene, die die Ideen Ibn al-'Arabīs in unterschiedlichen Gegenden eingeführt haben. Bei al-Qūnawī studierten u. a. Faḫr ad-Dīn al-'Irāqī, 'Afīf ad-Dīn at-Tilmisānī (gest. 1291), Sa'īd ad-Dīn al-Farġānī (gest. 1296) und Mu'ayyad ad-Dīn al-Ǧandī (gest. 1299).[125] Von at-Tilmisānī und al-Ǧandī stammen die ersten vollständigen Kommentare zu *Fuṣūṣ al-ḥikam*.[126] Des Weiteren studierte bei al-Ǧandī eine weitere prominente Person der Schule Ibn al-'Arabīs, 'Abd ar-Razzāq al-Qāšānī (gest. 1329).[127] Er hinterließ mehrere Werke, die eine zentrale Rolle spielen. Er verfasste das erste Lexikon über die Terminologie Ibn al-'Arabīs, außerdem schrieb er einen Kommentar zu *Fuṣūṣ al-ḥikam* und einen Korankommentar basierend auf den Lehren des aš-Šayḫ al-Akbar, den man oft fälschlicherweise Ibn al-'Arabī zuschreibt.[128]

Bei al-Qāšānī studierten wiederum zwei wichtige Gelehrte, nämlich Rukn ad-Dīn aš-Šīrāzī (gest. 1368)[129] und Dawūd AL-QAYṢARĪ (gest. 1350), der nicht nur zu den wichtigsten Kommentatoren von *Fuṣūṣ al-ḥikam* und Systematikern des Gedankengebäudes Ibn al-'Arabīs gezählt wird, sondern auch zu den Gelehrten, die dazu beigetragen haben, die Lehren aš-Šayḫ al-Akbars in die Lehrcurricula des frühen Osmanischen Reiches einzuführen.[130]

Die Werke der Gelehrten, die im ersten Jahrhundert nach Ibn al-'Arabī gelebt haben, sprich die Zeit zwischen al-Qūnawī und AL-QAYṢARĪ, und ihre Kommentare zu *Fuṣūṣ al-ḥikam* sowie zu anderen Schriften oder Traktaten über manche Konzepte Ibn al-'Arabīs, bilden die Grundlage der

123 Vgl. CLARK: *Early Best-sellers in the Akbarian Tradition*, S. 36.

124 Vgl. SCHUBERT, GUDRUN: *Der mystisch-philosophische Briefwechsel zwischen Ṣadr ud-Dīn al-Qōnawī und Naṣīr ud-Dīn-i Ṭūṣī*, Beirut: Orient-Institut Beirut 2011, S. 17; 52 ff.

125 Vgl. CLARK: *Early Best-sellers in the Akbarian Tradition*, S. 43 ff.

126 Vgl. ebd., S. 48 f.

127 Vgl. ebd., S. 49.

128 Vgl. ebd., S. 49 f.

129 Siehe: SHAMS, MOHAMMAD JAVAD UND FARZIN NEGAHBAN: *Bābā Rukn al-Dīn Shīrāzī*, in: MADELUNG, WILFERD UND FARHAD DAFTARY (Hrsg.): *Encyclopaedia Islamica* (Online), Brill 2013, http://dx.doi.org/10.1163/1875-9831_isla_COM_0000009.

130 Zur Dawūd AL-QAYṢARĪS Biographie und Denken siehe: KARADAŞ, CAĞFER: *From the Temporal Time to the Eternal Now: Ibn al-'Arabi and Mulla Sadra on Time*, Uludağ Ü. İlahiyat Fakültesi Dergisi 15/2 (2006), S. 1–17.

akbarītischen Schule. Schon im 13. Jh und in den darauffolgenden Jahrhunderten erreichten die Ideen Ibn al-ʿArabīs verschiedene Kreise und Orte.[131]

Ohne Zweifel war das Osmanische Reich jenes, das Ibn al-ʿArabī am meisten beheimatet hat.[132] Schon der Sultan Orhan Gazi (gest. 1360) ernannte AL-QAYṢARĪ zum Oberhaupt der ersten osmanischen Hochschule in Iznik. Dadurch wurden die Lehren Ibn al-ʿArabīs Teil des Curriculums an den osmanischen Hochschulen.[133] Ferner war der Einfluss Ibn al-ʿArabīs so stark, dass er im Osmanischen Reich als eine Art Schutzpatron des gesamten Reiches angesehen wurde.[134] Des Weitern war der Eroberer von Konstantinopel, Mehmet II (gest. 1481), selbst ein Anhänger Ibn al-ʿArabīs. Er folgte dabei der spirituellen Anweisung von ʿĀq Šams ad-Dīn (gest. 1559), einem Schüler von Hacı Bayram (gest. 1430), der wiederum ein Anhänger der Lehren des Šayḫ al-Akbar war.[135]

Würde man die Liste der osmanischen Gelehrten aufzeigen wollen, die Bücher bzw. Kommentare zu den Lehren und Werken Ibn al-ʿArabīs sowie den Werken seiner frühen Anhänger geschrieben haben, dann würde man einen Katalog dafür benötigen und das würde den Rahmen dieser Arbeit sprengen.[136] Basierend auf der Arbeit von Mustafa Tahrali listet die folgende Tabelle einige der wichtigsten osmanischen Gelehrten zwischen dem 14 Jh. und 20 Jh. auf, die zur Schule Ibn al-ʿArabīs gezählt werden.[137]

131 In seiner Arbeit hat Caner K. Dagli die Herausbildung der Schule Ibn al-ʿArabīs als eine eigenständige theologisch-philosophische Schule zwischen dem 13. und 14. Jh. anhand mehrerer Beispiele aufgezeigt. Des Weiteren ging er auf die Entwicklung der Terminologie und Konzepte unter den ersten Kommentatoren Ibn al-ʿArabīs ein. Dadurch wird klar, dass die Anhänger seiner Schule keine bloßen Kommentatoren waren, sondern eigenständige Gelehrte, die die Lehren des aš-Šayḫ al-Akbar weitergedacht haben. Siehe: DAGLI, CANER K.: *Ibn al Arabi and Islamic Intellectual Culture: From Mysticism to Philosophy*, London; New York: Taylor & Francis Ltd 2016.

132 Zum Einfluss Ibn al-ʿArabīs im Osmanischen Reich siehe: TAHRALI, MUSTAFA: *The Influence of Ibn Arabi on the Ottoman Era*, in: *Journal of The Muhyiddin Ibn 'Arabi Society* 26 (1999), S. 105–129; CEYHAN, SEMIH: *al-Qunawi's influence on the Ottoman Mathnawi commentary Tradition: History, intellectual context and the case of Abdullah al-Bosnawi*, in: *Journal of the Muhyiddin Ibn 'Arabi Society* 49 (2011), S. 35–68; HOLBROOK, VICTORIA R.: *Ibn 'Arabī and the Ottoman Dervish Tradition: The Melâmî Supra-Order - Part One*, in: *Journal of the Muhyiddin Ibn 'Arabi Society* 9 (1991), S. 18–35; HOLBROOK, VICTORIA R.: *Ibn 'Arabī and the Ottoman Dervish Tradition: The Melâmî Supra-Order - Part Two*, in: *Journal of the Muhyiddin Ibn 'Arabi Society* 12 (1992), S. 15–33.

133 Vgl. TAHRALI: *The Influence of Ibn Arabi on the Ottoman Era*, S. 49.

134 Vgl. CLARK: *Early Best-sellers in the Akbarian Tradition*, S. 38.

135 Vgl. ebd., S. 37.

136 Dazu bemerkt Tahrali: „*It is clear that we could not possibly analyse the six Ottoman centuries in a few pages. Our intention in this paper is, therefore, to give an idea of the influence of Ibn ,Arabî by mentioning the names of a number of Akbarian authors, and by making certain remarks on the subject in order to attract the attention of researchers into this period of Sufi and intellectual history, so rich in documents and so little studied until now.*" TAHRALI: *The Influence of Ibn Arabi on the Ottoman Era*, S. 43.

137 Siehe: Ebd., S. 49 ff. Burhān ad-Dīn al-Gūrānī steht nicht in der ursprünglichen Liste.

Dawūd AL-QAYṢARĪ (gest. 1350)	Molla Fanārī (gest. 1430)	Muḥammad Qutb ad-Dīn al-Iznikī (gest. 1450)	Yazicizāde Muhammad Efendi (gest. 1451)
Muḥammad b. Ḥamza ʿĀq Šams ad-Dīn (gest. 1459)	Čamāl al-Ḫalwatī (gest. 1506)	Muḥyī ad-Dīn al-Isklībī (gest. 1574)	Idrīs al-Bitlisī (gest. 1520)
Ibn Kamāl Pascha (gest. 1543)	Bāli Efendi (gest. 1553)	Nūr ad-Dīn Muslih Efendi (gest. 1578)	Üftadé Muḥammad Muḥyī ad-Dīn (gest. 1580)
ʿAzīz Maḥmūd Hudāyī (gest. 1629)	Ismāʿīl al-Anqarawī (gest. 1631)	ʿAbd Allāh al-Bosnawī (gest. 1636)	Sārī ʿAbd Allāh Efendi (gest. 1660)
Karabaš Walī (gest. 1690)	Uṯmān Faḍlī al-Ilāhī (gest. 1690)	Burhān ad-Dīn al-Gūrānī (gest. 1690)	Niyāzī Miṣrī (gest. 1693)
Naṣūḥī Muḥammad Efendi (gest. 1717)	Ismāʿīl Ḥaqqī al-Bursawī (gest. 1724)	ʿAbd al-Ġanī an-Nābulusī (gest. 1731)	ʿAbd Allah al-ʾUššāqī (gest. 1781)
Muḥammad Kamāl ad-Dīn al-Ḥarīrī (gest. 1881)	Muḥammad Nūr al-ʿArabī (gest. 1887)	Aḥmad Diyāʾ ad-Dīn Gumušḫānawī (gest. 1893)	Bursalī Mehmed Ṭāhir Bey (gest. 1926)
Salāḥ ad-Dīn Yigitoğlu (gest. 1937)	Aḥmad Abnı Konuk (gest. 1938)		

Dass die *akbarītischen* Studien im Osmanischen Reiches blühten, bezeugen auch die vielen Sammlungen an Handschriften, die nirgendwo so zahlreich wie in der Türkei zu finden sind.[138]

Darüber hinaus haben sich die *akbarītischen* Lehren im persischsprechenden Raum schnell verbreitet. Wir haben schon oben einige Schüler von al-Qūnawī, der selber persischer Herkunft war, erwähnt. Unter ihnen findet man zwei persische Gelehrte, Faḫr ad-Dīn al-ʿIrāqī und Saʿīd ad-Dīn al-Farġānī. Ersterer schrieb ekstatische Gedichte, die stark von den Lehren des Šayḫ al-Akbar und seinem Schüler beeinflusst waren.[139] Vom Letzteren stammen zwei Kommentare zum Gedicht *Naẓm as-sulūk* von Ibn al-Fāriḍ, der eine ist auf Persisch verfasst und der andere auf Arabisch. Es war einer der ersten Kommentare, die das Gedicht Ibn al-Fāriḍs durch die Lehren Ibn al-ʿArabīs erklärten. Das Werk al-Farġānīs wird laut Clark eine breite Resonanz unter den persischsprechenden Gelehrten finden: „*It was widely and enduringly read, and had a decisive influence upon the development of sufism in the Ottman Empire and Persia, and then later in India, more than any other work by any of Ṣadr al-Dīn's followers.*“[140] Besonders gilt dies für Quṭb ad-Dīn aš-Šīrāzī, einem weiteren Schüler al-Qūnawīs, der Teile des Werkes in seiner Enzyklopädie plagiierte.[141]

Eine Generation nach al-Irāqī finden wir einen weiteren Gelehrten, dessen Dichtung eine wichtige Rolle bei der Verbreitung der *akbarītischen* Lehren im persischen Raum gespielt hat. Die Rede ist hier von Maḥmūd Šabistarī (gest. 1339), dem Verfasser von *Gulšān-i-rāz*. Lewisohn beschreibt dieses Werk als die Krönung von Ibn al-ʿArabīs Lehren auf Persisch.[142] Bis zum 16. Jh. wird man über dreißig Kommentare zu diesem Text finden, der so populär geworden war, dass die *akbarītische* Seite des Textes in den Hintergrund trat. Clark spricht davon, dass das Gedicht Begeisterung auch bei jenen erweckte, die sich nie mit *Fuṣūṣ al-ḥikam* oder *al-Futūḥāt al-makkiyya* beschäftigt haben oder bei jenen, die sich wegen der Meinung mancher Rechtsgelehrter von Ibn al-ʿArabī distanziert hatten.[143]

Ferner verfasste Rukn ad-Dīn aš-Šīrāzī, basierend auf den Kommentaren seiner beiden Lehrer al-Qāšānī und AL-QAYṢARĪ, einen persischen Kom-

138 Vgl. CLARK: *Early Best-sellers in the Akbarian Tradition*, S. 38.
139 Vgl. ebd., S. 46 f.
140 Ebd., S. 45.
141 Ebd.
142 Vgl. ebd., S. 47.
143 Vgl. ebd.

mentar zu *Fuṣūṣ al-ḥikam* sowie weitere Arbeiten, die ihren Beitrag zur Etablierung der *akbarītischen* Schule leisteten.[144]

Der Einfluss Ibn al-ʿArabīs und seiner Schule blieb nicht nur auf die sunnitischen Gelehrten begrenzt, sondern erreichte auch die schiitische Tradition. Schon zu Lebzeiten Ibn al-ʿArabīs hat sich eine schiitische Schule in Bahrein um Kamāl al-Dīn Ibn Saʿāda al-Baḥrānī (gest. 1242), Ǧamāl ad-Dīn ʿAlī b. Sulaymān al-Baḥrānī (gest. 1271) und Kamāl ad-Dīn Mayṯam b. Mayṯam al-Baḥrānī (gest. 1300) herauskristallisiert, welche die Lehren des andalusischen Meisters mit der schiitischen Theologie synthetisierte.[145] Diese Tendenz wurde von Gelehrten wie Ḥaydar Āmulī (gest. 1385) weitergeführt, der Ibn al-ʿArabī aus einer schiitischen Perspektive interpretierte.[146] Er rezipierte dazu auch die frühen Kommentare zu *Fuṣūṣ al-ḥikam*, die er in seinem eigenen Kommentar diskutierte.[147] Die Rezeption von Ibn al-ʿArabī hat seitdem im schiitischen Milieu Fuß gefasst. Im 17. Jh. erreichte sie ihren Höhepunkt mit den Arbeiten von Mullā Ṣadrā aš-Šīrāzī (gest. 1640), der aš-Šayḫ al-Akbar in einem größeren philosophischen Rahmen weitergedachthat.[148]

Wenn vom persischen Raum die Rede ist, dann sind nicht nur der heutige Iran und Afghanistan gemeint, sondern all die Länder, in denen die muslimische Gelehrsamkeit Persisch als *lingua franca* benutzte, das heißt auch alle Länder östlich des Indus, sprich Indien und China.[149] In diesem Zusammenhang ist ʿAbd ar-Raḥmān Ǧāmī (gest. 1492) zu erwähnen, ein Sufi aus der *Naqšabandī* Tradition, Kommentator von *Fuṣūṣ al-ḥikam* und Verfechter Ibn al-ʿArabīs.[150] Sein Einfluss auf die Sufis ging bis nach China. Zwei Werke von ihm gehören

144 Vgl. Shams/Negahban: *Bābā Rukn al-Dīn Shīrāzī*.

145 Vgl. Melvin-Koushki, Matthew S.: *The Quest for a Universal Science: The Occult Philosophy of Ṣāʾin al-Dīn Turka Iṣfahānī (1369-1432) and Intellectual Millenarianism in Early Timurid Iran*, Yale: Yale University 2012, S. 72.

146 Vgl. ebd., S. 72.

147 Vgl. Van Ess, Josef: *Ḥaydar-i Āmulī*, in: Bearman, P. und Th. Bianquis (Hrsg.): *Encyclopaedia of Islam*, Second Edition (Online), Brill 2012, http://dx.doi.org/10.1163/1573-3912_islam_SIM_8612.

148 „*Even though Sadra incorporated many elements from both the Peripatetic and Illuminationist traditions, he eventually seems to have found himself at home in Ibn al-'Arabi's thought and the elaborate vocabulary of existence developed by his students Sadr al-Din al-Qunawi and Dawud al-Qaysari.*" Kalin, Ibrahim: *Knowledge in Later Islamic Philosophy: Mulla Sadra on Existence, Intellect, and Intuition*, New York, NY: Oxford University Press 2010, S. Xiv. Für die Verbindung der Ideen Mullā Ṣadrās mit den Lehren Ibn al-ʿArabīs und seiner Schule siehe: Rizvi, Sajjad: *Mysticism and philosophy: Ibn al-ʿArabī and Mullā Ṣadrā*, in: Adamson, Peter und Richard C. Taylor (Hrsg.): *The Cambridge Companion to Arabic Philosophy*, Cambridge: Cambridge University Press 2005, S. 224–246.

149 Vgl. Murata, Sachiko: *Chinese Gleams of Sufi Light: Wang Tai-yu's Great Learning of the Pure and Real and Liu Chih's Displaying the Concealment of the Real Realm. With a New Translation of Jami's Lawa'ih from the Persian by William C. Chittick*, SUNY Press 2000, S. 14.

150 Zum Einfluss der Lehren Ibn al-ʿArabīs auf Ǧāmī siehe: Okten, Ertuğrul: *Jāmī (817-898/1414-1492): His Biography and Intellectual Influence in Herat*, Chicago: The University of Chicago 2007, S. 276 ff.

zu den vier ersten muslimischen Büchern, die ins Chinesische übersetzt wurden.[151] Bei der Verbreitung der *akbarītischen* Lehren in China ab dem 17. Jh. sollten die zwei Gelehrten Wang Tai-yii (gest. 1658) sowie Liu Zhi (gest. 1739?) eine wesentliche Rolle spielen. Durch sie kamen die Ideen Ibn al-ʿArabīs, wie sie von den Anhängern seiner Schule formuliert wurden, mit dem Buddhismus und Taoismus, aber vor allem mit dem Konfuzianismus in Berührung.[152]

Noch intensiver war die Auseinandersetzung der indischen Gelehrten mit dem Erbe Ibn al-ʿArabīs. Die *akbarītische* Tradition in Indien fing mit Faḫr ad-Dīn al-ʿIraqī an, der bei al-Qūnawī und Rūmī studierte.[153] Seit dem 13. Jh. und insbesondere während der Zeit des Mogulreiches wurde die Schule Ibn al-ʿArabīs zu einem wichtigen Teil – wenn nicht zum wichtigsten – der theologischen Tradition Indiens.[154] Chittick erwähnt über fünfzig Namen von prominenten Gelehrten, die man zu der *akbarītischen* Schule zählen kann.[155] Dazu gehört z. B. der erste indische Korankommentaror ʿAlā ad-Dīn al-Mahā'imī (gest. 1432), dessen Korankommentar auf der Theologie Ibn al-ʿArabī basiert und von welchem auch einer der ausführlichsten Kommentare zu *Fuṣūṣ al-ḥikam* stammt.[156] Ein weitere Persönlichkeit, die von Bedeutung ist, ist Muḥibb Allāh Ilāhabādī (gest. 1648) Dieser Gelehrte wird eine wichtige Rolle bei der Verbreitung der *akbarītischen* Lehren in Südostasien spielen.[157]

In der folgenden Tabelle[158] sind einige Namen von Gelehrten, die die *akbarītische* Schule in Indien vertreten, aufgelistet:

151 Vgl. Murata: *Chinese Gleams of Sufi Light*, S. 25; 33.

152 Zum Wirken von Wang Tai-yii und Liu Zhi und ihrem Einfluss auf das chinesische intellektuelle Milieu des 17. Jh. siehe: Murata, Sachiko, William C. Chittick und Weiming Tu: *The Sage Learning of Liu Zhi: Islamic Thought in Confucian Terms*, Cambridge, Mass: Harvard Univ Pr 2009; sowie: Murata: *Chinese Gleams of Sufi Light*.

153 Vgl. Stavig, Gopal: *Ibn ‚Arabi's Influence in Muslim India*, in: *Journal of the Muhyiddin Ibn 'Arabi Society* 45 (2009), S. 121–132, hier S. 123.

154 Siehe dazu: Chittick, William C.: *Waḥdat al-Wujud in India*, in: Eshots, Yanis (Hrsg.): *Islamic philosophy yearbook*, Bd. 3, Moscow: Vostochnaya Literatura Publishers 2012; Clark: *Early Best-sellers in the Akbarian Tradition*, S. 47 f.

155 Vgl. Stavig: *Ibn ‚Arabi's Influence in Muslim India*, S. 124.

156 Ebd., S. 125.

157 Liption, G.A: *Muhibb Allah Ilāhābādī: South Asian Heir to Ibn 'Arabi*, in: *Journal of the Muhyiddin Ibn 'Arabi Society* 45 (2009), S. 89–120.

158 Die Namen der Gelehrten stammen aus der Arbeit Gopal Stavigs über den Einfluss Ibn al-'Arabīs in Indien, siehe: Stavig: *Ibn ‚Arabi's Influence in Muslim India*.

Faḫr ad-Dīn al-Irāqī (gest.1289)	Sayyid ʿAlī Hamadānī (gest. 1385)	Rašīd ad-Dīn Bidāwazī (gest. 1467)	Wağīh ad-Dīn (gest. 1539)
Muḥammad Ġawṯ (gest. 1563)	Ibrāhīm Šaṭṭārī Ğannatabādī (gest. 1583)	Muḥammad aš-Šištī (gest. 1578!)	Burhān ad-Dīn Ğanām (gest. 1597)
ʿAbd al-Ğalīl (gest. 1602)	ʿIsā b. Qāsim al-Ğundī (gest. 1622)	Aḥmad as-Sirhindī (gest. 1624)	Ḫawāğa Ḫurd (geb. 1601)
Ḫawāğa Kalān (geb. 1601)	Muḥibb Allāh Ilāhabādī (gest. 1648)	Mulla Šāh Aḫūn (gest. 1661)	Burhān ad-Dīn (gest. 1673)
Mirzā ʿAbd al-Qadīr Bidīl (gest. 1721)	Šāh Kalīm Allāh (gest. 1729)	Irādat Ḫān (bl. 1704-05)	Šah Walliy Allāh ad-Dihlawī (gest. 1762)
Mawlawī Qamar (18 Jh.)	Mīr Dard (gest. 1785)	Muḥammad Maḫdūm (18. Jh.)	Sayyid ʿAbd al-Qadīr Faḫrī (gest. bl. 1785-86)
Ināyat Allāh (18. Jh.)	Muḫtaram Allāh (gest. 18)	ʿAbd al-ʿAlī al-Laḫnawī Baḥr al-ʿulūm (gest. 1810)	Ḥakīm ʿAlī b. Ḥakīm Liqa Ḫān (bl. 1828-29)

Der Einfluss Ibn al-ʿArabīs beschränkte sich nicht nur auf die gebildete Schicht, sondern erreichte auch das einfache Volk, da die Sufi Dichtung, sei sie auf Arabisch, Persisch, Urdu oder Osmanisch, die zu verschiedenen Zeremonien und Anlässen gesungen wurde, die Handschrift des andalusischen Meisters trägt.

Im arabischen Sprachraum spielen die Arbeiten von aš-Šaʿrānī (gest. 1565), an-Nābulusī (gest. 1731) und an-Nabahānī (gest. 1932) bei der Popularisierung der *akbarītischen* Lehren eine Rolle. Bis zum 19. und frühen 20. Jh. findet man noch lebendige arabische Traditionen, die die Lehren Ibn al-ʿArabīs pflegten, wie z. B. Aḥmad b. Idrīs (gest. 1837), al-Amīr ʿAbd al-Qādir (gest. 1883) oder Aḥmad al-ʿAlawī (gest. 1934). Allerdings nicht in der Intensität, die man aus der Zeit zwischen dem 14. und 18. Jh. kennt. Hier spielen mehrere Faktoren eine Rolle.

Die Hostilität gegen Ibn al-ʿArabī erlebte einen neuen Aufschwung durch die National-salafistische Bewegung sowie durch den Wahhabismus. Die Polemiken mancher Gegner Ibn al-ʿArabīs, wie z. B. Ibn Taymiyya, wurden dadurch wiederbelebt. Zu diesen Faktoren gehören auch die Einstellung der frühen Orientalistik, die aš-Šayḫ al-Akbar fast ignoriert hat und die muslimischen Modernisten, die, wie Chittick feststellt, in der Person Ibn al-ʿArabīs den Inbegriff der Unzulänglichkeit der Tradition sahen.[159] Aber in dem Moment, als die theologische Schule Ibn al-ʿArabīs in den alten muslimischen Reichen und in den daraus entstandenen Nationalstaaten geschwächt wurde, pflegten sie mehrere europäische Muslime am Anfang des 20. Jh. weiter. Hier sind insbesondere Namen wie René Guenon, Michel Valsan, Frithjof Schuon und Jean Louis Burckhardt zu erwähnen, deren Arbeit ein Grundstein für eine *westliche akbarītische* Tradition war. Ferner wurde 1977 The Muhyiddin Ibn ‚Arabi Society gegründet, deren Mitglieder es geschafft haben, die *akbarītischen* Studien in der akademischen Welt zu etablieren und die Lehren dieser Schule mit den modernen Wissenschaftsdisziplinen ins Gespräch zu bringen.[160]

159 Vgl. Chittick, William C.: *Ibn Arabi: Heir to the Prophets*, Oxford: Oneworld Publications 2007, S. 3 f.
160 http://www.ibnarabisociety.org/society.html

2.2. Die Sprache Ibn al-ʿArabīs

Im Jahr 1991 erschien eine Studie der libanesischen Wissenschaftlerin Suʿād al-Ḥakīm, in welcher sie zum ersten Mal in der Geschichte der akademischen Forschung die Originalität der Sprache Ibn al-ʿArabīs dargelegt hat. Sie zeigte, dass aš-Šayḫ al-Akbar nicht nur ein Erbe einer theologischen und philosophischen Sprache war, sondern dass er vielmehr selbst eine eigene Terminologie erschuf, anhand welcher er sein Lehrgebäude erklärte. Laut der Studie von al-Ḥakīm waren es nicht weniger als 1900 Begriffe, die Ibn al-ʿArabī schuf.[161] Die meisten dieser Begriffe sind Wortkonstrukte oder Worte, denen er neue Bedeutungen verlieh. Nicht nur zahlreiche Fachbegriffe der Sufis hat er neu definiert, sondern auch eine große Zahl an philosophischen und *kalām-technischen* Fachtermini.

Dass Ibn al-ʿArabī manchmal die gleichen Begriffe wie die *mutakallimūn*, die Philosophen oder die Sufis verwendete, darf uns nicht dazu verleiten, basierend auf dieser Ähnlichkeit auf der Ebene des Wortes, auf eine semantische Ähnlichkeit zu schließen.

Ebendaher soll Ibn al-ʿArabī aus der Perspektive seiner eigenen Terminologie studiert und verstanden werden. Denn nur so kann man falsche Rückschlüsse und eilfertige Schlussfolgerungen vermeiden. Nur weil ein Begriff in arabischen Werken der platonischen Tradition oder des *kalām* vorkommt, heißt dies längst nicht, dass er den Begriff in der gleichen fachspezifischen Bedeutung verwendet. Das zu denken entspricht methodisch gesehen nicht der hier erforderlichen Sprachsensibilität.

Die Sprache ist der Schlüssel jeglichen Verständnisses. Insbesondere im Bereich der Theologie und Philosophie spielt die Präzision der Begrifflichkeit eine entscheidende Rolle, wenn man eine Lehre erforschen will. Die Bedeutungen der Sprache Ibn al-ʿArabīs den anderen Traditionen, sei es der Philosophie, dem *kalām* oder den Lexika, zu entnehmen und ihn somit indirekt durch die Brille anderer Disziplinen zu lesen, führt zu wissenschaftlich ungenauen Ergebnissen.

Es scheint mir deswegen wichtig, einige Schlüsselbegriffe, die nicht in den drei nächsten Kapiteln dieser Arbeit untersucht werden und die für das Verständnis der Lehren Ibn al-ʿArabīs zentral sind, am Ende dieses

161 Für einen Index aller Begriffe siehe: AL-ḤAKĪM, SUʿĀD: *Ibn ʿArabī wa mawlid luġa ǧadīda*, Beirut: Dandara 1991, S. 97–197.

Punktes über die Sprache Ibn al-ʿArabis einzuführen, bevor ich mich im nächsten Kapitel der Erkenntnis zuwende.

Im Laufe dieser Dissertation werden für die Erklärung der Begriffe, die aš-Šayḫ al-Akbar benutzt, vor allem vier Hauptquellen herangezogen. Die zwei ersten Quellen sind *Muṣṭalaḥāt aṣ-ṣūfiyya* sowie *al-Futūḥāt al-makkiyya*, beide von Ibn al-ʿArabī, sowie *Laṭāyif al-iʿlām fī išārāt ahl al-ilhām* von Imam al-Qāšānī (gest. 1329) und *al-Muʿǧam aṣ-ṣūfī* von Suʿād al-Ḥakīm. Des Weiteren werden auch die Erklärungen der Schüler Ibn al-ʿArabīs sowie seine Kommentatoren in Rücksicht genommen.

Ferner wird in dieser Arbeit für Gott nicht immer der Begriff Gott benutzt, nicht wegen persönlichen Vorlieben, sondern weil Ibn al-ʿArabī selber zwischen Gott (*Ilāh*), dem Wirklichen (*al-Ḥaqq*) und Allah unterscheidet. Für ihn sind diese drei Begriffe keine Synonyme, sondern geben je nach Kontext eine andere ontologische Stufe wieder. Der Wirkliche, häufig für das göttliche Wesen verwendet, wird z. B. nicht in jedem Kontext als Gott gedacht. Denn die Göttlichkeit ist für ihn die Bezeichnung eines Verhältnisses zwischen dem Wirklichen und der Schöpfung. Ohne Schöpfung ist die Göttlichkeit nach ihm undenkbar.[162] Auch Allah wird von ihm als Eigenname des göttlichen Wesens verstanden und steht in einer besonderen Relation zu den anderen Namen Gottes, die eine zentrale Rolle in seiner Lehre spielen.[163] Aus den erwähnten Gründen wird in dieser Arbeit der Sprachgebrauch des aš-Šayḫ al-Akbar soweit wie möglich benutzt. Das heißt, für Gott wird der Wirkliche (*al-Ḥaqq*) als Hauptbezeichnung verwendet, solange es nicht anders erforderlich ist. Einheitlich an allen Stellen und unabhängig vom Kontext die Bezeichnung Gott zu benutzen, würde dazu führen, dass wesentliche Aspekte der Lehre Ibn al-ʿArabīs und die Differenzierung, die er unternimmt, verloren gingen.

Neben der Eigenartigkeit der Sprache Ibn al-ʿArabīs begegnen dem Forscher weitere Herausforderungen. Zum einen ist es die Originalität mancher seiner Konzepte, ohne die ein Verständnis seiner Lehren unmöglich bleibt. Zum anderen ist es die Verflochtenheit und Vernetzung der verschiedenen theologischen Bereiche in der Gesamtheit seines Gedankengebildes. Eine scharfe Trennung zwischen Erkenntnislehre und Ontologie oder zwischen Normenlehre und *taṣawwuf* ist in seinen Schriften, abgese-

162 Vgl. Ibn al-ʿArabī: *al-Futūḥāt al-makkiyya*, Bd. 2, S. 122, 257.
163 Vgl. ebd., Bd. 4, S. 196.

hen von sehr wenigen Ausnahmen, nicht vorhanden.[164] Derjenige, der Ibn al-ʿArabī verstehen will, soll deswegen stets einige Grundkonzepte des andalusischen Gelehrten im Hinterkopf behalten.

Die vorliegende Arbeit beschäftigt sich zwar mit der Erkenntnislehre, trotzdem ist das Ergründen dieses Teilgebietes der Theologie bei aš-Šayḫ al-Akbar unrealisierbar, wenn man nicht von vornherein einige ontologische Konzepte und Begriffe von ihm erklärt. Es werden hier allerdings nur jene Begriffe erläutert, auf die nicht explizit in den verschiedenen Kapiteln dieser Schrift eingegangen wird.

Die Schlüsselbegriffe der Erkenntnislehre werden aus diesem Grund nicht hier erklärt, sondern erst an den entsprechenden Stellen meiner Arbeit. Sekundäre Begriffe, die nicht zentral für diese Arbeit sind, werden im Laufe dieser in den Fußnoten kurz erläutert.

Manche dieser Begriffe sind so spezifisch von Ibn al-ʿArabī ausgelegt worden, dass in den letzten Jahrzehnten immer mehr Wissenschaftler dazu tendieren, einige Fachtermini unübersetzt zu lassen, wie z. B. den Begriff *wuǧūd*, der im *akbarītischen* Sinne keine adäquate deutsche oder englische Übersetzung hat.[165] Ja, sogar in der gesamten Philosophie der Muslime trägt dieser Begriff Eigenartigkeiten in sich, die ihn unübersetzbar machen. Denn sonst gehen durch die Übersetzung fundamentale Aspekte verloren, was zu Missdeutungen führt, worauf Seyyed Hossein Nasr hinwies.[166] Aus diesen und weiteren Gründen, die noch ausgeführt werden, wird dieser Begriff in meiner Arbeit als einziger Fachterminus unübersetzt benutzt. Die anderen Schlüsselbegriffe werden zwar übersetzt, aber der arabische Begriff wird stets in Klammern angeführt.

Nun sollen im Folgenden jene drei Schlüsselbegriffe, die für die theologische Erkenntnislehre bei Ibn al-ʿArabī fundamental sind, erörtert werden – *wuǧūd*, *al-aʿyān aṯ-ṯābita* (die festen Entitäten), sowie *at-taǧallī* (die Manifestation).

164 Zu den Schriften, in welchen Ibn al-ʿArabī rein exoterische Wissenschaften behandelte, siehe: *ʿAǧāʾib al-ʿirfān*, Beirut: Dār al-kutub al-ʿilmiyya 2007; und *Muḥāḍarat al-abrār wa-musāmarat al-aḫyār*, 2. Aufl., Beirut: Dār ṣādir 2005.

165 Siehe dazu z. B. Chittick: Ibn Arabi, S. 36; Chodkiewicz: *Un océan sans rivage. Ibn Arabî, le Livre et la Loi*, S. 122, 154 f..

166 Für eine ausführliche Behandlung des *wuǧūd* in der Philosophie sowie der Problematik der Übersetzung siehe: Nasr, Seyyed Hossein: *Islamic Philosophy from Its Origin to the Present*, New York: SUNY Press 2006, S. 63–91.

2.2.1. *al-Wuǧūd*

Der Begriff *wuǧūd* ist der zentralste und fundamentalste Begriff in der Gesamtheit der *akbarītischen* Theologie. Ja, man könnte sogar die Theologie bei aš-Šayḫ al-Akbar so verstehen, dass sie einerseits das Ergründen des *wuǧūd* und anderseits das Verstehen des Verhältnisses zwischen dem Menschen und dem *wuǧūd* ist.[167] Unter dem hier behandelten Punkt soll auf die wichtigen Aspekte, die für die vorliegende Arbeit wesentlich sind, eingegangen werden. Für eine ausführliche Behandlung könnte man die bereits erwähnte Studie von Chittick „*The Self-Disclosure of God*"[168] oder die Einführung von Imam Dawūd al-Qayṣarī (gest. 1350) in seinem Kommentar zu *Fuṣūṣ al-ḥikam*[169] zurate ziehen.

Üblicherweise wird *wuǧūd* mit Sein übersetzt, obwohl das Arabische – zumindest sprachlich gesehen – das Wort „Sein" in seiner griechischen bzw. lateinischen Verwendung, genauso wie die anderen semitischen Sprachen, nicht kennt. Schon bei der Ableitung des Begriffes *wuǧūd* wird deutlich, dass man hier vor einem anderen Konzept steht, denn es entstammt der Wurzel *w-ǧ-d*, welche das Finden ausdrückt.[170] Wortwörtlich wird der *wuǧūd* als ein Verbalsubstantiv übersetzt, nämlich als das Finden im Sinne eines Aktes. Es drückt somit eine Dynamik und keinen Zustand oder Eigenschaft aus. Genau diese genuine sprachliche Bedeutung ist bei Ibn al-ʿArabī von Wichtigkeit.

Imam al-Qāšānī, einer der frühen Gelehrten, der die Terminologie Ibn al-ʿArabīs systematisch in einem Lexikon behandelte, schreibt zu dem Begriff *wuǧūd*, dass damit *a)* das Finden[171] (Bewusstwerden) von sich selbst in sich selbst, *b)* das Finden (Bewusstwerden) von etwas anderem in sich selbst, oder *c)* das Finden (Bewusstwerden) von sich selbst in etwas anderem gemeint ist.[172] Diese Erklärung fasst alle Modi des *wuǧūd*, die wir bei Ibn al-ʿArabī und seinen Anhängern kennen, zusammen. Die Frage, die sich allerdings stellt, ist: Wer findet hier was? Die Antwort, die uns Ibn al-ʿArabī liefert und die er in fast all seinen Werken aus den unterschied-

167 Das widerspricht nicht der Bedeutung von Theologie bei Ibn al-ʿArabī, die ich im ersten Kapitel erläutert habe, denn bei ihm ist der Begriff *wuǧūd* ein Synonym für den Wirklichen ﷻ.

168 Siehe insbesondere das erste Kapitel: CHITTICK, WILLIAM C.: *The Self-disclosure of God: Principles of Ibn al-ʿArabī's Cosmology*, Albany, NY: SUNY Press 1998, S. 3–166.

169 Siehe: AL-QAYṢARĪ, DAWŪD: *Šarḥ Fuṣūṣ al-ḥikam*, Beirut: Manšūrāt ar-riḍā 2003, Bd. 1, S. 21 ff.

170 Vgl. IBN FĀRIS, ABŪ AL-ḤUSAYN: *Maqāyīs al-luġa*, Beirut: Dār al-fikr 1979, Bd. 6, S. 86.

171 Das Finden (*wiǧdān*) an dieser Stelle lässt sich auch mit das Bewusstwerden übersetzen.

172 Vgl. AL-QĀŠĀNĪ, ʿABD AR-RAZZĀQ: *Laṭāyif al-iʿlām fī išārāt ahl al-ilhām*, Beirut: Dār al-kutub al-ʿilmiyya 2004, S. 461.

lichen Perspektiven zu verdeutlichen versucht, ist: Derjenige, der findet und gefunden wird, ist der Wirkliche ﷻ selbst.[173]

Sich selbst in sich selbst zu finden heißt nichts anderes als dass der Wirkliche ﷻ sich Seines Selbst bewusst ist. Anders ausgedrückt, das erhabene Wesen ist identisch mit Seinem eigenen Bewusstsein. Der *wuǧūd* ist somit nicht nur das Sein, wie es oft übersetzt wird, sondern das Bewusstsein und das Sein zusammen. Das Wort *al-wuǧūd* (das Finden) ist etymologisch mit *wiǧdān* verwandt, welches Bewusstsein, Bewusstheit oder Wissen bedeutet.[174] *Wuǧūd* bei Ibn al-ʿArabī ist nicht einfach die Tatsache des Seins, also, dass etwas da ist bzw. gefunden werden kann oder ihm Existenz zusteht, sondern *wuǧūd* ist das bewusste Finden selbst. *Wuǧūd* ist ebendeswegen auch Bewusstsein.[175] Diesbezüglich schreibt Chittick: „*for english speakers, "existence" has no necessary connection with awareness, this is not the case of Ibn al-ʿArabī. To speak of wujūd is to speak of finding and what is found, and finding is meaningless without knowledge and consciousness.*"[176]

Was das Finden von etwas anderem in sich selbst betrifft, so ist damit die Beziehung des erhabenen Wesens mit den festen Entitäten (*al-aʿyān aṯ-ṯābita*) Seines Wissens gemeint, auf die im nächsten Punkt eingegangen wird. Der dritte Modus des *wuǧūd*, und zwar das Finden von sich selbst in etwas anderem, ist das, was Ibn al-ʿArabī unter Schöpfung versteht. Auch dieser Aspekt wird später in einem separaten Punkt behandelt.

Des Weiteren betont Ibn al-ʿArabī, dass der *wuǧūd* keine zusätzliche Eigenschaft der vorhandenen Dinge (*mawǧūdāt*) bzw. der Seienden ist. Vielmehr ist der *wuǧūd* das Wesen der vorhandenen Dinge selbst. Die Illusion (*wahm*) stellt den *wuǧūd* wie eine Bühne oder Dimension dar. Man sagt allegorisch, dieses Ding kam in den *wuǧūd*, im Sinne, dass es zu existieren anfing. Für aš-Šayḫ al-Akbar ist diese Vorstellung jedoch nur eine reine Illusion, denn der *wuǧūd* von etwas ist dessen Wesen selbst und nicht eine Dimension, in welchem dieses Etwas existiert.[177]

173 Vgl. u. a.: IBN AL-ʿARABĪ: *al-Futūḥāt al-makkiyya*, Bd. 1; S. 594; Bd. 2, S. 309; Bd. 3, S. 255, 276, 418, 429; sowie IBN AL-ʿARABĪ, MUḤYĪ AD-DĪN: *Fuṣūṣ al-ḥikam*, Beirut: Dār al-kitāb al-ʿarabī 2002, Bd. 1, S. 111; und: IBN AL-ʿARABĪ, MUḤYĪ AD-DĪN: *Inšāʾ ad-dawāʾir*, Ägypten: Maktabat aṯ-ṯaqāfa ad-dīniyya 1998, S. 14.

174 Vgl. NASR: *Islamic Philosophy from Its Origin to the Present*, S. 66.

175 Vgl. CHITTICK, WILLIAM C.: *Ibn Arabi: Erbe der Propheten*, Herrliberg: Edition Shershir 2012, S. 53. Mit Bewusstsein ist in dieser Arbeit, wenn es als Aspekt des *wuǧūd* verwendet wird, einerseits das Wissensverhältnis zwischen dem Wirklichen und Seiner ersten Entifikation (*at-taʿayyun al-awwal*) gemeint und anderseits das Wissensverhältnis zwischen dem Wirklichen und Seiner zweiten Entifikation (*at-taʿayyun aṯ-ṯānī*). Siehe: AL-QĀŠĀNĪ: *Laṭāyif al-iʿlām fī išārāt ahl al-ilhām*, S. 322.

176 CHITTICK: *The Self-disclosure of God*, S. xix.

177 Vgl. IBN AL-ʿARABĪ: *Inšāʾ ad-dawāʾir*, S. 9.

Der *wuǧūd*, welcher der Wirkliche ﷻ ist, ist in Sich Selbst (*min hayṯ huwa huwa*) durch nichts eingeschränkt. Man kann nicht einmal sagen, dass er absolut (*muṭlaq*) ist, weil auch dies eine Art Einschränkung wäre.[178] Jegliche Einschränkung durch ein Adjektiv kann nicht dem *wuǧūd* in sich selbst zugeschrieben werden, sondern nur einer seiner Stufen (*marātib*), die genauer gesehen epistemologischer und nicht ontologischer Natur sind.[179]

Die Stufen des *wuǧūd* (*marātib al-wuǧūd*), wie wir noch bei der Behandlung des Begriffes Manifestation (*taǧallī*) sehen werden, sind als die Relationen innerhalb dieses einen *wuǧūd* zu denken und nicht im Sinne einer Emanation im neoplatonischen Sinne, da – um nur einige Gründe zu nennen – Ibn al-ʿArabī die Kausalität in Bezug auf Gott ablehnt und den neuplatonischen Grundsatz *„aus dem Einen kommt nur einer"* zurückweist.[180] Es soll in diesem Zusammenhang auch zwischen dem *wuǧūd* und dem partikularen *wuǧūd* unterschieden werden.[181] Etwas kann in Form von wesenhaftem, mentalem, sprachlichem oder zeichenhaftem Dasein vorhanden sein.[182] Manches ist in all diesen Formen des partikularen *wuǧūd* zu finden. Andere Wesen – z. B. ein imaginierter Phönix – existieren extramental nicht als Wesen, jedoch mental, in der Sprache oder in Form eines Zeichens. Der *wuǧūd* in seiner uneingeschränkten Form umfasst all diese Formen des partikularen *wuǧūd* und dringt sogar kraft seiner Absolutheit bis zur Nichtexistenz (*ʿadam*) vor und gibt ihr ein Dasein, zumindest auf der sprachlichen und zeichenhaften Ebene. Die Nichtexistenz kann als Gegenteil der Existenz bzw. des Vorhandenseins nur innerhalb des absoluten *wuǧūd* gedacht werden und nicht als etwas, was neben dem *wuǧūd* vorhanden ist.[183] Wenn man sagt, Allah ist der *wuǧūd*, dann heißt es nach aš-Šayḫ al-Akbar auf keinen Fall, dass Allah die Existenz ist. Denn es besteht in der *akbarītischen* Lehre ein fundamentaler Unterschied zwischen *wuǧūd* und Existenz.[184] Wenn man beide Augen zudrückt, dann könnte man höchstens sagen, dass Allah das Sein ist, aber nicht, dass Er die Existenz ist.

Der *wuǧūd*, welcher Allah ist, ist die Wirklichkeit selbst. Es wäre Ibn al-ʿArabī zufolge logisch inkorrekt, zu sagen, dass der *wuǧūd* existiert, wo-

178 Vgl. Ibn al-ʿArabī: *Fuṣūṣ al-ḥikam*, Bd. 1. S. 111 ff.
179 Vgl. an-Nābulusī, ʿAbd al-Ġaniyy: *Nuḫbat al-mas'ala fī šarḥ at-tuḥfa al-mursala* (Hs. OE Yz 0205), İ.B.B. Atatürk Kitaplığı Sayısal Arşiv ve e-Kaynaklar 1699, Blatt 2 und 3.
180 Vgl. aṣ-Ṣādiqī, Ahmad: *Iškāliyyat al-ʿaql wa l-wuǧūd fī fikr Ibn ʿArabī*, Beirut: al-Madār al-islāmī 2010, S. 342.
181 Diese partikulare Form des *wuǧūd* kann man mit Existenz oder Dasein wiedergeben.
182 Vgl Ibn al-ʿArabī: *al-Futūḥāt al-makkiyya*, Bd. 1, S. 54.
183 Vgl. ebd., Bd. 2, S. 309.
184 Vgl. Addas: *Ibn Arabî et le voyage sans retour*, S. 86 f.

bei ja das Sein im Begriff *wuǧūd* inbegriffen ist. Es ist, als ob man sagen würde, das Sein existiert. Es wäre genauso ohne Sinn, wenn man fragen würde, wo, wodurch und wie das Sein ist. *Wuǧūd* in seinem Sinne als Sein braucht ja nichts um zu sein, weil Er das Sein selbst ist. Aus dieser Perspektive sind Gottesnamen wie *al-Ġaniyy* (der Unabhängige/der Unbedürftige) und *al-Muḥīṭ* (der Allumfassende) zu verstehen. Existenz wird folglich nur den vorhandenen Dingen zugeschrieben. Allerdings, wenn man sagt, dass das Objekt X existiert, dann heißt es nicht, dass dieses Objekt einen separaten *wuǧūd* besitzt.[185] *Wuǧūd* in sich ist ja so absolut, dass Er sogar über die Einschränkung durch das Adjektiv absolut erhaben ist und somit kann es nichts anderes neben Ihm geben. Er ist die reine Einsheit, die kein Gleichnis oder Gegenteil neben sich zulässt.[186]

Nach aš-Šayḫ al-Akbar kann es nicht mehrere *wuǧūd* geben. Die Existenz, die man mit der Welt gleichsetzen könnte, ist nicht das Sein, sondern eine Modalität des *wuǧūd*. Die vorhandenen Dinge (*mawǧūdāt*), die man normalerweise mit Seienden übersetzt, sind nicht etwas, was eigenständig ist, im Sinne, dass ihnen ein Sein zukommt, sondern sie sind lediglich Formen und Modalitäten des einen *wuǧūd*.[187] Existenz ist aus einer Perspektive eine reine Imagination, wie wir noch im entsprechenden Kapitel sehen werden. Wichtig für die vorliegende Arbeit ist der Punkt, dass es nichts anderes außer dem *wuǧūd* gibt und dass dieser *wuǧūd* Allah selbst ist. Damit das Verhältnis zwischen dem *wuǧūd* und der Existenz der Dinge verdeutlicht werden kann, soll ein weiterer Begriff eingeführt werden, nämlich die festen Entitäten (*al-aʿyān aṯ-ṯābita*), die neben dem Konzept des *wuǧūd* zu den fundamentalsten Lehren der *akbarītischen* Theologie gehören.

2.2.2. *al-Aʿyān aṯ-ṯābita* (die festen Entitäten)

Hinter dem Fachbegriff der festen Entitäten (*al-aʿyān aṯ-ṯābita*) steckt ein Konzept, womit Ibn al-ʿArabī verschiedene Aspekte seiner Lehre erklärt. Insbesondere bei der Beziehung zwischen dem Wirklichen und den Geschöpfen bzw. zwischen dem Absoluten und Bedingten spielt das Konzept der festen Entitäten (*al-aʿyān aṯ-ṯābita*) eine fundamentale Rolle. Ibn al-ʿArabī geht davon aus, dass man über den *wuǧūd* bzw. das erhabene Wesen

185 Vgl. CHITTICK: *The Self-disclosure of God*, S. 12.
186 Vgl. AL-QAYṢARĪ: *Šarḥ Fuṣūṣ al-ḥikam*, Bd. 1, S. 26.
187 Vgl. ADDAS: *Ibn Arabî et le voyage sans retour*, S. 86.

nur innerhalb Seiner unterschiedlichen Entifikationen (*taʿayyunāt*) reden kann. Diese Entifikationen nennt er auch die Stufen des *wuǧūd* (*marātib al-wuǧūd*).[188] Es sind denkbare Relationen innerhalb des einen und einzigen *wuǧūd*.

Die Vorstufe aller Stufen ist die der Undefinierbarkeit (*allā taʿayyun*).[189] Auf dieser Stufe ist der *wuǧūd* selbst eine reine Unbekanntheit. Ibn al-ʿArabī betrachtet diese Vorstufe als etwas Unerreichbares und Unerkennbares.[190] Man kann nichts darüber sagen. Es gibt auf dieser Ebene weder „ist" noch „ist nicht", weder Namen noch Eigenschaften. Nicht einmal Sein und Nichtsein können auf dieser Ebene gedacht werden. Es ist eine reine Unbekanntheit und sogar das darüber zu sagen, wäre falsch. Man kann darüber nur schweigen.[191] Allerdings wird diese Stufe auf der sprachlichen Ebene als die reine Einheit (*aḥadiyya*) bezeichnet. Damit drückt Ibn al-ʿArabī das Verhältnis des erhabenen Wesens mit Sich Selbst als eine Einheit (*aḥadiyya*), welche zu nichts in Relationen steht, aus.[192] Muḥyī ad-Dīn spricht in diesem Zusammenhang von der Gegenwart der Einheit (*ḥaḍrat al-aḥadiyya*). Die Begrenzung dieser undefinierbaren Gegenwart ist lediglich sprachlich und auf der Ebene des Begriffsvermögens. Wenn gesagt wird, dass das erhabene Wesen sich Seiner Absolutheit und Einheit bewusst ist, dann ist das nicht im Sinne einer Reihenfolge oder eines zeitlichen Geschehens, sondern im logischen Sinne zu verstehen. Auf dieser Ebene können noch keine Vielheit oder irgendwelche Relationen gedacht werden und somit auch keine Erkenntnis.[193] Diese Einheit ist eine reine Singularität, der man nicht einmal den Namen Allah oder die Bezeichnung Gott zuschreiben kann, da ihr auf dieser Ebene weder Namen, Eigenschaften noch Relationen (*nisab*) zugeschrieben werden können.[194]

188 Vgl. Ibn al-ʿArabī: *al-Futūḥāt al-makkiyya*, Bd. 1, S. 45.

189 Begriffe wie die Undefinierbarkeit (*allā taʿayyun*), die erste Entifikation (*at-taʿayyun al-awwal*) oder die zweite Entifikation (*at-taʿayyun aṯ-ṯānī*) gehören nicht zu der Terminologie, die aš-Šayḫ al-Akbar benutzt, sie stammen eher aus späteren Systematisierungen seiner Lehre.

190 Vgl. Ibn al-ʿArabī, Muḥyī ad-Dīn: *Kitāb al-yāʾ*, *in: Rasāʾil Ibn ʿArabī*, Beirut: Dār ṣādir 1997, S. 137–147, hier S. 137.

191 Vgl. al-Ḥakīm, Suʿād: *al-Muʿǧam aṣ-ṣūfī*, Beirut: Dandara 1981, S. 1120 f; al-Qāšānī: *Laṭāyif al-iʿlām fī išārāt ahl al-ilhām*, S. 339; Masruḥīn, Muḥammad Yunus: *al-Wuǧūd wa az-zamān fī al-ḫiṭāb aṣ-ṣūfī ʿind Ibn ʿArabī*, Beirut: Manšūrāt al-ǧamal 2015, S. 127, 131 f; al-Qayṣarī: *Šarḥ Fuṣūṣ al-ḥikam*, Bd. 1, S. 22 f; aṣ-Ṣādiqī: *Iškāliyyat al-ʿaql wa-l-wuǧūd fī fikr Ibn ʿArabī*, S. 494.

192 Vgl. Ibn al-ʿArabī, Muḥyī ad-Dīn: *„Risāla fī asrār aḏ-ḏāt al-ilāhiyya*, in: ʿAbd al-Fattāḥ, Saʿīd (Hrsg.): *Rasāʾil Ibn ʿArabī* (1), Beirut: Muʾassasat al-intišār al-ʿarabī, 2001, S. 198.

193 Vgl. Ibn al-ʿArabī: *al-Futūḥāt al-makkiyya*, Bd. 1, S. 715.

194 Vgl. ebd., Bd. 1, S. 735; sowie: Ibn al-ʿArabī: *Fuṣūṣ al-ḥikam*, Bd. 1, S. 104 f; siehe auch Ibn al-ʿArabī: *„Risāla fī asrār aḏ-ḏāt al-ilāhiyya*, S. 198.

Wenn dieses eine Wesen als etwas, das Eigenschaften und Namen besitzt, welche ihrerseits potentielle Wirkungen und Implikationen haben, gedacht wird, dann ist hier die Rede von der ersten Entifikation (*awwal at-taʿayyunāt*).¹⁹⁵ Auf dieser Stufe kann ein Verhältnis innerhalb des einen Wesens mit Seinen Namen und Eigenschaften gedacht werden. Die Vielheit, die dadurch entsteht, ist lediglich eine Vielheit der postulierten Relationen im göttlichen Wissen, welches mit dem Wesen Gottes identisch ist.¹⁹⁶ Und da das göttliche Wesen sich Seiner Namen und Eigenschaften bewusst ist, ist Er sich deswegen aller Entitäten, die Schauplätze (*maẓāhir*) dieser Namen und Eigenschaften sein können, bewusst.¹⁹⁷

Diese Matrix der Relationen göttlicher Namen und Eigenschaften nennt Ibn al-ʿArabī die festen Entitäten (*al-aʿyān aṯ-ṯābita*). Sie sind keine abstrakten Dinge, Universalien oder Urbilder im platonischen Sinne, sondern es sind konkrete Entitäten im göttlichen Wissen.¹⁹⁸ Alles, was auf einer der vier Stufen des Daseins, nämlich dem wesenhaften, mentalen, sprachlichen oder zeichenhaften Dasein existieren kann, hat eine partikulare Entität im Wissen Gottes. Jegliche Substanz, Eigenschaft, Idee, Konzept, ob konkret, gedacht oder imaginiert, entspricht einer konkreten Entität (*ʿayn*) im göttlichen Wissen.¹⁹⁹

Das Wissen Gottes über Sein erhabenes Wesen impliziert unmittelbar das Wissen über Seine Namen und Eigenschaften. Diese wiederum implizieren die Gesamtheit der festen Entitäten (*al-aʿyān aṯ-ṯābita*), die nichts anderes sind als die Manifestation (*taǧallī*) der göttlichen Namen und Eigenschaften im Wissen Gottes.²⁰⁰ Genauer betrachtet haben wir es hier mit einer Einheit zu tun. Denn das Wesen Gottes und Seine Eigenschaften sind keine separaten Entitäten, sondern sind identisch, zumindest aus der Perspektive des Wirklichen ﷻ. Die göttlichen Eigenschaften und Namen sind in Seinem Wesen verborgen und haben keine eigene Existenz. Solange sie sich nicht zeigen, bleiben sie nur potenziell.²⁰¹ Allerdings kennt der Wirkliche ﷻ Seine Eigenschaften und Namen und weiß, wie sie sich manifestieren würden, falls ihnen *wuǧūd* zuteil würde. Das heißt, erschienen Seine Namen und Eigenschaften, dann würden sie sich ent-

---

195 Vgl. IBN AL-ʿARABĪ: „*Risāla fī asrār aḏ-ḏāt al-ilāhiyya*, S. 198.
196 Vgl. IBN AL-ʿARABĪ: *al-Futūḥāt al-makkiyya*, Bd. 1, S. 163.
197 Vgl. ebd., Bd. 2, S. 34; 42 f.
198 Vgl. JAAKO HÄMEEN-ANTTILA: *The Immutable Entities and Time*, Journal of The Muhyiddin Ibn ʾArabi Society 39 (2006), S. 15–32, hier S. 17.
199 Siehe hierzu die Kategorisierung der festen Entitäten in: AL-QAYṢARĪ: *Šarḥ Fuṣūṣ al-ḥikam*, Bd. 1; 82-85.
200 Vgl. ebd., Bd. 1, S. 81.
201 Vgl. ebd., Bd. 1, S. 66.

sprechend dieser festen Entitäten (*al-aʿyān aṯ-ṯābita*) zeigen. Dementsprechend sind die festen Entitäten (*al-aʿyān aṯ-ṯābita*) sozusagen die innere Wahrnehmung Gottes von Seinen Eigenschaften und Namen. Sie bleiben in der Gegenwart Seines Wissens und verlassen sie nie.

Diese Entitäten werden deswegen fest genannt, weil sie unveränderlich sind, da sie ja das göttliche Wissen sind. Wie steht jedoch die veränderliche Welt zu diesen festen Entitäten (*al-aʿyān aṯ-ṯābita*)? Das Konzept der festen Entitäten (*al-aʿyān aṯ-ṯābita*) war die Lösung, die Ibn al-ʿArabī für die Verbindung zwischen dem Absoluten und Bedingten bzw. zwischen dem konstanten Einen und dem Veränderlichen gab.[202] Wenn es nur den einen *wuǧūd* gibt, und wenn dieser *wuǧūd* der Wirkliche selbst ist, wie sind dann die Veränderungen, die man im *wuǧūd* wahrnimmt, zu verstehen? Die Veränderungen dürfen nicht von etwas Kontingentem verursacht werden, da das göttliche Wesen theologisch betrachtet erhaben darüber ist, dass Ihm Akzidenzen zugeschrieben werden.[203] Die festen Entitäten (*al-aʿyān aṯ-ṯābita*), welche eine Konstante im göttlichen Wissen sind, sind die Grundlage der Entifikationen des *wuǧūd*. Das heißt, die von uns wahrnehmbaren Veränderungen sind an sich keine Geschehnisse im Wesen Gottes, sondern nur Entifikationen des einen und selben *wuǧūd*. Dies führt uns zum dritten Konzept, nämlich dem der Manifestation (*at-taǧallī*), welche die Verbindung zwischen dem göttlichen Wesen, den festen Entitäten (*al-aʿyān aṯ-ṯābita*) und der Welt darstellt.

2.2.3. *at-Taǧallī* (die Manifestation)

Vorab ist zu bemerken, dass Ibn al-ʿArabī zwischen zwei Arten der Manifestation unterscheidet, nämlich zwischen der ontologischen und der epistemologischen, wobei es schwierig ist, die beiden voneinander klar zu differenzieren. Spätere Gelehrte wie al-Mullā Ǧāmī (gest. 1492) haben die ontologische Manifestation *at-taǧallī al-wuǧūdī* (die Manifestation des *wuǧūd*) und die zweite Manifestation *at-taǧallī aš-šuhūdī* (die erfahrbare Manifestation) bzw. *at-taǧallī al-ʿirfānī* (die erkennbare Manifestation) genannt.[204] Was allerdings in diesem Zusammenhang von Wichtigkeit ist, ist die ontologische Manifestation. Auf die erfahrbare Manifestation, die

202 Vgl. Jaako Hämeen-Anttila: *The Immutable Entities and Time*, S. 16.
203 Vgl. Ibn al-ʿArabī: *al-Futūḥāt al-makkiyya*, Bd. 2, S. 289.
204 Vgl. al-Ḥakīm: *al-Muʿǧam aṣ-ṣūfī*, S. 258.

einen epistemologischen Gehalt besitzt, wird im sechsten Kapitel dieser Arbeit eingegangen.

Das Verhältnis zwischen dem *wuǧūd* und Seinen Namen und Eigenschaften wird in der *akbarītischen* Schule die Manifestation (*at-taǧallī*) genannt.[205] Dieser Begriff steht in enger Verbindung mit der Entifikation (*taʿayyun*). Es wurde bereits darauf hingewiesen, dass man über den Wirklichen سبحانه وتعالى allein im Rahmen Seiner Entifikationen sprechen kann. Und da man nichts über das göttliche Wesen in Seiner Absolutheit sagen kann,[206] benötigen wir als erkennende Subjekte Begrenzungen auf der Ebene der Sprache und des Begriffsvermögens. Auf diesem Hintergrund wird die erste begreifbare Manifestation als das sich Zeigen des göttlichen Wesens für Es selbst (*ẓuhūr aḏ-ḏāt nafsihā li-nafsihā*) betrachtet, in der das göttliche Wesen als eine Einheit gedacht wird.[207] Mit der zweiten Manifestation drückt man das differenzierte Verhältnis zwischen dem Wesen und Seinen Eigenschaften und Namen aus. Dieses Verhältnis impliziert dann die Differenzierung aller festen Entitäten (*al-aʿyān aṯ-ṯābita*) im göttlichen Wissen, die nichts anderes sind als Konkretisierungen der göttlichen Namen und Eigenschaften in Form von kontingenten Dingen.[208] Diese zwei ersten Formen der Manifestation wurden bereits im vorherigen Punkt erwähnt. Sie erklären jedoch nicht das Verhältnis zwischen dem Wirklichen und der Welt, sondern eher die Relation zwischen dem Wirklichen und Seinen Eigenschaften.

Die Welt ist nach aš-Šayḫ al-Akbar nichts anderes als die „äußerliche" Entifikation des *wuǧūd*. In *Fuṣūṣ al-ḥikam* lesen wir:

> العالم ليس إلا تجليه في صور أعيانهم الثابتة التي يستحيل وجودها بدونه وأنه يتنوع ويتصوّر بحسب حقائق هذه الأعيان وأحوالها[209]
>
> *Die Welt ist nichts anderes als Seine Manifestation in den Formen ihrer[210] festen Entitäten, deren Existenz ohne Ihn unmöglich wäre. Er variiert und gestaltet sich entsprechend der Wirklichkeiten der Entitäten und deren Zustände.*

205 Vgl. AL-QŪNAWĪ, ṢADR AD-DĪN: *Iʿǧāz al-bayān fī tafsīr umm al-qurʾān*, Beirut: Dār al-kutub al-ʿilmiyya 2005, S. 34; AT-TURKA, ṢĀʾIN AD-DĪN: *Tamhīd al-qawāʿid aṣ-ṣūfiyya*, Beirut: Dār al-kutub al-ʿilmiyya 2005, S. 92 f.

206 Vgl. IBN AL-ʿARABĪ, MUḤYĪ AD-DĪN: *at-Taǧaliyyāt*, in: *Rasāʾil Ibn ʿArabī*, Beirut: Dār ṣādir 1997, S. 414–455, hier S. 414 f.

207 Vgl. AL-QĀŠĀNĪ: *Laṭāyif al-iʿlām fī išārāt ahl al-ilhām*, S. 117.

208 Vgl. ebd.

209 IBN AL-ʿARABĪ: *Fuṣūṣ al-ḥikam*, Bd. 1, S. 81 f.

210 Ihrer bezieht sich hier auf die Welt als Geschöpf.

Die Manifestation ist in diesem Zusammenhang der äußerliche Ausdruck des *wuǧūd*. Imam Yazıcıoğlu (gest. 1451) schreibt in seinem Kommentar zu *Fuṣūṣ al-ḥikam*, dass die Wirklichkeit jedes Dinges seine Entifikation im göttlichen Wissen ist und dass die Existenz jedes Dinges die Entifikation des *wuǧūd* entsprechend dieser Wirklichkeit ist.[211] Somit haben wir es hier mit zwei Seiten einer Relation zu tun, einer äußerlichen (*ẓāhir*) und einer verborgenen (*bāṭin*). Die äußerliche Seite ist der *wuǧūd*, welcher Allah ist, und die innere Seite sind die festen Entitäten (*al-aʿyān aṯ-ṯābita*) der Dinge im Wissen Gottes. Letztendlich:

فما في الوجود إلا الله وأحكام الأعيان[212]

Es gibt im wuǧūd nichts anderes als Allah und die Implikationen (aḥkām) der Entitäten (aʿyān).

Die Implikationen (*aḥkām*) sind die verschiedenen Aspekte der festen Entitäten (*al-aʿyān aṯ-ṯābita*). Diese sind zwar das göttliche Wissen selbst, aber ihre Wesenheiten im Wissen des Wirklichen sind nicht der Wirkliche selbst. Wenn wir uns z. B. einen Baum als eine Entität imaginieren, dann ist diese Entität zwar eins mit uns, da sie unserem Selbst gehört und keine eigene Existenz besitzt, auf der anderen Seite allerdings ist dieser imaginierte Baum nicht wir. Genauso haben die Entitäten im göttlichen Wissen keine eigene Existenz. Sie selber erscheinen nie im *wuǧūd*, sondern der eine *wuǧūd* erscheint entsprechend ihnen. Aus diesem Grund gibt es in der Wirklichkeit nur den *wuǧūd* und keine Anderen (*aġyār*). Die Anderen außer Allah, welche ja die festen Entitäten (*al-aʿyān aṯ-ṯābita*) sind, sind allerdings nur im göttlichen Wissen vorhanden. Sie sind, präziser gesagt, nur im Wissen Gottes postuliert bzw. denkbar. Ibn al-ʿArabī fasst dies wie folgt zusammen:

والأحكام مختلفة لإختلاف الأعيان الثابتة التي هي أغيار بلا شك في الثبوت لا في الوجود[213]

Die verschiedenen Implikationen sind wegen der Verschiedenheit der festen Entitäten (al-aʿyān aṯ-ṯābita), die ohne Zweifel Andere [außer Allah] (aġyār) sind, allerdings sind sie in ihrem Festsein [auf der Ebene des göttlichen Wissens] und nicht im wuǧūd.

211 Vgl. Yazıcıoğlu, Muḥammad b. Ṣāliḥ: *Šarḥ Fuṣūṣ al-ḥikam*, Beirut: Dār al-kutub al-ʿilmiyya 2012, S. 65.
212 Ibn al-ʿArabī: *al-Futūḥāt al-makkiyya*, Bd. 2, S. 160.
213 Ebd., Bd. 1, S. 519.

Denn:

فما ثم إلا وجود عين الحق لا غيره والتغييرات الظاهرة في هذه العين أحكام أعيان الممكنات فلو لا العين ما ظهر الحكم ولولا الممكن ما ظهر التغيير[214]

Es gibt nur den wuǧūd des Wirklichen Selbst und nichts anderes. Die Veränderungen, die in diesem Wesen offenbar sind, sind nur die Implikationen der Entitäten der Kontingenten. Denn ohne dieses [Wesen] würden die Implikationen [der festen Entitäten (al-aʿyān aṯ-ṯābita)] nicht offenbar und ohne die Kontingenten wäre keine Veränderung offenbar.

Das, was wirklich vorhanden ist, ist demzufolge nur der *wuǧūd*. Aus den zwei letzten Passagen entnehmen wir, dass aš-Šayḫ al-Akbar die Vielfalt im *wuǧūd* auf die verschiedenen Formen, die der eine *wuǧūd* annimmt, zurückführt. Allerdings nimmt der *wuǧūd* diese Formen nicht in sich selbst an, sondern in der Erkenntnis, die in der Welt stattfindet. Der Wirkliche zeigt diese festen Entitäten (*al-aʿyān aṯ-ṯābita*) allmählich und in kontinuierlicher Weise im *wuǧūd*. Sie zu zeigen heißt in diesem Kontext, dass der Wirkliche ihnen ein Dasein und ein Bewusstsein verleiht. Und *wuǧūd* verleihen oder sie im *wuǧūd* zeigen bedeutet im *akbarītischen* Sinne die Tatsache, dass der *wuǧūd* sich in der Form der Entitäten konkretisiert. Ṣadr ad-Dīn al-Qūnawī, der Schüler von aš-Šayḫ al-Akbar, weist in seinem Traktat *an-Nuṣūṣ fī taḥqīq aṭ-ṭawr al-maḫṣūṣ* auf diesen Punkt hin:

أعلم (...) أن التعددات الواقعة في الوجود الواحد بموجب آثار الأعيان الثابتة فيه فتوهم أن الأعيان ظهرت في الوجود بالوجود وإنما ظهرت آثارها في الوجود ولم تظهر هي ولا تظهر أبدا لأنها لذاتها لا تقتضي الظهور[215]

Wisse [...], dass die Vielfalt in dem einen wuǧūd wegen der Implikationen der Entitäten (aʿyān) ist. Aufgrund dessen wird illusioniert, dass die Entitäten sich im wuǧūd durch den wuǧūd gezeigt haben. Vielmehr sind in der Tat [nur] ihre Implikationen im wuǧūd sichtbar geworden. Sie [die Entitäten] zeigten sich jedoch nicht und werden sich nie zeigen. Denn ihr Wesen hat an sich keine Potenzialität, sich zu zeigen.

Dieser Punkt ist insofern wichtig, weil er auf den Punkt bringt, dass es eigentlich nur den einen *wuǧūd* gibt. Es ist ein einziges Sein und Bewusstsein. Denn die Dinge, seien sie sinnlich, intelligibel oder imaginiert, sei-

214 Ebd., Bd. 3, S. 211.
215 AL-QŪNAWĪ, ṢADR AD-DĪN: *an-Nuṣūṣ fī taḥqīq aṭ-ṭawr al-maḫṣūṣ*, in: AL-MAHĀʾIMĪ, ʿALĀʾ AD-DĪN: *Mašraʿ al-ḫuṣūṣ ilā maʿānī an-nuṣūṣ*, Beirut: Dār al-kutub al-ʿilmiyya 2008, S. 267.

en sie Substanzen, Eigenschaften oder Konstrukte, sind nicht etwas, das im göttlichen Wesen existiert.[216] Sie haben keine Existenz an sich, nur der *wuǧūd* ist da. Sie fangen an zu existieren, sprich sie erhalten ein Dasein und Bewusstsein, indem der *wuǧūd* sich entsprechend der festen Entitäten (*al-aʿyān aṯ-ṯābita*), die nur im Wissen Gottes sind, manifestiert. Ibn al-ʿArabī bezeichnet diese Manifestation des *wuǧūd* in den verschiedenen Formen als die Färbung des *wuǧūd*. In einem Gleichnis vergleicht er den *wuǧūd* mit Licht, welches in einem farbigen Glas konkret wird. Dazu schreibt er in *al-Futūḥāt al-makkiyya*:

> كما تقول في الزجاج المتلون بألوان شتى إذا ضرب النور فيه وانبسط نور الشعاع مختلف الألوان لأحكام أعيان التلون في الزجاج ونحن نعلم أن النور ما انصبغ بشيء من تلك الألوان مع شهود الحس لتلون النور بألوان مختلفة ونقدس ذلك النور في نفسه عن قبول التلون في ذاته (...) ونعلم أنه لا يمكن أن ندركه إلا هكذا وكذلك وإن نزهنا الحق عن قيام تغيير ما أعطته أحكام أعيان الممكنات فيه عن أن يقوم به تغيير في ذاته بل هو القدوس السبوح ولكن لا يكون الأمر إلا هكذا في شهود العين لأن الأعيان الثابتة في أنفسها هذه صورتها[217]
>
> *Es ist genauso wie ein farbiges Glasmosaik, wenn das Licht es durchdringt und somit farbige Strahlen hervorbringt, da das Glas farbig ist. Wir wissen, dass das Licht durch nichts von diesen Farben gefärbt wurde, obwohl wir sinnlich die Färbung des Lichtes durch die unterschiedlichen Farben wahrnehmen. Jedoch sprechen wir das Licht selbst davon frei, dass sein Wesen irgendwelche Färbungen akzeptiert.[...] Wir wissen allerdings, dass wir es nur so wahrnehmen können. Genauso [verhält es sich mit dem Wirklichen]. Denn auch wenn*

216 Sowohl Chittick als auch Landau wiesen die Bezeichnung der Lehren des andalusischen Meisters als Pantheismus ab. Wegen der Wichtigkeit ihrer Feststellung ist es von Vorteil, wenn sie hier in voller Länge zitiert werden. Chittick z. B. schlägt vor, die *akbarītische* Lehre als eine Auslegung des *tawḥīd* (die Bezeugung der Einheit Gottes) zu verstehen: *„Stated in these terms, the ‚Oneness of Being' may appear to some people as another brand of ‚pantheism.' But in fact, this simplified expression of what the Shaykh is talking about cannot begin to do him justice, especially since terms like ‚pantheism' are almost invariably employed with a dismissive and critical intent. When the Shaykh himself explains what he means by the statement that Being is one, he provides one of the most sophisticated and nuanced expressions of the ‚profession of God's Unity' (tawḥīd) to be found in Islamic thought. His teachings did not dominate the second half of Islamic intellectual history because people were simple-minded and therefore ready to accept „pantheism" in place of tawḥīd - quite the contrary. What Ibn al-'Arabi provides is an inexhaustible ocean of meditations upon the Unity of God and its relationship with the manyness of all things, a synthesis of the various currents of Islamic intellectuality that yielded endless insights into the nature of existence."* Chittick, William C.: *The Sufi Path of Knowledge: Ibn al-'Arabi's Metaphysics of Imagination*, SUNY Press 1989, S. 79. Landau seinerseits lehnt sowohl den Begriff Pantheismus als auch den Begriff Monismus im Bezug auf Ibn al-ʿArabī ab und schlägt stattdessen den Begriff der Nicht-Dualität vor: *„Ibn ‚Arabi's philosophy is usually described as pantheistic. Pantheism however, as commonly understood, is little more than an ennobled form of materialism. Only in recent years have scholars begun to call Ibn ‚Arabi a monist. Yet the term monism, as applied to him, seems not sufficiently qualitative to provide an adequate label for the great Murcian's theosophy. The term that might possibly suit his doctrine best is nondualism, a term that implies not merely its monistic character but also its complete overcoming of all dualistic conceptions."* Landau, Rom: *The Philosophy of Ibn 'Arabi*, Abingdon, Oxon: Routledge 2007, S. 23.

217 Ibn al-ʿArabī: *al-Futūḥāt al-makkiyya*, Bd. 4, S. 202.

> *wir den Wirklichen davon freisprechen, dass die Veränderungen, die durch die Implikationen der Entitäten verursacht sind, in Seinem Wesen stattfinden, so ist trotzdem das, was wir wahrnehmen, so wie es ist, weil das [was wir wahrnehmen] die Formen der Entitäten sind, die in sich selbst unveränderlich sind.*

Die Veränderungen haben somit eher mit der Wahrnehmung zu tun und sind keine Veränderungen im Wesen des Einen. Es ist, als ob man zwei Sequenzen eines Filmes nacheinander sieht. Nehmen wir einmal an, auf der Sequenz A steht ein grüner Kreis und auf der Sequenz B steht ein roter Kreis. In unserer Wahrnehmung und durch die mentale Verarbeitung der zwei Sequenzen schreiben wir die Veränderung dem Kreis zu. Bei genauer Betrachtung sind eigentlich die zwei Sequenzen zwei Aspekte einer einzigen Entität, die in diesem Fall ein Diafilm ist. Die zwei Sequenzen haben allerdings miteinander nichts zu tun. Das heißt, sie stehen nicht in einer kausalen Verbindung zueinander. Erst unser Begriffsvermögen konzipiert aus den beiden separaten Kreisen einen Kreis. Und da logischerweise ein Kreis nicht grün und zugleich rot sein kann,[218] bildet es sich ein, dass es sich hier um den gleichen Kreis handle, welcher die Farbe geändert habe. Nun, in Wirklichkeit fand die Veränderung nicht in dem Diafilm statt, sondern lediglich in unserer Wahrnehmung, die durch das Begriffsvermögen sowohl in zeitlichen und räumlichen Dimensionen als auch in kausalen Verbindungen geordnet wird.

Die Manifestation des *wuǧūd* ist lediglich eine Konkretisierung Seines Selbst entsprechend etwas Festem in Seinem Wissen. Aus der Perspektive Gottes ist alles sichtbar, das heißt, alle festen Entitäten (*al-aʿyān aṯ-ṯābita*) sowie alle ihre Aspekte und Implikationen sind Ihm bekannt und sichtbar. Denn Sein Wissen über Sich Selbst ist Sein Wissen über die festen Entitäten (*al-aʿyān aṯ-ṯābita*). Aber aus unserer Perspektive ist nicht alles sichtbar, da wir nur eine bestimmte Konkretisierung des *wuǧūd* sind.

Das Erschaffen ist nach aš-Šayḫ al-Akbar nicht im Sinne von *Creatio ex nihilo* zu verstehen, wie man es aus dem *kalām* kennt, sondern es ist genauer betrachtet eine Bewegung von einer Existenz im göttlichen Wissen (*wuǧūd ʿilmī*) zur einer wesenhaften Existenz (*wuǧūd ʿaynī*).[219] Man kann nur in metaphorischem Sinne sagen, dass die Welt aus dem Nichts er-

218 Zumindest nach der klassischen Logik.
219 Vgl. Ibn al-ʿArabī: *al-Futūḥāt al-makkiyya*, Bd. 1, S. 538.

schaffen sei, und zwar, wenn man die nicht wesenhafte Existenz als eine Nichtexistenz betrachtet, was nicht der Fall ist.[220]

Zusammengefasst bringt Ibn al-ʿArabī mit der Manifestation auf der einen Seite die verschiedenen Formen, die der *wuǧūd* annimmt und welche man Welt nennt, zum Ausdruck. Auf der anderen Seite befindet sich das Verhältnis des *wuǧūd* in seiner Absolutheit zu den partikularen Entitäten des göttlichen Wissens. Über die Lehre, dass das Wesen der Welt eine Imagination ist, wird im fünften Kapitel eingegangen, wenn das Thema Imagination sowohl aus der ontologischen als auch aus der epistemologischen Perspektive behandelt wird. Ziel der hier behandelten Einführung ist, einen allgemeinen Überblick über das *akbarītische* Konzept von *at-taǧallī* zu vermitteln.

220 Für die nicht Widersprüchlichkeit zwischen dem Konzept der Schöpfung und der Manifestation siehe: GUÉNON, RENÉ: *Aperçus sur l'ésotérisme islamique et le Taoïsme*, Paris: Gallimard 1992, S. 88–101.

3. Die Erkenntnis

„Das Wissen ist das Glück"[1] *- aš-Šayḫ al-Akbar*

3.1. Der Wissens- und Erkenntnisbegriff vor dem 13. Jh.

Bevor die Frage beantwortet wird, was man nach Imam Ibn al-ʿArabī theologisch wissen bzw. erkennen kann und wie man dazu kommt, müssen erst einmal andere Fragen gestellt und geklärt werden, die mit dem Wesen des Wissens an sich zu tun haben. In diesem Kapitel soll es daher um drei elementare Fragen gehen: a) was bedeutet Wissen bzw. Erkenntnis bei aš-Šayḫ al-Akbar b) welche Kategorien von Wissen gibt es in der *akbarītischen* Lehre und schließlich c) worauf kann sich das Wissen beziehen oder anders gesagt, was sind die Wissensgegenstände und wie stehen sie in Relation zum Wissen? Diese drei Fragen sind deswegen fundamental, weil von ihnen das Ergründen der theologischen Erkenntnismöglichkeiten sowie der Erkenntnismittel abhängt.

Der Wissensbegriff und die Relation zwischen dem Wissen und den Wissensgegenständen bzw. dem wissenden Subjekt spielen ebenfalls eine wesentliche Rolle bei der Bestimmung der Natur des Wissens, sprich dessen Veränderbarkeit bzw. Unveränderbarkeit, dessen Objektivität bzw. Subjektivität sowie dessen Partikularität bzw. Universalität. Dies sind Fragen, die uns bei der Behandlung der verschiedenen Erkenntniswege in der Theologie begegnen werden.

Es ist in diesem Zusammenhang, und noch bevor man sich den drei oben erwähnten Fragen widmet, ebenso von Wichtigkeit, dass die Hauptdiskurse über den Wissensbegriff in der Zeit vor Ibn al-ʿArabī dargestellt werden. Da der Einfluss von vier Bereichen auf den Wissensbegriff unseres andalusischen Gelehrten festgestellt werden kann, soll im ersten Punkt dieses Kapitels auf die sprachliche, koranische, *kalām*-spezifische sowie die sufische Definition bzw. Definitionen von Wissen oder Erkenntnis eingegangen werden, um die Berührungspunkte und Unterschiede zwischen den verschiedenen Definitionen und der Position von

1 Ibn al-ʿArabī, Muḥyī ad-Dīn: *al-Futūḥāt al-makkiyya*, Kairo: Dār al-Kutub al-ʿarabīyya 1911, Bd. 3, S. 245.

Ibn al-ʿArabī genauer zu verstehen. Vor allem auch, damit das *akbarītische* Konzept von Wissen in seinem theologischen und sprachlichen Kontext erörtert werden kann. Zuletzt soll erwähnt werden, dass nur die Diskurse vor dem 13. Jh. berücksichtigt wurden, das heißt nur die Diskurse, die bis zum Tod Ibn al-ʿArabīs bekannt waren.[2]

3.1.1. Die sprachlichen Definitionen

Unabhängig davon, ob das Erlangen von Wissen möglich ist, wurde von Theologen und Philosophen der Versuch unternommen, die Begriffe Wissen und Erkenntnis zu definieren. Denn bereits von der Definition hängen weitere Fragen ab, die Gegenstand dieses Kapitels sind. Bevor die verschiedenen fachspezifischen Definitionen behandelt werden, sollen zuerst die sprachlichen Definitionen sowie die koranischen Verwendungen dieser Begriffe dargelegt werden.

Das früheste Wörterbuch der arabischen Sprache, *al-ʿayn* von al-Farāhīdī (gest. 786), liefert uns keine ausreichende Worterklärung des Begriffes *ʿilm*. Dort wird er einfach als das Gegenteil von Unwissen (*ǧahl*) definiert.[3] Die gleiche Definition finden wir auch in *Ǧamharat al-luġa* von Ibn Durayd (gest. 933).[4] Bei al-Ǧawharī (gest. 1002/3) wird der Begriff nicht anhand seines Antonyms sondern seines Synonyms erklärt:

وعلمت الشيء (...) عرفته[5]

Ich habe etwas gewusst […][heißt], ich habe etwas erkannt.

Auch bei den späteren Lexikografen finden wir keine präzise Definition des Begriffes.[6] Es soll darauf hingewiesen werden, dass in der klassischen Lexikografie ein Stammwort oft anhand der Verwendung der aus ihm abgeleiteten Wörter in verschiedenen Kontexten erläutert wird. Das Definieren durch die Antonyme, Synonyme oder einzelnen Beispiele, ohne nach der Essenz des Begriffes zu forschen, ist eine weitverbreitete Me-

2 Für die Entwicklung der Erkenntnislehre nach dem 13. Jh. siehe z. B.: KALIN, IBRAHIM: *Knowledge in Later Islamic Philosophy: Mulla Sadra on Existence, Intellect, and Intuition*, New York, NY: Oxford University Press 2010; sowie: Van Ess, Josef: Die Erkenntnislehre des ʾAdudaddin al-Ici, Otto Harrassowitz Verlag 1966.

3 Vgl. AL-FARĀHĪDĪ, AL-ḪALĪL B. AḤMAD: *Kitāb al-ʿayn*, Kairo: Dār al-ḥuriyya 1980, Bd. 22, S. 152.

4 Vgl. IBN DURAYD, ABŪ BAKR: *Ǧamharat al-luġa*, Beirut: Dār *al-ʿilm* li-l-Malāyīn 1987, S. 948.

5 AL-ǦAWHARĪ, ISMĀʿĪL B. ḤAMMĀD: *aṣ-Ṣiḥāḥ*, 3. Aufl., Beirut: Dār *al-ʿilm* li-l-Malāyīn 1984, Bd. 5, S. 1990.

6 Vgl. IBN MANẒŪR, ǦAMĀL AD-DĪN: *Lisān al-ʿarab*, Beirut: Dār al-maʿārif 1998, S. 3082; AZ-ZABĪDĪ, MURTAḌĀ: *Tāǧ al-ʿarūs min ǧawāhir al-qāmūs*, Kuwait: al-Maǧlis al-waṭanī li-ṯaqāfa wa-l-funūn 2001, Bd. 33, S. 126. Auch wenn er im Gegensatz zu den anderen Lexikografen präzisere Definitionen bringt, so stammen sie alle von den Theologen und können nicht als rein sprachliche Definitionen gelten.

thode in der arabischen Lexikografie.[7] Allerdings findet man bei Ibn Fāris (gest. 1004), einem Sprachwissenschaftler, dessen Arbeit systematischer als die seiner Vorgänger war, einen interessanten Hinweis über die Wurzel ʿ-*l*-m, aus welcher das Wort *ʿilm* stammt. Er schrieb in seinem Lexikon *Muʿǧam maqāyīs al-luġa*:

العين واللام والميم أصل صحيح واحد يدل على أثر بالشيء يتميز به عن غيره[8]

> *ʿayn, lām und mīm ist eine einfache regelmäßige (ṣahīḥ) Wurzel. Sie weist auf ein Merkmal eines Dinges hin, welches es [das Ding] von anderen Dingen unterscheidet.*

Dieser Hinweis ist deswegen interessant, weil er, wie wir noch sehen werden, eine mögliche etymologische Erklärung für die Definition des Wissens bei Ibn al-ʿArabī liefert.

Was den Begriff Erkenntnis (*maʿrifa*) betrifft, so ist er mit dem Verb *ʿarafa* verwandt. Die Wurzel *ʿ-r-f* wird u. a. für Begriffe, die auf die innere Ruhe sowie das Gegenteil der Abneigung hinweisen, verwendet.[9] Jemanden oder etwas kennen bzw. erkennen (*ʿarafa fulānan*), impliziert im Arabischen ein inneres Gefühl der Sicherheit. Es ist, als ob man damit sagen will, dass diese Person kein Fremder ist. In einer verfeindeten Stammesgesellschaft assoziiert man mit dem Fremden und der Fremdheit eine gewisse Unsicherheit und potentielle Gefahr – so zumindest in der ursprünglichen Verwendung.

Lexikografisch sind die beiden Begriffe *ʿilm* und *maʿrifa* sowie die Wurzel *ʿ-l-m* und *ʿ-r-f* verwandt. Imam al-Fayrūzʾabādī (gest. 1414) betrachtet in seinem Lexikon „Erkennen" (*ʿarafa*) als Synonym für „Wissen" (*ʿalima*).[10] Wenn man die verschiedenen Ableitungen aus den beiden Wurzeln *ʿ-l-m* und *ʿ-r-f* genauer untersucht, dann registriert man, dass sie in den meisten Fällen äußerliche Merkmale bzw. auffallende Dinge signalisieren, wie z. B. *ʿallama* (kennzeichnen), *ʿalāma* (das Merkmal oder der Hinweis), *ʿalam* (der Leuchtturm, der große Berg oder die Flagge, unter welcher die Soldaten sich versammeln), *al-maʿlam* (die Spur), *al-maʿrūf* (das Gesicht),

7 Für eine ausführliche Darstellung der nominalistischen Züge der klassisch-arabischen Lexikografie siehe: Ibn Taymiyya, Taqiyy ad-Dīn: *ar-Rad ʿalā al-manṭiqiyyīn*, Lahore: Maʿārif Lahor 1977, S. 15 ff.

8 Ibn Fāris, Abū al-Ḥusayn: *Maqāyīs al-luġa*, Beirut: Dār al-fikr 1979, Bd. 4, S. 109.

9 Vgl. ebd., Bd. 4, S. 281.

10 Vgl. al-Fayrūzʾabādī, Maǧd ad-Dīn: *al-Qāmūs al-muḥīṭ*, Beirut: Dār ar-risāla 2005, Bd. 836; 1140.

ma'ārif (die schönen Züge des Gesichtes), *'urf* (u. a. die Spitze des Berges oder eines Hügels bzw. alles, was hoch ist oder allgemein bekannt ist).[11]

Zwar liefern uns die klassischen Lexika der arabischen Sprache keine exakte Definition von Wissen und Erkenntnis an sich, allerdings kann man bei einer Analyse der verschiedenen Ableitungen aus den beiden Wurzeln schlussfolgern: *'ilm* und *ma'rifa*, bzw. Wissen und Erkennen, haben mit dem Wahrnehmen des Wesens bzw. der Merkmale eines Etwas zu tun, die es von anderen Dingen unterscheiden und uns deswegen eine Sicherheit geben. *A'lamu fulānan* oder *a'rifu fulānan* bedeutet, *ich kenne* bzw. *erkenne jemanden*. Das heißt, man kennt das, was ihn ausmacht bzw. was ihn von anderen Personen unterscheidet. Meines Erachtens nach ist diese Bedeutung die genuine sprachliche Erklärung der Begriffe *'ilm* und *ma'rifa* bzw. der Verben *'alima* und *'arafa*.

3.1.2. Die koranischen Verwendungen

In diesem Abschnitt wird nicht direkt der koranische Text untersucht, sondern ich werde mich auf Imam ar-Rāġib al-Iṣfahānī (gest. 1108/9) sowie Imam as-Samīn al-Ḥalabī (gest. 1355) berufen, deren Arbeiten im Bereich der koranischen Lexikografie als Maßstab innerhalb der Theologie gelten.

Zunächst einmal soll darauf hingewiesen werden, dass im Koran Ableitungen aus *'-l-m* häufiger vorkommen als jene aus *'-r-f*. Mehrere Derivationen von *'-l-m* tauchen im koranischen Text auf, u. a. die Verbform *'alima* (wissen), *'ilm* (Wissen), *'ālm* (Wissender), *'allām* (der wahrlich Wissende), *'ālam* (Welt).[12] Hingegen kommt das Substantiv *ma'rifa* nicht vor, sondern die Verben *'arafa* (kennen, erkennen), *'arrafa* (erkenntlich machen) und *ta'ārafa* (sich kennenlernen).[13] In dem Lexikon der koranischen Begriffe definiert ar-Rāġib al-Iṣfahānī die Begriffe *'ilm* und *ma'rifa* in einer präziseren Form als dies bei den Lexikografen der Fall ist, sodass der Unterschied zwischen den beiden klarer wird. Zum ersten Begriff schrieb er:

11 Vgl. Ibn Manẓūr: *Lisān al-'arab*, S. 2897 ff; 3082 ff.

12 Vgl. Abrahamov, Binyamin: *Ibn Arabī's Theory of Knowledge (Part I)*, in: *Journal of The Muhyiddin Ibn 'Arabi Society* 41 (2007), S. 2.

13 Zwar sind die Begriffe *'arafa* (ein Berg in der Nähe von Mekka), *'urf* (die Güte), *ma'rūf* (die Dinge, die als gut empfunden sind) auch von der Wurzel *'-r-f* abgeleitet, sie sind im gegebenen Zusammenhang jedoch nicht von Belang.

العلم إدراك الشيء بحقيقته[14]

al-ʿilm ist das Erfassen eines Dinges anhand seiner [oder: durch seine] Wirklichkeit.

Und zum zweiten Begriff:

المعرفة والعرفان إدراك الشيء بتفكر وتدبر في أثره[15]

al-maʿifa und al-ʿirfān bedeuten das Erfassen eines Dinges durch das Reflektieren und Nachdenken über dessen Spuren [Wirkung].

Sowohl *al-ʿilm* als auch *al-maʿrifa* sind Formen des Erfassens. Sie unterscheiden sich jedoch in der Art und Weise, wie dieses Erfassen zustande kommt. Das Erkennen ist demnach eine speziellere Form des Wissens, dem ein Prozess des Denkens vorausgeht. ar-Rāġib führt die Bedeutung von *ʿarafa* im Sinne von erkennen auf die zwei ursprünglichen Bedeutungen dieses Verbes zurück, nämlich *ʿarafa* im Sinne von „der Geruch von jemandem bleibt haften" oder „die Wange von jemandem berühren".[16] Insoweit impliziert das Erkennen eine sinnliche Erfahrung, also etwas als solches wahrnehmen. Hier soll sinnlich nicht nur auf die Sinne beschränkt werden, sondern auch auf den inneren Sinn ausgeweitet werden.[17] Das Verb „erkennen" wird oft in diesem Sinne im Koran verwendet, wie z. B. in 2:89, 12:58, 47:30 und 2:146. Dort wird „erkennen" für das zweifelsfreie Erfassen eines bestimmten Dinges als solches verwendet. Hingegen ist das Wissen sowie das Verb „wissen" in der koranischen Verwendung umfassender als „erkennen". Imam ar-Rāġib bringt in seiner Erläuterung zwei Hauptbedeutungen des Begriffes Wissen bzw. dessen Verbform:

وذلك ضربان أحدهما إدراك ذات الشيء والثاني الحكم على الشيء بوجود شيء هو موجود له أو نفي شيء هو منفي عنه فالأوّل هو المتعدّي إلى مفعول واحد نحو لَا تَعْلَمُونَهُمُ اللَّهُ يَعْلَمُهُمْ والثاني المتعدّي إلى مفعولين نحو قوله فَإِنْ عَلِمْتُمُوهُنَّ مُؤْمِنَاتٍ[18]

Des Weiteren ist es [das Wissen] zweierlei. Das erste ist das Erfassen des Wesens dieses Dinges, während das zweite die Bestätigung bzw. die Negierung von etwas ist, das in Bezug auf dieses Ding vorhanden bzw. nicht vorhanden ist. [In der ersten Bedeutung] bezieht sich [das Verb ʿalima] auf ein einziges Objekt,

14 AL-IṢFAHĀNĪ, AR-RĀĠIB: *Mufradāt al-qurʾān*, Damaskus: Dār al-qalam 2009, S. 580.

15 Ebd., S. 560.

16 Vgl. ebd., S. 561.

17 Vgl. ZĀYIR, ʿADIL ʿADBULĞABBĀR: *Muʿǧam alfāẓ al-ʿilm wa l-maʿrifa fī l-luġa*, Beirut: Maktabat lubnān 1997, S. 101.

18 AL-IṢFAHĀNĪ: *Mufradāt al-qurʾān*, S. 580.

> *wie in der āya*[19]*: ‚lā-ta'lamūhum [1. Objekt] allahu ya'lamuhum [1. Objekt]' (du kennst sie nicht, Gott kennt sie) und [in der zweiten Bedeutung] hat es eine ditransitive Funktion und bezieht sich auf zwei Objekte, wie in der āya*[20]*: ‚fa'in 'alimtumūhunna [1. Objekt] mūmināt [2. Objekt]' (wenn ihr wisst, dass sie gläubig sind.)*

Folglich wird es deutlicher, dass man mit Wissen nicht nur die Wahrnehmung von etwas als solches bzw. als Gegebenes bezeichnet, sondern auch das Erfassen der Eigenschaften und Zustände dieses Wissensgegenstandes. *Ma'rifa* hingegen ist das Erfassen eines Dinges, ohne über ein detailliertes Wissen darüber zu verfügen.[21] Es ist somit ein ganzheitliches allgemeines Erfassen und aus diesem Grund bezieht sich das Verb *'arafa* auf ein einziges Objekt. Und hier liegt der Berührungspunkt zwischen Wissen und Erkennen. Wissen kann als ein Synonym für Erkennen benutzt werden, wenn es in der ersten Bedeutung, in welcher sich das Verb auf ein einziges Objekt bezieht, benutzt wird.[22] Denn bezieht sich das Verb „wissen" auf mehr als ein Objekt, dann ist hier ein detailliertes Wissen gemeint.[23]

Ein weiterer Unterschied zwischen *ma'rifa* und *'ilm* ist die Tatsache, dass der *ma'rifa* ein Zustand des Unwissens bzw. des Nichtwissens vorausgeht, ja manchmal des Verleugnens und Verabscheuens.[24] Das Gegenteil bzw. der Gegensatz von Wissen ist das Unwissen bzw. Nichtwissen. Der Begriff *'ilm* impliziert jedoch nicht zwangsläufig ein vorausgegangenes Unwissen oder Nichtwissen. Das steht im Gegensatz zu *ma'rifa*, welches sich erst nach einem *ǧahl* (Unwissen/Nichtwissen) oder *inkār* (Verleugnung/Verabscheuen) ereignet. Aus diesem Grund wird im Koran dem Wirklichen ﷻ Wissen, aber keine Erkenntnis zugeschrieben. Dazu sagt Imām ar-Rāġib:

> ويقال الله يعلم كذا ولا يقال يعرف كذا لما كانت المعرفة تستعمل في العلم القاصر المتوصل إليه بتفكر[25]

19 Koran, 8:60.
20 Koran, 60:10.
21 Vgl. AS-SAMĪN AL-ḤALABĪ, AḤMAD B. YŪSUF: *'Umdat al-ḥuffāẓ fī tafsīr ašraf al-alfāẓ*, Beirut: Dār al-kutub al-'ilmiyya 1996, Bd. 3, S. 60.
22 Ebd.
23 Vgl. ZĀYIR: *Mu'ǧam alfāẓ al-'ilm wa l-ma'rifa fī l-luġa*, S. 105.
24 Vgl. AS-SAMĪN AL-ḤALABĪ: *'Umdat al-ḥuffāẓ fī tafsīr ašraf al-alfāẓ*, Bd. 3. S. 60.
25 AL-IṢFAHĀNĪ: *Mufradāt al-qur'ān*, S. 561.

Es wird ‚Gott weiß das und jenes' gesagt und nicht, ‚Er [Gott] erkennt das und jenes'. Denn die Erkenntnis wird für das Wissen, das vom Nachdenken abhängt, verwendet.

Und da das Wissen umfassend sein kann, indem die Eigenschaften und Zustände eines Wesens bzw. eines Wissensgegenstandes erfasst werden, darf Gott ﷻ im Arabischen nicht als alleinstehendes Objekt in einem Satz mit dem Verb *ʿalima* benutzt werden. Denn das würde bedeuten, dass das Wesen Gottes erfassbar sei.[26] Sagt man „*aʿrifu Allaha*" (ich erkenne Gott), dann heißt es, man erfasst nicht Sein Wesen, sondern Ihn als Etwas, welches man von anderem differenziert. Es ist in diesem Fall ein allgemeines und kein detailliertes Wissen. Benutzt man Gott als Objekt des Verbes *ʿalima*, dann wird ein weiteres Objekt benötigt, wie z. B. „*aʿlamu Allaha ġafūran*" (ich weiß, dass Gott barmherzig ist).

3.1.3. Die theologischen Definitionen

In den theologischen[27] Disziplinen findet man parallele Diskurse über Wissen und Erkenntnis, die bis zu einem gewissen Grad getrennt voneinander verlaufen. Denn während die Gelehrten im Bereich des *ʿilm al-kalām* sowie im Bereich des *uṣūl al-fiqh* auf der Suche nach einer präzisen Definition waren und immer noch sind, interessieren sich die Gelehrten außerhalb dieser beiden fundamentalen Lehren, wie im nächsten Punkt näher gezeigt wird, für weitere Aspekte des Wissens bzw. der Erkenntnis.

Zunächst aber sollen in diesem Abschnitt die *kalām*-spezifischen Definitionen behandelt werden. Das heißt, die Erklärung des Begriffes Wissen und Erkenntnis ohne Rücksicht auf den Gegenstand dieses Wissens. Solche abstrakten Definitionen sind Gegenstand von *uṣūl ad-Dīn* bzw. *ʿilm al-kalām* und *uṣūl al-fiqh*. Hier wird, im Gegensatz zu den vorigen Punkten, nicht zwischen Wissen (*ʿilm*) und Erkenntnis (*maʿrifa*) unterschieden, da die meisten Gelehrten innerhalb des *kalām* und *uṣūl al-fiqh* diese beiden Begriffe als Synonyme betrachten.[28] Des Weiteren sind in diesem Zusam-

26 Vgl. AS-SAMĪN AL-ḤALABĪ: *ʿUmdat al-ḥuffāẓ fī tafsīr ašraf al-alfāẓ*, Bd. 3, S. 59 f; siehe auch: ZĀYIR: *Muʿǧam alfāẓ al-ʿilm wa l-maʿrifa fī l-luġa*, S. 560 f.

27 Hier wird Theologie im Sinne des Oberbegriffes für das Fach verwendet.

28 Für die *ašʿaritischen* Position siehe: IBN FŪRAK, ABŪ BAKR: *Muǧarrad maqālāt al-Imām al-Ašʿarī*, Kairo: Maktabat aṯ-ṯaqāfa ad-diniyya 2006, S. 6; sowie: AR-RĀZĪ, FAḪR AD-DĪN: *at-Tafsīr al-kabīr*, Beirut: Dār al-fikr 1981, Bd. 2, S. 219; für die *muʿtazilītische* Position siehe: AL-QĀḌĪ ʿABD AL-ǦABBĀR, ABŪ AL-ḤASAN: *Šarḥ al-uṣūl al-ḫamsa*, Kairo: Maktabat wahba 2006, S. 46.

menhang die beiden theologischen Schulen der *Aš'arīten* sowie der *Mu'tazilīten* von Relevanz und sollen deswegen genauer betrachtet werden.

Die meisten Quellen schreiben Imam al-Aš'arī drei Definitionen von Wissen zu. Die zwei ersten Definitionen sind, abgesehen von einem einzigen Unterschied, ähnlich. Während in der ersten Definition das Wissen (*al-'ilm*) als das bezeichnet wird, das denjenigen, der es in sich trägt, zu einem Wissenden (*'ālim*) macht, definiert er in der zweiten Definition das Wissen als das, was demjenigen, der es in sich trägt, den Namen „der Wissende" (*al-'ālim*) verleiht.[29] Diese beiden Definitionen wurden jedoch früh von den *Aš'arīten* abgelehnt. Imām al-Ḥaramayn bemängelte sie in mehreren seiner Werke, da sie keine genaue Erläuterung des Begriffes wiedergeben, sondern nur die Implikationen in Bezug auf jenen, der Wissen in sich trägt.[30] Für eine präzise Definition reicht aber der Hinweis auf die Implikationen nicht aus. Spätere Gelehrte der *Aš'arīten* haben weitere Schwächen dieser Definition aufgezeigt. So erwähnt Imam Sayf ad-Dīn al-Āmidī, dass der Begriff *'ālim* in der Definition auftaucht, dessen Erklärung jedoch selber vom Wort *'ilm* abhängt. Ein ungeklärter Begriff kann nicht mit einem weiteren ungeklärten Begriff erläutert werden.[31]

Anscheinend bezweckte Imam al-Aš'arī mit seiner Definition die Dekonstruktion der *mu'tazilītischen* Position bezüglich der Eigenschaften Gottes. Da die *Mu'tazilīten* die hypostatischen[32] Attribute (*ṣifāt al-ma'ānī*) in Bezug auf Gott ﷻ negieren und Gott nur Zustände (*aḥwāl*) zuschreiben, wie z. B. „Er ist wissend", versuchte er durch seine Definition die Tatsache

29 Vgl. IBN FŪRAK: ***Muğarrad maqālāt al-Imām al-Aš'arī***, S. 5; AL-ĞUWAYNĪ, IMĀM AL-ḤARAMAYN: ***al-Iršād***, Kairo: Maktabat aṯ-ṯaqāfa ad-dīniyya 2009, S. 18; AR-RĀZI: ***at-Tafsīr al-kabīr***, Bd. 2, S. 219; AL-ĀMIDĪ, SAYF AD-DĪN: ***Abkār al-afkār fī 'ilm al-kalām***, Kairo: Dār al-Kutub wa al-waṯā'iq al-qawmiyya 2004, Bd. 1, S. 74.

30 Vgl. AL-ĞUWAYNĪ, IMĀM AL-ḤARAMAYN: al-***Burhān fī uṣūl al-fiqh***, Katar: Emirat von Katar 1399H, S. 115 f; siehe auch: AL-ĞUWAYNĪ: ***al-Iršād***, S. 18 f; vgl. IBN MAYMŪN, ABŪ BAKR: ***Šarḥ al-iršād***, Kairo: al-Maktaba al-anğlū miṣriyya 1987, S. 41.

31 Vgl. AL-ĀMIDĪ: ***Abkār al-afkār***, Bd. 1, S. 74.

32 Hypostatisch darf hier weder in seiner Verwendung in der antiken Philosophie noch in der Christologie verstanden werden. Die Erklärung, die Kant dem Begriff hypostatisch in seiner Kritik der reinen Vernunft gab, kommt der ***aš'arītischen*** Verwendung am nächsten, auch wenn er diesen Begriff in einem anderen Kontext verwendet. Vgl. Kant, Immanuel: Die drei Kritiken: Kritik der reinen Vernunft, Frankfurt am Main: Suhrkamp Verlag 1995, S. 387 (A387). ***Ṣifāt al-ma'ānī*** sind nach den ***Aš'arīten*** Attribute Allahs, die man rational gesehen separat vom göttlichen Wesen denken kann. Sie sind aber weder das Wesen Allahs noch nicht das Wesen Allahs. Siehe: AŠ-ŠARĪF AL-ĞURĞĀNĪ, 'ALĪ: ***Šarḥ al-mawāqif***, Kairo: al-Maktaba al-azhariyyya li-Turāṯ 2011, Bd. 8, S. 44 ff; siehe auch: AL-ĀMIDĪ: ***Abkār al-afkār***, Bd. 1, S. 475; sowie: AL-BĀQILLĀNĪ, ABŪ BAKR: ***al-Inṣāf fīmā yağibu i'tiqāduh wa-lā yağūzu al-ğahlu bih***, hg. von MUḤAMMAD ZĀHID AL-KAWṮARĪ, Kairo: al-Maktaba al-azhariyyya li-turāṯ 2000, S. 37; und: AŠ-ŠĪRĀZĪ, ABŪ ISḤĀQ: ***al-Išāra ilā-maḏhab ahl al-ḥaqq***, Beirut: Dār al-kitāb al-'arabī 1999, S. 234.

zu demonstrieren, dass in dem Satz „Er ist wissend" eine Bestätigung des Attributes „Wissen" inbegriffen ist.[33]

Die dritte Definition des Wissens bei al-Ašʿarī gilt eher als eine sprachliche Erklärung und keineswegs als eine logische Definition:

العلم إدراك المعلوم على ما هو به[34]

> *Das Wissen (al-ʿilm) ist das Erfassen (idrāk) des Wissensgegenstandes (maʿlūm) wie er an sich (ʿalā mā huwa bihi) ist.*

Dieser dritten Definition ähnlich war die Erläuterung früherer *ašʿarītischer* Gelehrter, wie z. B. al-Qāḍī al-Bāqillānī, Imam Ibn Fūrak oder Imam al-Ḥaramayn in seinen frühen Zeiten.[35] In seinem Werk *at-Tamhīd* definiert al-Bāqillānī das Wissen wie folgt:

العلم معرفة المعلوم على ما هو به[36]

> *Das Wissen (al-ʿilm) ist die Erkenntnis (maʿrifa) des Wissensgegenstandes (maʿlūm) wie er an sich ist.*

Auch diese Definition rezipierten die späteren *ašʿarītischen* Gelehrten kontrovers und sie wurde u. a. hauptsächlich von Imam ar-Rāzī und Imam al-Āmidī abgelehnt. Die Verwendung des Begriffes Wissensgegenstand (*maʿlūm*) wurde aus dem gleichen Grund wie in den beiden ersten Definitionen bemängelt.[37] Den Begriff Erfassen (*idrāk*) kritisiert Imām al-Āmidī ebenso, da er ihn und *ʿilm* als Synonyme betrachtet, was ja heißen würde, dass er in einer Definition nicht benutzt werden dürfe.[38] Gleichermaßen wurde die Zufügung *ʿalā mā huwa bihi* (an sich) von den beiden Gelehrten kritisiert, da sie in dem Satz keinen Sinn ergibt, denn ein Wissen, das nicht der Wirklichkeit des Wissensgegenstandes entspricht, kann nicht Wissen genannt werden, sondern ist in diesem Fall eher ein Unwissen bzw. eine Unkenntnis.[39] Aber wie anderen Texten von al-Bāqillānī zu ent-

33 Vgl. Ibn at-Tilmisānī, Šaraf ad-Dīn: ***Šarḥ maʿālim uṣūl ad-dīn***, Amman: Dār al-fatḥ 2010, S. 66.

34 al-Āmidī: Abkār al-afkār, S. 74.

35 Während Imam al-Ḥaramayn in seinem Werk ***al-Iršād*** die gleiche Definition wie al-Qāḍī al-Bāqillānī bringt, ist er in seinem Buch ***al-Burhān*** der Auffassung, dass das Wissen wegen seiner Subtilität undefinierbar ist und es kann deswegen nur anhand dessen, was es nicht ist, näher erläutert werden. Vgl. al-Ǧuwaynī: ***al-Burhān***, S. 119.

36 al-Bāqillānī, Abū Bakr: ***Tamhīd al-awāʾil wa-talḫīṣ ad-dalāʾil***, Beirut: Muʾassasat al-kutub aṯ-ṯaqāfiyya 1993, S. 25; für die gleiche Definition bei Imam Ibn Fūrak siehe: Ibn Fūrak, Abū Bakr: ***Kitāb al-ḥudūd fī l-uṣūl***, Beirut: Dār al-ġarb 1999, S. 76; für Imam al-Ḥaramayn siehe: al-Ǧuwaynī: ***al-Iršād***, S. 18.

37 Vgl. ar-Rāzī: ***at-Tafsīr al-kabīr***, Bd. 2, S. 219; für al-Āmidī siehe: al-Āmidī: ***Abkār al-afkār***, Bd. 1, S. 74.

38 Vgl. al-Āmidī: ***Abkār al-afkār***, S. 75.

39 Vgl. ar-Rāzī: ***at-Tafsīr al-kabīr***, Bd. 1, S. 219; sowie: al-Āmidī: ***Abkār al-afkār***, Bd. 1, S. 74 f.

nehmen ist, dient die Zufügung (an sich) nur als eine Bekräftigung der Definition und ist kein wesentlicher Teil von ihr; dazu schreibt al-Qāḍī al-Baqillānī:

> وقولنا إنه معرفة العلوم على ما هو به أو إدراكه أو تبيينه أو إثباته إنما يستعمل على وجه التأكيد وحذف القول على ما هو به غير مخل بصحة الحد لأن العلم لا يصح أن يتعلق بالمعلوم ويكون تبينا له أو معرفة أو إدراكا أو إثباتا له إلا على ما هو به ولو تعلق به ما لبس هو به لكان جهلا وخرج عن كونه علما فيصح لذلك أن يقال حده أنه معرفة المعلوم أو تبيين أو إثبات أو إدراك من غير أن يقال على ما هو به.[40]
>
> *Unsere Aussage ›wie er an sich ist‹ bei der [Definition des Wissens] als die Erkenntnis, das Erfassen, die Erklärung oder die Bestätigung des Wissensgegenstandes, ist lediglich eine Bekräftigung. Die Weglassung des Zusatzes ›wie er an sich ist‹ (alā mā huwa bihi) schadet der Richtigkeit der Definition nicht. Denn das Wissen ist nur richtig, wenn es sich auf den Wissensgegenstand an sich in Form einer Erklärung, einer Erkenntnis, eines Erfassens oder einer Bestätigung bezieht. Würde sich [das Wissen] auf etwas beziehen, woraus der Wissensgegenstand nicht besteht, dann wäre es ein Unwissen und somit kein Wissen mehr. Aus diesem Grund ist die Definition des Wissens als die Erkenntnis, Erklärung, Bestätigung oder das Erfassen ohne den Zusatz ›wie er an sich ist‹ durchaus richtig.*

Aus dieser Passage entnehmen wir, dass der Zusatz nicht zu der Definition gehört. Somit war die Kritik von ar-Rāzī und al-Āmidī in diesem Zusammenhang unnötig. Zusätzlich ist bei dieser Textstelle von Bedeutung, dass nach al-Bāqillānī Erkennen, Erfassen oder Bestätigen Synonyme für Wissen sind. Diese Toleranz gegenüber zwar ziemlich ähnlichen, aber im Wortlaut unterschiedlichen Definitionen, ist bei den späteren Gelehrten nicht zu finden. Schon eine Generation nach ihm, und zwar bei Imam al-Ḥaramayn, findet man eine Kritik an denjenigen Definitionen, die nicht den Begriff Erkennen benutzt haben.[41]

Wie es scheint, wollte al-Bāqillānī alle bekannten Definitionen der *Ašʿarīten* integrieren und keine ausschließen. Denn seiner Meinung nach kann ein Begriff unterschiedliche Definitionen haben, ein Sachverhalt, den die späteren Gelehrten nicht akzeptierten. Es muss deswegen in diesem Zusammenhang daran erinnert werden, dass die frühen *mutakallimūn* das Definieren anders auffassten als die Logiker.[42]

40 AL-BĀQILLĀNĪ, ABŪ BAKR: *at-Taqrīb wa l-iršād*, Damaskus: Mu'assasat ar-risāla 1993, Bd. 1, S. 176 f.

41 Vgl. AL-ĞUWAYNĪ: *al-Iršād*, S. 18.

42 Vgl. AL-BĀQILLĀNĪ: *at-Taqrīb wa l-iršād*, S. 174, Fn. 1.

Das ist meines Erachtens nach ein Grund, warum manche späteren *aš'arītischen* Gelehrten die Definitionen der frühen Anhänger ihrer Schule kritisiert haben. Die Tatsache, dass sie mit zwei Konzepten des Definierens arbeiteten, führte zu dieser Diskrepanz zwischen der alten und der neuen Schule.

Während die frühen *mutakallimūn* die Definition als etwas sehen, das eng mit der Sprache und vor allem mit dem definierenden Subjekt verbunden ist, verstehen die späteren Gelehrten die Definition im logischen Sinne als etwas, das direkt dem Wesen des zu definierenden Objektes entspringt.[43] Dies zeigt sich z. B. bei der Kritik des Begriffes *ma'lūm* (Wissensgegenstand), welcher wortwörtlich „der Gewusste" heißt. Die Benutzung einer Ableitung des Begriffes Wissen (*'ilm*) in dessen Definition war für ar-Rāzī und al-Āmidī unzulässig, weil sie von einem streng logischen Konzept des Definierens ausgingen.[44] Ein weiterer Grund, warum die frühen *Aš'arīten* den Begriff *ma'lūm* in ihrer Definition verwendeten, ist die Vermeidung des Begriffes *šay'* (Ding), der in den *mu'tazilītischen* Definitionen auftaucht und welcher theologische Probleme nach sich zieht.[45] Wie aus der Definition von Wissen bei dem *mu'tazilītischen* Gelehrten al-Ǧubbā'ī (gest. 915/16) zu entnehmen ist, wird anstatt *ma'lūm* (Wissensgegenstand) das Wort *šay'* (Ding) benutzt:

العلم اعتقاد الشيء على ما هو به عن ضرورة أو دلالة[46]

Das Wissen (al-'ilm) ist, von einem Ding (šay'), wie es an sich ist, überzeugt zu sein und zwar aus Notwendigkeit oder wegen eines Indizes (bzw. Beweises).

Den letzten Zusatz finden wir aber bei der Definition, die uns ein weiterer *Mu'tazilīt* liefert, nämlich al-Ka'bī (gest. 931), nicht. Für ihn war das Wissen schlicht die Überzeugung von einem Ding, wie es an sich ist, ohne den Grund dieser Überzeugung in der Definition zu übernehmen.[47] Auch Abū Hāšim (gest. 933), der Sohn von al-Ǧubbā'ī, verwendete das Wort *šay'*, er ersetze aber die Zufügung seines Vaters durch ein Wesensmerkmal des Wissenden:

43 Vgl. Ibn Maymūn: *Šarḥ al-iršād*, S. 39.

44 Vgl. ar-Rāzī: *at-Tafsīr al-kabīr*, Bd. 2, S. 219; al-Āmidī: *Abkār al-afkār*, Bd. 1, S. 74.

45 Denn das Nichtexistente, dessen Existenz unmöglich ist, kann nicht als ein Ding (*šay'*) bezeichnet werden. al-Āmidī: *Abkār al-afkār*, Bd. 1, S. 73.

46 al-Baġdādī, 'Abd al-Qāhir: *Uṣūl ad-dīn*, Beirut: Dār al-kutub al-'ilmiyya 1981, S. 5.

47 Vgl. ebd., S. 5; siehe auch: al-Āmidī: *Abkār al-afkār*, Bd. 1, S. 73.

العلم اعتقاد الشيء على ما هو به مع سكون النفس اليه[48]

Das Wissen (al-ʿilm) ist, von einem Ding (šayʾ), wie es an sich ist, überzeugt zu sein, zusammen mit einer inneren Ruhe [dieser Überzeugung gegenüber].

Die Verwendung des Begriffes Ding (*šayʾ*) schließt aber das Wissen über alles, was nicht existiert und dessen Existenz unmöglich ist, aus. Als Ding darf nach der *ašʿarītischen* Lehre nur etwas Seiendes bezeichnet werden, im Gegensatz zu den *Muʿtazilīten*, die alle denkbaren Kontingenten, unabhängig davon, ob sie existieren oder nicht, als Ding bezeichnen.[49] Jedoch gibt es die Kategorie des Unmöglichen, welches weder nach den *Ašʿarīten* noch nach den *Muʿtazilīten* als Ding (*šayʾ*) bezeichnet werden darf.[50] Wir haben aber trotzdem Wissen über diese Unmöglichkeiten. Wir wissen z. B., dass das Ganze nie kleiner als ein Teil dieses Ganzen sein kann. Dieser Satz hat als Gegenstand etwas, was unmöglich ist und trotzdem ist dieses Unmögliche erkennbar, ohne dass es ein *šayʾ* wäre. Wird behauptet, dass das Wissen keinen Bezug zu dem nicht-existenten Unmöglichen (*al-maʿdūm al-mustaḥīl*) haben könne, dann ist diese Aussage selbst ein Urteil über das nichtexistierende Unmögliche und somit auch ein Wissen. Eine logische Aussage erfordert mindestens zwei Prämissen, eine davon soll in diesem Fall eine Konzeptualisierung bzw. Definition des nichtexistierenden Unmöglichen sein, was ja an sich ein Wissen darüber ist.[51]

Ein weiterer Kritikpunkt gegen die *muʿtazilītischen* Definitionen von Wissen war die Verwendung des Begriffes Überzeugung (*iʿtiqād*), denn sie würde denjenigen, der nur aus Nachahmung von etwas überzeugt ist, inkludieren und würde das Wissen Gottes exkludieren. Nach Imam al-Ġazālī kann die Überzeugung durch die schlichte Interaktion mit anderen Menschen entstehen, sodass man lediglich durch das Hören und Sagen von Dingen überzeugt wird.[52] Der Überzeugte stellt sich nicht das Gegenteil seiner Überzeugung vor, lässt es nicht in sich einfließen und denkt darüber nicht nach. Hingegen kann der Wissende zumindest in sich zwischen Wissen und Unwissen unterscheiden. Demzufolge sind die Überzeugungen von Glaubenssätzen bzw. Dogmen keine Formen des Wissens, sondern bloße Überzeugungen, die man scharf vom Wissensbegriff un-

48 AL-BAĠDĀDĪ: *Uṣūl ad-Dīn*, S. 5.

49 Vgl. IBN FŪRAK: *Muǧarrad maqālāt al-Imām al-Ašʿarī*, S. 262; für eine ausführliche Darstellung dieses Punktes siehe: IBN AT-TILMISĀNĪ: *Šarḥ maʿālim uṣūl ad-dīn*, S. 113–118.

50 Vgl. AL-ǦUWAYNĪ: *al-Iršād*, S. 19.

51 Vgl. AL-ĀMIDĪ: *Abkār al-afkār*, Bd. 1, S. 73.

52 AL-ĠAZĀLĪ, ABŪ ḤĀMID: *al-Mustaṣfā min ʿilm al-uṣūl*, Damaskus: ar-Risāla al-ʿilmiyya 2012, Bd. 1, S. 67.

terscheiden soll. Aus diesem Grund kann man auch nicht Gott ﷻ als den Überzeugten bezeichnen oder Ihm Überzeugungen zuschreiben.[53]

Interessanterweise definiert der andalusische Gelehrte Ibn Ḥazm (gest. 1064) das Wissen genauso wie die frühen *Muʿtazilīten*:

> اعتقاد الشيء على ما هو عليه وتيقنه به وارتفاع الشكوك عنه ويكون ذلك إما بشهادة الحواس وأول العقل وإما برهان راجع من قرب أو من بعد إلى شهادة الحواس وأول العقل[54]
>
> *[Das Wissen] ist, von einem Ding (šayʾ), wie es an sich ist, mit Sicherheit und ohne Zweifel überzeugt zu sein. [Diese Überzeugung] soll auf den Sinnen, der rationalen Evidenz oder einem Beweis, welcher auf diese beiden zurückzuführen ist, ruhen.*

Die Definitionen von Ibn Ḥazm sowie von al-Ǧubbāʾī, in welchen die Überzeugung mit den Mitteln spezifiziert wird, anhand derer sie zustande kommt, weisen den ersten Kritikpunkt von sich ab. Denn sie machen den Unterschied zwischen der Überzeugung aus Nachahmung und einer bewussten Überzeugung deutlich. Jedoch bleibt der zweite Kritikpunkt für die Verwendung des Begriffes Überzeugung bestehen. Die Spezifizierung der Überzeugung mit deren Erkenntnismittel lässt sich aber dennoch nicht auf Gott ﷻ übertragen. Anscheinend war dieses Problem Imam Ibn Ḥazm bewusst, deswegen führte er im nächsten Abschnitt, nachdem er das Wissen definiert hat, weiter aus:

> وأما علم الله تعالى فليس محدودا أصلا ولا يجمعه مع علم الخلق حد ولا جنس ولا شيء أصلا وذهب الأشعرية إلى أن علم الله تعالى واقع مع علمنا تحت حد واحد وهذا خطأ فاحش إذ من الباطل أن يقع ما لم يزل مع ما لم يكن تحت حد وما لم يزل فلا نهاية له فلا حد له لأن الحد هو حصر النهايات[55]
>
> *Was das Wissen Gottes ﷻ anbelangt, so ist es ohnehin undefinierbar und es hat weder eine gemeinsame Definition noch [eine gemeinsame] Kategorie oder sonst noch irgendetwas Gemeinsames mit dem Wissen der Geschöpfe. Die Ašʿarīten sind aber der Meinung, dass das Wissen Gottes ﷻ unter die gleiche Definition wie unser Wissen fällt. Und dies ist ein fataler Fehler, denn es ist widersinnig, dass der Urewige und derjenige, den es einst nicht gab, unter eine [gleiche] Definition fallen. Der Urewige hat kein Ende und somit ist Er undefinierbar, denn das Definieren heißt, die Enden [eines Dinges] zu setzen.*

53 Vgl. Ibn at-Tilmisānī: *Šarḥ maʿālim uṣūl ad-Dīn*, S. 67.

54 Ibn Ḥazm, ʿAlī: *al-Faṣl fī l-milal wa l-ahwāʾ wa n-niḥal*, Kairo: al-Maktaba at-tawfīqiyya 2003, Bd. 3, S. 286.

55 Ebd., S. 286.

Auch wenn die Position innerhalb seines Sprachverständnisses eine gewisse Plausibilität aufweist, bleibt seine Kritik gegen die *Ašʿarīten* polemisch. Denn die *ašʿarītischen* Gelehrten gehen nicht davon aus, dass die Begriffe auf äußerliche Wirklichkeiten hinweisen, sondern lediglich auf Bedeutungen bzw. Konzepte, die sich im Begriffsvermögen befinden.[56] Die Grundbedeutung eines Begriffes ist erst einmal etwas Abstraktes, das nur mental eine Existenz hat und keinesfalls die äußere Wirklichkeit eins zu eins abbildet. Dass für Gott ﷾ und für die Menschen der gleiche Begriff verwendet wird, heißt nicht zwangsläufig, dass die Wirklichkeit des Wissens in Bezug auf Gott ﷾ und in Bezug auf die Menschen die gleiche wäre, jedoch gibt es eine Gemeinsamkeit auf der Ebene der Sprache, die notwendig für die Kommunikation ist. Die Definition eines Begriffes bezieht sich auf das Wort, nicht auf die extramentale Wirklichkeit (*at-taḥaqquq al-ḫāriǧī*). Wenn die *Ašʿarīten* das Wissen Gottes definieren, dann setzen sie zwar Grenzen, aber nicht Gott oder Seinem Wissen wie es mit Seinem Wesen zusammenhängt, sondern lediglich einem mentalen Konzept bzw. einem Begriff. Durch die Definition grenzen sie die verschiedenen Bedeutungen im Begriffsvermögen voneinander ab. Die Tatsache, dass in der Sprache Gott ﷾ Wissen zugeschrieben wird und dass dieses Wortkonstrukt im Koran vorkommt, heißt, dass dieser Begriff eine Bedeutung hat. Die Grundbedeutung des Begriffes im Koran entspricht dem Sprachgebrauch der Adressaten und wurde an keiner Stelle im Koran oder in der Sunna neu definiert. Ebendaher gehen die *Ašʿarīten* davon aus, dass das Wissen Gottes und alle anderen Formen des Wissens zumindest in der Sprache eine grundlegende gemeinsame Bedeutung haben.

Es scheint, dass die späteren *Muʿtazilīten* die Schwächen der frühen Definitionen bemerkt haben, deswegen wich z. B. al-Qāḍī ʿAbd al-Ǧabbār (gest. 1024) von der frühen *muʿtazilītischen* Definition des Wissens ab und brachte eine ziemlich originelle Definition, die wenige Angriffsflächen darbietet:

العلم هو المعنى الذي يقتضي سكون العالم إلى ما تناوله[57]

Das Wissen (al-ʿilm) ist das, was dem Wissenden eine innere Sicherheit gegenüber dem behandelten [Objekt] gibt.

56 Vgl. AL-ĠAZĀLĪ, ABŪ ḤĀMID: *Miʿiyār al-ʿilm*, Beirut: Dār al-kutub al-ʿilmiyya 1990, S. 47; sowie: AR-RĀZĪ, FAḪR AD-DĪN: *al-Maḥṣūl fī uṣūl al-fiqh*, Damaskus: Muʾassasat ar-risāla 2000, Bd. 1, S. 200; vgl auch: FOODA, SAʿĪD: *Naqd at-tadmuriyya*, Amman: Dār ar-rāzī 2004, S. 18 f.

57 AL-QĀḌĪ ʿABD AL-ǦABBĀR, ABŪ AL-ḤASAN: *al-Muġnī fī abwāb al-ʿadl wa at-tawḥīd: Kitāb an-naẓar wa l-maʿārif*, Kairo: ad-Dār al-misriyya li-t-Taʾlīf wa-n-Našr 1961, S. 13.

Die innere Sicherheit bzw. Ruhe gegenüber etwas, die man in sich spürt, weil dieses etwas so ist, wie es sich uns präsentiert, ist wie bei der ersten Definition des al-Ašʿarī nichts anderes als eine Implikation des Wissens, aber keine genaue Definition desselben, weder im sprachlichen noch im logischen Sinne. Des Weiteren lässt sich die Erklärung von al-Qāḍī ʿAbd al-Ǧabbār nicht auf Gott ﷻ übertragen.[58] Man könnte jedoch meinen, dass das Problem bei den *Muʿtazilīten* nicht vorkomme, da sie Gott ﷻ sowieso keine hypostatischen Eigenschaften zuschreiben. Diese Annahme ist meines Erachtens nach nicht zutreffend, denn auch wenn sie dem göttlichen Wesen Wissen nicht als separate Eigenschaft zuschreiben, so bestätigen sie dennoch die Tatsache, dass Gott ﷻ wissend ist und dass Er weiß. Insofern bleibt die Frage offen, was genau mit dem Akt des Wissens gemeint ist, und zwar unabhängig vom wissenden Subjekt. Die von den *Muʿtazilīten* gegebenen Definitionen lassen sich aber nur auf die Menschen anwenden.

Alle Definitionen des Wissens wurden bemängelt, was eine Ungewissheit bezüglich der Wissensdefinition bei den Gelehrten innerhalb *ʿilm al-kalām* und *uṣūl al-fiqh* zeigt. Dies führte die späteren Theologen ab Mitte des 11. Jh. dazu, zwei Positionen zu entwickeln.[59] Die erste Position ist jene der Skeptiker, die der Meinung waren, dass es weder eine sprachlich genaue noch eine logische Definition gibt. Es war Imam al-Ḥaramayn, der als erstes darauf hinwies, dass alle in seiner Zeit bekannten Definitionen des Wissens mangelhaft waren und somit nicht vertretbar sind. Er bemerkte, dass die Sprache nicht alle Phänomene in einer präzisen Definition beschreiben kann.[60] Imam al-Ḥaramayn hatte eine Entwicklung hinter sich, denn wie wir bereits sahen, definierte er das Wissen in seinem Buch *al-Iršād* wie al-Qāḍī al-Bāqillānī es tat. In seinem späteren Werk *al-Burhān* richtete er jedoch eine Kritik an die Definition, die er vorher vertrat und lehnte sie schließlich ab.[61] Diese Skepsis vertrat auch sein Schüler Imam al-Ġazālī und führte die Argumente seines Lehrers insbesondere in seinem Werk *al-Mustaṣfā* weiter aus. Das erste Problem, welches al-Ġazālī konstatiert, ist die Tatsache, dass der Begriff *ʿilm* polysem ist. Man kann ihn in der Sprache in verschiedenen Zusammenhängen verwenden, nämlich für das Sehen und Fühlen, für die Imagination, für das hypothetische

58 Vgl. AR-RĀZĪ: *at-Tafsīr al-kabīr*, Bd. 2, S. 220.

59 Mit Theologen sind hier ausschließlich die Gelehrten der *Ašʿarīten* und *Matūrīdīten* gemeint. Die Behandlung dieser Frage innerhalb des Schiitentums wurde in diesem Zusammenhang nicht berücksichtigt.

60 Vgl. AL-ĞUWAYNĪ: *al-Burhān*, S. 120.

61 Vgl. ebd., S. 119.

Wissen, für das Wissen Gottes, für das Erfassen durch den Verstand und bei jeder Verwendung gewinnt er eine neue Definition.[62] Des Weiteren stellte er fest, dass die meisten Dinge, die man durch die Sinne erfasst, nur schwer durch die Sprache definierbar sind. Wenn wir den Geruch des Moschus oder den Geschmack des Honigs definieren wollten, dann würden wir es nicht schaffen. Er konstatiert:

وإذا عجزنا عن حد المدركات فنحن عن تحديد الإدراكات أعجز[63]

Wenn wir unfähig sind, die perzipierten Dinge (mudarakāt) [genau] zu definieren, dann sind wir noch unfähiger, die perzipierenden [Kräfte] (idarākāt) zu definieren.

Der einzige Weg, der Wesenheit des Wissens sprachlich näher zu kommen, erfolgt nur, ***a)*** indem die Kriterien des Wissens von anderen geistigen Zuständen wie dem Willen, der Macht, der Überzeugung, dem Zweifel, der Vermutung, dem Unwissen unterschieden[64] werden und ***b)*** durch die Verwendung von Beispielen.[65] Während auf der einen Seite Imam al-Ḥaramayn und sein Schüler der Meinung waren, dass es wegen dessen Subtilität keine genaue logische Definition von Wissen gibt, teilte ar-Rāzī zwar die gleiche Einstellung, was die Undefinierbarkeit anbelangt, jedoch aus dem gegenteiligen Grund. Er war der Meinung, dass das Wissen gerade deswegen undefinierbar ist, weil es notwendig evident ist. In seinem *tafsīr* dekonstruierte er zuerst die bekannten Definitionen des Wissens, bevor er seine Meinung zu der Definierbarkeit des Wissens preisgab:

ولما ثبت أن التعريفات التي ذكرها الناس باطلة فاعلم أن العجز عن التعريف قد يكون لخفاء المطلوب جدا وقد يكون لبلوغه في الجلاء إلى حيث لا يوجد شيء أعرف منه ليجعل معرفاً له والعجز عن تعريف العلم لهذا الباب والحق أن ماهية العلم متصورة تصوراً بديهيا جليا فلا حاجة في معرفته إلى معرف والدليل عليه أن كل أحد يعلم بالضرورة أنه يعلم وجود نفسه وأنه يعلم أنه ليس على السماء ولا في لجة البحر والعلم الضروري بكونه عالماً بهذه الأشياء علم باتصاف ذاته بهذه العلوم والعالم بانتساب

62 Vgl. AL-ĠAZĀLĪ: ***al-Mustaṣfā***, Bd. 1, S. 67.

63 Ebd.

64 *Qisma*: Process of division for acquiring definitions. (ODAPT) Qisma wurde von Van Ess mit *Dihairesis* übersetzt. Die *Qisma* führt aber nicht zwangsläufig zu einer logischen Definition, wie man bei der Verwendung von *Qisma* bei Imam al-Ġazālī sieht, im Gegensatz zur *Dihairesis*, die als Ziel hat, eine genaue Definition zu erlangen. Aus diesem Grund verwende ich in diesem Zusammenhang den flexibleren Begriff „Unterscheidung". Vgl. VAN ESS: *Die Erkenntnislehre des 'Adudaddin al-Ici*, S. 66 ff.

65 Vgl. AL-ĞUWAYNĪ: ***al-Burhān***, S. 119–123; siehe auch: AL-ĠAZĀLĪ: ***al-Mustaṣfā***, Bd. 1, S. 67 ff; siehe auch die Besprechung dieser Position innerhalb der *aš'aritischen* Schule in: AŠ-ŠARĪF AL-ĞURĞĀNĪ: ***Šarḥ al-mawāqif***, Bd. 1, S. 67 ff; sowie: AL-IṢBAHĀNĪ, ŠAMS AD-DĪN: ***Bayān al-muḫtaṣar šarḥ muḫtaṣar Ibn al-Ḥāǧib***, Kairo: Dār as-salām 2004, Bd. 1, S. 68.

شيء إلى شيء علم لا محالة بكلا الطرفين فلما كان العلم الضروري بهذه المنسوبية حاصلا كان العلم الضروري بماهية العلم حاصلًا وإذا كان كذلك كان تعريفه ممتنعا[66]

Wenn es feststeht, dass alle von den Leuten erwähnten Definitionen fehlerhaft sind, so wisse, dass die Unfähigkeit [etwas] zu definieren die starke Subtilität des zu definierenden Objekts als Grund haben kann. [Ein weiterer Grund] kann aber auch die Evidenz sein, sodass es nichts Klareres mehr gibt, womit man [das zu definierende Objekt] erklären kann. Die Unfähigkeit, das Wissen zu definieren, gehört zu dem zweiten Fall. Gewiss ist die Vorstellung der Quiddität des Wissens selbstevident, sodass man keine Erkenntnishilfsmittel braucht, um es zu erkennen. Der Beweis dafür ist die Tatsache, dass jeder von uns notwendigerweise weiß, dass es ihn gibt und dass er nicht im Himmel oder in den Tiefen des Meeres liegt. Dass er notwendigerweise weiß, dass er diese Dinge weiß, heißt also, dass er weiß, dass sein Wesen diese einzelnen Formen des Wissens innehat. Ferner kennt derjenige, der weiß, dass etwas etwas anderem zugeschrieben wird, zwangsläufig die beiden Seiten [dieser Erkenntnis]. Und da das notwendige Wissen [eine Seite in dieser Relation] ist, steht somit fest, dass es das Wissen über die Quiddität des Wissens notwendig [in uns gibt]. Wenn das so ist, dann ist es ebendeswegen undefinierbar.

Die Argumentation von ar-Rāzī wurde ihrerseits kritisiert. Zuerst von al-Āmidī und dann von einer großen Zahl anderer Gelehrter nach ihm. Ein Hauptkritikpunkt war, dass das bloße Vorkommen einer Sache in einem prädikativen Satz nicht zwangsläufig heißt, dass man notwendigerweise eine genaue Vorstellung davon bekommt. al-Āmidī bemerkt, dass wenn die Relation zwischen zwei Konzepten evident ist, dies nicht bedeutet, dass diese zwei Konzepte selbst evident sein müssen. Um dies zu verdeutlichen, brachte er das „Selbst" als Beispiel. Denn auch wenn man weiß, dass das Selbst ein notwendiges Wissen besitzt, dann ist die präzise Vorstellung vom „Selbst" als erkennendes Subjekt nicht in dieser Relation inbegriffen und somit nicht selbstevident, nur weil es in einer selbstevidenten Relation mit einem anderen Objekt steht.[67]

Die Position von Imam ar-Rāzī wurde später ausführlicher behandelt und wurde in den meisten *kalām* und *uṣūl al-fiqh* Werken der Phase nach dem 13. Jh. angeführt.[68] Imam at-Taftazānī erwähnt in seinem Kommentar zu

66 AR-RĀZĪ: *at-Tafsīr al-kabīr*, Bd. 2, S. 221.

67 Vgl. AL-ĀMIDĪ: *Abkār al-afkār*, Bd. 1, S. 79.

68 Siehe die Kommentare zu *al-Maqāsīd* z. B. in: AŠ-ŠARĪF AL-ĞURĞĀNĪ: *Šarḥ al-mawāqif*, Bd. 1, S. 62 ff; sowie die Kommentare zu *Muḫtaṣr Ibn al-Ḥāğib* z. B.: AL-IṢBAHĀNĪ: *Bayān al-muḫtaṣar šarḥ muḫtaṣar Ibn al-Ḥāğib*, Bd. 1, S. 68 ff; und: AR-RAHŪNĪ, ABŪ ZAKARIYYĀ: *Tuḥfat al-mas'ūl fī šarḥ muḫtasar muntahā as-sūl fī uṣūl al-fiqh*, Beirut: Dār al-kutub al-'ilmiyya 2007, S. 33 ff.

al-Maqāṣid, dass es eine große Zahl von Experten (*muḥaqqiqūn*) gibt, die die Position von ar-Rāzī vertreten.[69] Allerdings stammt die Definition des Wissens, die die Zeit nach dem 13. Jh. geprägt hat, von al-Āmidī. Er bringt in seinem Magnum Opus *Abkār al-afkār* vierzehn Definitionen von Wissen. Neben den schon erwähnten behandelte er die Definitionen der Philosophen sowie weitere Randmeinungen innerhalb seiner Schule, nämlich der *aš'arītischen*. Er dekonstruierte seinerseits auch alle Versuche, die vor ihm unternommen wurden, um diesen Begriff zu definieren. Im Gegensatz zu denjenigen, die die frühen Definitionen kritisierten, vertrat er keine skeptische Haltung, wie dies der Fall bei den drei bereits erwähnten Gelehrten ist, sondern er gab eine Definition, bei welcher er versuchte, die Fehler und Schwächen der früheren Definitionen zu vermeiden. Sie lautet:

> العلم عبارة عن صفة تحصل بها لنفس المتصف تمييز حقيقة ما غير محسوسة في النفس احترازا من المحسوسات حصل عليه حصولا لا يتطرق إليه احتمال كونه على غير الوجه الذي حصل عليه ويدخل فيه العلم بالإثبات والنفي والمفرد والمركب وتخرج عنه الاعتقادات والظنون حيث أنه لا يبعد في النفس احتمال كون المعتقد والمظنون على غير الوجه الذي حصل عليه في النفس.[70]
>
> *Das Wissen ist eine Eigenschaft, die demjenigen, der sie innehat, die Unterscheidung einer Wirklichkeit [von einer anderen] ermöglicht. Sie soll keine sinnliche sein, damit man die Inklusion der Sinneswahrnehmungen [in die Definition] vermeidet. Es soll auch so geschehen, dass die Möglichkeit, dass [diese Wirklichkeit] anders wäre, ausgeschlossen bleibt.[71] [Diese Definition] schließt das Wissen über die Bestätigung und die Negierung sowie über die singulären und die zusammengesetzten Dinge ein. Die Überzeugungen und Mutmaßungen sind [aus der Definition] deswegen exkludiert, weil in ihren Fällen die Möglichkeit besteht, dass das Gegenteil der Überzeugung bzw. der Mutmaßung nicht ganz ausgeschlossen ist.*

Die Definition von al-Āmidī erfüllt die Hauptkriterien einer logischen Definition, nämlich die Erwähnung des Oberbegriffes, der kein Synonym sein darf und die Einschränkung bzw. Unterscheidung des zu definierenden Begriffes durch die Erwähnung seiner exklusiven Attribute. Ab dem 13. Jh. arbeiten die sunnitischen Theologen hauptsächlich mit Varianten dieser Wissensdefinition, die neben den Positionen der Skeptiker in den

69 Vgl. AT-TAFTĀZĀNĪ, SA'D AD-DĪN: *Šarḥ al-maqāṣid*, Beirut: 'Ālam al-kutub 1998, Bd. 1, S. 194.
70 AL-ĀMIDĪ: *Abkār al-afkār*, Bd. 1, S. 78.
71 Diese Unterscheidung soll also apodiktisch sein.

späteren theologischen Hauptkompendien Gegenstand ausführlicher Untersuchungen wurden.[72]

3.1.4. *'Ilm* und *ma'rifa* als Termini des taṣawwuf

Untersucht man die Begriffe *ʿilm* und *maʿrifa* aus der Perspektive des *taṣawwuf*, dann stellt man fest, dass sie nicht nur in ihren sprachlichen oder theologischen Bedeutungen verstanden wurden, sondern zu festen Fachtermini des *taṣawwuf* geworden sind, hinter welchen sich feste Konzepte und Vorstellungen verbergen, die so alt wie der *taṣawwuf* selbst sind. *ʿIlm* ist nicht nur Wissen, sondern eine besondere Art des Wissens und *maʿrifa* ist nicht bloße Erkenntnis im allgemeinen Sinne, sondern eine bestimmte Form des Erkennens, die innerhalb des *taṣawwuf* bestimmte Kriterien erfüllt. Aus diesem Grund und weil wir es hier mit zentralen Begriffen des *taṣawwuf* zu tun haben, werden die beiden Fachtermini in diesem Abschnitt, wenn sie in einem sufischen Kontext vorkommen, in der Originalsprache wiedergegeben.

Die *maʿrifa* im Bereich des *taṣawwuf* wird manchmal mit Gnosis übersetzt, was meines Erachtens nach keine passende Übersetzung ist. Schon Robert Frager wies auf die Problematik, die in dieser Übersetzung steckt, hin:

> *We could call them Gnostic Sufis (from the Greek word for knowledge, gnosis), but that word has acquired connotations that could mislead us, [...] (The Arabic equivalent of these words, ma'rifah, is unsuitable because it has no English derivative.)*[73]

Das gilt auch für die deutsche Sprache. Der Begriff Gnosis ist bereits mit bestimmten historisch gewachsenen Vorstellungen und Konnotation besetzt, die nicht immer auf *maʿrifa* im sufischen Sinne zutreffen.[74] Es mag

72 Vgl. Ramadān Efendi, Ibn Muḥammad: *Šarḥ Ramdān Efendi ʿalā šarḥ as-Saʿd ʿalā al-ʿaqāʾid an-nasafiyya*, Beirut: Dār al-kutub al-ʿilmiyya 2012, S. 45–50; vgl. auch: at-Taftāzānī: *Šarḥ al-maqāṣid*, Bd. 1, S. 190 ff; siehe auch: al-Ǧunaydī, Aḥmad: *Ḥašiyyat al-Mullā Aḥmad al-Ǧunaydī ʿalā šarḥ al-ʿaqāʾid*, in: al-Mazīdī, Aḥmad Farīd (Hrsg.): *Šurūḥ wa-ḥawāšī al-ʿaqāʾid an-nasafiyya*, Beirut: Dār al-kutub al-ʿilmiyya 2013, Bd. 1, S. 219 ff; sowie: al-Isfarāyīnī, ʿIṣām ad-Dīn: *Ḥašiyyat al-ʿiṣām ʿalā šarḥ al-ʿaqāʾid*, in: al-Mazīdī, Aḥmad Farīd (Hrsg.): *Šurūḥ wa-ḥawāšī al-ʿaqāʾid an-nasafiyya*, Beirut: Dār al-kutub al-ʿilmiyya 2013, Bd. 1; S. 229 ff; und: aš-Šarīf al-Ǧurǧānī: *Šarḥ al-mawāqif*, Bd. 1; S. 61 ff. Für den Bereich der *uṣūl al-fiqh*, siehe z. B.: al-Iṣbahānī: *Bayān al-muḫtaṣar šarḥ muḫtaṣar Ibn al-Ḥāǧib*, Bd. 1, S. 68 ff; ar-Rahūnī: *Tuḥfat al-masʾūl fī šarḥ muḫtasar muntahā as-sūl fī uṣūl al-fiqh*, Bd. 1, S. 33 ff.

73 Frager, Robert und James Fadiman: *Essential Sufism*, San Francisco: HarperOne 1999, S. 6, (Foreword), Scribd Ebook.

74 Für Gnosis als religiöse Lehre siehe: Aland, Barbara: *Die Gnosis*, Stuttgart: Reclam 2014, S. 57–87; 154–191; für eine ausführliche Darstellung der historischen Entwicklung der Gnosis siehe: Churton, Tobias:

sein, dass das Wort Gnosis bestimmte Aspekte der sufischen *ma'rifa* wiedergibt, jedoch gehen viele Elemente bei dieser Übersetzung verloren. Dies ist allerdings unzulässig in einer theologischen Untersuchung, bei welcher die zentralen Begriffe so genau wie möglich geschildert werden müssen.

In seiner Arbeit zum Konzept des Wissens bei den frühen Sufis[75] stellte Renard John zu Recht fest, dass die beiden Begriffe *'ilm* und *ma'rifa* in der sufischen Literatur je nach Kontext mehrere Bedeutungen haben können. So übersetzte er *'ilm* mit *„discursive knowledge"*, *„acquired knowledge"* oder *„traditional knowledge"*. Für *ma'rifa* verwendete er *„experiential knowledge"*, *„infused knowledge"*, *„intimate knowledge"* oder *„mystical knowledge."*[76] Auch Chittick war sich der Ambiguität der beiden Termini bewusst und diskutierte die verschiedenen Verwendungen im Kapitel zur Epistemologie in *The Sufi Path of Knowledge.*[77] Chodkiewicz verwendet ebenfalls den Begriff *ma'rifa* entweder unübersetzt oder er setzt *ma'rifa* daneben in Klammern, falls er ihn mit *„connaissance"* oder *„gnose"* wiedergibt.[78]

Auch die Verwendung des Begriffes Erkenntnis oder der verschiedenen Konstrukte von *„knowledge"* scheinen bis jetzt unpräzise verwendet zu sein. Denn die *ma'rifa* wird im sufischen Kontext grammatikalisch gesehen als *nomen verbi* und fachspezifisch als eine Station (*maqām*) verstanden.[79] Sie ist somit kein Objekt, auf welches sich eine Handlung bezieht, sondern eher ein Modus des Menschen in dessen Ganzheit, deshalb gilt sie als Grundlage für weitere Handlungen. *Ma'rifa* ist deswegen nicht die Erkenntnis, sondern vielmehr das Erkennen. Sie ist kein abgeschlosse-

Gnostic Philosophy: From Ancient Persia to Modern Times, Rochester: Inner Traditions 2005; zum Begriff Gnosis siehe: Aland, Barbara: *Was ist Gnosis?: Studien zum frühen Christentum, zu Marcion und zur kaiserzeitlichen Philosophie*, Tübingen: Mohr Siebeck 2009, S. 45–90; 241–258.

75 Abgesehen von der Arbeit von Renard John fand ich keine ausführliche Studie zu den Begriffen *'ilm* und *ma'rifa* im sufischen Kontext.

76 Vgl. Renard, John: *Knowledge of God in classical Sufism: foundations of Islamic mystical theology*, New York: Paulist Press 2004, S. 7; siehe auch: Renard, John: *Historical dictionary of Sufism, Lanham*, Md.: Scarecrow Press 2005, S. 139.

77 Vgl. Chittick, William C.: *The Sufi Path of Knowledge: Ibn al-'Arabi's Metaphysics of Imagination*, SUNY Press 1989, S. 148 f.

78 Vgl. Chodkiewicz, Michel: *Le Sceau des saints prophétie et sainteté dans la doctrine d'Ibn Arabî*, 2. Aufl., Paris: Gallimard 2012, S. 52 und 247; sowie: Chodkiewicz, Michel: *Le saint illettré dans l'hagiographie islamique*, in: Centre de Recherches Historiques (Hrsg.): *Les Cahiers du Centre de Recherches Historiques*, 1992, http://ccrh.revues.org/2799 (zugegriffen am 19.2.2015).

79 Die *ma'rifa* wird z. B. in der *Risāla*, in den *Maqāmāt as-sā'irīn* und in *at-Ta'arruf* als Station (*maqām*) gehandhabt. Siehe: al-Qušayrī, Abū al-Qāsim: *ar-Risāla al-qušayriyya*, Beirut: Dār al-kitāb al-'arabī 2005, S. 291; al-Kalābādī, Abū Bakr: *at-Ta'arruf li-madhab ahl at-taṣawwuf*, Beirut: Dār al-kutub al-'ilmiyya 2001, S. 157; at-Tilmisānī, 'Afīf ad-Dīn: *Šarḥ manāzil as-sā'irīn ilā al-ḥaqq al-mubīn*, Beirut: Books Publisher 2013, S. 367 ff.

ner Akt, sondern ein dauerhafter Zustand. Des Weiteren widmete Imam al-Qušayrī (gest. 1072/73), einer der frühen Systematiker des *taṣawwuf*, der *ma'rifa* ein ganzes Kapitel in seinem Sendschreiben.[80] Dort findet man eine Summe der Aussagen der frühen Sufis über die *ma'rifa*. Im Gegensatz zu den Gelehrten im Bereich von *kalām* und *uṣul al-fiqh* waren die Sufis nicht an einer genauen sprachlichen oder stringenten Definition von *ma'rifa* interessiert. Vielmehr findet man ein Mosaik von Aussagen, die vielfältig und unterschiedlich sind, sodass man aus ihnen schwer eine einheitliche Erklärung eruieren kann. al-Qušayrī erklärte diese Vielfalt dadurch, dass jeder Sufi das kund gab, was er in seinem spirituellen Augenblick in der reinen Gegenwart (*waqt*)[81] empfand.[82] Allgemein lässt sich sagen, dass es eine Reihe von Merkmalen und Bedingungen gibt, die die *ma'rifa* bei den Sufis inne hat bzw. erfüllt. Sie besteht aus dem Erkennen und dessen Implikationen. Diese beiden Bestandteile machen das Konzept von *ma'rifa* aus.[83] Gott ﷻ zu erkennen heißt, Ihn durch Seine Eigenschaften und Taten zu erkennen.[84] Die *ma'rifa* ist nicht ein Ziel, welches man erreicht, sondern ein Prozess, welcher den Sufi stets in seiner Entwicklung begleitet.

Schon von Anfang an ist bei dem Gläubigen eine bestimmte Form des Erkennens vorhanden und nimmt auf dem Weg zu Gott ﷻ zu. Bereits Imam Abū Yazīd al-Bisṭāmī (gest. 877/8) unterschied in der Frühzeit des *taṣawwuf* zwischen drei Hauptstufen der *ma'rifa*, nämlich jener der Laien, jener der Auserkorenen und jener der Auserkorenen unter den Auserkorenen. Der Laie ist nicht leer von *ma'rifa*. Sie ist sowohl Mittel als auch Zweck. In einer Aussage über die verschiedenen Formen der *ma'rifa* sagte er:

معرفة العوام معرفة العبودية ومعرفة الربوبية[85]

> *Die ma'rifa der Laien ('awāmm) ist das Erkennen der Dienerschaft [gegenüber Gott] sowie der [göttlichen] Herrschaft.*

80 Vgl. AL-QUŠAYRĪ: *ar-Risāla*, S. 290–295.

81 Mit *al-waqt* meinen die Sufis die Essenz des Nu, die reine Gegenwart und somit die wahre Existenz. Denn das Vergangene und das Zukünftige sind nicht real existierend. Des Weiteren wird *al-waqt* auch oft im Sinne der gegenwärtigen spirituellen Auffassung verwendet. Siehe: Ebd., S. 73.

82 Vgl. ebd., S. 290.

83 Vgl. AL-KALĀBĀḎĪ: *at-Ta'arruf li-maḏhab Ahl at-taṣawwuf*, S. 157; sowie die Aussagen der frühen Sufis in: AS-SARRĀǦ, ABŪ NAṢR: *al-Luma' fī tarīḫ at-taṣawwuf*, hg. von Reynold Alleyne Nicholson, Leiden: Brill 1914, S. 35–40; und: AL-ḪARRĀZ, ABŪ SA'ĪD: *Kitāb aṣ-ṣidq*, Calcuta: Baptist Mission Press 1937, S. 70 ff.

84 Vgl. AL-QUŠAYRĪ: *ar-Risāla*, S. 290.

85 MUḤAMMAD 'ABBĀS, QĀSIM: *Abū Yazīd al-Bisṭamī*, Damaskus: al-Madā 2004, S. 60.

Dementsprechend wird vom Diener erwartet, dass er danach handelt, um seine *ma ʿrifa* auf höhere Stufen zu bringen. Seine eigene Dienerschaft und Bedürftigkeit zu erkennen sowie die Herrschaft dessen, wessen man bedürftig ist, soll, so die Einstellung der Sufis, uns dazu führen, die Rechte dieser beiden Wahrheiten zu erfüllen. Wenn allerdings die *ma ʿrifa* in den Aussagen der Sufis vorkommt, dann meinen sie damit normalerweise die speziellere Form der *ma ʿrifa*, die qualitativ höher ist und welcher die Handlungen entsprechend der göttlichen Kunde (*waḥy*) vorausgehen. Zu dieser Form von *ma ʿrifa* sagt Imam Ḏū n-Nūn al-Miṣrī (gest. 859):

ثلاثة من أعلام المعرفة الإقبال على الله والانقطاع إلى الله والافتخار بالله[86]

Drei Dinge sind Merkmale der ma ʿrifa: Die Hinwendung zu Gott, der Abbruch mit allem außer mit Gott und Gott zu seinem Stolz zu machen.

علامة العارف ثلاثة لا يطفئ نور معرفته نور ورعه ولا يعتقد باطنا من العلم ينقض عليه ظاهرا من الحكم ولا تحمله كثرة نعم الله عز وجل على هتك أستار محارم الله تعالى[87]

Die Zeichen der [Besitzer von] ma ʿrifa sind drei: Das Licht der ma ʿrifa löscht nicht das Licht seiner Frömmigkeit aus. Er glaubt nicht an ein inneres [Wissen], was einer äußerlichen Norm (ḥukm) widerspricht und die Fülle der Gottesgnaden lässt ihn sich nicht erkühnen, Verbotenes zu begehen.

Die *ma ʿrifa* impliziert also aus sich selbst heraus eine bestimmte Haltung gegenüber Gott ﷻ. Sie ist in ihrer höheren Form eine Frucht der Handlung entsprechend des *ʿilm*, im Sinne eines normativen Wissens. Somit sind es gerade die Handlungen, die zu mehr *ma ʿrifa* führen. Es ist sozusagen ein geschlossenes System, welches die Form einer Spirale hat, die in die Höhe geht. Die Handlungen führen zu mehr Erkenntnissen und die Erkenntnisse führen zu mehr Handlungen, die die Dienerschaft gegenüber dem Schöpfer verwirklichen. Die Zunahme der Handlungen bedeutet nicht zwangsläufig eine Zunahme in ihrer Quantität, sondern es geht hauptsächlich um die Qualität der Taten. Dies entspricht der Aussage, die dem Propheten ﷺ zugeschrieben wird:

إن قليل العمل ينفع مع العلم وإن كثير العمل لا ينفع مع الجهل[88]

86 IBN AL-ʿARABĪ, MUḤYĪ AD-DĪN: *al-Kawkab ad-durrī fī manāqib Ḏī an-Nūn al-Miṣrī*, in: ʿABD AL-FATTĀḤ, SAʿĪD (Hrsg.): *Rasāʾil Ibn ʿArabi* (3), Beirut: Muʾassasat al-instišār 2002, S. 143.
87 Ebd., S. 150.
88 AL-MUTTAQĪ AL-HINDĪ, ʿALĀʾ AD-DĪN: *Kanz al-ʿummāl*, Beirut: Muʾassasat ar-risāla 1985, Nr. 28800/Daylamī; sowie auch Hadith Nr° 214 in: IBN ʿABD AL-BARR, ABŪ ʿUMAR: *Ǧāmiʿ bayān al-ʿilm wa-faḍlih*, Dammam: Dār Ibn al-Ǧawzī 1994, S. 202 f.

Wahrlich, wenig Handeln erweist sich als nützlich, solange es von Wissen begleitet wird und viel Handeln ist nutzlos, wenn es von Unwissen begleitet ist.

Diese Vorstellung finden wir auch in einer Aussage des Sufi al-Qāsim b. Uṯmān al-Ǧūʿī (gest. 862):

ما عبد الله بشيء أفضل من المعرفة[89]

Mit nichts Besserem wurde Gott gedient, als mit der maʿrifa.

Es scheint, dass die Sufis die Stellung der äußerlichen und innerlichen gottesdienstlichen Handlungen deswegen betonten, weil sie sich von jenen abgrenzen wollten, die der Ansicht waren, dass, wenn man einiges über Gott ﷻ erkannt hat, man nicht mehr verpflichtet sei, die exoterischen Normen einzuhalten. Die Widerlegung dieses Punktes war geradezu der Grund, warum al-Qušayrī seinen Sendebrief verfasste.[90]

Auch die Frage bezüglich der Konformität des inneren Wissens mit den Normen der Scharia scheint ein wichtiger Punkt, der die frühen und späteren Sufis, wie wir noch bei Ibn al-ʿArabī sehen werden, beschäftigt hat. Die Erkenntnisse, die ein Gotteskenner (*ʿārif*) erlangt, dürfen nicht den Fundamenten, die im äußeren Wissen verankert sind, sprich dem Wissen bezüglich der offenkundigen Bedeutung der göttlichen Kunde (*waḥy*), widersprechen. Die ganze Arbeit von Ibn al-ʿArabī im Bereich des *taṣawwuf* könnte als Aufbau des *taṣawwuf* auf den Grundlagen der göttlichen Kunde (*waḥy*) sowohl in seinem praktischen als auch in seinem metaphysischen Teil verstanden werden.

Imam Ḏū-n-Nūn al-Miṣrī war keine Ausnahme, was die Betonung der Konformität des inneren mit dem äußeren Wissen anbelangt. Denn neben seiner oben zitierten Aussage findet man eine Reihe ähnlicher Worte wichtiger Sufis, die als Autoritäten in ihrem Bereich gelten, wie z. B. al-Ǧunayd al-Baġdādī (gest. 298/910) oder Abū Sulaymān ad-Dārānī (gest. 830), um nur wenige zu erwähnen.[91] Insofern ist die *maʿrifa* kein Zustand, welcher zu einer *vita contemplativa* oder gar zu einer Form des Quietismus führt, denn es gibt im klassischen *taṣawwuf* keine Gegensätzlichkeit zwischen der geistigen und körperlichen Tätigkeit. Es geht also nicht um ein entweder/oder, sondern um ein sowohl/als auch. Das Erkennen und das Handeln werden beide als Tätigkeiten und Handlungen erfasst. Das eine ist

89 AL-IṢFAHĀNĪ, ABŪ NUʿAYM: *Ḥilyat al-awliyāʾ*, Beirut: Dār al-kutub al-ʿilmiyya 1988, S. 323.

90 Vgl. AL-QUŠAYRĪ: *ar-Risāla*, S. 12 f.

91 Für Imam ad-Dārānī siehe: Ebd., S. 38; für Imam al-Ǧunayd siehe: S. 46.

eine Handlung des Herzens und das andere eine Handlung der anderen Gliedmaßen. Dies steht im Gegensatz zu anderen Traditionen, die das Denken/Kontemplieren und das Handeln in zwei qualitativ unterschiedlichen Kategorien erfassen[92], wie es z. B. bei Aristoteles mit seiner Trennung zwischen *biós politikós* und *biós theoretikós* der Fall war.[93]

Für die Sufis ist Erkennen Handeln et vice versa. Die *maʿrifa* impliziert nicht nur die Handlungen entsprechend der göttlichen Kunde (*waḥy*), sondern auch spirituelle Zustände, da sie vor allem eine Handlung des Herzens sind. Anders gesagt kann die *maʿrifa* als das wachsame Leben des Herzens begriffen werden. Muḥammad b. al-Faḍl (gest. 913.) brachte es auf den Punkt und beschrieb sie als:

حياة القلب مع الله تعالى[94]

Das Leben des Herzens mit Gott.

Das Leben des Herzens ist ein Synonym für den *iḥsān* wie der Auserkorene ﷺ ihn erklärt hat, nämlich Gott ﷻ so zu dienen, als ob man Ihn sieht.[95] Wie wir bereits gesehen haben, bedeutet das Erkennen Gottes im sufischen Kontext, Seine Eigenschaften und Taten zu erkennen. Und da die ganze Schöpfung und das, was in ihr geschieht, Seine Tat und die Manifestation Seiner Eigenschaften ist, ist das Interagieren mit den Geschöpfen ein ständiger Akt des Erkennens. Dies bestätigt die Feststellung, dass Erkennen Handeln ist und dass die beiden zwei Seiten einer Medaille sind. Die Tatsache zu erkennen, dass das Göttliche allgegenwärtig ist, führt innerlich zu mehreren geistigen Zuständen und einer davon ist das, was Imam Abu ʿAlī ad-Daqqāq (gest. 1021), der Lehrer von al-Qušayrī, in die folgenden Worte kleidete:

المعرفة توجب السكينة في القلب (...) فمن ازدادت معرفته ازدادت سكينته[96]

Die maʿrifa bedingt die innere Ruhe im Herzen [...] Wessen maʿrifa zunimmt, dessen Ruhe nimmt ebenso zu.

92 Zur Trennung zwischen Denken und Handeln bei den Altgriechen siehe: ʿAbd ar-Raḥmān, Ṭāhā: *Su'āl al-ʿamal*, Casablanca: al-Markaz aṯ-ṯaqāfī al-ʿarabī 2012, S. 15. Auch die Dichotomie zwischen der *vita activa* und *vita contemplativa* könnte hier als Beispiel dienen.

93 Vgl. Harnack, Edgar W.: *Verhaltenstherapie und Tiefenpsychologie: Die notwendige Versöhnung von vita activa und vita contemplativa*, in: *e-Journal Philosophie der Psychologie* 15 (2011), S. 1., http://www.jp.philo.at/texte/HarnackE1.pdf.

94 al-Qušayrī: *ar-Risāla*, S. 295.

95 Kanz, Nr. 1543/Muslim.

96 al-Qušayrī: *ar-Risāla*, S. 291.

Und da die *maʿrifa* sich nicht nur innerlich manifestiert, sondern auch äußerlich, fließt diese innere Ruhe im Herzen auch in das Verhalten hinein. Folglich sagte al-Ǧunayd:

> لا يكون العارف عارفا حتى يكون كالأرض يطؤه البر والفاجر وكالسحاب يظل كل شيء وكالمطر يسقي ما يحب وما لا يحب[97]
>
> *Der Gotteskenner (ʿārif) ist erst Gotteskenner, wenn er sich wie die Erde verhält, Fromme und Frevler treten auf ihm und wie die Wolken beschattet er alles und wie der Regen bewässert er sowohl diejenigen, die er liebt, als auch jene, die er nicht liebt.*

Die innere Ruhe, welche ein Teil der *maʿrifa* ist, ist ebenfalls allumfassend, so dass die Taten und Worte des Gotteskenners davon durchtränkt werden. Nicht nur die Ruhe, sondern auch weitere geistige Zustände hängen nach der klassischen Auffassung des *taṣawwuf* mit der *maʿrifa* zusammen, wie z. B. das Staunen (*dahša*),[98] die Verwirrung (*ḥayra*),[99] die Furcht (*hayba*), die Schamhaftigkeit (*ḥayāʾ*) und die Vertrautheit (*ʾuns*), um nur einige von ihnen zu erwähnen.[100] Die Auffassung, dass die *maʿrifa* in ihrem innerlichen Teil eine höhere und tiefere Form des Wissens ist, sowie die Tatsache, dass die *maʿrifa* das äußerliche Verhalten des Menschen beeinflusst, führte bei den meisten Sufis zu der Vorstellung, dass die *maʿrifa*, hierarchisch betrachtet, über dem *ʿilm* (Wissen) steht.[101]

Nachdem wir uns ein Bild von der Bedeutung der *maʿrifa* bei den Sufis gemacht haben, soll jetzt als nächstes der Terminus *ʿilm* eingeführt werden, um dann die Differenz zwischen diesem und *maʿrifa* festhalten zu können. Im Gegensatz zu den *mutakallimūn*, die das Wissen in seinem allgemeinen Sinne behandelt haben, meinen die Sufis mit dem Begriff *ʿilm* eine besondere Form des Wissens, nämlich das erlernbare, fundamentale oder traditionelle Wissen. Es ist somit etwas Konkretes sowohl, was den Gegenstand des Wissens betrifft als auch die Art und Weise, wie man es erwirbt. Anders gesagt ist *ʿilm* ein Wissen, welches durch das Lernen er- und begreifbar ist. Es ist ein vorhandenes, für jeden zugängliches Wissen, welches hauptsächlich durch die Interaktion mit den Wissensquellen,

97 Ebd., S. 293.
98 Vgl. ebd., S. 292.
99 AL-KALĀBĀḎĪ: *at-Taʿarruf li-Maḏhab Ahl at-taṣawwuf*, S. 155.
100 AL-QUŠAYRĪ: *ar-Risāla*, S. 293.
101 Vgl. RENARD: *Knowledge of God in classical Sufism*, S. 19.

seien es Menschen, Schriften oder andere Objekte, vermittelbar ist.[102] Es gibt seit den Anfängen des *taṣawwuf* eine konkrete Vorstellung von den Themen des *ʿilm*. Eine der frühesten sufischen Schriften über das Thema stammt von dem wohlbekannten al-Ḥāriṯ al-Muḥāsibī. In seinem Buch *Kitāb al-ʿilm* untersuchte er die verschiedenen Kategorien von *ʿilm* nach dem Verständnis der Sufis:

> العلم على ثلاثة أنواع نوع علم الحلال والحرام وهو علم أحكام هذه الدار وهو العلم الظاهر ونوع آخر هو علم أحكام الآخرة وهو علم الباطن ونوع ثالث وهو العلم بالله سبحانه وأحكامه في خلقه في الدارين[103]
>
> *Der ʿilm ist dreierlei. Das Wissen über das Erlaubte und das Verbotene, jenes Wissen über die Normen dieser [diesseitigen] Welt und das ist das äußerliche Wissen [al-ʿilm aẓ-ẓāhir], des Weiteren das Wissen über die Normen des Jenseits und das ist das profunde Wissen [al-ʿilm al-bāṭin]. Das dritte ist das Wissen über Gott, gepriesen sei Er sowie Seinen Umgang mit Seinen Geschöpfen in den beiden Welten.*

Dieser Aufteilung begegnet man bei den späteren Sufis auch, doch mit anderen Bezeichnungen. Die erste Kategorie ist mit dem Fikh identisch, sprich dem Wissen, welches sich mit den äußerlichen Normen beschäftigt. Nach Imam al-Ġazālī ist dieses Wissen ein weltliches, welches hauptsächlich im Diesseits Geltung findet.[104] Denn ohne die richtige Anwendung bzw. auch die spirituelle Verwirklichung der Normen bleibt das Fikh im Jenseits ohne Früchte. Für die angemessene Praxis der Normen wird ein weiteres Wissen benötigt, welches sowohl zum jenseitigen Glück als auch zum dritten Wissen führt. Die zwei letzten Wissensarten werden bei al-Ġazālī unter der Kategorie des *ʿilm al-āḫira*, das heißt einem Wissen mit jenseitigem Charakter und solcher Geltung, zusammengefasst. Unter *ʿilm al-āḫira* versteht er die zwei letzten Wissensarten in der bereits zitierten Auflistung von al-Muḥāsibī.[105]

Ferner ist mit dem innerlichen Wissen kein rein esoterisches oder mystisches Wissen gemeint, sondern schlechthin das Wissen über die innere Seite des Menschen, sprich die guten und gelobten Charaktereigenschaften und wie man sie erwirbt sowie die schlechten und verpönten und wie

102 Vgl. al-Huǧwīrī, Abū al-Ḥasan: *Kašf al-maḥǧūb*, übers. von Isʿād Qandīl, Beirut: Dār an-nahḍa al-ʿarabiyya 1980, Bd. 2, S. 626.
103 al-Muḥāsibī, al-Ḥāriṯ: *Kitāb al-ʿilm*, Tunis: ad-Dār at-tūnusiyya li-n-našr 1975, S. 80.
104 Vgl. al-Ġazālī, Abū Ḥāmid: *Iḥyāʾ ʿulūm ad-dīn*, Beirut: Dār al-maʿrifa 2004, Bd. 1, S. 38.
105 Vgl. ebd., S. 41.

man sie ablegen kann.[106] Es geht somit um etwas Konkretes, welches in der göttlichen Kunde (*waḥy*) verankert ist.[107] Diese drei Aspekte des Wissens sind auch die drei Fundamente des *taṣawwuf* in seiner Gesamtheit. Denn nach klassischer Auffassung besteht er aus Scharia (göttliche Ordnung), *ṭarīqa* (Pfad) und *ḥaqīqa* (Wirklichkeit). Die Scharia ist demnach *ʿilm* und die *ḥaqīqa* ist *maʿrifa*, die Verbindung zwischen den beiden ist die *ṭarīqa*, also der Weg, der von der göttlichen Ordnung der Dinge zur göttlichen Wirklichkeit der Dinge führt.[108] Oder anders gesagt, der *islām* im Sinne der Hingabe ist die göttliche Ordnung, die als Grundlage gilt. Der umgesetzte Glaube sowohl innerlich als auch äußerlich ist die *ṭarīqa* und der *iḥsān* ist die *ḥaqīqa*, das heißt, die Wahrnehmung des Göttlichen bei der Umsetzung der äußerlichen und innerlichen Hingabe.

Wenn man nun die Gegenstände von *ʿilm* und *maʿrifa* vergleicht, dann stellt man fest, dass es eine Überschneidung auf bestimmten Ebenen gibt. Steht *ʿilm* allein, dann wird es normalerweise für das normative Wissen verwendet, nämlich das tradierte Wissen. Das ist das, was, je nach Kontext und Autor, das Wissen über das Verbotene und Erlaubte, Fikh, die äußerliche Hingabe (*islām*) oder Scharia genannt wird. Bei den zwei letzten Bedeutungen des *ʿilm* kann man Überschneidungen mit dem Begriff *maʿrifa* feststellen. Während das theoretische Wissen in Form von Normen nicht als *maʿrifa* gilt, zählt man das Wissen über die guten und schlechten Charaktereigenschaften bzw. Taten des Herzens sowie das Wissen über die Eigenschaften und Handlungen Gottes zur Kategorie *maʿrifa*.[109]

106 Vgl. AL-MUḤĀSIBĪ: *Kitāb al-ʿilm*, S. 84 f; sowie: AL-ĠAZĀLĪ: *Iḥyāʾ ʿulūm ad-dīn*, Bd. 1, Bd. 42 f.

107 Siehe z. B. die Aussagen von Imam al-Ǧunayd diesbezüglich in: AL-QUŠAYRĪ: *ar-Risāla*, S. 46.

108 Vgl. IBN ʿAĞĪBA, AḤMAD: *Miʿrāǧ at-tašawwuf ilā ḥaqāʾiq at-taṣawwuf*, Casablanca: Dār ar-rašād al-ḥadīṯa 2002, S. 97; sowie: AL-ʿADSCHAM, RAFĪQ: *Mawsūʿat muṣṭalḥāt at-taṣawwuf al-islāmī*, Beirut: Maktabat lubnān 1999, S. 576.

109 Für eine ausführliche Untersuchung der beiden Begriffe bei den Sufis bis zum 13. Jh. und die Überschneidungen in den Bedeutungen siehe: RENARD: *Knowledge of God in classical Sufism*, S. 20–60.

3.2. Wissen und Erkenntnis bei Ibn al-ʻArabī

Bei einer näheren Untersuchung der Schriften Ibn al-ʻArabīs stellt man fest, dass Wissen und Erkennen Punkte sind, die früh von ihm thematisiert wurden, wie man z. B. in seinen westlichen Schriften *Mawāqiʿ an-nuǧūm*,[110] die er um das Jahr 1199 in Almeria verfasste oder in *Inšāʾ ad-dawāʾir*, welches er um das Jahr 1202 in Tunis schrieb, konstatieren kann.[111] Abgesehen von der Frage, ob man jemanden, der tiefes und fundiertes Wissen über Allah ﷻ erlangt hat, *ʿārif* (Gotteskenner) oder *ʿalim* (Gelehrter)[112] nennen soll – eine Frage, zu welcher er später eine andere Position als in seinen frühen Schriften vertreten wird – blieben seine anderen Ansichten in den späteren Werken gleich. Ferner stellt man fest, dass er verschiedene Konzepte, die im vorigen Kapitel erwähnt wurden, rezipierte und in sein theologisches Gebilde integrierte. Wie es oft bei ihm der Fall ist, behandelt er die verschiedenen Themen nicht in einem Block, geschweige denn in einer systematischen Art und Weise. Aus diesem Grund ist es nötig, mehrere Fragmente zu diesem Thema aus unterschiedlichen Werken zusammenzusetzen. Unter dem folgenden Punkt wird der Versuch unternommen, die Definition von Wissen und Erkenntnis sowie die Kategorien des Wissens bei Ibn al-ʻArabī systematisch darzustellen. Auch sein Verständnis von den Wissensgegenständen sowie deren Relation zum Wissen werden in diesem Kontext berücksichtigt.

3.2.1. Wissen und Erkenntnis

Ibn al-ʻArabī griff in seiner grundlegenden Erklärung des Wissens die bereits ausgeführten Positionen der beiden Imame al-Ašʿarī und al-Bāqillanī auf. Jedoch weist seine Erklärung vom Wissen nur auf den ersten Blick eine gewisse Ähnlichkeit mit der von al-Ašʿarī auf. Denn bei einer genaueren Betrachtung stellt man neue Elemente in der Definition fest, die eine subtile Kritik an die *mutakallimūn* und Philosophen beinhalten und den Weg für die sufische Konzeption von Wissen und Erkennen ebnen. So erklärt er im 2. Kapitel in *al-Futūḥāt al-makkiyya* einige elementare Aspekte seines Konzeptes vom Wissen:

110 Vgl. AL-MĀLIḤ, MUḤAMMAD RIYĀḌ: *aš-Šayḫ al-Akbar Muḥyī ad-Dīn Ibn al-ʻArabī*, Abu Dhabi: Abu Dhabi Authority for Culture & Heritage Cultural Foundation 2007, S. 543.

111 Vgl. ebd., S. 61.

112 Wortwörtlich bedeutet *ʿārif* „Kenner/Erkenner" und *ʿālim* „Wissender".

> اعلم أيدك الله أن العلم تحصيل القلب أمرا ما على حد ما هو عليه ذلك في نفسه معدوما كان ذلك الأمر أو موجودا فالعلم هو الصفة التي توجب التحصيل من القلب والعالم هو القلب والمعلوم هو ذلك الأمر المحصل وتصور حقيقة العلم عسير جدا[113]
>
> *Wisse, möge Allah dir beistehen, dass das Wissen (ʿilm) die Aneignung (taḥṣīl) seitens des Herzens von etwas (amr mā) ist, wie es an sich ist, egal ob [dieses Etwas] nicht seiend oder seiend ist. Demzufolge ist das Wissen die Eigenschaft, die die Aneignung seitens des Herzens bedingt. Der Wissende ist das Herz, der Wissensgegenstand (maʿlūm) ist das, was man sich angeeignet hat; was die Vorstellung der Wirklichkeit des Wissens [an sich] angeht, so ist sie sehr schwer.*

Diese erste Passage sagt uns zwar nicht viel über seine Vorstellung von Wissen, nichtsdestotrotz lassen sich wichtige Punkt bemerken:

a) Das Wissen ist für ihn eine Handlung des Herzens. Hier findet man die Vorstellung wieder, dass Wissen und Handeln eine Einheit sind, da auch das Reflektieren bzw. die Rezeption durch das Herz als eine Handlung verstanden wird.

b) Ibn al-ʿArabī erwähnt weder die Sinne noch das rationale Begreifen, da sie keine wahrnehmenden Aspekte von dem sind, was er die subtile Seite des Menschen (*al-laṭīfa al-insāniyya*) nennt. Zwar gehören sie zu den Eigenschaften dieser inneren menschlichen Seite, jedoch gelten sie nicht als wahrnehmend, sondern eher als Mittel zur Wahrnehmung. Das Wahrnehmen und Bewusstwerden sind allein Aufgaben des Herzens bzw. des Geistes (*rūḥ*), da die beiden Namen für die gleiche Entität stehen.[114] In diesem Punkt unterscheidet sich Ibn al-ʿArabī stark von den anderen theologischen Traditionen, besonderes von jenen, die dem rationalen Begreifen mehr Platz eingeräumt haben.

c) Das Wissen kann sich auf Dinge, die nicht seiend sind, beziehen, jedoch nicht in der Art, wie die *mutakallimūn* dies bestätigt haben. Für ihn, und im Gegensatz zu den *Ašʿarīten* und *Muʿtazilīten*, können die unmöglichen Dinge, die ohnehin nicht seiend sind, im Sinne, dass sie keine wesenhafte Existenz haben, Dinge (*ašyāʾ*) sein, nämlich in der Sphäre der Imagination. Sie bekommen eine Dinglichkeit (*šayʾiyya*), wenn sie imaginiert werden.[115] Die Einführung der Imagination in die Erkenntnislehre gibt eine mögliche Erklärung auf die Frage, wie eine Relation zwischen den

113 Ibn al-ʿArabī: *al-Futūḥāt al-makkiyya*, Bd. 1, S. 91.

114 Siehe: ʿAfīfī, Abū al-ʿAlāʾ: *al-Falsafa aṣ-ṣūfiyya ʿinda Muḥyī ad-Dīn Ibn al-ʿArabī*, Kairo: Dār al-kutub wa al-waṯāʾiq al-qawmiyya 2009, S. 185; zum Geist bei den Sufis siehe: al-Qāšānī, ʿAbd ar-Razzāq: *Laṭāyif al-iʿlām fī išārāt ahl al-ilhām*, Beirut: Dār al-kutub al-ʿilmiyya 2004, S. 224.

115 Vgl. Ibn al-ʿArabī: *al-Futūḥāt al-makkiyya*, Bd. 4, S. 228.

nichtexistierenden unmöglichen Dingen und dem wissenden Subjekt bestehen kann.

d) Auch bei ihm kann man eine gewisse Skepsis bezüglich der Definierbarkeit des Wissens feststellen, die er mit anderen Gelehrten teilt. Für ihn ist das Erfassen des Wissens an sich etwas, was man schwer erreichen kann, *„weil es von jeder Definition vorausgesetzt wird.“*[116] Es geht nicht nur um die sprachliche Skepsis, wie sie Imam al-Ḥaramayn und al-Ġazālī vertraten, sondern ebenfalls um die komplizierte Relation zwischen dem Wissen und den Wissensgegenständen (*ma'lūmāt*).[117]

Neben der oben zitierten allgemeinen Erklärung verdeutlichte Ibn al-'Arabī seine Vorstellung von Wissen im gleichen Kapitel in *al-Futūḥāt al-makkiyya*. Auf die Frage, was Wissen ist, schrieb er:

> فإن قيل لك ما هو العلم فقل درك المدرك على ما هو عليه في نفسه إذا كان دركه غير ممتنع وأما ما يمتنع دركه فالعلم به هو لا دركه كما قال الصديق العجز عن درك الإدراك إدراك فجعل العلم بالله هو لا دركه فاعلم ذلك[118]
>
> *Wenn du nach dem Wissen gefragt wirst, dann sag, dass es das Erfassen des Erfassbaren ist, wie es an sich ist, solange es erfassbar ist. Denn für das, was nicht erfassbar ist, ist dessen Unerfassbarkeit gerade das Wissen diesbezüglich. Wie [Abū Bakr] as-Ṣiddīq einst sagte: ‚Die Unmöglichkeit des Erfassens ist an sich ein Erfassen.‘ So erklärte er, dass die Unerfassbarkeit Allahs eben das Wissen bezüglich Ihm ist, so wisse das!*

Erfassen (*idrāk*)[119] soll hier sowohl für das Erfassen durch die Sinne, durch das Denken und Begreifen als auch durch die Entschleierung der Wirklichkeit des Dinges verstanden werden. Das arabische Wort *idrāk* ähnelt

116 Chittick, William C.: *Ibn Arabi: Erbe der Propheten*, Herrliberg: Edition Shershir 2012, S. 89; oder das englische Original: Chittick, William C.: *Ibn Arabi: Heir to the Prophets*, Oxford: Oneworld Publications 2007, S. 70.

117 Diese Skepsis findet man auch bei dem Hauptschüler des aš-Šayḫ al-Akbar, nämlich Imam Ṣadr ad-Dīn al-Qūnawī. Interessanterweise führt er die Position seines Lehrers und die des Imam ar-Rāzī zusammen. Wissen an sich ist nach ihm undefinierbar wegen seiner Evidenz. Allerdings gibt er für die Undefinierbarkeit des Wissens eine andere Begründung als die von Imam ar-Rāzī. Er geht vom Wissen Gottes als Grundlage aus und macht die Lehren Ibn al-'Arabīs für die Position Imam ar-Rāzīs fruchtbar. Dazu schreibt er: *„Das Wissen ist das Licht selbst. Nichts kann erfasst werden, außer durch es, und nichts kann es ohne es geben und weil es offensichtlich evident ist, kann man es nicht definieren. Das, wodurch man etwas definiert, soll klarer als das zu Definierende sein und ihm vorausgehen. Allerdings ist nichts klarer als das Wissen und nichts geht ihm voraus, außer der Unbekanntheit des [göttlichen] Wesens, die keiner außer dem Wirklichen selbst kennt.“* al-Qūnawī, Ṣadr ad-Dīn: *I'ǧāz al-bayān fī tafsīr umm al-qur'ān*, Beirut: Dār al-kutub al-'ilmiyya 2005, S. 44.

118 Ibn al-'Arabī: *al-Futūḥāt al-makkiyya*, Bd. 1, S. 91 f.

119 *Al-idrāk* bedeutet wortwörtlich das Erreichen. Es wird im Arabischen für das Erfassen deswegen benutzt, weil es die Vorstellung, dass das erkennende Subjet das Wesen bzw. die Wirklichkeit des Wissensgegenstandes erreicht, verbildlicht. Vgl. Zāyir: *Mu'ǧam alfāẓ al-'ilm wa l-ma'rifa fī l-luġa*, S. 255.

semantisch gesehen mehr dem griechischen Wort *aisthánesthai*, welches nach Liddell und Scott 1. „*to perceive, apprehend by the senses, to see, hear, feel*" und 2. „*to perceive by the mind, understand, hear, learn*" bedeutet.[120] Das Wort *idrāk* wird auch bei al-Ašʿarī in diesem Sinn verwendet. Die Sinneswahrnehmung und das Begreifen sind zwar bei Ibn al-ʿArabī auch Formen vom *idrāk*, allerdings gilt als tatsächliches Wissen um ein Ding an sich nur jenes, welches durch die Entschleierung (*kašf*) erworben ist.[121] Wie wir gesehen haben, wurde die Definition von al-Ašʿarī deswegen kritisiert, weil sie das Wort „erfassen" beinhaltet, welches den Kritikern nach ein Synonym des Wissens ist. aš-Šayḫ al-Akbar erwähnt allerdings ein weiteres Element in seiner Definition, das diesen Kritikpunkt abwenden soll, und zwar den Hinweis auf den Unterschied zwischen Erfassen und Wissen. Ein Wissensgegenstand an sich kann logischerweise nicht gleichzeitig gewusst und nicht gewusst werden. Hingegen kann ein Wissensgegenstand zwar nicht erfassbar (*lā yudrak*) sein und trotzdem könnte man Wissen darüber haben (*maʿlūm*). Denn das Wissen ist nach Ibn al-ʿArabī das, was das Wesen des Dinges von sich hergibt.[122] Wenn das Wesen des Wissensgegenstandes seine Unerfassbarkeit als das, was man über ihn (den Wissensgegenstand) wissen kann, preisgibt, dann weiß man etwas über ihn. Dieser Aspekt ist gerade deswegen von Bedeutung, weil er dem sufischen Staunen und der Verwirrung bezüglich des Wesens Allahs als Wissen, zumindest in diesem Konzept, eine Legitimierung gibt. Des Weiteren soll hier erneut betont werden, dass Ibn al-ʿArabī keine logische Definition anstrebte, da er selbst eine genaue Definition des Wesens des Wissens durch die Sprache ausschloss. Die Art und Weise, wie Muḥyī ad-Dīn das Wissen definierte, nennt sein Schüler Ṣadr ad-Dīn al-Qūnawī das indizierende Definieren (*at-taʿrīfat-tanbīhī*). Diese Art des Definierens beschränkt sich darauf, einige Implikationen bzw. Eigenschaften des Wissens durch andere Implikationen oder Eigenschaften desselben zu erklären. Genauer gesagt handelt es sich um eine Definition, die die Beziehung zwischen den verschiedenen Relationen desselben Sachverhaltes untersucht.[123]

120 Siehe *αἰσθάνομαι* in: Liddell, Henry George und Robert Scott: *Liddell and Scott. An Intermediate Greek-English Lexicon*, Oxford: Clarendon Press 1889, http://www.perseus.tufts.edu/.

121 Vgl. Ibn al-ʿArabī, Muḥyī ad-Dīn: *Mawāqiʿ an-nuǧūm wa-maṭāliʿ ahillat al-asrār wa al-ʿulūm*, Beirut: al-Maktaba al-ʿaṣriyya 2008, S. 29; sowie: *al-Futūḥāt al-makkiyya*, Bd. 1, S. 218.

122 Vgl. Ibn al-ʿArabī: *al-Futūḥāt al-makkiyya*, Bd. 4, S. 46; sowie: *Fuṣūṣ al-ḥikam*, Beirut: Dār al-kitāb al-ʿarabī 2002, Bd. 1, S. 118.

123 Vgl. al-Qūnawī: *Iʿǧāz al-bayān fī tafsīr umm al-qurʾān*, S. 44 f.

Für Ibn al-ʿArabī heißt etwas wissen, es zu entschleiern.[124] Um diesen Punkt zu verstehen, soll kurz die Vorstellung des Lichtes (*nūr*) im *akbarītischen* Denken erläutert werden.[125] Für ihn trägt jedes vorhandene Ding (*mawǧūd*) in sich ein Licht, welches der *wuǧūd* selbst ist.[126] Allerdings ist das Licht in diesem Zusammenhang nicht im physikalischen Sinne gemeint. Es ist eher eine abstrakte Vorstellung, die das Licht als ein Synonym für den *wuǧūd* sieht. Sowohl die physikalischen als auch die metaphorischen Lichter sind Metaphern und Aspekte des tatsächlichen Lichtes, welches mit dem *wuǧūd* und in einem weiteren Schritt mit dem Wissen selbst gleichzusetzen ist.

Dementsprechend ist die Grundbedeutung des Lichtes das, was die Dinge findbar, das heißt erkennbar, sein lässt. Des Weiteren heißt das Wort *wuǧūd*, wie wir schon gesehen haben, wortwörtlich übersetzt „das Finden". Dabei handelt es sich nicht um etwas Statisches, sondern das Finden ist ein fortdauerndes Geschehen. Die Dinge, die in diesem Geschehen des Findens gefunden werden, sind die *mawǧūdāt*, wortwörtlich „die Gefundenen", was oft mit den Seienden übersetzt wird. Es ist daher das Licht des Seins, welches die Dinge erfahrbar und erkennbar sein lässt. Ibn al-ʿArabī geht davon aus, dass jeder *mawǧūd*, sei es auf der Ebene des Denkens, der Sinneswahrnehmung oder der Imagination, in sich ein Licht des *wuǧūd* trägt, womit er erkennt und erkannt werden kann.[127] Da dieses Licht nichts anderes als der *wuǧūd* selbst ist, bedeutet dies nach aš-Šayḫ al-Akbar, dass dieses Licht der Wirkliche ﷻ selbst ist, da Er der *wuǧūd* ist.[128]

Die Verbindung zwischen Wissen und Licht lässt sich auch sprachlich begründen. Denn die verschiedenen Wurzeln, die aus den gleichen Buchstaben bestehen, können eine semantisch gemeinsame Bedeutung haben, genauso wie die verschiedenen Derivationen aus der gleichen Wurzel einen gemeinsamen semantischen Aspekt teilen. Ibn al-ʿArabī scheint drei verschiedene Derivate aus den drei Buchstaben *ʿayn, lām* und *mīm* in seiner Vorstellung von Wissen berücksichtigt zu haben, nämlich *ʿ-l-m, l-m-ʿ* und *ʿ-m-l*. Die Verbindung zwischen dem Wissen (*ʿilm*) und

124 Vgl. Ibn al-ʿArabī: *al-Futūḥāt al-makkiyya*, Bd. 1, S. 218.

125 Licht wurde allgemein bei den Sufis als Metapher für das Wissen verwendet, siehe hierzu: Abrahamov: *Ibn Arabī's Theory of Knowledge (Part I)*, S. 7 f.

126 Vgl. Ibn al-ʿArabī: *al-Futūḥāt al-makkiyya*, Bd. 3, S. 275; Sein Schüler al-Qūnawī setzt das Wissen mit dem Licht auf die gleiche ontologische Ebene. Das bedeutet, dass der *wuǧūd* mit dem Wissen gleichzusetzen ist. Siehe dazu: al-Qūnawī: *Iʿǧāz al-bayān fī tafsīr umm al-qurʾān*, S. 44.

127 Vgl. Ibn al-ʿArabī: *al-Futūḥāt al-makkiyya*, Bd. 3, S. 276.

128 Siehe: Chittick, William C.: *The Self-disclosure of God: Principles of Ibn al-ʿArabī's Cosmology*, Albany, NY: SUNY Press 1998, S. 12; siehe auch: Ibn al-ʿArabī: *al-Futūḥāt al-makkiyya*, Bd. 3, S. 276.

Licht lässt sich zwar etymologisch nicht mit der Wurzel *n-w-r* erklären, aus welcher *nūr* (Licht) stammt, jedoch mit *l-m-ʿ* (Leuchten). Denn während *ʿ-l-m* semantisch gesehen auf ein Merkmal eines Dinges hinweist, anhand dessen man es von anderen Dingen unterscheiden kann, weist die andere Wurzel, und zwar *l-m-ʿ*, auf das Leuchten eines Dinges hin, welches es erkennbar macht. Und da das Wissen (*ʿilm*) das ist, was der Wissensgegenstand von sich erkennen lässt, geschieht diese Entschleierung durch das Licht des *wuǧūd*. Jedes einzelne Ding leuchtet durch den *wuǧūd* im Licht des *wuǧūd* und ebendeswegen sind die *mawǧūdāt* erkennbar und erkenntnisfähig. Denn ansonsten wären sie nicht existent, da für Ibn al-ʿArabī *mawǧūd* sein erkennend und erkennbar sein heißt.[129]

Nicht nur zwischen *ʿ-l-m* und *l-m-ʿ*, das heißt zwischen Wissen und Leuchten, besteht eine Relation, sondern auch zwischen Wissen und Handeln, sprich zwischen *ʿ-l-m* und *ʿ-m-l*. Der sufischen Vorstellung von Wissen treu, trennt Ibn al-ʿArabī nicht zwischen Wissen und Handeln. In einer Definition des Wissens, die er in seinem Werk *Mawāqiʿ an-nuǧūm* gab, findet man eine Zufügung, die diese Untrennbarkeit bestätigt:

> حد العلم (...) معرفة الشيء على ما هو عليه والمبيدة العمل به وهو الذي يعطيك السعادة الأبدية (...)
> وكل من ادعى علما من غير عمل به فدعواه كاذبة[130]
>
> *Die Definition des Wissens [...] ist das Erkennen des Dinges, wie es an sich ist, in der Art, dass man es in die Praxis umsetzen kann. Dieses Wissen ist jenes, das zur ewigen Glückseligkeit führt. [...] Und jeder, der ein Wissen ohne Praxis behauptet, so ist seine Behauptung eine Lüge.*

Diese Position bestätigt er später auch in *al-Futūḥāt al-makkiyya*, dort ist im 336. Kapitel Folgendes zu lesen:

> فإن العلم عندنا يقتضي العمل ولا بد وإلا فليس بعلم وإن ظهر بصورة علم[131]
>
> *Das Wissen bei uns impliziert die praktische Umsetzung. Das ist notwendig, sonst ist es kein Wissen, auch wenn es sich in der Form eines Wissens zeigt.*

Sowie im 350. Kapitel:

> ومن ادعى العلم ولم يؤثر فيه ما هو عالم[132]

129 Ibn al-ʿArabī: *al-Futūḥāt al-makkiyya*, Bd. 1, S. 323.
130 Ibn al-ʿArabī: *Mawāqiʿ an-nuǧūm wa-maṭāliʿ ahillat al-asrār wa al-ʿulūm*, S. 34.
131 Ibn al-ʿArabī: *al-Futūḥāt al-makkiyya*, Bd. 3, S. 333.
132 Ebd., Bd. 3, S. 216.

> *Wer das Wissen behauptet, ohne dass es auf ihn Einfluss ausübt, so ist er nicht wissend.*

Für Ibn al-ʿArabī ist Wissen ein Synonym des Glückes. Glücklich sein heißt für ihn wissend sein.[133] Es geht hier jedoch um das, was er das wirkliche Wissen nennt, denn:

> فإن العلم بغير الله تضييع الوقت فإن الله ما خلق العالم إلا له[134]
>
> *Das Wissen über etwas anderes als Allah ist Zeitverschwendung. Denn Allah erschuf die Welt nur für Sich.*

Glück ist somit, Wissen zu haben und dieses in die Praxis umzusetzen. Handeln heißt allerdings nicht, nur äußerliche gottesdienstliche Handlungen zu vollziehen. Hier geht es um ein absolutes Verständnis von Praxis, da nach aš-Šayḫ al-Akbar dieser Begriff sowohl äußerliche als auch innerliche Handlungen einschließt.[135] Die Praxis ist somit ein Synonym für alle Interaktionen mit sich selbst und der Welt. Die Aussage, dass jedes Wissen, welches sich nicht auf Allah ﷻ bezieht, eine Zeitverschwendung ist, darf nicht so verstanden werden, als würde aš-Šayḫ al-Akbar nur die Theologie als wirkliches Wissen betrachten. Für Ibn al-ʿArabī können nur drei Dinge erkannt werden, und zwar ***a)*** die göttlichen Relationen (*an-nisab*) ***b)*** die Entitäten der Kontingenten (*aʿyān al-mumkināt*) sowie ***c)*** das, was man den Kontingenten zuschreibt.[136] Das Wissen kann sich nur auf diese drei Dinge beziehen.

Das erhabene Wesen kann der Mensch somit nie erkennen und er wird dazu auch nie in der Lage sein. Das ist zugleich einer der Gründe, warum er das abstrakte Denken über das göttliche Wesen verpönt. Allah ﷻ ist als Gott und Herr nur in Seinen Geschöpfen und anhand Seiner Geschöpfe erkennbar, da sich in diesen die göttlichen Eigenschaften und Handlungen offenbaren. Demzufolge ist das Wissen über Allah ﷻ in Seiner Schöpfung zerstreut sowie in den vielen unzähligen Wissenschaften und nicht nur in der Theologie zu finden. Im 369. Kapitel von *al-Futūḥāt al-makkiyya* erwähnt er z. B., dass die Arithmetik, die Geometrie, die anderen mathematischen Disziplinen, die Logik sowie die Naturwissenschaften alle Wissen über Allah ﷻ sowie Wege zu Ihm beinhalten. Nur weil man diese Zeichen nicht

133 Ebd., Bd. 3, S. 245.
134 Ebd., Bd. 4, S. 221.
135 Vgl. ebd., Bd. 2, S. 559.
136 Vgl. ebd., Bd. 3, S. 558.

erkannt hat, wurden diese Wissenschaften als gottlos kritisiert.[137] Für ihn ist diese Tatsache eine evidente Folge des göttlichen Versprechens ***„Wir werden ihnen Unsere Zeichen an den Horizonten und in ihrem Selbst zeigen, bis ihnen klar wird, dass Er der Wirkliche ist.“***[138] Die Absolutheit des *wuǧūd* lässt alle in ihm erscheinenden Entitäten (*aʿyān*) mit Ihm verbunden sein. Zu Ende gedacht heißt dies, dass alles, was ist, nicht ungetrennt vom Erhabenen سبحانه وتعالى sein kann. Dies bedeutet auch, dass ein säkulares Wissen in der *akbarītischen* Lehre eine Illusion ist, die ontologisch gesehen nicht begründbar ist. Insofern kann man Allah سبحانه وتعالى überall erkennen, indem man mit der Welt interagiert und entsprechend der göttlichen Kunde (*waḥy*) handelt. Denn so entwickelt man ein Bewusstsein, welches stets das Göttliche in den verschiedenen Aspekten der *mawǧūdāt* erkennt und wahrnehmen kann, so die sufische Auffassung.

Das Wissen, das nach diesem Muster erlangt wird, ist nach aš-Šayḫ al-Akbar das wirkliche Wissen, welches er auch Erkenntnis (*maʿrifa*) nennt und das er von dem bloßen theoretischen Wissen, das dem reinen Denken entspringt,unterscheidet:

> فكل علم لا يحصل إلا عن عمل وتقوى وسلوك فهو معرفة لأنه عن كشف محقق لا تدخله الشبه بخلاف العلم الحاصل عن النظر الفكري لا يسلم أبدا من دخول الشبه عليه والحيرة فيه والقدح في الأمر الموصل إليه[139]
>
> *Jedes Wissen (ʿilm), welches man nur durch die Praxis (ʿamal), Gottesfurcht (taqwā) und Beschreiten [des Sufi Weges] (sulūk) erlangt, gilt als Erkenntnis (maʿrifa). Denn es entspringt einer wirklichen Entschleierung (kašf), die kein Zweifel anrührt. Hingegen ist das Wissen, welches vom Denken her kommt, nicht frei vom Einwand sowie von verwirrender Unsicherheit, auch die Wege, die zu [diesem Wissen] führen, sind selber nicht frei von jeglicher Skepsis.*

Ansonsten unterscheidet er in seinen späteren Werken nicht zwischen Wissen und Erkennen. Infolgedessen ist es nicht der Begriff, welcher in diesem Zusammenhang entscheidend ist, sondern wie das Wissen gewonnen wird und was es impliziert. Wird der Akt des Erkennens von einer Aktion begleitet und führt es zu Gewissheit und innerer Ruhe, da

137 Vgl. ebd.
138 Koran 41:53, eigene Übersetzung. Unter *al-Ḥaqq* kann sowohl die Wahrheit, Wirklichkeit als auch der göttliche Name „der Wirkliche“ verstanden werden. Imam Ibn al-ʿArabī verweist auf die zweite Bedeutung, wenn er diese *āya* verwendet. Mehr dazu im sechsten Kapitel dieser Arbeit.
139 Ibn al-ʿArabī: *al-Futūḥāt al-makkiyya*, Bd. 2, S. 297.

لأن اليقين روح العلم والطمأنينة حياته[140]

die Gewissheit die Seele des Wissens ist und die innere Ruhe dessen Leben sei,

dann gilt es als wahres Wissen, das man sowohl *ʿilm* als auch *maʿrifa* nennen kann. Die Verbindung zwischen der inneren Ruhe und dem Wissen erinnert uns hier an die *muʿtazilītische* Definition des Wissens von al-Qāḍī ʿAbd al-Ǧabbār.[141] Bei ihm ist das Wissen (*al-ʿilm*) das, was dem Wissenden eine innere Sicherheit gegenüber dem behandelten [Objekt] gibt.[142]

Des Weiteren vertritt Ibn al-ʿArabī die Position, dass die diesseitige Erkenntnis vollkommener als die jenseitige ist und zwar, weil der Mensch sich im Diesseits in einer perfekteren Auffassung befindet. Denn hier kann er in sich sowohl Iman als auch Undankbarkeit (*kufr*) tragen. Außerdem erlebt der Mensch im diesseitigen Leben sowohl Freude und Leid als auch Glück und Unglück. Dies lässt ihn alle möglichen göttlichen Attribute und Handlungen der göttlichen Schönheit (*ǧamāl*) und Majestät (*ǧalāl*) erfahren, die er im Jenseits nur zur Hälfte erkennen kann, da im Jenseits ausschließlich entweder Glück oder Unglück bzw. Belohnung oder Strafe auf ihn wartet. Zwar ist die direkte Wahrnehmung der göttlichen Manifestation (*taǧallī*) im Jenseits vollkommener, doch bleibt die Erkenntnis im Diesseits vollkommener als im Jenseits.[143]

Wie man konstatieren kann, hat Imam Ibn al-ʿArabī verschiedene Elemente aus unterschiedlichen Traditionen vor ihm übernommen und in seine ontologischen und theologischen Konzepte integriert. So finden wir bei ihm u. a. die semantische Bedeutung von *ʿilm*, die etymologische Verbindung zwischen *ʿilm* und *ʿamal*, das *ašʿarītische* Erfassen als Erklärung für das Wissen, die sufische Verbindung zwischen Wissen und Handeln, die *muʿtazilītische* innere Ruhe als Merkmal und Implikation des Wissens sowie die Skepsis von Imam al-Ġazālī und Imam al-Ḥaramayn.

140 Ibn al-ʿArabī, Muḥyī ad-Dīn: ***Kitāb al-maʿrifa***, in: ʿAbd al-Fattāḥ, Saʿīd (Hrsg.): ***Rasāʾil Ibn ʿArabi*** (4), Beirut: Muʾassasat al-intišār al-ʿarabī, 2004, S. 173–311, hier S. 234.

141 Für die Verbindung zwischen Gewissheit, innerer Ruhe und Wissen siehe: Ibn al-ʿArabī, Muḥyī ad-Dīn: ***Kitāb al-yaqīn***, in: ʿAbd al-Fattāḥ, Saʿīd (Hrsg.): ***Rasāʾil Ibn ʿArabi*** (4), Beirut: Muʾassasat al-intišār al-ʿarabī, 2004, S. 45–66, hier S. 46.

142 Siehe: al-Qāḍī ʿAbd al-Ǧabbār: ***al-Muġnī fī abwāb al-ʿadl wa at-tawḥīd: kitāb an-naẓar wa l-maʿārif***, S. 13.

143 Vgl. Ibn al-ʿArabī: ***al-Futūḥāt al-makkiyya***, Bd. 1, S. 119. Ibn al-ʿArabī unterscheidet zwischen Wahrnehmung bzw. Schau der Manifestation und Erkenntnis.

3.2.2. Die Kategorien des Wissens

Bei Ibn al-ʿArabī findet man bei seiner Klassifizierung des Wissens drei epistemologische Unterscheidungen. Während die erste das Wissen nach dessen Erkenntnismitteln kategorisiert, findet in der zweiten und dritten eine Unterteilung nach seiner Natur statt. Hier wird einerseits gefragt, ob das Wissens notwendig (*ḍarūrī*) oder erworben (*muktasab*) ist und anderseits, ob das Wissen direkt von Allah geschenkt (*mawhūb*) oder durch eigene Erkenntnismittel erworben wurde (*muktasab*). Darüber hinaus unterscheidet er zwischen hypothetischem Wissen (*aẓ-ẓann*), welches nicht zum bereits ausgeführten Wissensbegriff gehört und dem tatsächlichen Wissen, sprich *al-ʿilm*. Das hypothetische Wissen findet nach ihm, zumindest im Bereich der Theologie, nur innerhalb des Fikh Geltung und zwar nur, wenn man ein Rechtsurteil bzw. eine Norm nicht auf sicherem Wissen gründen kann:

> إذا تعذر العلم حكمنا بغلبة الظنّ وذلك لا يكون إلا في الأحكام الشرعية أعني في فروع الأحكام[144]
>
> *Wenn es nicht möglich ist, [sicheres] Wissen (ʿilm) zu erlangen, dann urteilen wir nach dem hypothetischen Wissen (aẓ-ẓann). Dies gilt nur für die Normen der Scharia, damit meine ich die Zweige der Normen (furūʿ al-aḥkām).*

Das hypothetische Wissen ist somit stark mit dem Handeln verknüpft. Wenn z. B. eine Person stark vermutet, dass eine Gefahr bevorsteht, dann wird diese Person im normalen Fall versuchen, eine Handlung zu vollziehen, um diese Gefahr abzuwenden. Hier reichen starke Indizien, die zu einer festen und starken Vermutung führen, um eine Entscheidung zu treffen. In ähnlicher Art spielt das hypothetische Wissen eine zentrale Rolle im Fikh, welcher das Fundament für die Handlung ist. Es genügt, dass eine Norm bzw. ein Urteil auf der Basis von evidenten Indizien gegründet ist, um danach zu handeln. Diese Position ist nicht spezifisch für Ibn al-ʿArabī, sondern sie ist die genuine Hauptmeinung der Gelehrten, worüber ein Konsens seit der Zeit der Gefährten des Propheten ﷺ herrscht und welche sowohl Zeitgenossen des aš-Šayḫ al-Akbar wie al-Āmidī als auch Gelehrte der späteren Phase wie al-Bannānī (gest. 1784) erwähnten.[145]

144 Ebd., Bd. 1, S. 597.

145 Vgl. AL-ĀMIDĪ, SAYF AD-DĪN: *al-Iḥkām fī uṣūl al-aḥkām*, Mekka: Maktabat nizār muṣtafā al-bāz 2005, Bd. 3, S. 778; sowie: AL-BANNĀNĪ, ʿABD AR-RAḤMĀN: *Ḥāšiyat al-bannānī ʿalā šarḥ al-ǧalāl al-maḥallī ʿalā matn ǧamʿ al-ǧawāmiʿ*, Beirut: Dār al-fikr 2005, S. 2, 272.

Die Subjektivität der Norm bzw. des Urteils war den Gelehrten ebenfalls bewusst, denn sie sahen nur jenen als verpflichtet, nach dem *ẓann* zu handeln, der dieses hypothetische Wissen mit eigener Bemühung erreicht hat, sprich den Gelehrten, diejenigen, die diesen als Referenz nehmen (*muqallid*) oder diejenigen, die unter seiner Gewalt stehen wie im Fall eines Richters. Ansonsten kann man so ein Wissen nicht universalisieren und für alle verpflichtend machen.[146]

Ein weiterer Unterschied zwischen hypothetischem Wissen (*ẓann*) und Wissen (*ʿilm*) ist, dass das erste in ethisch-ästhetische Kategorien gereiht werden kann, während dies beim zweiten üblicherweise nicht getan wird. Man spricht in der Tradition von *ḥusn aẓ-ẓann*, also dem guten Denken oder sprachlich genauer, der guten Vermutung sowie von *sūʾ aẓ-ẓann*, dem schlechten Denken bzw. der schlechten Vermutung. Als Beispiel kann die folgende Stelle in *al-Futūḥāt al-makkiyya* dienen:

إذا رأيت من يعاشر الأشرار وهو خير عندك فلا تسيء الظن به لصحبته الأشرار بل حسن الظن بالأشرار لصحبتهم ذلك الخير واجعل المناسبة في الخير لا في الشر فإن الله ما سأل أحدا قط يوم القيامة عن حسن الظن بالخلق ويسأله عن سوء الظن بالخلق[147]

Wenn du jemanden, der für dich zu den Rechtschaffenen gehört, mit den Übeltätern verkehren siehst, dann denke nicht schlecht über ihn, weil er mit den Missetätern befreundet ist, sondern vielmehr denke gut über die Übeltäter, weil sie mit einer guten Person befreundet sind. Nimm das Gute und nicht das Schlechte als Maßstab, denn Allah wird keinen am Tag des Jüngsten Gerichtes wegen des guten Denkens über die Geschöpfe zur Rechenschaft ziehen, allerdings wird Er ihn nach dem schlechten Denken über die Geschöpfe fragen.

3.2.2.1. Die Wissenskategorien nach ihren Erkenntnismitteln

Die erste Unterscheidung, die aš-Šayḫ al-Akbar unternimmt, kategorisiert das Wissen nach dessen Erkenntnismitteln, nämlich in ein Wissen des Begriffsvermögens (*ʿilm al-ʿaql*), der Zustände (*ʿilm al-aḥwāl*) und des Innersten (*ʿilm al-asrār*). Schon die Namen dieser Kategorien geben uns eine Vorahnung sowohl über das Wesen als auch über die Erkenntnismittel dieser Wissensarten. Auf diese drei Kategorien soll als nächstes eingegangen werden.

146 Vgl. AR-RĀZĪ: *al-Maḥṣūl*, Bd. 4, S. 387.
147 IBN AL-ʿARABĪ: *al-Futūḥāt al-makkiyya*, Bd. 4, S. 462.

3.2.2.1.1. Das Wissen des Begriffsvermögens (*ʿilm al-ʿaql*)

Unter der Wissenskategorie des Begriffsvermögens fasst Ibn al-ʿArabī jedes Wissen zusammen, welches man notwendigerweise oder durch das rationale Reflektieren über etwas oder durch die Prüfung einer Beweisführung erlangt.[148] Seine Haltung gegenüber diesem Wissen weist eine gewisse Skepsis auf, da es vom Begriffsvermögen (*ʿaql*) abhängt, welches unten in der Hierarchie der Erkenntnismittel steht. Allerdings bezieht sich seine Skepsis nur auf das Wissen, welches man durch das Reflektieren und Nachdenken über einen Sachverhalt erwirbt. Das notwendige Wissen bleibt von dieser Skepsis ausgeschlossen.[149]

Zum Wissen des Begriffsvermögens kann man neben den experimentellen Wissenschaften ebenfalls die Philosophie, den *kalām*, aber auch die Wissenschaften der Scharia wie z. B. das Fikh zählen. Anders gesagt, fast alles, was heute als Wissenschaft gilt, fällt unter diese Kategorie. Die Schwäche des Begriffsvermögens (*ʿaql*), was das Erlangen sicherer Erkenntnisse betrifft, beeinflusst auch die Qualität dieser Wissensart. So kann das Reflektieren über die verschiedenen Sachverhalte sowohl in eine richtige als auch in eine falsche Richtung geraten.[150]

3.2.2.1.2. Das Wissen der Zustände (*ʿilm al-aḥwāl*)

Die zweite Wissensart ist ein Wissen, welches das Begriffsvermögen (*ʿaql*) nicht erfassen oder definieren kann. Nur durch das Schmecken bzw. Erleben (*aḏ-ḏawq*) ist es möglich, dieses Wissen zu verinnerlichen. *Ḏawq*, was hier mit Schmecken übersetzt wird, drückt auch das innerliche Empfinden, Fühlen und Spüren aus. In *al-Futūḥāt al-makkiyya* lesen wir:

> علم الأحوال ولا سبيل إليها إلا بالذوق فلا يقدر عاقل على أن يحدها ولا يقيم على معرفتها دليلا كالعلم بحلاوة العسل ومرارة الصبر ولذة الجماع والعشق والوجد والشوق وما شاكل هذا النوع من العلوم فهذه علوم من المحال أن يعلمها أحد إلا بأن يتصف بها ويذوقها[151]
>
> *Das Wissen der Zustände (aḥwāl) ist nur durch das Schmecken erreichbar. Kein mit Begriffsvermögen ausgestattetes Wesen (ʿāqil) kann sie (die Zustände) definieren oder beweisen, wie es z. B. mit der Süße des Honigs, der Bitterkeit der Standhaftigkeit, dem Genuss des Geschlechtsverkehrs, der Liebe, der Ekstase,*

148 Vgl. ebd., Bd. 1, S. 31.
149 Vgl. ebd., Bd. 3, S. 140.
150 Vgl. ebd., Bd. 1, S. 31.
151 Ebd.

> *der Sehnsucht und ähnlichen Wissensarten der Fall ist. Solch ein Wissen ist unmöglich zu erlangen, es sei denn, es wird einem attribuiert und man schmeckt es.*

Es gibt somit Bereiche der menschlichen Erkenntnis, die nicht durch das Begriffsvermögen erkennbar sind. Auch die Sprache gerät hier an ihre Grenze, denn im Gegensatz zu einer mathematischen Gleichung oder einem medizinischen Rezept kann man das Wesen der Gefühle, Empfindungen und geistigen Zustände nicht durch die Sprache vermitteln. Das einzige, was man tun kann, ist, zu versuchen, sie annähernd zu beschreiben. Aber auch hier würde nur derjenige, der sie schon erlebt hat, sie nachempfinden können bzw. begreifen, worum es geht.

Selbstverständlich kann man über diese Zustände sprechen und zwar aus unterschiedlichen Perspektiven. Man kann z. B. das Verhalten eines Liebenden beschreiben, man kann heute auch die naturwissenschaftliche Entstehung solch eines Gefühles, sprich die neurologische Seite, studieren; man kann die Sprache eines Liebenden analysieren. Doch was die Liebe letztendlich ist, kann man nicht anhand der Kategorien und Mittel des Begriffsvermögens studieren oder gar vermitteln. Es bleibt ein Wissen, das man nicht durch die Sprache oder die Kategorien des Begriffsvermögen weitergeben kann. Das Besagte findet seine Bestätigung in der Aussage des Auserkorenen ﷺ:

> إنما العلم بالتعلم وإنما الحلم بالتحلم[152]
>
> *Wahrlich, das Wissen erlangt man durch Lernen und die Güte durch das Gütigsein.*

So ein Wissen ist etwas, das man erlebt und empfindet. Es ist einerseits eine persönliche Erfahrung und anderseits nur für diejenigen, die es schon erlebt haben, nachempfindbar. Diese Art des Wissens hat eine zentrale Bedeutung bei den Sufis, da ein großer Teil dieser Lehre sich mit inneren Aspekten des Menschen beschäftigt. Die Zustände des menschlichen Geistes wie Angst, Liebe, Wut, Hoffnung, Sehnsucht, Wohlgefallen, Umkehr, Reue usw. werden im Bereich des Wissens der Zustände genau untersucht.

Aber ist es nicht ein Widerspruch, wenn man diese Zustände als Gegenstand einer Lehre nimmt, obwohl man ihr Wesen nicht durch das Be-

152 Kanz, Nr. 29266/ Ibn ʿAsākir.

griffsvermögen erfassen kann? Die Antwort lautet nein, denn von den Sufis wird nicht eine einheitliche Definition dieser Zustände erstrebt, sondern eher dargelegt, wie der Mensch, der in diesem oder jenem Zustand ist, sich zu verhalten hat, d.h. wie er seine menschlichen Zustände und Empfindungen auf seinem Weg zur Gotteserkenntnis umsetzen kann. Des Weiteren werden innerhalb des *taṣawwuf* Kriterien eruiert, anhand welcher der Mensch seine Wahrhaftigkeit bei diesen Zuständen prüfen kann. Was über diese Zustände gesagt wird, dient als Wegweiser für denjenigen, der sie erlebt bzw. geschmeckt hat und als annähernde Erklärung für jene, die sie noch nicht erfahren haben.

3.2.2.1.3. Das Wissen des Innersten bzw. die Herzens erkenntnis (*ʿilm al-asrār*)

Es geht hier nicht um *asrār* im Sinne von Mysterien oder Geheimnissen, wie Binyamin Abrahamov es übersetzt[153] oder eine mystische Lehre, sondern um *sirr* als die innerste Seite des Menschen, die tiefste Ebene des Herzens.[154] Die zwei ersten Wissensarten sind nach dem Erkenntnismittel, in welchem sich die jeweilige Erkenntnis abspielt, eingeordnet worden. Aus diesem Grund soll *sirr* hier auch als ein Erkenntnismittel verstanden werden. Das Wissen des Innersten ist demnach das Wissen, das dem Herzen eingegeben wird. Es ist ein Wissen über der Stufe des Begriffsvermögens (*fawqa ṭawr al-ʿaql*), das einen Propheten (*nabiyy*) oder Gottesfreund (*waliyy*) auszeichnet.[155]

Nach aš-Šayḫ al-Akbar gibt es drei Formen des Wissens des Innersten (*ʿilm al-asrār*):

Die erste Form ist das Wissen, das begreiflich ist; es ähnelt dem notwendigen Wissen der ersten Kategorie. Ibn al-ʿArabī unterscheidet zwischen einem begreiflichen Wissen und einem durch das Begriffsvermögen erreichbaren Wissen. Denn das von Allah ﷻ eingegebene Wissen kann man zwar begreifen (*yuʿqal*), allerdings führt der Weg zu diesem Wissen nicht über das rationale Nachsinnen bzw. Reflektieren, also nicht über das Begriffsvermögen.[156]

153 Vgl. Abrahamov: *Ibn Arabī's Theory of Knowledge (Part I)*, S. 12.

154 Zu den unterschiedlichen Bedeutungen von *sirr* siehe: al-ʿAdscham: *Mawsūʿat muṣṭalḥāt at-taṣawwuf al-islāmī*, S. 461 ff.

155 Vgl. Ibn al-ʿArabī: *al-Futūḥāt al-makkiyya*, Bd. 1, S. 31.

156 Eine ausführliche Erklärung zu diesem Punkt wird im Kapitel über das Begriffsvermögen erfolgen.

Die zweite Form besteht aus einem Wissen, welches man empfinden kann wie im Fall des Wissens der Zustände, jedoch bewertet Ibn al-ʿArabī diese Form als die edlere (*ašraf*).[157] Zu dieser Wissensform kann man die Erfahrungen, die der Sufi erlebt und die nicht direkt sprachlich vermittelbar sind, zählen. Edler sind sie deswegen, weil sie eine direkte Erfahrung des Göttlichen in sich tragen.

Die dritte Form ist das, was er das Wissen durch die Kunde (*ʿilm al-aḫbār*) nennt. Eine Kunde kann sowohl wahrhaftig als auch erlogen sein. Steht fest, dass die Wahrhaftigkeit (*ṣidq*) und Fehlerlosigkeit (*ʿiṣma*) des Boten von Allah ﷺ bestätigt wird, dann ist das ein Indiz für die Richtigkeit der Kunde.[158] Zu dem Wissen durch die Kunde gehört beispielsweise, wenn ein Prophet sagt, dass es ein Paradies gibt.[159]

Das Wissen des Innersten (*ʿilm al-asrār*) schließt auch die zwei ersten Kategorien ein:

> وقوله في القيامة إن فيها حوضا أحلى من العسل من علم الأحوال وهو علم الذوق وقوله كان الله ولا شيء معه ومثله من علوم العقل المدركة بالنظر فهذا الصنف الثالث الذي هو علم الأسرار العالم به يعلم العلوم كلها (...) فلا علم أشرف من هذا العلم المحيط الحاوي على جميع المعلومات[160]
>
> *Die Aussage [des Propheten], dass es am Tag des Jüngsten Gerichtes einen Teich geben wird, der süßer als der Honig ist, gehört zum Wissen der Zustände (ʿilm al-aḥwāl), welches das Wissen des Schmeckens ist, während seine [des Propheten] Aussage ‚Allah war und nichts war mit Ihm' und ähnliche [Aussagen] zu dem Wissen des Begriffsvermögens gehören, die man durch das Reflektieren begreifen kann. Anhand der dritten Wissenskategorie, nämlich dem Wissens des Innersten, erfährt der Wissende alle Wissensarten [...] Es gibt somit kein edleres Wissen als dieses, das alle Wissensgegenstände umfasst und umschließt.*

Das Wissen des Innersten erfährt man somit entweder aus eigener Erfahrung, das heißt wenn Allah ﷻ etwas in das Herz eines Menschen eingibt

157 Vgl. Ibn al-ʿArabī: *al-Futūḥāt al-makkiyya*, Bd. 1, S. 31.

158 Die Wahrhaftigkeit des Propheten sowie die Kriterien des Prophetentums, aber auch die Indizien und Hinweise auf sein Prophetentum sind Gegenstand des Bereiches der ***nubuwwat*** (Prophetentum) und des Bereiches der *iṯbāt an-nubuwwa* (die Bestätigung des Prophetentums). Je nach Schule wurden unterschiedliche Argumente für die Wahrhaftigkeit des Propheten geliefert. Allgemein wurden drei Methoden im *kalām* gewählt: Die Wundertaten, insbesondere der Koran, die Schriften voriger Propheten und seine Biographie bzw. seine historische Person. Siehe: al-Āmidī: *Abkār al-afkār*, Bd. 4, 67–213; al-ʿĀmilī, Ḥasan: *al-Ilāhiyyāt*, Bd. 2, Beirut: Dār Iḥyāʾ aṯ-ṯurat 2005, Bd. 3,S. 229-470; al-Kūmī, Abū ʿAbdillāh: *Taḥrīr al-maṭālib li-mā-taḍammanathu ʿaqīdat ibn al-ḥāǧib*, Beirut: Muʾassasat al-maʿārif 2008, S. 221–236; Ṣabrī, Muṣṭafā: *Mawqifu l-ʿaql wa l-ʿilm wa l-ʿālam min rabbi-l-ʿālamīn*, Bd. 3, Beirut: al-Maktaba al-ʿaṣriyya 2012, Bd. 4, S. 5–195.

159 Siehe: Ibn al-ʿArabī: *al-Futūḥāt al-makkiyya*, Bd. 1, S. 31.

160 Ebd., S. 1, S. 31.

oder wenn man eine Kunde von einem Vertrauenswürdigen hört, sprich von einem Propheten oder von einem Gottesfreund. Im Fall des Propheten ist es für den Gläubigen, theologisch gesehen, selbstverständlich ein Muss, ihm zuzuhören, da er in dem, was er verkündet, unfehlbar ist.[161] Für die Kunde bzw. Lehren, die ein Gottesfreund (*waliyy*) erzählt, listet Ibn al-ʿArabī einige Kriterien, auf die im sechsten Kapitel eingegangen wird, auf.

In der Theologie ist die Existenz des eingegebenen Wissens außer jenem der Propheten, also eines Wissens, welches direkt von Allah kommt, Gegenstand einer kontroversen Diskussion. Man könnte sagen, dass die Akzeptanz dieser Form des Wissens ein entscheidender Punkt ist, bei welchem der *taṣawwuf* als Lehre sich vom *kalām* und vom Fikh trennt. Denn während diese zwei Lehren nur die göttliche Kunde (*waḥy*), die empirische Erfahrung und das Begriffsvermögen (*ʿaql*) als Quellen der Theologie akzeptieren, nehmen die Sufis auch das Herz und all seine Wissensformen wie z. B. die Eingebung (*taḥdīṯ*), die Inspiration (*ilhām*) oder die Entschleierung (*kašf*) als Fundamente, anhand welcher der *wuǧūd* sowie die göttliche Kunde (*waḥy*) verstanden werden können.[162]

3.2.2.2. Die Wissenskategorien nach ihrer Natur

Nun sollen in den zwei folgenden Unterpunkten vier weitere Hauptkategorien des Wissens vorgestellt werden, die eine zentrale Rolle in der *akbarītischen* Erkenntnislehre spielen. Denn aš-Šayḫ al-Akbar verwendet in seinen Werken weitere Kategorisierungen des Wissens, die man bereits von den Theologen und Sufis kennt. Bei einigen Kategorien wie z. B. im Fall des sanftmütigen Wissens (*al-ʿilm al-ladunī*)[163] und des geschenkten Wissens (*al-ʿilm al-wahbī*) finden wir auch *akbarītische* Elemente in dem Verständnis dieser Wissensarten. Diese vier Wissenskategorien dürfen aber nicht als scharf voneinander getrennte Wissensarten verstanden werden, da einige Kategorien ineinander fließen bzw. zueinander gehören.[164]

161 Vgl. AD-DAWĀNĪ, ǦALĀL AD-DĪN: *Šarḥ al-ʿaqāʾid al-aḍudiyya*, Beirut: Dār iḥyāʾ at-turāṯ al-ʿarabī 2014, S. 206.

162 IBN AL-ʿARABĪ: *al-Futūḥāt al-makkiyya*, Bd. 1, S. 32 f.

163 Der Begriff *al-ʿilm al-ladunī* wurde schon vor Imam Ibn al-ʿArabī von den Sufis verwendet, so findet man ihn z. B. im Tafsīr von Imam as-Sullamī sowie bei Imam al-Ġazālī. Siehe: AS-SULLAMĪ, ABŪ ʿABD AR-RAḤMĀN: *Ḥaqāʾiq at-tafsīr*, Beirut: Dār al-kutub al-ʿilmiyya 2001, Bd. 2, S. 79; sowie: AL-ĠAZĀLĪ, ABŪ ḤĀMID: *ar-Risāla al-laduniyya*, in: *Maǧmūʿat rasāʾil al-Imām al-Ġazālī*, Kairo: al-Maktaba at-tawfīqiyya o. J., S. 252.

164 Vgl. IBN AL-ʿARABĪ, MUḤYĪ AD-DĪN: *Kitāb al-masāʾil, in: Rasāʾil Ibn ʿArabī*, Beirut: Dār ṣādir 1997, S. 390–413, hier S. 390.

3.2.2.2.1. Das notwendige (*al-ʿilm aḍ-ḍarūrī*) und das erworbene Wissen (*al-ʿilm al-muktasab*)

Schon vor Ibn al-ʿArabī haben die Gelehrten des *kalām* das Wissen in notwendig und erworben unterteilt und dementsprechend definiert. Für sie war das notwendige Wissen jenes, das man nicht von sich selbst abwenden kann und woran man nicht zweifeln kann. Es ist – wie al-Qāḍī ʿAbd al-Ǧabbār sagt – ein Wissen, welches in uns und nicht durch uns entsteht.[165] Mit „durch uns" ist hier das eigene Denken gemeint. Es ist ein Wissen, welches nach der Definition von Imam al-Bāqillānī dem Menschen in einer gewissen Weise aufgezwungen wird, denn man kann sich nicht von ihm trennen.[166] In diesem Zusammenhang ist selbstverständlich nicht das Löschen des Wissens aus dem Gedächtnis gemeint, vielmehr wird die Tatsache betont, dass man im Gegensatz zum erworbenen Wissen nicht in der Lage ist, das notwendige Wissen nicht zu wissen. Manche Gelehrten zählen zum notwendigen Wissen neben dem evidenten Wissen auch jenes, welches man durch die äußerlichen Sinne, wie das Gehör und Sehvermögen, erlangt oder auch durch die innerlichen Sinne, wie z. B. die Gefühle.[167] Es hängt jedoch davon ab, wie das notwendige Wissen definiert wird. Denn im Grunde genommen gibt es zwei Definitionen von notwendigem Wissen, von welchen schließlich die Frage abhängt, ob die sinnlichen Wahrnehmungen zum notwendigen oder zum erworbenen Wissen gehören.

In der einen Definition wurde das notwendige Wissen als Gegensatz des erworbenen Wissens verstanden und in der zweiten als Gegensatz des demonstrativen Wissens (*ʿilm istidlālī*). Der Unterschied zwischen dem erworbenen (*al-ʿilm al-muktasab*) und dem demonstrativen Wissen (*ʿilm istidlālī*) liegt darin, dass das erste Wissen durch die freiwillige Benutzung der verschiedenen Erkenntnismittel (Begriffsvermögen und Sinne) erfolgt, während das zweite ein genaueres Wissen ist, welches durch das Reflektieren über die Komponenten eines Sachverhaltes entsteht.[168] Wenn man z. B. zwei Äpfel erblickt, dann erwirbt man durch unsere freiwillige

165 Vgl. AL-QĀḌĪ ʿABD AL-ĞABBĀR: *Šarḥ al-uṣūl al-ḫamsa*, S. 38.
166 Vgl. VAN ESS: *Die Erkenntnislehre des ʾAdudaddin al-Ici*, S. 113.
167 Vgl. AL-ĀMIDĪ: *Abkār al-afkār*, S. 80 f. In diesem Zusammenhang soll erwähnt werden, dass die Skepsis sich nicht auf die Wahrnehmung selbst beziehen kann, sondern nur auf die Existenz des Wahrgenommenen. Jemand, der einen Gegenstand sieht, weiß notwendigerweise, dass er gerade sieht bzw. Bilder in sich wahrnimmt. Ob seine Wahrnehmung einer äußerlichen Wirklichkeit entspricht oder nicht, ist eine weitere epistemologische Frage, anhand welcher man aber nicht die Wahrnehmung selbst negieren kann.
168 Vgl. AT-TAFTĀZĀNĪ, SAʿD AD-DĪN: *Šarḥ al-ʿaqāʾid*, Kairo: al-Maktaba al-azhariyyya li-turāṯ 2000, S. 31 f.

Betrachtung unmittelbar und ohne weiteres Denken ein Wissen. Auch die Tatsache, dass es zwei Äpfel sind, wird vom Begriffsvermögen ohne weitere Argumentation evidenterweise bestätigt. Die bloße primäre Verwendung der Erkenntnismittel führt somit zu einem Wissen, welches dann als erworben gilt. Aber wenn man beweisen möchte, woher diese zwei Äpfel kommen, dann benötigt man eine weitere Beweisführung. Hier würde man laut der ersten Definition von einem demonstrativen Wissen reden.

Genauer betrachtet ist jedes durch das Begriffsvermögen demonstrierte Wissen ein erworbenes Wissen, aber nicht jedes erworbene Wissen ist unbedingt durch das Begriffsvermögen demonstriert. Demnach ist das durch das Begriffsvermögen bewiesene Wissen ein Zweig des erworbenen Wissens.[169] Aufgrund dessen und je nach dem, wo man das notwendige Wissen in Bezug auf diese zwei Kategorien positioniert, wurden die sinnlichen Erfahrungen in das notwendige Wissen entweder inkludiert oder aus diesem exkludiert. So schreibt Imam Ramaḍān Efendi (gest. um 1608):

> ومن ها هنا أي من كون الضروري مقولا في مقابلة الاكتسابي تارة وفي مقابلة الاستدلالي أخرى جعل بعضهم العلم الحاصل بالحواس اكتسابيا أي حاصلا بمباشرة الأسباب بالاختيار وبعضهم ضروريا أي حاصلا بدون الاستدلالي[170]
>
> *Und da das notwendige Wissen einmal als Gegensatz zum erworbenen Wissen und einmal als Gegensatz zum demonstrativen Wissen verwendet wird, haben manche das Wissen, welches durch die Sinne erlangt wird, als ein erworbenes Wissen verstanden, das heißt durch die freiwillige Benutzung der Erkenntnismittel, während andere es als ein notwendiges Wissen begriffen, weil es ohne weitere Beweisführung entsteht.*

Ibn al-ʿArabī scheint auf den ersten Blick zu der Fraktion zu gehören, die die sinnliche Wahrnehmung dem erworbenen Wissen zuordnet.[171] Die Tatsache, dass er an einer Stelle in *al-Futūḥāt al-makkiyya* die sinnliche Wahrnehmung als ein erworbenes Wissen betitelt, darf nicht so verstanden werden, als würde er sie zum erworbenen Wissen, welches der Gegensatz zum notwendigen Wissen ist, zählen. Vielmehr verwendet er an dieser Stelle das erworbene Wissen nicht als Gegensatz zum notwendigen, sondern eher als einen Gegensatz zum von Allah geschenkten Wissen. Bei Ibn al-ʿArabī ist die Definition des notwendigen Wissens identisch mit

169 Vgl. ebd., S. 32.
170 Ramaḍān Efendi: *Šarḥ Ramdān Efendi ʿalā šarḥ as-Saʿd ʿalā al-ʿaqāʾid an-nasafiyya*, S. 88.
171 Vgl. Ibn al-ʿArabī: *al-Futūḥāt al-makkiyya*, Bd. 1, S. 254.

jener der meisten Theologen. Wenn er in *al-Futūḥāt al-makkiyya* über die Entschleierung (*kašf*) spricht, die nach ihm ein notwendiges Wissen ist, schreibt er zur Definition des notwendigen Wissens:

> وهو علم ضروري يحصل عند الكشف يجده الإنسان في نفسه لا يقبل معه شبهة ولا يقدر على دفعه[172]
>
> *[Die Entschleierung (kašf)] ist ein notwendiges Wissen, welches der Mensch in sich vorfindet und welches keinen Zweifel akzeptiert und welches man von sich nicht abwenden kann.*

Es hat somit zwei Kriterien: Es soll zweifellos sein und es soll unfreiwillig in dem erkennenden Subjekt entstehen. Demnach liegt der Hauptunterschied zwischen dem notwendigen und dem erworbenen Wissen in der Freiwilligkeit. Das erworbene Wissen ist freiwillig, beabsichtigt und gesucht. Hingegen hat der menschliche Wille keinen Einfluss auf das notwendige Wissen. Des Weiteren wird das notwendige Wissen sowohl in der Tradition allgemein als auch bei Ibn al-ʿArabī als Synonym für das evidente Wissen (*badīhī*) und vice versa verwendet.[173] Nur in einigen Fällen wird zwischen den beiden unterschieden.[174]

Genauer betrachtet ist das evidente Wissen allerdings ein Teil des notwendigen Wissens.[175] Denn jedes evidente Wissen ist zwar notwendig aber nicht jedes notwendige Wissen ist evident. Mit evident meinen die *mutakallimūn* das Wissen, welches weder vom Nachdenken noch von der Erfahrung abhängt.[176] Zudem gilt die Notwendigkeit des Wissens nicht als Zeichen für dessen intersubjektive Richtigkeit. In anderen Worten, es besteht per se kein qualitativer Unterschied zwischen dem notwendigen und erworbenen Wissen. Denn gerade die höchste Form des Wissens, wie wir sie bei aš-Šayḫ al-Akbar gesehen haben und welche das Wissen des Innersten ist, besteht aus notwendigem und erworbenem Wissen. Bekanntlich hat Ibn al-ʿArabī evidente Regeln der Logik in Frage gestellt und ihre Geltung auf unsere physikalische Welt eingeschränkt.[177] Ihre Geltung ist nach ihm in anderen möglichen Universen nicht notwendig. Hier hat man also ein Beispiel eines notwendigen Wissens, dessen Notwendigkeit von dem andalusischen Gelehrten angezweifelt wurde.

172 Ebd., Bd. 1, S. 319.
173 Vgl. ebd., Bd. 2, S. 591.
174 Vgl. ebd., Bd. 3, S. 327.
175 Vgl. AL-ĞURĞĀNĪ, AŠ-ŠARĪF ʿALĪ B. MUḤAMMAD: *at-Taʿrīfāt*, Casablanca: Muʾassasat el-Ḥusnā 2006, S. 43.
176 Vgl. DUĠAYM, SAMĪḤ: *Mawsūʿat muṣṭalaḥāt ʿilm al-kalām*, Beirut: Maktabat lubnān 1998, Bd. 1, S. 279.
177 Vgl. IBN AL-ʿARABĪ: *al-Futūḥāt al-makkiyya*, Bd. 1, S. 130.

Mit „zweifellos“ ist bei den zwei Kriterien des notwendigen Wissens keine absolute Zweifelslosigkeit gemeint, sondern lediglich eine subjektive Zweifelslosigkeit. Das heißt, nur das erkennende Subjekt darf nicht an dem notwendigen Wissen, welches es in sich selbst erfasst, zweifeln. Jemand, der gerade Schmerzen empfindet, kann nicht verleugnen, dass er Schmerzen wahrnimmt. Andere können dieses notwendige Wissen verleugnen und in Frage stellen, weil es für sie nicht notwendig ist. Die Notwendigkeit des Wissens ist somit vom Subjekt abhängig.

3.2.2.2.2. Das sanftmütige Wissen (*al-ʿilm al-ladunī*) und das geschenkte Wissen (*al-ʿilm al-wahbī*)

Zum Wissen des Innernsten gehört sowohl das Wissen, welches ein Ergebnis der Befolgung der göttlichen Kunde (*waḥy*) ist als auch das Wissen, welches ohne Grund von Allah ﷾ geschenkt wird. Diese zwei Sorten des Wissens fallen beide unter das sanftmütige Wissen (*al-ʿilm al-ladunī*) und das geschenkte Wissen (*al-ʿilm al-wahbī*). Oft werden die zwei Begriffe von aš-Šayḫ al-Akbar als Synonyme füreinander verwendet. So finden wir z. B. im 70. Kapitel in *al-Futūḥāt al-makkiyya*, dass er ein Unterkapitel mit „*Zum Erlangen des von Allah geschenkten Wissens seitens der Gotteskenner*“[178] betitelte und unmittelbar danach das sanftmütige Wissen (*al-ʿilm al-ladunī*) als Synonym für das geschenkte Wissen (*al-ʿilm al-wahbī*) verwendete.[179] Allerdings gibt es, genauer betrachtet, einen feinen Unterschied zwischen dem sanftmütigen (*al-ʿilm al-ladunī*) und dem geschenkten Wissen (*al-ʿilm al-wahbī*), der sich erst zeigt, wenn die beiden sprachlich und fachspezifisch näher untersucht werden.

In diesem Zusammenhang übersetze ich den Begriff *al-ʿilm al-ladunī* explizit als sanftmütiges Wissen, weil es eine wichtige Rolle im Verständnis des Ibn al-ʿArabī spielt. Die Bezeichnung *al-ʿilm al-ladunī* wird aus der *āya* 18:65 entlehnt. In den meisten Koranübersetzungen wird die koranische Stelle مِن لَّدُنَّا entweder mit „***von Uns***“ (Khoury[180]; Zirker[181]; Paret[182]; Bobzin[183]) oder mit „***von Unserem***“ (Karimi[184]) übersetzt. Nur Goldschmidt[185] und

178 Vgl. ebd., Bd. 1, S. 586.
179 Vgl. ebd.
180 Der Koran (Übers. Khoury), Gütersloh: Gütersloher Verlagshaus 2007, 18:65.
181 Der Koran (Übers. Zirker), 4., überarbeitete Aufl., Darmstadt: Lambert Schneider 2013, 18:65.
182 Der Koran (Übers. Paret), 12. Aufl., Stuttgart: Kohlhammer 2014, 18:65.
183 Der Koran (Übers. Bobzin), 1. Aufl., München: Verlag C.H. Beck 2010, 18:65.
184 Der Koran (Übers. Karimi), Freiburg, Br; Basel; Wien: Herder 2009, 18:65.
185 Der Koran (Übers. Goldschmidt), Leipzig: Verlag Julius Kittls Nachfolger 1916, 18:65.

Rückert[186] scheinen der etymologischen Bedeutung des Wortes *ladun* nahe zu kommen, indem sie diese Stelle mit ***„von Unserer Seite“*** übersetzen. Aber in keiner Koranübersetzung wird *ladun* an der Stelle وَعَلَّمْنَاهُ مِن لَّدُنَّا عِلْمًا wörtlich übersetzt, wodurch die etymologischen Implikationen des Begriffes verloren gehen. Auch in den Grundwerken der *Tafsīrliteratur* wird diese Stelle so erklärt, dass es sich hier um ein Wissen, welches von Allah direkt kommt oder um ein inneres Wissen handelt. Hingegen blendet aš-Šayḫ al-Akbar die etymologische Bedeutung der Wurzel *l-d-n* im Wort *ladun* nicht aus. *al-ladn* wird für, wie Ibn Manẓūr in *Lisān al-ʿarab* formuliert:

> اللين من كل شيء من عود أو حبل أو خلق[187]
>
> *die Sanftheit in allen Dingen [verwendet], sei es ein Ast, ein Seil oder eine Charaktereigenschaft.*

Demzufolge soll die Übersetzung der *āya* 18:65 wortwörtlich so lauten: ***„und wir lehrten ihn aus Unserer sanftmütigen Seite ein Wissen“***. Basierend auf der ursprünglichen Bedeutung des Begriffes *ladun* schreibt er zur Definition und den theologischen Implikationen des sanftmütigen Wissens (*al-ʿilm al-ladunī*):

> العلم اللدني وهو العلم الذي ينفع صاحبه قال في عبده خضر آتيناه رحمة من عندنا (...) ثم قال وعلمناه من لدنا علما (...) فعلم الرحمة يكون معه اللين والعطف وهو الذي من لدنه والغصن اللدن هو الرطيب (...) وما أرسلناك وما أرسل إلا بالعلم إلا رحمة للعالمين فجعل إرساله رحمة فهو علم يعطي السعادة في لين فبما رحمة من الله لنت لهم فالعلم وإن كان شريفا فإن له معادن أشرفها ما يكون من لدنه فإن الرحمة مقرونة به ولها النفس الذي ينفس الله به عن عباده ما يكون من الشدة فيهم[188]
>
> *Das sanftmütige Wissen ist das Wissen, welches seinem Besitzer nützlich ist. [Allah] sagte über Seinen Diener al-Ḫidr* ***‚dem Wir Barmherzigkeit von Uns verliehen‘***[189] *[...] Und dann sagte Er* ***‚und Wir lehrten ihn aus Unserer sanftmütigen Seite ein Wissen‘.***[190] *Das Wissen der Barmherzigkeit ist von Weichheit und Güte begleitet und das ist das Wissen, welches aus Seiner sanftmütigen Seite kommt. Ein Ast, welcher als ladn bezeichnet wird, ist jener, der weich ist.* ***‚Und Wir sandten dich lediglich‘***[191]*– und er wurde nur mit dem Wissen gesandt –* ***‚als Barmherzigkeit für die Welten‘.***[192] *Er ließ Seine Sendung (irsālahu) eine*

186 Der Koran (Übers. Rückert), Köln: Anaconda 2012, 18:65.
187 IBN MANẒŪR: *Lisān al-ʿarab*, S. 4022.
188 IBN AL-ʿARABĪ: *al-Futūḥāt al-makkiyya*, Bd. 2, S. 420.
189 Koran (Goldschmidt), 18:65.
190 Koran, 18:65, eigene Übersetzung.
191 Koran, 21:107, eigene Übersetzung.
192 Koran, 21:107, eigene Übersetzung.

Barmherzigkeit sein, denn es ist ein Wissen, welches Glückseligkeit hergibt, die sich in Weichheit befindet. ***‚Doch nur durch die Barmherzigkeit Allahs warst du weich zu ihnen‘.***[193] *Auch wenn das Wissen an sich edel ist, so besteht es [trotzdem] aus verschiedenen Arten. Die edelste davon ist das Wissen, welches aus Seiner sanftmütigen Seite stammt, denn es ist mit der Barmherzigkeit verknüpft, welche der [kühlende] Atem (nafas) ist, anhand welchem Allah die Härte, die sich in den Menschen befindet, besänftigt.*

Laut dieser Passage ist das sanftmütige Wissen (*al-ʿilm al-ladunī*) ein Wissen, welches Allah Seinen Dienern aus reiner Gnade gibt.[194] Deswegen beeinflusst dieses Wissens denjenigen, der es in sich trägt. Es ist ein Wissen, welches zur Glückseligkeit führt und in Form von Gnade und Weichheit vermittelt wird. Basierend auf dieser Vorstellung wird die Sendung des Propheten ﷺ deswegen im Koran als Barmherzigkeit bezeichnet, weil er ﷺ nur mit Wissen, welches direkt von Allah ﷻ ist, kam. Und da die göttliche Kunde (*waḥy*) eine Form des sanftmütigen Wissens ist, kann sie daher nur Gnade beinhalten. Sonach beeinflusst das sanftmütige Wissen sowohl die Qualität des Wissens als auch die Charaktereigenschaften desjenigen, der dieses Wissen in sich trägt. Dies führt uns auf die Verbindung zwischen dem Wissen und den Taten zurück. Ein Wissen, welches direkt von Allah kommt, ist dementsprechend unbedingt ein Wissen der Barmherzigkeit gegenüber den Geschöpfen, ansonsten könnte es nicht als *al-ʿilm al-ladunī* bezeichnet werden. Dies ist also ein Hauptkriterium des sanftmütigen Wissens.

Wie schon bereits erwähnt, verwendet aš-Šayḫ al-Akbar die Begriffe sanftmütiges Wissen (*al-ʿilm al-ladunī*) und geschenktes Wissen (*al-ʿilm al-wahbī*) einmal als Synonyme und einmal als zwei unterschiedliche Kategorien. Wenn sie als Synonyme verwendet werden, dann ist die genuine Bedeutung der beiden Wissensarten gemeint, nämlich ein Wissen, was direkt von Allah kommt, wie z. B. im 70. Kapitel in *al-Futūḥāt al-makkiyya* erwähnt wird, in welchem er schreibt:

اعلم أن العلماء بالله لا يأخذون من العلوم إلا العلم الموهوب وهو العلم اللدني علم الخضر وأمثاله وهو العلم الذي لا تعمل لهم فيه بخاطر أصلا حتى لا يشوبه شيء من كدورات الكسب فإن التجلي الإلهي المجرد عن المواد الإمكانية من روح وجسم وعقل أتم من التجلي الإلهي في المواد الإمكانية[195]

193 Koran, 3:159, eigene Übersetzung.
194 Eine ähnliche Erklärung liefert Imam al-Ġazālī. Siehe: AL-ĠAZĀLĪ: *Iḥyāʾ ʿulūm ad-dīn*, Bd. 1, S 865.
195 IBN AL-ʿARABĪ: *al-Futūḥāt al-makkiyya*, Bd. 1, S. 586.

Wisse, dass die Gotteskenner (al-ʿulamāʾ bi-llāh) unter den Wissensarten nur das geschenkte Wissen (al-ʿilm al-wahbī) annehmen, welches das sanftmütige Wissen (al-ʿilm al-ladunī) ist und welches das Wissen von al-Ḫiḍr und ähnlichen ist. Es ist jenes Wissen, welches nicht durch ihre Gedanken entsteht, sodass es die Trübe des Erwerbs (kasb) nicht berührt. Denn die göttliche Manifestation fernab von der Substanz wie der Seele, dem Körper oder dem Begriffsvermögen (ʿaql) ist vollkommener als [die Manifestation] in den kontingenten Substanzen.

Allerdings liegt der Unterschied zwischen *al-ʿilm al-ladunī* und *al-ʿilm al-wahbī* darin, dass *al-ʿilm al-ladunī* ein Wissen ist, welches Er Seinem Diener als Ergebnis guter Taten verleiht, während das geschenkte Wissen keine vorigen Taten voraussetzt. Natürlich sind die beiden Wissensformen das Ergebnis einer frommen Lebensführung, doch *al-ʿilm al-ladunī* gilt als Frucht einer bestimmten Tat und *al-ʿilm al-wahbī* als eine reine Gnade Gottes:

والعلم اللدني الذي لا يكون في أصل الخلقة فهو العلم الذي تنتجه الأعمال فيرحم الله بعض عباده
بأن يوفقه لعمل صالح فيعمل به فيورثه الله من ذلك علما من لدنه لم يكن يعلمه قبل ذلك[196]

Das sanftmütige Wissen (al-ʿilm al-ladunī) ist das Wissen, welches ursprünglich nicht in uns veranlagt ist. Es ist jenes Wissen, welches wegen der [guten] Taten hervorgebracht wird und zwar, indem Allah sich mancher Seiner Diener erbarmt und sie zu einer guten Tat leitet. Wenn [der Diener] diese Tat verrichtet, dann verleiht ihm Allah infolgedessen ein Wissen aus Seiner sanftmütigen Seite, das er [der Diener] vorher nicht wusste.

Laut dieser Definition des sanftmütigen Wissens (*al-ʿilm al-ladunī*) ist es ein Teil der erworbenen Wissensarten, genauso wie das Wissen, das man durch das Begriffsvermögen oder durch die Sinne erlangt. Bloß erwirbt man das eine Wissen, indem man diese Erkenntnismittel benutzt und das andere, indem man den Pfad zu Gott beschreitet. An einer anderen Stelle in *al-Futūḥāt al-makkiyya* sagt er explizit:

والعلم المكتسب هو ما حصل عن التقوى والعمل الصالح[197]

Das erworbene Wissen (al-ʿilm al-muktasab) ist jenes, welches man durch die Gottesfurcht und die guten Taten erlangt.

196 Ebd., Bd. 1, S. 287.
197 Ebd., Bd. 1, S. 576.

Genauer betrachtet ist das sanftmütige Wissen eine Unterkategorie des erworbenen Wissens, während das geschenkte Wissen eine Form des notwendigen Wissens ist, denn dies ist ein Wissen, welches man nicht von sich selbst abwenden kann und welches man nicht durch die normalen Erkenntnismittel erwirbt. Im 46. Kapitel in *al-Futūḥāt al-makkiyya* bringt er den subtilen Unterschied zwischen den beiden Wissenskategorien auf den Punkt:

ونحن نعلم أن ثم علما اكتسبناه من أفكارنا ومن حواسنا وثم علما لم نكتسبه بشيء من عندنا بل هبة
من الله عز وجل أنزله في قلوبنا وعلى أسرارنا فوجدناه من غير سبب ظاهر وهي مسألة دقيقة فإن
أكثر الناس يتخيلون أن العلوم الحاصلة عن التقوى علوم وهب وليست كذلك وإنما هي علوم مكتسبة
بالتقوى فإن التقوى جعلها الله طريقا إلى حصول هذا العلم فقال إن تتقوا الله يجعل لكم فرقانا
وقال واتقوا الله ويعلمكم الله كما جعل الفكر الصحيح سببا لحصول العلم (...) كما جعل البصر سببا
لحصول العلم بالمبصرات والعلم الوهبي لا يحصل عن سبب بل من لدنه سبحانه[198]

*Uns ist bewusst, dass es ein Wissen gibt, das wir durch unser Denken und durch unsere Sinne erlangten und dass es [ein weiteres] Wissen gibt, das wir nicht durch uns selbst erworben haben, sondern es ist eine Gabe Allahs, welches Er auf unsere Herzen und unser Innerstes gesandt hat, sodass wir es ohne offenkundigen Grund (sabab) in uns vorfanden. Dies ist eine feine Frage. Denn die meisten Menschen denken, dass das Wissen, welches durch die Gottesfurcht (taqwa) erlangt wird, geschenktes Wissen sei. [In Wirklichkeit] ist es aber ein durch die Gottesfurcht erworbenes Wissen. Denn Allah ließ die Gottesfurcht ein Weg zu diesem Wissen sein, indem Er sagte: ‚**O ihr, die geglaubt habt, wenn ihr Allah fürchtet, dann gewährt Er euch Unterscheidungsvermögen**‘[199], und Er sagte: ‚**Fürchtet Gott, und Gott wird euch belehren.**‘[200] Ähnlich ließ Er das korrekte Denken (al-fikr aṣ-ṣaḥīḥ) ein Grund für das Erlangen des Wissens […] und die Sehkraft ein Grund für das Erlangen des Wissens über die sichtbaren Dinge sein. Hingegen entsteht das geschenkte Wissen nicht infolge eines Grundes, sondern es kommt von Seiner milden Seite (al-ladun), erhaben ist Er.*

Sonach gilt nur das Wissen, welches ohne Grund gegeben wird, als geschenktes Wissen, auch wenn jenes, welches durch die Gottesfurcht erlangt wird, genauso zum Wissen des Innersten bzw. zur Herzenserkenntnis gehört.

198 Ebd., S. 1, S. 254.
199 Koran, 8:29, eigene Übersetzung.
200 Koran (Goldschmidt), 2:282.

Die letzte Passage ist außerdem ein Beleg dafür, dass die Natur des Wissens dessen Qualität nicht bestimmt. Das heißt, die Richtigkeit bzw. die Wahrhaftigkeit eines Wissens wird nicht dadurch bestimmt, ob es notwendig oder erworben ist, sondern das Erkenntnismittel und der Erkenntnisweg sind vielmehr die entscheidenden Kriterien für dessen Qualität. So ist beispielsweise das Wissen, das man durch die Gottesfurcht erlangt, nach dem andalusischen Gelehrten zwar ein erworbenes Wissen, aber trotzdem richtig und wird zum Wissen des Innersten gezählt.

3.2.3. Die Wissensgegenstände (al-maʿlūmāt)

Unter diesem Punkt sollen die unterschiedlichen Wissensgegenstände vorgestellt werden. Auf die Frage, was man genau erkennen kann und wie, wird erst in den nächsten Kapiteln ausführlicher eingegangen. Der Imam aus Murcia geht davon aus, dass es vier Wissensgegenstände gibt.[201] Seine hierarchische Aufteilung des Erkennbaren hängt stark mit seinen ontologischen und kosmologischen Vorstellungen zusammen.

Der erste Wissensgegenstand in dieser Hierarchie ist der Wirkliche ﷻ, allerdings nicht Sein Wesen. Er ﷻ kann nur als absoluter *wuǧūd* (*al-wuǧūd al-muṭlaq*) erkannt werden. Ibn al-ʿArabī schließt die Erkenntnis vom göttlichen Wesen als Wesenheit ganz aus. Das göttliche Wesen ist etwas, das weder durch einen Hinweis oder rationalen Beweis noch durch die Definition eingegrenzt werden kann.[202] Das erhabene Wesen ist reine Absolutheit, die der Mensch nie erreichen kann, denn

فكيف يعرف من يشبه الأشياء من لا يشبهه شيء ولا يشبهه شيئاً[203]

wie kann derjenige, der den Dingen ähnelt, Denjenigen erkennen, Der keinem Ding ähnelt und Dem kein Ding ähnelt?

Den Wirklichen ﷻ erkennen heißt, Seine Existenz oder Seine Eigenschaften zu erkennen. Die Erkenntnis der Eigenschaften Allahs kann allein in der Vielfalt geschehen. Es muss ein erkennendes Subjekt geben, das sich selber vom Wesen Allahs unterscheidet, welches dann zwischen dem Wesen und Seinen Eigenschaften unterscheiden kann. Dies ist allein auf der ontologischen Stufe der Einsheit (*al-wāḥidiyya*), in welcher die Vielfalt der göttlichen Namen in einer ontologischen Relation mitein-

---

201 Vgl. IBN AL-ʿARABĪ: *al-Futūḥāt al-makkiyya*, Bd. 1, S. 118.
202 Vgl. ebd., Bd. 1, S. 119.
203 Ebd., Bd. 1, S. 119.

ander stehen, möglich.[204] Auf der Vorstufe, und zwar der Einheit (*al-aḥadiyya*), in welcher das göttliche Wesen als reine Absolutheit gedacht wird, die in Relation mit nichts steht, ist keine Erkenntnis möglich.[205] Denn die Einheit (*al-aḥadiyya*)

> موطن الأحد عليها حجاب العزة لا يرفع أبدا فلا يراه في الأحدية سواه لأن الحقائق تأبى ذلك[206]
>
> *ist die Stätte des Einen. Vor ihr hängt der Schleier der Erhabenheit, der nie gehoben wird. Nur Er selbst sieht Sich in der Einheit, da die relationalen Wirklichkeiten (ḥaqāʾiq) dazu nicht fähig sind.*

Die Einheit ist eine reine göttliche Singularität, der man nicht einmal den Namen Allah zuschreiben kann, da ihr auf dieser Ebene weder Namen oder Eigenschaften noch Relationalitäten (*nisab*) zugeschrieben werden können.

Der zweite Wissensgegenstand ist das, was aš-Šayḫ al-Akbar die allumfassende Wirklichkeit (*al-ḥaqīqa al-kuliyya*) nennt. Sie ist die Gesamtheit aller göttlichen und kontingenten Quidditäten (*māhiyāt*), deswegen gilt sie auch als der Ursprung der Welt.[207] Das Konzept von der allumfassenden Wirklichkeit ist eines der zentralen Punkte des *akbarītischen* theologischen Gebildes. In der Passage zum zweiten Wissensgegenstand in *al-Futūḥāt al-makkiyya* schildert Ibn al-ʿArabī die Idee der allumfassenden Wirklichkeit, indem er mehrere Gegensätze und Paradoxien zusammenführt. Sie ist weder seiend noch nichtseiend und sie ist weder temporär noch urewig. Sie ist urewig, wenn sie dem Urewigen zugeschrieben wird, dahingegen ist sie temporär, wenn sie dem Zeitlichen attribuiert wird.[208] Sie ist Basis und Fundament jeglicher Erkenntnis, denn das Göttliche ist nur durch sie erkennbar und das Kontingente nur in ihr sichtbar. Die Doppelnatur dieser allumfassenden Wirklichkeit legitimiert die unterschiedlichen Sichtweisen auf die Welt:

> فإن قلت إنها العالم صدقت أو إنها ليست العالم صدقت أو إنها الحق أو ليست الحق صدقت تقبل هذا كله[209]
>
> *Wenn du sagen würdest, sie wäre die Welt, dann hast du recht und wenn du sagen würdest, sie wäre nicht die Welt, dann hast du ebenfalls recht und wenn*

204 Vgl. AL-QĀŠĀNĪ: *Laṭāyif al-iʿlām fī išārāt ahl al-ilhām*, S. 459.
205 Vgl. ebd., S. 48; siehe auch: AL-ǦĪLĪ, ʿABD AL-KARĪM: *al-Insān al-kāmil*, Beirut: Dār al-kutub al-ʿilmiyya 1997, S. 26.
206 IBN AL-ʿARABĪ, MUḤYĪ AD-DĪN: *Kitāb al-alif (Kitāb al-aḥadiyya)*, Damaskus: Dār al-maḥabba 2002, S. 42.
207 Vgl. AL-ḤAKĪM, SUʿĀD: *al-Muʿǧam aṣ-ṣūfī*, Beirut: Dandara 1981, S. 345
208 Vgl. IBN AL-ʿARABĪ: *al-Futūḥāt al-makkiyya*, Bd. 1, S. 119.
209 Ebd.

> *du meinst, sie wäre der Wirkliche oder auch nicht der Wirkliche, dann hast du [auch in diesem Fall] recht. Sie akzeptiert all diese Bezeichnungen.*

Sie ist somit der Grund, warum die Welt fälschlicherweise sowohl atheistisch als auch pantheistisch gedacht wurde. Die sufische Erkenntnis, deren höchstes Ziel es ist, diesen Wissensgegenstand zu ergründen, versteht sich deswegen als rechte Erkenntnis, weil sie die Doppelnatur dieses großen Rahmens des Seins versteht. Sie ist in der Lage, das Ewige vom Zeitlichen zu unterscheiden, indem sie die verschiedenen Relationen zwischen den göttlichen Namen begreift.

Der dritte Wissensgegenstand ist die gesamte Welt, die sowohl unsere Erde als auch das Universum, aber auch andere Universen einschließt.[210] Denn es existieren Ibn al-ʿArabī nach neben unserem weitere Universen, die nicht mit der jenseitigen Welt zu verwechseln sind.[211] Denkt man die Schöpfung als reine Kontingenz, also separat von ihrer göttlichen Seite, welche die Eigenschaften und Handlungen Allahs sind, dann gilt das Gedachte als die große Welt, die alle intelligiblen, wahrnehmbaren und imaginierten Dinge enthält. Die Weltlichkeit besteht aus *a)* Dingen, die immateriell und raumlos sind wie die Intelligiblen oder der Geist; *b)* Dingen, die selbstständig und raumeinnehmend sind wie die Substanz oder die Energie im modernen Sinne; *c)* Dingen, die unselbstständig und raumeinnehmend sind und welche die Eigenschaften bzw. Akzidenzen der Substanz sind; und *d)* Dingen, die weder raumabhängig noch raumunabhängig, weder selbstständig noch unselbstständig, weder seiend noch nichtseiend sind wie die gedachten bzw. konstruierten Relationen sowohl zwischen den Substanzen selbst als auch mit ihren Eigenschaften.[212]

Der vierte Wissensgegenstand ist die kleine Welt, welche der Mensch ist.[213] Er steht im Zentrum der Schöpfung und gilt als die Seele und Grund der gesamten großen Welt, deswegen definiert er die große Welt als alles, was nicht der Mensch ist.[214] Diese zentrale Position im Sein gewinnt der Mensch aufgrund der Tatsache, dass er alle Formen der Weltlichkeit in sich umfasst und darüber hinaus eine denkbare - keine tatsächliche –

210 Siehe: Ebd.

211 Vgl. ebd., Bd. 1, S. 126 ff.

212 Vgl. Ibn al-ʿArabī, Muḥyī ad-Dīn: *Inšāʾ ad-dawāʾir*, Ägypten: Maktabat aṯ-ṯaqāfa ad-dīniyya 1998, S. 17.

213 Vgl. Ibn al-ʿArabī: *al-Futūḥāt al-makkiyya*, Bd. 1, S. 119.

214 Vgl. ebd., Bd. 1, S. 118.

göttliche Seite besitzt, die ihm durch das Einhauchen des heiligen Geistes verliehen wird.[215] Der Mensch besteht somit aus zwei Abbildern:

> نسخة ظاهرة ونسخة باطنة فالنسخة الظاهرة مضاهية للعالم بأسره فيما قدرنا من الأقسام والنسخة الباطنة مضاهية للحضرة الإلهية فالإنسان هو الكلي على الإطلاق والحقيقة (...) فيقال فيه عبد من حيث إنه مكلف ولم يكن ثم كان كالعالم ويقال فيه رب من حيث إنه خليفة ومن حيث الصورة ومن حيث أحسن تقويم فكأنه برزخ بين العالم والحق وجامع لخلق وحق وخط الفاصل بين الحضرة الإلهية والكونية[216]
>
> *Ein offenkundiges Abbild (nusḫa) und ein verborgenes Abbild. Das offenkundige gleicht der Welt, was die Kategorien, die wir ausgeführt haben, angeht und das verborgene gleicht der göttlichen Gegenwart. Insofern ist der Mensch im wahrsten und absoluten Sinne des Wortes das Allgemeinste, was es gibt.[...] Er wird als Diener bezeichnet, weil er vor [Allah] verantwortlich ist (mukallaf) und weil es ihn nicht gab und dann wurde er, genau wie die Welt, und zugleich wird er Herr (rabb) genannt, weil er der Kalif, das Ebenbild [des Barmherzigen] ist und wegen* ***‚des schönsten Ebenmaßes'***[217]*. Es ist so, als ob er eine trennende Verbindung (barzaḫ) zwischen der Welt und dem Wirklichen, eine Summe von Geschöpfsein (ḫalq) und Wirklichkeit (Ḥaqq) und eine Trennlinie zwischen der göttlichen und weltlichen Gegenwart ist.*

Daher ist auch die Selbsterkenntnis gleichzeitig eine Gotteserkenntnis und Welterkenntnis. Denn der Mensch hat nicht nur das Vermögen, alles zu erkennen, sondern er beinhaltet bereits das Wissen über alle Dinge.[218]

Aus den vier Wissensgegenständen ergeben sich dann drei Hauptkategorien, nämlich ***a)*** das, dessen Existenz erkennbar ist, welches der Wirkliche سبحانه وتعالى ist; ***b)*** das, wovon nur dessen Analogie erkennbar ist, welches die allumfassende Wirklichkeit ist und ***c)*** das, wovon sowohl dessen Dasein und Analogie als auch dessen Quiddität und Qualitäten erkennbar sind, und das ist die Welt und der Mensch.[219] Später noch mehr dazu im sechsten Kapitel.

Neben dieser ontologischen Kategorisierung der Wissensgegenstände gibt es eine epistemologische Aufteilung, die die Kontingenten in drei Kategorien klassifiziert: ***a)*** die abstrakten substanzlosen Dinge, sprich

215 Siehe: Ibn al-ʿArabī: ***Inšāʾ ad-dawāʾir***, S. 18; siehe auch: Ibn al-ʿArabī, Muḥyī ad-Dīn: ***Nusḫat al-ḥaq***, in: ʿAbd al-Fattāḥ, Saʿīd (Hrsg.): ***Rasāʾil Ibn ʿArabi (1)***, Beirut: Muʾassasat al-intišār al-ʿarabī, 2004, S. 267–276.

216 Ibn al-ʿArabī: ***Inšāʾ ad-dawāʾir***, S. 18.

217 Koran (Goldschmidt), 95:3.

218 Ibn al-ʿArabī: ***al-Futūḥāt al-makkiyya***, Bd. 2, S. 686.

219 Vgl. ebd., Bd. 1, S. 119.

die Intelligiblen (*al-maʿqūlāt*), die man entweder evidenterweise erkennt oder anhand der Beweisführung begreift; ***b)*** die sinnlichen Dinge (*al-maḥsūsāt*), die man durch die Sinne erfasst; ***c)*** die imaginierten Dinge (*al-mutaḫayyalāt*), die sowohl sinnlich wahrnehmbar als auch rational begreifbarsind.[220]

3.2.4. Die Relation zwischen dem Wissen und den Wissensgegenständen

Das Wissen hat in der *akbarītischen* Lehre sowohl objektive als auch relative Züge bzw. die beiden Kategorien sind miteinander verflochten. Es ist aus der einen Perspektive objektiv und unveränderlich und aus einer anderen Perspektive wandelnd und subjektiv. Das Wissen gewinnt seine Objektivität aus der Tatsache, dass die Wissensgegenstände von Allah ﷻ gewusst sind. Die festen Entitäten (*al-ʾaʿyān aṯ-ṯābita*) in Seinem Wissen sind ewig sowie unveränderbar und sie geben das Wissen über sich selbst preis. Allah ﷻ weiß auch, welche göttlichen Namen und Attribute diese Entitäten der Kontingenten reflektieren können und werden. In anderen Worten, das göttliche Wissen umfasst alle Aspekte des Dinges und daher schließt es auch alle räumlichen und zeitlichen sowie alle anderen Relationen zwischen einem Ding und den anderen Dingen ein. Aus dieser Perspektive sind die Wissensgegenstände statisch und unveränderbar und somit auch das Wissen, welches die Entitäten von sich selbst kundtun.[221] Des Weiteren besteht das Wissen, epistemologisch betrachtet, nach Ibn al-ʿArabī aus vier Komponenten und zwar ***a)*** einem Subjekt ***b)*** einem Prädikat ***c)*** einer Relation zwischen dem Subjekt und dem Prädikat und ***d)*** einer Relation zwischen der Gesamtheit der drei ersten Punkte und dem erkennenden Subjekt.[222] Wenn man beispielsweise sagt, der *Körper X* steht, dann hat man hier einen *Körper X*, der etwas Unveränderbares ist,[223] das Stehen, welches auch ein unveränderbarer Wissensgegenstand ist und dann die Relation zwischen dem *Körper X* und dem Stehen, von der man denkt, sie sei wandelbar und schließlich die Relation zu dem Subjekt, das erkannt hat, dass *Körper X* steht. Die Veränderung findet weder in der Bedeutung oder dem Wesen des Körpers noch in der Essenz des Stehens und auch nicht in der Relation zwischen den beiden statt. Denn

220 Vgl. ebd., Bd. 2, S. 66.

221 Vgl. AL-BĪṬĀR, BAHĀʾ AD-DĪN: *Fatḥ ar-raḥmān ar-raḥīm bi-maqālat al-quṭb al-Ǧīlī ʿAbd al-Karīm wa l-ḫatm Ibn ʿArabī Muḥyī ad-Dīn*, Beirut: Books Publisher 2013, S. 125.

222 IBN AL-ʿARABĪ: *Kitāb al-maʿrifa*, S. 204 f; *al-Futūḥāt al-makkiyya*, Bd. 1, S. 43.

223 Als Entität im göttlichen Wissen.

Ibn al-ʿArabī geht davon aus, dass jegliche Veränderung in der Relation einen neuen Wissensgegenstand ergibt. Aus diesem Grund kann man nicht sagen, dass die Wissensgegenstände oder die Relation sich geändert haben. Vielmehr ist es so, dass der *Körper X* im Zustand *Z1*, in diesem Fall z. B. das Stehen, den Wissensgegenstand *A* hervorbringt und wenn der *Körper X* in einem Zustand *Z2* ist, dann ergibt sich ein völlig neuer Wissensgegenstand.[224]

Da der Mensch jedoch die zwei Sequenzen zeitlich ordnet, denkt er, dass es eine Veränderung gab. Die Wissensgegenstände sind in diesem Sinne Relationen zwischen den Dingen selbst oder mit anderen Dingen, die nicht mit dem Dasein der Dinge gleichgesetzt werden dürfen. Aber das Ding an sich, das heißt, die feste Entität (*al-ʿayn aṯ-ṯābita*), beinhaltet alle möglichen Relationen, die dieses Ding haben wird, einschließlich seiner zeitlichen Dimension.[225] Aus diesem Grund kann nur das göttliche Wissen als reines objektives Wissen bezeichnet werden. Denn Er ﷻ ist der Einzige, Der die Dinge aus Sich Selbst und ohne Erkenntnismittel kennt:

> واعلم أنه لا يصح العلم لأحد إلا لمن عرف الأشياء بذاته وكل من عرف شيئا بأمر زائد على ذاته فهو مقلد لذلك الزائد فيما أعطاه وما في الوجود من علم الأشياء بذاته إلا واحد وكل ما سوى ذلك الواحد فعلمه بالأشياء وغير الأشياء تقليد[226]
>
> *Und wisse, dass [die Bezeichnung mit] Wissen nur Derjenige verdient, Der die Dinge durch Sich Selbst erkannt hat. Jeder, der ein Ding durch etwas Zusätzliches zu seinem Wesen erkannt hat, ist ein Nachahmer von diesem Zusatz. Des Weiteren gibt es im ganzen wuǧūd nur Einen, der die Dinge durch Sich Selbst erkannt hat. Bei allen außer bei dem Einen besteht das Wissen bezüglich der Dinge sowie Nicht-Dinge aus bloßer Nachahmung.*[227]

Zwischen dem göttlichen Wesen und den Wissensgegenständen gibt es keinen vermittelnden Dritten, wohingegen der Mensch den *wuǧūd* nur durch ein Wissen, was nicht er selbst ist, erfährt. Somit trägt er immer eine Brille, sei es die Sinne, das Begriffsvermögen, die Imagination oder das narrative Wissen. Zudem hat der Mensch nicht nur keinen direkten Kontakt zu den Dingen, da immer eine Erkenntnisbrücke zwischen ihm

224 Vgl. Ibn al-ʿArabī: *al-Futūḥāt al-makkiyya*, Bd. 1, S. 43.
225 Vgl. Jaako Hämeen-Anttila: *The Immutable Entities and Time, Journal of The Muhyiddin Ibn 'Arabi Society* 39 (2006), S. 15–32, hier S. 21 f.
226 Ibn al-ʿArabī: *al-Futūḥāt al-makkiyya*, Bd. 2, S. 298.
227 Hier ist die Nachahmung (*taqlīd*) der Sinne, des Begriffsvermögens, der Imagination oder Narration gemeint.

und ihnen besteht, sondern er hat gar keinen Kontakt zu den Dingen. Der Mensch kann nur sein eigenes Wissen, welches den verschiedenen Wissens- und Erkenntnismitteln entspringt, wahrnehmen oder, metaphorisch gesagt, berühren. Zu einer direkten Berührung mit den anderen Dingen kommt der Mensch nie:

> فإياك أن تقول إن جريت على أسلوب الحقائق إنك علمت المعلوم وإنما علمت العلم والعلم هو العالم بالمعلوم وبين العلم والمعلوم بحور لا يدرك قعرها فإن سر التعلق بينهما مع تباين الحقائق بحر عسير مركبه بل لا تركبه العبارة أصلا ولا الإشارة ولكن يدركه الكشف[228]
>
> *Und sage nicht, wenn du dem Pfad der Wahrheiten folgst, dass du den Wissensgegenstand[229] gewusst hast, sondern du hast [bloß] das Wissen gewusst. Denn es ist das Wissen, was das gewusste Ding [eigentlich] gewusst hat. Zwischen dem Wissen und dem Wissensgegenstand liegen allerdings Ozeane, deren Boden unerreichbar ist. Das Mysterium der Relation zwischen den beiden ist ein Meer, worin man schwer segeln kann, da ihre Wahrheiten gänzlich unterschiedlich sind, ja weder die Begrifflichkeit noch der latente Hinweis (išāra) können in ihm segeln. Allerdings [durch] die Entschleierung (kašf) kann [diese Relation] erfasst werden.*

Das Wissen, das die Menschen erwerben, hat somit eine eigene ontologische Stellung. Dieses ist es, was die Dinge direkt berührt. Und es ist gerade diese Beziehung zwischen dem Wissen als eigenständige Entität und den Wissensgegenständen, welche die Bedeutung und die Definition des Wissens schwer macht, ja so nebulös, dass man es weder durch die direkte Sprache noch durch die Zeichen begreifen kann, sondern es ist lediglich durch direkte Entschleierung (*kašf*) erfahrbar. Der Grund dieser Unbegreiflichkeit liegt darin, dass die ontologische Stufe, auf welcher sich diese Beziehung abspielt, zwischen den festen Entitäten (*al-aʿyān aṯ-ṯābita*) und dem Wissen Allahs, welches das einzig Wirkliche ist und aus welchem das Wissen aller Dinge stammt, eine Stufe ist, die nur durch die Entschleierung (*kašf*) erkennbar ist. Unser Wissen ist eine Manifestation des Göttlichen Namens „Der Wissende" (*al-ʿAlīm*). Es wird allerdings durch verschiedene Wege kanalisiert, die selbst auf die Erkenntnis abfärben. Der *akbarītische* Wissensbegriff, der die Gewissheit und das Erkennen des Dinges an sich voraussetzt, scheint auf den ersten Blick etwas schwer Erreichbares zu sein. Dennoch ist dieses objektive

228 Ibn al-ʿArabī: *al-Futūḥāt al-makkiyya*, Bd. 1, S. 64.
229 Bzw. das gewusste Ding.

und das Ding umfassende Wissen von einer bestimmten ontologischen Perspektive abhängig, nämlich von der Perspektive des Wirklichen ﷻ, welcher gleichzeitig der *wuǧūd* selbst ist. Da der Mensch aber nur ein Teil des *wuǧūd* oder – *akbarītisch* gesagt – ein Blickwinkel auf den *wuǧūd* ist,[230] heißt dies zu Ende gedacht: „*For Ibn ʿArabi each person constitutes a unique frame of reference or approach to reality – that is, a unique point of vision in the kaleidoscopic transmutation of reality at every moment.*"[231] Es soll also eine weitere Form des Wissens geben, die dem menschlichen Erkenntnisvermögen entspricht. Die Rede ist in diesem Zusammenhang vom Menschen an sich und nicht vom Perfekten Menschen (*al-insān al-kāmil*), welcher eine besondere ontologische und epistemologische Stellung in der *akbarītischen* Lehre hat, da dieser in der Lage ist, die Gesamtheit aller Entitäten und göttlichen Namen im *wuǧūd* zu reflektieren.[232] Das nicht absolute Wissen, welches den Menschen zugänglich ist, ist ein wandelndes und relatives Wissens, welches trotzdem einen Zugang zum Wissensgegenstand, wie er an sich in einem bestimmten Moment im *wuǧūd* da ist, möglich macht.

Das Fließen und Wandeln des Wissens hat zwei Hauptgründe: *a)* der innerliche Wandel des Menschen und *b)* der ständige Wandel der Welt. Nach Peter Coates ist der Mensch in der *akbarītischen* Lehre eine biologische, psychologische und kulturelle Matrix, die zum Teil vom ihrem zeitlichen Kontext bestimmt wird.[233] Diese Komponente kann man im sufischen bzw. *akbarītischen* Sinne *al-ḥāl* nennen, was soviel wie Zustand oder Verfassung bedeutet. Er (*al-ḥāl*) unterliegt selbst dem Prinzip des Wandels, welches nach aš-Šayḫ al-Akbar aus acht Grundsätzen besteht, die die ständige und sich perpetuell erneuernde Vielfalt des *wuǧūd* ausmachen; nämlich der Wandel *1)* der Zustände (*aḥwāl*), *2)* der Zeiten (*azmān*), *3)* der kosmischen Bewegungen (*ḥarakāt*), *4)* der göttlichen Zuwendungen (*at-tawaǧǧuwāt*), *5)* der göttlichen Absichten (*al-maqāṣid*), *6)* der göttlichen Manifestationen (*at-taǧaliyyāt*), *7)* der göttlichen Normen (*šarāʾiʿ*) und *8)* der göttlichen Relationen (*an-nisabal-ilāhiya*).[234]

230 Vgl. Coates, Peter: *Ibn ʿArabi and Modern Thought: The History of Taking Metaphysics Seriously*, Oxford: Anqa Pub 2002, S. 124.
231 Ebd., S. 144.
232 Vgl. Rahmati, Fateme: *Der Mensch als Spiegelbild Gottes in der Mystik Ibn ʿArabis*, Wiesbaden: Harrassowitz 2007, S. 106 und 111; siehe dazu das erste Kapitel in: *Fuṣūṣ al-ḥikam*, S. 48–56.
233 Vgl. Coates, Peter: *Ibn ʿArabī and Modern Tought: The Era*, in: Misbāhī, Muḥammad (Hrsg.): *Ibn ʿarabī and the world today*, Casablanca: Publications of the Faculty of Letters an Human Sciences Rabat 2003, S. 9–17, hier S. 11.
234 Ibn al-ʿArabī: *al-Futūḥāt al-makkiyya*, Bd. 1, S. 265.

Des Weiteren bedeutet der Zustand (*ḥāl*) sowohl die innere Verfassung des Menschen, die er nicht selbst verursacht hat, sondern vielmehr die äußeren Faktoren als auch die Veränderung der äußerlichen und innerlichen Eigenschaften.[235] Der Zustand aller Dinge, einschließlich der des Menschen, ist nach Imam Ibn al-ʿArabī etwas, was in permanenter Veränderung ist.[236] Dies hat als Grund den ständigen Wandel der Zeit, welche an sich nur eine von dem Menschen imaginierte Kategorie ist.[237] Der Zustand sowie die Umstände des Menschen spielen somit eine wesentliche Rolle in der Erkenntnis des Göttlichen und dementsprechend in der Erkenntnis allgemein. Auf diese Tatsache weist Ibn al-ʿArabī an mehreren Stellen seines Œuvres hin. In dem Zusammenhang bringt er mehrmals die folgende Aussage al-Ǧunayds, als dieser nach der Erkenntnis (*maʿrifa*) und dem Erkennenden gefragt wurde:

لون الماء لون إنائه[238]

Die Farbe des Wassers entspricht der Farbe des Gefäßes.

Das heißt, das Erkenntnisobjekt im Sinne der festen Entität *(al-ʿayn aṯ-ṯābita)* ist an sich unveränderbar, aber die Zustände des erkennenden Subjekts, welche von den göttlichen Manifestationen abhängen, verändern sich und dadurch variieren die Erkenntnisse.[239]

Er geht soweit zu sagen, dass

كل معرفة لا تتنوع لا يعول عليها[240]

man sich auf eine Erkenntnis, die nicht variiert, nicht verlassen kann.

Ja sogar, dass

المعرفة إذا لم تتنوع مع الأنفاس لا يعول عليها[241]

man sich auf die Erkenntnis, die nicht von einem Atemzug zum anderen variiert, nicht verlassen kann.

235 Vgl. Ibn al-ʿArabī, Muḥyī ad-Dīn: *Iṣṭilāḥāt aṣ-ṣūfiyya*, Beirut: Dār al-Imām Muslim. 1990, S. 55.
236 Vgl. Ibn al-ʿArabī: *al-Futūḥāt al-makkiyya*, Bd. 2, S. 384.
237 Vgl. ebd., Bd. 1, S. 292.
238 Ebd., Bd. 1, S. 285; Bd. 2, S. 597; Bd. 3, S. 161; sowie: Ibn al-ʿArabī: *Fuṣūṣ al-ḥikam*, Bd. 1, S. 225.
239 Vgl. an-Nābulusī, ʿAbd al-Ġaniyy: *Ǧawāhir an-nuṣūṣ fī ḥall kalimāt al-fuṣūṣ*, Beirut: Dār al-kutub al-ʿilmiyya 2008, Bd. 2, S. 464.
240 Ibn al-ʿArabī, Muḥyī ad-Dīn: *Risālat lā yuʿawwalu ʿalayh*, Damaskus: Dār al-maḥabba 2002, S. 63.
241 Ebd., S. 73.

Diese Aussage soll bedeuten, dass es in jedem Augenblick einen neuen göttlichen Aspekt in den *mawǧūdāt* gibt, den man erkennen kann. Es heißt aber nicht zwangsläufig, dass die alten Erkenntnisse falsch sind. Ibn al-ʿArabī spricht von der Variation *(at-tanawwuʿ)* und von der Aktualisierung (*at-taǧaddud*). Etwas absolut Falsches gibt es somit in der *akbarītischen* Lehre nicht, denn alles beinhaltet immer einen göttlichen Aspekt. Die Erkenntnisse geben in der Regel nie die absolute und ganze Wirklichkeit wieder. Vielmehr geht es immer nur um einen Teil bzw. Aspekt der Wirklichkeit, die sich ständig aufs Neue aktualisiert und manifestiert. Ontologisch gesehen besteht das erworbene Wissen bzw. die Erkenntnis aus einem invariablen Teil, sprich den festen Entitäten *(al-aʿyān aṯ-ṯābita)* sowie zwei Variablen, nämlich dem erkennenden Subjekt mit seinem ständigen Wandel und den Eigenschaften und Handlungen Allahs, die sich perpetuell unterschiedlich im *wuǧūd* manifestieren.

Den unveränderlichen Teil in dieser Dreiheit bildet die feste Entität (*al-ʿayn aṯ-ṯābita*) im Wissen Allahs, die aber nur in Verbindung mit der Manifestation göttlicher Eigenschaften im (*wuǧūd*) erscheint bzw. überhaupt erscheinen kann. Bei genauerer Betrachtung stellt man fest, dass die Manifestationen der göttlichen Eigenschaften und Handlungen der Grund des ständigen Wandels sowohl beim erkennenden Subjekt als auch beim Wissensgegenstand sind.

4. Das Selbst

„Die subtile Seite des Menschen ist ein Kontinuum.“[1] – *aš-Šayḫ al-Akbar*

4.1. Die Konzeption des Selbst

Bevor die Erkenntnismöglichkeiten und das Erkenntnisvermögen unseres Selbst im nächsten Kapitel untersucht werden, ist es wichtig, zuerst auf das Konzept des Selbst bei aš-Šayḫ al-Akbar einzugehen. Für Ibn al-ʿArabī ist der Mensch eine Entität, die aus verschiedenen Relationen besteht. Aus diesem Grund wird in diesem Kapitel auf das *akbarītische* Konzept des Selbst bei den Menschen, basierend auf seinem Konzept der *laṭīfa* (die Subtilität), eingegangen. Des Weiteren soll im gleichen Zusammenhang auch die Frage behandelt werden, ob das Selbst des Menschen über ein schon vorhandenes Wissen verfügt.

Die Wirklichkeit des Menschen ist eine Subtilität (*laṭīfa*). Das ist der Ausgangspunkt, auf welchem der andalusische Gelehrte seine Konzeption vom Menschen aufbaut. In *al-Futūḥāt al-makkiyya* lesen wir:

> «اعلم (...) أن أهل الله يطلقون لفظ اللطيفة على معنيين يطلقونه ويريدون به حقيقة الإنسان وهو المعنى الذي البدن مركبه ومحل تدبيره وآلات تحصيل معلوماته المعنوية والحسية»[2]
>
> *Wisse [...], dass die Leute Allahs [die Sufis] für den Begriff al-laṭīfa (die subtile Seite) zwei Verwendungen haben. [Im ersten Sinne] meinen sie damit die Wirklichkeit des Menschen, die den Körper beherrscht*[3]*, lenkt und Mittel zum Erlangen ihrer sinnlichen und begrifflichen Wissensgegenstände hat.*

Diese Passage erweckt auf den ersten Blick den Anschein, als sei Ibn al-ʿArabī der Meinung, der Mensch würde aus zwei klar von einander trennbaren Entitäten bestehen, dem Geist und dem Körper. Allerdings ist diese subtile Seite des Menschen (*al-laṭīfa*) eine Wesenheit,

1 IBN AL-ʿARABĪ, MUḤYĪ AD-DĪN: *ʿUqlat al-mustawfiz*, in: ʿABD AL-FATTĀḤ, SAʿĪD (Hrsg.): ***Rasāʾil Ibn ʿArabi** (2)*, Beirut: Muʾassasat al-intišār 2002, S. 101.

2 IBN AL-ʿARABĪ, MUḤYĪ AD-DĪN: *al-Futūḥāt al-makkiyya*, Kairo: Dār al-Kutub al-ʿarabīyya 1911, Bd. 2, S. 503.

3 Wortwörtlich kann das Wort ***markabuh*** als Reittier verstanden werden. Allerdings würde diese Übersetzung nicht zum Konzept der raumlosen Wirklichkeit des Menschen bei Imam Ibn al-ʿArabī passen.

«لا تتحيز ولا تقبل الاتصاف بالدخول والخروج»[4]

die raumlos ist und der die Attribute ‹innerhalb› und ‹außerhalb› nicht zugeschrieben werden können.

In anderen Worten ausgedrückt: Die *laṭīfa insāniyy*a ist für uns durch unser Vermögen unerkennbar und unvorstellbar. Da sie dimensionslos ist, entzieht sie sich unserem Erkenntnisvermögen. Aus diesem Grund kann man darüber nicht viel sagen, außer ihren Ursprung ontologisch zu erklären.

Das Selbst im *akbarītischen* Denken ist eine einzige Einheit. Es gibt im *wuǧūd* nur ein allumfassendes Bewusstsein, welches mit dem *wuǧūd* identisch ist. Die anderen *Bewusstseine* sind lediglich Relationen innerhalb dieses einen einzigen Selbst.[5] Vielfalt ist nach aš-Šayḫ al-Akbar immer eine Vielfalt der Relationen und nie eine Vielfalt der Wesenheiten.[6] Denn die Wesenheiten sind selbst genauer genommen nur Relationen im *wuǧūd*. Man kann über den ontologischen Rang bzw. über den Ursprung dieser *laṭīfa* oder über ihre Funktionen sprechen, aber nicht über ihre Quiddität. Über den Ursprung der subtilen Seite des Menschen schreibt aš-Šayḫ al-Akbar:

«اللطيفة الإنسانية متولدة بين الروح الإلهي الذي هو النفس الرحماني وبين الجسم المسوى المعدل من الأركان المعدلة من الطبيعة»[7]

al-laṭīfa al-insāniyya (die subtile Seite des Menschen) wird zwischen dem göttlichen Geist, welcher der Atem des Barmherzigen ist, und dem aus den Elementen der Natur gestalteten Körper hervorgebracht.

Was aš-Šayḫ al-Akbar uns hier sagen will, ist, dass der Atem des Barmherzigen, welcher die Gesamtheit der Entifikationen des *wuǧūd* ist, sich in den konkreten Dingen zeigt.[8] Diese Dinge haben eine äußerliche Erscheinung und eine profunde Seite. Man kann auch sagen, sie haben ein Dasein und ein bewusstes Sein. Genauso wie ihr Dasein eine partikulare Perspektive des gesamten Seins ist, so ist ihr bewusstes Sein eine partikulare Erscheinung des gesamten Bewusstseins. Wir haben bereits erwähnt, dass der *wuǧūd* sowohl Sein als auch Bewusstsein ist. Somit ist die subtile

4 Ibn al-ʿArabī: *al-Futūḥāt al-makkiyya*, Bd. 3, S. 157.

5 Vgl. ebd., Bd. 2, S. 67.

6 Vgl. Ibn al-ʿArabī, Muḥyī ad-Dīn: *Fuṣūṣ al-ḥikam*, Beirut: Dār al-kitāb al-ʿarabī 2002, Bd. 1, S. 76.

7 Ibn al-ʿArabī: *al-Futūḥāt al-makkiyya*, Bd. 1, S. 275.

8 Vgl. al-Qāšānī, ʿAbd ar-Razzāq: *Laṭāyif al-iʿlām fī išārāt ahl al-ilhām*, Beirut: Dār al-kutub al-ʿilmiyya 2004, S. 447; sowie: al-Qayṣarī, Dawūd: *Šarḥ Fuṣūṣ al-ḥikam*, Beirut: Manšūrāt ar-riḍā 2003, Bd. 2, S. 948.

Seite des Menschen (*al-laṭīfa*) die profunde Seite des entifizierten *wuǧūd*. Und genauso wie der Mensch in seiner äußerlichen Form die Gesamtheit der göttlichen Namen und Eigenschaften reflektieren kann, so trägt die *laṭīfa* des Menschen Besonderheiten, die andere Geschöpfe nicht in sich tragen, wie z. B. die Denkkraft und das Erkenntnis erfassende Herz, wie wir noch sehen werden.

Akbarītisch gedacht ist es der *wuǧūd*, der uns ein bewusstes Sein verleiht. Der *wuǧūd* selbst ist das allumfassende Bewusstsein, welches, wenn Er sich anhand der festen Entitäten (*al-aʿyān aṯ-ṯābita*) entifiziert, ihnen ein partikulares, bewusstes Sein beschert. Die subtile Seite des Menschen (*al-laṭīfa*) könnte man in dem *akbarītischen* Denken mit dem bewussten Sein identifizieren.

Es sollen hier nicht das bewusste Sein und das Bewusstsein verwechselt werden, denn Letzteres ist bei den Menschen ein Aspekt des Ersten und kein Synonym hierfür.

Die subtile Seite des Menschen kann laut Ibn al-ʿArabī nicht ohne eine sinnlich wahrnehmbare Gestalt existieren. Sie zu abstrahieren und getrennt von einem Wesen zu denken, ist ihm zufolge unmöglich. In mehreren Passagen in *al-Futūḥāt al-makkiyya* betont er die Tatsache, dass die *laṭīfa* getrennt von einer Gestalt bzw. Form unvorstellbar ist. Für ihn gehört diese Tatsache zu den Wirklichkeiten, die man durch die Entschleierung (*kašf*) erfährt.[9] Er kritisierte auch die Philosophen, die die Überwindung der Leiblichkeit anstreben, da für sie die intelligible Welt eine höhere ist.[10]

Ibn al-ʿArabī schließt die Trennung der *laṭīfa* von einer Gestalt kategorisch aus. Für ihn ist es sowohl im Diesseits als auch im Jenseits unmöglich.[11] Die Trennung zwischen den beiden Entitäten, sprich der subtilen Wirklichkeit von der Gestalt bzw. Form oder, problematischer ausgedrückt, der Seele bzw. des Geistes vom Körper, ist etwas, was zwar durch das Begriffsvermögen denkbar ist, allerdings hat es keine Entsprechung in der Wirklichkeit. Im *akbarītischen* Denken gehört zu einer äußerlichen Seite immer eine profunde bzw. verborgene Seite, da sowohl der göttliche Name *aẓ-Ẓāhir* (der Offenkundige) als auch der Name *al-Bāṭin* (der Verborgene) im *wuǧūd* ihre Geltung haben. Er bezeichnet den Glauben daran, dass Körper und Seele in der Wirklichkeit trennbar seien, als den größten Irrtum der

9 Ibn al-ʿArabī: *al-Futūḥāt al-makkiyya*, Bd. 2, S. 355.
10 Vgl. ebd., Bd. 3, S. 509.
11 Vgl. ebd.

Denker bzw. der Philosophen (*ahl an-naẓar*).[12] Seine Position legitimiert er nicht immer durch die Entschleierung, sondern er versucht, diesen Gedanken an anderen Stellen auszuführen und basiert seine Erklärung auf einer unter den Sufis verbreiteten Überlieferung. Die Unmöglichkeit des Abstrahierens des Selbst erklärt Ibn al-ʿArabī dann wie folgt:

> «فكما أنه من عرف نفسه عرف ربه فكذلك من رأى نفسه فقد رأى ربه أو من رأى ربه فقد رأى نفسه فعند العارفين أن الشرع أغلق في هذا القول باب العلم بالله لعلمه بأنه لا يصل أحد إلى معرفة نفسه فإن النفس لا تعقل مجردة عن علاقتها بهيكل تدبره (...) فلا تعقل إلا كونها مدبرة ماهيتها ما تعقل وتلك تشهد مجرّدة عن هذه العلاقة ولذلك الله لا يعقل إلا إلهاً غير إله لا يعقل فلا يتمكن من العلم به تجريده عن العالم المربوب وإذا لم يعقل مجرداً عن العالم فلم تعقل ذاته ولا شهدت من حيث هي فأشبه العلم به العلم بالنفس والجامع عدم التجريد وتخلص حقيقة ذاته من العلاقة التي بين الله وبين العالم والعلاقة التي بين نفسك وبين بدنها وكل من قال بتجريد النفس عن تدبير هيكل ما فما عنده خبر بماهية النفس»[13]
>
> *Wer sich selbst erkennt, erkennt seinen Herrn, ebenso wer sich selbst sieht, so hat er seinen Herrn gesehen und umgekehrt, nämlich wer seinen Herrn sieht, so hat er sich selbst gesehen. Durch diese Aussage wissen die Gotteskenner, dass das göttliche Urteil (šarʿ) die Tür zum Wissen über das [Wesen] Allahs geschlossen hat, weil keiner die Erkenntnis über [das Wesen] des Selbst erreichen kann. Denn das Selbst (nafs) ist abstrahiert von einem Gegenstand (muta'allaq), welchen es kontrolliert, undenkbar. [...] Man kann das Selbst (nafs) nur als etwas Kontrollierendes denken, seine Quiddität (Washeit) hingegen ist undenkbar und es ist abstrahiert von der bereits erwähnten Relation unerfassbar. Aus diesem Grund ist Allah nur als Gott denkbar. Allah als kein Gott ist undenkbar.*[14] *Allah kann nicht von der Welt, die von Ihm beherrscht wird, abstrahiert werden. Und da Er von der Welt abstrahiert undenkbar ist, so ist Sein Wesen auch undenkbar und an sich unerfassbar. Aufgrund dessen ist das Wissen über Allah wie das Wissen über das Selbst. Die Gemeinsamkeit zwischen den beiden ist die Unmöglichkeit des Abstrahierens und der Separation der Wirklichkeit Seines Wesens von der Relation, welche Allah und die Welt haben und welche deine nafs und ihren Körper verbindet. Jeder, der behauptet, dass die nafs abstrahiert von einer zu beherrschenden Gestalt denkbar sei, hat absolut keine Ahnung, was die nafs ist.*

12 Vgl. ebd.

13 Ebd., Bd. 4, S. 423.

14 Denn schon jegliche Form der Erkenntnis geschieht ausschließlich in der Welt. Der Begriff Gott setzt im ***akbarītischen*** Denken die Existenz der Welt voraus, weil „Allah ist Gott" zu sagen, die Frage „Gott von wem bzw. was" impliziert. Denkt man Allah jenseits Seines Gottseins, dann löst man die Verbindung, die Er mit der Welt hat, die jegliche Erkenntnis überhaupt erst möglich macht.

Es erscheint deshalb nicht sinnvoll, über das Selbst[15] als etwas Abstrahiertes und Separates von unserem Körper zu denken und darüber zu philosophieren. Dies ist nicht nur die Position von Ibn al-ʿArabī gewesen, sondern die meistverbreitete unter den muslimischen Theologen. William Chittick konstatiert: *„If close attention is paid to discussions of the nafs in Islamic texts, it will be seen that the unknowability of the human self is an underlying theme.“*[16] Die subtile Seite des Menschen ist somit nur in einer Gestalt denkbar. Denn nur so gewinnt sie ihre Partikularität und auch ihre Kontinuität, da sie nach Ibn al-ʿArabī ein festes Kontinuum (*min ʿālam aṯ-ṯubut wa-l-baqāʾ*) ist.[17]

Dieses Kontinuum ist die Wirklichkeit des Menschen, die fortbesteht und welche auch von Allah mit Normen angesprochen wird.[18] Das heißt, in allen Stationen zeigt sich die subtile Wirklichkeit des Menschen immer in einer Gestalt. Auch nach dem Tod und im Jenseits bekommt sie eine Gestalt. Um das zu verdeutlichen, bringt er als Beispiel die Traumwelt und die sinnliche Welt. Denn unser Bewusstsein in den beiden Welten ist gleich. Es handelt sich um das selbe „Ich“, welches sich in verschiedenen Formen manifestiert.[19] Was Ibn al-ʿArabī hier verdeutlichen will, ist, dass die subtile Wirklichkeit des Menschen nur durch eine Gestalt ein Selbst sein kann. Anders gesagt, die Summe all dessen, was einen Menschen ausmacht, ist das menschliche Selbst. Es ist der Offenkundige und der Verborgene. Offenkundig in seiner Gestalt und verborgen in seiner Wirklichkeit.[20] Aber weder ist diese Gestalt ohne seine Wirklichkeit ein Mensch noch hat seine Wirklichkeit ein Dasein ohne die körperliche Gestalt.[21]

Die subtile Seite des Menschen ist abhängig von einer Gestalt, nicht nur aus den oben erwähnten Gründen, sondern weil sie die intelligiblen Gegenstände, die sinnlich wahrnehmbare aber auch die imaginierte Welt nur durch einen Körper und seine Erkenntnismittel erfahren und erfassen kann.[22] Die subtile Seite des Menschen ist ein bewusstes Sein, welches

15 Problematischer ist es, wenn man das Selbst mit der Seele gleichsetzt.

16 Chittick, William C.: *Sufism: A Beginner's Guide*, Oxford, England: Oneworld Publications 2007, S. 53.

17 Vgl. Ibn al-ʿArabī: *ʿUqlat al-mustawfiz*, S. 101.

18 Vgl. ebd.

19 Vgl. Ibn al-ʿArabī: *al-Futūḥāt al-makkiyya*, Bd. 2, S. 503 f.

20 Vgl. Ibn al-ʿArabī, Muḥyī ad-Dīn: *Kitāb al-maʿrifa*, in: ʿAbd al-Fattāḥ, Saʿīd (Hrsg.): *Rasāʾil Ibn ʿArabi (4)*, Beirut: Muʾassasat al-intišār al-ʿarabī, 2004, S. 173–311, hier S. 181.

21 In der Tat ist für Imam Ibn al-ʿArabī die Leiche eines Menschen kein Mensch mehr, da für ihn die körperliche Gestalt ihr Menschsein nur durch die *laṭīfa* erlangt. Der Mensch ist für ihn ein Ganzes, eine Einheit, die man nicht fragmentieren kann. Siehe: Ibn al-ʿArabī: *Fuṣūṣ al-ḥikam*, Bd. 1, S. 69.

22 Vgl. ebd., Bd. 1, S. 198.

allerdings nur durch den Körper und seine Kräfte Zugang zu den anderen Entifikationen des *wuğūd* erlangen kann:

»ولم تكن لطيفة الإنسان من حيث ذاتها مدركة لما تعطيها هذه القوى إلا بوساطتها«[23]

al-laṭīfa al-insāniyya (die subtile Seite des Menschen) kann nicht aus sich selbst das erfassen, was die [sinnlichen und mentalen] Kräfte ihr vermitteln.

Ibn al-ʿArabī geht noch einen Schritt weiter und verbindet unser Erkenntnisvermögen mit unserer körperlichen Verfassung. Die Kräfte des Menschen, insbesondere die sinnlichen sowie die mentalen wie z. B. die Imagination, hängen von der Verfassung des Körpers ab. Je erwachsener bzw. reifer der menschliche Körper ist, umso vollkommener werden diese Kräfte.[24] Zu Ende gedacht kann man laut ihm das Erkenntnisvermögen des Selbst auch auf einer physischen Ebene untersuchen und verstehen. Hier dürfen aber nicht Erkennen, Verstehen und Deuten verwechselt werden. Denn auch wenn unsere Erkenntnis über die Welt oder – in einem allgemeinen Sinne – über den *wuğūd* ausschließlich durch die Fähigkeit unseres Körpers, Dinge durch die Sinneswahrnehmung, das Nachdenken oder die Imagination wahrzunehmen geschieht, so bedeutet das nicht, dass das Erkannte, sei es sinnlich, intelligibel oder imaginiert, nur einen reinen weltlichen Sinngehalt besitzt. Das Verstehen – und insbesondere das Deuten – ist ein Schritt, welcher nach dem Erkennen stattfindet. Das Deuten oder das Erfassen durch das Herz, wie wir noch sehen werden, verbindet die Erkenntnis mit ihrer ontologischen und metaphysischen Wirklichkeit.

Es wurde schon erwähnt, dass die *laṭīfa* bei Ibn al-ʿArabī als ein bewusstes Sein verstanden werden kann. Wenn des Weiteren dieses bewusste Sein Zugang zu der Welt durch die Erkenntnismittel des Körpers erlangt, nimmt es alle Erkenntnisse wahr, die man durch die sinnlichen oder mentalen Kräfte erhält. Von daher kann man nicht von zwei Naturen oder Substanzen im Wesen des Menschen sprechen. Er soll als eine Entität bzw. ein Selbst betrachtet werden, welches ein Bewusstsein hat. Um diese Einheit zu betonen, erwähnt Ibn al-ʿArabī die Unterscheidung zwischen den Augen und der Sehkraft, zwischen den Ohren und dem Gehör. Der Körper sieht, nicht weil er Augen hat, sondern weil er über eine Sehkraft

23 Ibn al-ʿArabī: *al-Futūḥāt al-makkiyya*, Bd. 2, S. 691.
24 Vgl. ebd.

verfügt. Für ihn sind die Sehkraft, das Gehör sowie die anderen Sinne die *laṭīfa* selbst.[25]

Das ist ein Grund, warum in der vorliegenden Arbeit die *laṭīfa* als das bewusste Sein in uns und die Kraft, die uns das Bewusstsein verleiht, verstanden wird. In der Lehre des andalusischen Meisters scheint es schwer, eine klare Unterscheidung zwischen der *laṭīfa* und dem Körper zu machen. Denn in dem Moment, wenn die *laṭīfa* sich in einer Gestalt bzw. einem Körper manifestiert, dann ist sie dieser Körper selbst[26] und man kann ihre mentalen Vorgänge und sinnlichen Kräfte empirisch ergründen, da sie im Hirn stattfinden. Demnach ist die Unterscheidung zwischen *laṭīfa* und Körper nur nachvollziehbar, wenn diese Beziehung aus einer ontologischen Perspektive untersucht wird. Ansonsten kann man das Selbst des Menschen empirisch studieren, wenn es um seine Interaktion mit der Welt geht und wie es durch seine Erkenntnismittel Wissen erlangt.

So ist auch Ibn al-ʿArabī vorgegangen. Er lokalisierte alle mentalen Kräfte nicht in einer metaphysischen Entität, sondern im Hirn des Menschen.[27] Somit entspricht sein Geistesbegriff nicht dem gängigen Bild im *kalām* und in der Philosophie. Denn auch wenn er sagt, dass die mentalen Kräfte Attribute des menschlichen Geistes sind, so versteht er darunter kein Wesen, welches separat vom Körper ist. Dies wird deutlicher, wenn wir sehen, dass er alle mentalen Kräfte des Menschen in den unterschiedlichen Hirnarealen lokalisiert.[28] Das zeigt uns, dass er unter dem Begriff Geist etwas anderes versteht. Ferner stellen wir fest, dass er den Mineralien und Elementen auch einen Geist zuschreibt.[29] Aber meint er damit ein Wesen? Bei genauer Betrachtung konstatiert man, dass er darunter die spezifischen Eigenschaften dieser Mineralien versteht. Das Leben, die Fähigkeit, sich zu bewegen, die partikularen Eigenschaften eines Wesens, all das nennt er Geist, sodass er den Geistesbegriff (*rūḥ*) auf neun Geistesarten ausweitet, die in den meisten Fällen mit dem gängigen Geistesbegriff nicht viel gemeinsam haben, sondern eher Umschreibungen für Eigenschaften sind, die wir empirisch betrachten können und die wir heute mit ziemlicher Genauigkeit naturwissenschaftlich erklären können.[30]

25 Vgl. ebd., Bd. 2, S. 503 f.
26 Vgl. ebd. S. 504.
27 Vgl. Ibn al-ʿArabī: *Kitāb al-maʿrifa*, S. 291.
28 Vgl. ebd.
29 Vgl. ebd., S. 290.
30 Vgl. ebd., S. 290–292. Für die Frage „Was die Neurowissenschaft leisten kann und was nicht" siehe: Bennett, M.R. und P.M.S. Hacker: *Philosophie und Neurowissenschaft*, in: Sturma, Dieter (Hrsg.): *Philosophie und Neurowissenschaften*, 4. Aufl., Frankfurt am Main: Suhrkamp Verlag 2008, S. 20–42.

4.2. Die primordiale Natur (*fiṭra*)

Im vorigen Kapitel wurde erwähnt, dass Ibn al-ʿArabī bei seinen unterschiedlichen Kategorisierungen des Wissens dieses u. a. in notwendig und erworben unterteilt hat. Es wurde festgestellt, dass bei ihm für das notwendige Wissen zwei Kriterien gelten müssen, nämlich die subjektive Zweifellosigkeit und die Unfreiwilligkeit. Des Weiteren wurde gezeigt, dass das notwendige Wissen entweder durch die Sinne oder durch das Begriffsvermögen zustande kommen kann. Und da das notwendige Wissen kein Synonym für das apriorische Wissen ist, stellt sich in diesem Zusammenhang die Frage, ob es ein Wissen gibt, welches von Geburt an in uns vorhanden ist. Falls es dieses gibt, wie ist es theologisch zu begründen und zu verstehen und welcher Kategorie des Wissens wird es zugeordnet?

4.2.1. Fiṭra in der Sprache und Theologie

In der Theologie[31] wurde die Frage, ob man ein apriorisches Wissen besitzt, unter dem Thema der *fiṭra* diskutiert. Die Wurzel *f-ṭ-r* bedeutet ursprünglich „etwas öffnen" oder „etwas zeigen"[32] oder nach Ibn Manẓūr „etwas spalten".[33] Das Verb *faṭara* wurde neben der ursprünglichen Bedeutung für weitere Handlungen verwendet wie z. B. für das Erschaffen, etwas als erster tun oder auch für das feinfühlige Melken.[34]

Im Koran wird das Verb im Bezug auf Allah ﷻ im Sinne von „erschaffen" verwendet und zwar in 6:79, 11:59, 17:51, 20:72, 21:56, 36:22 und 43:27. In diesen *āyāt* ist mit dem Erschaffen in erster Linie die beispiellose Schöpfung gemeint. Hingegen wird das Verb in der Form *tafaṭṭara* in Bezug auf kosmische Phänomene wie den Himmel im Sinne von sich spalten benutzt, wie in 19:90, 42:5, 73:18. Was die *āya* 30:30 betrifft, ***„So richte dein Gesicht aufrichtig zum dīn[35] hin, [welcher] die fiṭra ist, nach welcher Allah die Menschen erschuf,"***[36] so wurde sie unterschiedlich ausgelegt, weil hier mit dem Verb *faṭara* sowohl das Erschaffen in einer bestimmten Verfassung als auch andere Bedeutungen gemeint sein können.

31 Hier ist mit Theologie das gesamte Fach gemeint.

32 Vgl. Ibn Fāris, Abū al-Ḥusayn: *Maqāyīs al-luġa*, Beirut: Dār al-fikr 1979, Bd. 4, S. 510.

33 Vgl. Ibn Manẓūr, Ǧamāl ad-Dīn: *Lisān al-ʿarab*, Beirut: Dār al-maʿārif 1998, S. 3432.

34 Vgl. ebd., S. 3433.

35 Die Übersetzung des Begriffes *dīn* mit Religion ist aus mehreren Gründen problematisch. *Dīn* ist nicht nur die Religion, sondern vielmehr die Lebenseinstellung, Lebensart und Lebensphilosophie. Es ist jegliche Art von Haltung oder Gesinnung, der man in der eigenen Lebensführung folgt.

36 Koran, 30:30, eigene Übersetzung.

Wegen der unterschiedlichen Konzepte und Erklärungen, die es zur *fiṭra* gibt, ist diese *āya* ambig. Drei Meinungen sind in diesem Zusammenhang von Bedeutung, da sie die meist vertretenen sind und Ibn al-ʿArabī sie gekannt haben dürfte.[37] Die große Mehrheit der frühen Gelehrten (*salaf*) war der Auffassung, dass die *fiṭra* ein Synonym für die Hingabe (*islām*) ist.[38] Diese Ansicht ist von Abū Hurayra, az-Zuhrī, ʿIkrima, Muǧāhid, al-Ḥasan al-Baṣrī, Ibrāhīm an-Naḫaʿī, aḍ-Ḍaḥḥāk, Qatāda sowie aṭ-Ṭabarī überliefert.[39] Für sie bezieht sich das Wort *fiṭra* in 30:30 auf den ersten Teil der *āya*, in welchem der *dīn* erwähnt wurde. Die Vertreter dieser Position nahmen als Erklärung für 30:30 hauptsächlich den Hadith:

«ما من مولود إلا يولد على الفطرة، فأبواه يهودانه أو ينصرانه أو يمجسانه»[40]

Jedes Kind kommt in fiṭra zur Welt. Es sind seine Eltern, die aus ihm einen Juden, Christen oder Zoroastrier machen

sowie den Hadith:

«إن الله خلق آدم وبنيه حنفاء مسلمين»[41]

Wahrlich, Allah hat Adam und seine Kinder als ḥunafāʾ und Ergebene (Muslime) erschaffen.

Das Wort *ḥanīf*, welches ursprünglich rechtmäßig bzw. frei von Makel bedeutet, wurde in diesem Zusammenhang zum Synonym für die Hingabe (*islām*), da dieser Begriff in manchen Kontexten als Synonym für den Monotheismus und die Ablehnung des Polytheismus sowie als die Lebensart und Lebenseinstellung Abrahams ﷺ verstanden wurde.[42]

Wenn man jedoch diese Position wortwörtlich nimmt, dann würde es bedeuten, dass die Menschen als Muslime zur Welt kämen, und zwar nicht im Sinne von Ergebenen, sondern im Sinne von Anhängern einer Lehre und Lebenseinstellung (*dīn*). Es würde bedeuten, dass der Mensch die Glaubensfundamente, die Lehren und Normen der prophetischen

37 Diese Positionen sollten aš-Šayḫ al-Akbar bekannt sein, da sie sowohl in den frühen exegetischen Werken als auch bei dem andalusischen Gelehrten Ibn ʿAbd al-Barr, dessen Werke er kannte, erwähnt wurden.

38 Vgl. Ibn ʿAbd al-Barr, Abū ʿUmar: *al-Istiḏkār*, Damaskus: Dār Qubba li-ṭ-ṭibbāʿa 1993, Bd. 8, S. 380.

39 Vgl. Ibn ʿAbd al-Barr, Abū ʿUmar: *at-Tamhīd*, Bd. 18, Rabat: Wizārat al-awqāf 1987, Bd. 18, S. 72; 76; sowie: aṭ-Ṭabarī, Abū Ǧaʿfar: *Tafsīr aṭ-ṭabarī*, Kairo: Dār haǧar 2001, Bd. 18, S. 493 ff.

40 al-Muttaqī al-Hindī, ʿAlāʾ ad-Dīn: *Kanz al-ʿummāl*, Beirut: Muʾassasat ar-risāla 1985, Nr. 1308/ Mālik, Buḫārī, Muslim.

41 Ebd., Nr. 32124/ aṭ-Ṭabarānī, Ibn ʿAsākir.

42 Vgl. Ibn ʿAbd al-Barr: *al-Istiḏkār*, Bd. 8, S. 382.

Botschaft in sich tragen würde. So ein Verständnis ist aus mehreren Gründen theologisch nicht vertretbar.

Imam Ibn ʿAbd al-Barr (gest. 1071) hat diese Problematik bemerkt und lehnte deswegen die Gleichstellung der *fiṭra* mit dem *islām* im Hadith ab. Nach ihm benötigen der *islām* und der Iman (der Glaube) ein Bekenntnis, eine Überzeugung im Herzen sowie Handlungen, die natürlich bei keinem Kind zu finden sind.[43] Würde man davon ausgehen, dass die Kinder als Muslime im fachspezifischen Sinne geboren werden, dann würde das der *āya* 16:78 widersprechen, ***„Gott brachte euch aus eurer Mütter Leibern hervor, und ihr wußtet nichts. Und er gab euch Gehör, Gesicht und Herz, auf daß ihr dankbar seid"***.[44] Hier wird deutlich erwähnt, dass der Mensch nach seiner Geburt kein spezifisches Wissen in sich trägt. Die Überlieferung, in welcher steht, dass Allah die Menschen als Muslime erschuf, ist hadithwissenschaftlich problematisch,[45] da sie durch stärkere Überlieferungsketten in einem anderen Wortlaut, in welchem der Begriff Muslime nicht vorkommt, tradiert wurde.

«وإني خلقت عبادي حنفاء كلهم»[46]

Ich erschuf alle meine Diener als ḥunafāʾ.

Versteht man *ḥunafāʾ* im Sinne von frei von Makel und frei vom Polytheismus, dann kann diese Überlieferung nicht mehr als Argument für die Position jener gelten, die davon ausgehen, dass die Menschen als Muslime im fachspezifischen Sinne zur Welt kommen. Aus den besagten Gründen darf der *islām* nicht im Sinne der Botschaft des Propheten ﷺ verstanden werden, sondern eher als Synonym für die Hingabe und die Sehnsucht nach dem Göttlichen.

Die zweite Position geht davon aus, dass die *fiṭra* das ist, was für den Menschen entsprechend des göttlichen Wissens bestimmt wurde bzw. die veranlagte Natur des Menschen, die aus dem Ereignis des Urvertrages (*al-miṯāq*) stammt. Sie scheint gegen die *Muʿtazilīten* entwickelt worden zu sein.[47] Laut dieser Ansicht wurde der Glaube oder die Verleugnung in der Natur des Menschen je nach dem, wie er sich beim Urvertrag verhalten

43 Vgl. ebd., Bd. 8, S. 383.

44 Der Koran (Übers. Goldschmidt), Leipzig: Verlag Julius Kittls Nachfolger 1916, 16:78.

45 Vgl. IBN ʿABD AL-BARR: *at-Tamhīd*, Bd. 18, S. 73 ff.

46 Kanz, Nr. 11306/ Muslim.

47 Für eine ausführliche Behandlung der Frage der *fiṭra* in der Qadar-Frage und die verschiedenen Positionen diesbezüglich siehe: IBN TAYMIYYA, TAQIYY AD-DĪN: *Darʾ taʿāruḍ al-ʿaql wa n-naql*, Riad: Ǧāmiʿat al-Imām Muḥammad b. Suʿūd 1991, S. 8, 403 ff.

hat, geprägt. Mit dem Urvertrag (*al-miṯāq*) ist nach den meisten Sunniten das Ereignis gemeint, auf welches die *āyāt* 7:172-173 hinweisen.

Zusammengefasst geht man davon aus, dass Allah ﷻ vor dem diesseitigen Leben alle Kinder Adams aus Adam hervorgebracht hat und Seine Herrschaft (*rubūbiyya*) bezeugen ließ. Eine Minderheit unter den Vertretern dieser Position ist der Ansicht, dass die Gläubigen im Diesseits diejenigen sind, die aus Überzeugung die Herrschaft Allahs bestätigt haben. Hingegen sind die Verleugnenden im Diesseits diejenigen, die die Herrschaft Allahs ungewollt und nur aus dem Zwang der Situation heraus bestätigt haben. Nach dieser Interpretation ist Iman und Verleugnung (*kufr*) etwas, was in der Natur des Menschen liegt und für welches der Mensch sich während des Ereignisses des Urvertrages entschieden hat. Allerdings ist diese Position nicht makellos, denn zwar bestätigen die Sunniten sowie manche Schiiten das Ereignis des Urvertrages, jedoch bleibt die Ansicht, welche besagt, dass der Glaube an Gott bzw. die Verleugnung ihren Ursprung im Urvertrag haben, eine Randmeinung, die problematisch ist.[48] Zu glauben, dass das Verleugnen in der Natur des Menschen etwas Angeborenes sei, ist theologisch nicht haltbar und zieht all die Probleme mit sich, die im Bereich des *kalām* bezüglich des Determinismus diskutiert wurden.[49]

Die dritte und letzte Position bezüglich der *fiṭra* ist unter den Rechtsgelehrten und den *mutakallimūn* verbreitet.[50] Sie sieht die *fiṭra* nicht als ein Vorwissen, eine Bestimmung oder Prägung, sondern als die gleichmäßige Gestalt und Schöpfung des Menschen, die ihm später das Wissen über Allah ermöglicht. Die Menschen kommen frei von jeglichem Glauben, Verleugnen, Erkenntnis oder Unkenntnis zur Welt. Falls der Mensch gesund ist, dann besitzt er in der Regel die Fähigkeit, zu glauben oder zu verleugnen. Die körperliche und geistige Verfassung, die ihm das ermöglicht, ist die *fiṭra*.[51] Man kann hier die *fiṭra* mit dem Erkenntnispotential des Menschen gleichsetzen.

48 Vgl. AṬ-ṬABĀṬABĀʾĪ, MUḤAMMAD ḤUSAYN: *al-Mīzān fī tafsīr al-qurʾān*, Beirut: Muʾassasat al-aʿlamī 1997, Bd. 8, S. 311 ff; siehe auch: AR-RĀZĪ, FAḪR AD-DĪN: *at-Tafsīr al-kabīr*, Beirut: Dār al-fikr 1981, Bd. 15, S. 49 ff; und: AL-QUMMĪ, ABŪ AL-ḤASAN: *Tafsīr al-qummī*, Qom: Dār al-kitāb li aṭ-ṭibāʿa 1303, Bd. 1, S. 246 ff.

49 Vgl. AL-ǦAʿBARĪ, MUḤAMMAD: *al-Fiṭra wa al-ʿaqīda al-islāmiyya*, Mekka: King Abdulaziz University 1979, S. 110.

50 Vgl. IBN ʿABD AL-BARR: *al-Istiḏkār*, Bd. 8, S. 378,.

51 Vgl. ebd., Bd. 8. S. 378 f.

4.2.2. Die fiṭra bei Ibn al-ʿArabī

Nach dem andalusischen Gelehrten gilt die *fiṭra* als der ursprüngliche Zustand der Dienerschaft (*ʿubūdiyya*), der allen Menschen, ja allen Geschöpfen, innewohnt.[52] Der Mensch ist ursprünglich ein Diener Allahs, der die Herrschaft Gottes kennt, nicht nur wegen des Urvertrages, welchen Ibn al-ʿArabī manchmal auch als Hinweis für seine Position bringt, sondern hauptsächlich wegen der ontologischen Deutung der *mawǧūdāt* in der *akbarītischen* Lehre. Die *laṭīfa* des Menschen weiß, dass Allah der Herr ist und da sie, wie bereits erklärt, ein Kontinuum ist, trägt sie dieses Wissen in sich. Wenn die *laṭīfa* sich jedoch in der weltlichen Gestalt zeigt, dann gerät dieses Wissen in Vergessenheit:

> «فكل مولود يولد على ذلك الميثاق ولكن لما حصل في حصر الطبيعة بهذا الجسم محل النسيان جهل الحالة التي كان عليها»[53]
>
> *Jedes Kind kommt zur Welt, den Urvertrag [bestätigend], allerdings, da er [der Mensch] in der Natur durch den Körper, welcher ein Ort der Vergesslichkeit ist, eingeschränkt wurde, vergaß [der Mensch] den Zustand, in welchem er vorher [das heißt vor der Geburt] war.*

Ibn al-ʿArabī lehnt es ab, von einer reinen Unkenntnis nach der Geburt zu sprechen. Dass der Mensch ohne Wissen zur Welt kommt, ist etwas, was er nicht negiert. Jedoch liegt der Grund dafür in der Vergesslichkeit und nicht darin, dass wir über gar kein Wissen verfügen. Die *laṭīfa* des Menschen vergaß den Zustand, in welchem sie war, bevor sie diese eine weltliche, körperliche Gestalt annahm. Um diese Vergesslichkeit zu veranschaulichen, vergleicht er den Zustand unserer subtilen Seite nach der Geburt mit dem Zustand, den wir in einem hohen Alter wegen der Demenz erleben. Dafür nimmt er die folgende *āya*: **„Mancher aber von euch wird zur Tiefe der Lebensdauer gebracht, so daß er nichts mehr weiß, nachdem er gewußt.“**[54] Das gleiche wurde auch über die Neugeborenen, wie schon im vorigen Punkt aufgezeigt wurde, gesagt.

Die Position von Imam Ibn al-ʿArabī ist der Meinung der frühen Gelehrten nah. Allerdings vermeidet er die Gleichstellung der *fiṭra* mit dem Begriff *islām*. Er verwendet anstatt *islām* Begriffe wie die Bestätigung der

52 Vgl. Ibn al-ʿArabī: *al-Futūḥāt al-makkiyya*, Bd. 1, S. 57; 381.
53 Ebd., Bd. 2, S. 616.
54 Koran (Goldschmidt), 16:70.

eigenen Dienerschaft (*al-iqrār bi-l-ʿubūdiyya*)[55] oder die Bezeugung der göttlichen Herrschaft (*aš-šahāda bi-r-rubūbiyya*).[56] Dass der Mensch ein Wissen besitzt, auf welches er aus Vergesslichkeit nicht mehr zugreifen kann, ist nicht nur für die *fiṭra* typisch. Unser Imam vertritt ja sogar die Auffassung, dass im Menschen das Wissen über alles vorhanden ist.[57]

Die Frage, die sich nun stellt, ist, wie Ibn al-ʿArabī zu der Ansicht kam, dass die *fiṭra* die Hingabe gegenüber der Herrschaft Gottes ist. In der Beantwortung der 43. Frage des al-Ḥakīm at-Tirmiḏī[58] stellte Ibn al-ʿArabī die *fiṭra* bildlich als das Licht dar, welches die Dunkelheit der Kontingenten (*mumkināt*) durchspaltet bzw. sie durchdringt, sodass dadurch die Unterscheidung zwischen den verschiedenen Kontingenten möglich wird.[59] Für ihn ist die koranische Stelle „فَاطِرِ السَّمَاوَاتِ وَالْأَرْضِ",[60] welche bei den meisten mit ***„der Schöpfer von Himmeln und Erde"*** übersetzt wird, in ihrem wortwörtlichen Sinne zu verstehen, nämlich ***„der Spaltende von Himmeln und Erde"***. Anders ausgedrückt, Allah ist für ihn derjenige, der die Entität der Himmel von jener der Erde getrennt hat. Trennen ist hier im Sinne von unterscheiden gemeint. Die Tatsache, dass wir *Entität A* von *Entität B* unterscheiden können, verdanken wir dem Göttlichen Namen *al-Fāṭir* (dem Spaltenden), der die Unterscheidung der festen Entitäten durch die unterschiedlichen Formen (*ṣuwar*) im *wuǧūd* ermöglicht.

Aus diesem Grund sieht Ibn al-ʿArabī „das Licht der Himmel und Erde" als Erklärung für „den Spaltenden von Himmeln und Erde".[61] Hier tritt sein Konzept des Lichtes in Bezug auf die Erkenntnis wieder in Erscheinung. Licht ist, wie bereits erklärt, ein Synonym für den *wuǧūd*. Auf der Stufe der Einheit (*al-aḥadiyya*), in welcher das göttliche Wesen als reine Absolutheit gedacht wird,[62] die in Relation mit nichts steht, ist keine Erkenntnis möglich. Auch auf der Stufe der Einsheit (*al-wāḥidiyya*), jener Stufe, auf der die göttlichen Attribute sich von einander unterscheiden, kann keine feste Entität (*al-ʿayn aṯ-ṯābita*) eine weitere Entität erkennen, es sei denn

55 Vgl. Ibn al-ʿArabī: *al-Futūḥāt al-makkiyya*, Bd. 1, S. 381.

56 Vgl. ebd., Bd. 1, S. 57.

57 Vgl. ebd., Bd. 2, S. 686; siehe hierzu auch: Abrahamov, Binyamin: *Ibn Arabī's Theory of Knowledge (Part I)*, in: *Journal of The Muhyiddin Ibn 'Arabi Society* 41 (2007), S. 24.

58 Siehe seine Biographie in: Abdullah Bereke, Abdülfettâh: *„Hakîm et-Tirmizî"*, in: Türkiye Diyanet Vakfı (Hrsg.): İslâm Ansiklopedisi, İstanbul 1997, S. 196–199.

59 Vgl. Ibn al-ʿArabī, Muḥyī ad-Dīn: *Aǧwibat Ibn ʿArabī ʿalā asʾilat al-Ḥakīm at-Tirmiḏī*, Kairo: Maktabat aṯ-ṯaqāfa ad-dīniyya 2006, S. 79.

60 Koran, 6:14.

61 Vgl. Ibn al-ʿArabī: *Aǧwibat Ibn ʿArabī ʿalā asʾilat al-Ḥakīm at-Tirmiḏī*, S. 80.

62 Auch die Bezeichnung „reine Absolutheit" wird hier nur allegorisch benutzt. Denn auf dieser Stufe kann nichts über das erhabene Wesen gesagt werden.

der *wuǧūd* entifziert sich durch sie, sodass sie erkennbar und erkennend wird. Ansonsten sind alle Entitäten eine Einheit im Wissen Allahs, ja sie sind das Wissen Allahs selbst. Erst durch das Licht Allahs erscheinen die Entitäten im *wuǧūd* als Wesenheiten, die sich von einander unterscheiden, anders gesagt als entifizierter *wuǧūd*. Und in diesem Moment, in welchem sie im *wuǧūd* erscheinen, also ihnen ein Dasein zuteil wird, geschieht eine Spaltung bzw. Trennung zwischen ihrer Wesenheit und ihrem Dasein.[63] Denn vor ihrem Erscheinen waren sie lediglich Entitäten im Wissen Gottes, die keinen Platz im *wuǧūd* haben. Wenn sie jedoch ein bewusstes Sein durch den *wuǧūd* erlangen, dann wird zwischen ihrer Wesenheit und ihrem Dasein unterschieden. Die logische Folge dieser Aussage ist, dass durch die Unterscheidung zwischen dem Dasein und der Wesenheit der Entität die Unterscheidung zwischen dem bedürftigen Diener und dem allmächtigen Herrn deutlich wird.[64] Die Geschöpfe sind feste Entitäten (*ʿayān ṯābita*), die keinen eigenen *wuǧūd* haben. Sie sind des *wugūd* bedürftig. Denn nur so können sie ihren Herrn erkennen bzw. überhaupt irgendetwas erkennen und von anderen Entitäten erkannt werden; und nur wenn sie im *wuǧūd* erscheinen, können sie die Namen und Eigenschaften Allahs widerspiegeln.[65] Dementsprechend zeigt sich ihre Bedürftigkeit nach Allah als *wuǧūd* und somit ihre Dienerschaft gegenüber dem Herrn. Das ist, was Ibn al-ʿArabī mit dem ursprünglichen Zustand der Dienerschaft (*ʿubūdiyya*) meint.

Wie man sieht, nimmt aš-Šayḫ al-Akbar die koranische Sprache ziemlich ernst und versucht, alle etymologischen und semantischen Aspekte der Begriffe auszuschöpfen. Die *fiṭra* ist also etwas, was uns tief innewohnt, weil sie zu unserer Verfassung gehört. Denn das Erschaffen ist nichts anderes als die festen Entitäten (*al-aʿyān aṯ-ṯābita*) im *wuǧūd* erscheinen zu lassen, folglich bekommen diese Entitäten ein bewusstes Sein dadurch begreifen sie intuitiv, dass sie nicht der gesamte *wuǧūd* sind und dass sie diesen *wuǧūd* benötigen. Diese in jedem Geschöpf ursprüngliche und in seinem Wesen fest verankerte Feststellung ist die *fiṭra*. Aš-Šayḫ al-Akbar schafft in seinem Konzept eine Synthese zwischen der sprachlichen Bedeutung des Begriffes, der koranischen Verwendung und der Position der frühen Gelehrten. Wie er seine Position erklärt, unterscheidet sich grundlegend von den anderen Gelehrten, die ver-

63 Vgl. Ibn al-ʿArabī: *Aǧwibat Ibn ʿArabī ʿalā asʾilat al-Ḥakīm at-Tirmiḏī*, S. 80.

64 Vgl. ebd.

65 Vgl. Ibn al-ʿArabī: *al-Futūḥāt al-makkiyya*, Bd. 2, S. 57.

sucht haben, ihre Ansicht nur anhand von Überlieferungen zu belegen. Ibn al-ʿArabī benutzt diese Überlieferungen zwar auch als zusätzliche Hinweise,[66] jedoch waren seine Hauptargumente eine Zusammenführung der sprachlichen und koranischen Aspekte der *fiṭra* im Rahmen seiner *wuǧūd-Lehre*.

Die *fiṭra* ist bei dem andalusischen Imam laut dem bisher Gesagten eine Art tief verborgene Erkenntnis in dem menschlichen Selbst. Da sich unser Selbst allerdings immer in einem gesellschaftlichen Rahmen bewegt und entwickelt, kommt es zur Vergessenheit. Basierend auf der prophetischen Aussage spielt für Ibn al-ʿArabī die Erziehung und die Sozialisierung eine große Rolle bei der Entstehung eines Schleiers zwischen dem Selbst und der *fiṭra*.[67] Für ihn ist der Glaube an Gott und die Akzeptanz Seiner göttlichen Herrschaft sowie die Bestätigung der eigenen Bedürftigkeit sowohl im Gläubigen, Polytheisten als auch im Atheisten und Agnostiker vorhanden. Glaube (Iman) wird nicht erworben, sondern er wird enthüllt. Es ist nur der Schleier des Polytheismus (*širk*), der die primordiale Natur des Polytheisten bedeckt. Der Glaube an den einen Gott ist somit kein Wissen, welches außerhalb von uns liegt und welches erworben werden soll, sondern es ist etwas, das latent in uns existiert. Die Erziehung, die eigene Erfahrung sowie die Gesellschaft sind die drei Faktoren, welche die Menschen ihre primordiale Natur vergessen lassen.[68] Der Imam aus Murcia geht noch einen Schritt weiter und geht davon aus, dass der Atheist oder Agnostiker näher zu dieser in ihm verborgenen Wirklichkeit steht als der Polytheist. Denn der Atheist schreibt sein Dasein einem allgemeinen Prinzip zu.[69] Für Ibn al-ʿArabī ist das einzige, was den Atheisten vom Glauben trennt, nur die Bestätigung dessen, dass dieses Prinzip bzw. dieses etwas nichts anderes als der *wuǧūd* ist. Denn alles, was ist, erscheint im *wuǧūd*, welcher der Wirkliche ﷻ ist. Anhand des *fiṭra*-Konzeptes des andalusischen Imams kann man die Bezeichnung des Korans als *ḏikr* (Erinnerung) und den Propheten ﷺ als *muḏakkir* (Erinnerer) besser nachvollziehen. Die Aufgabe der göttlichen Kunde (*waḥy*) und der prophetischen Sendung ist in erster Linie, die Menschen

66 Vgl. ebd., Bd. 1, S. 381.

67 Vgl. ebd., Bd. 2, S. 616 und 690.

68 Vgl. ebd., Bd. 2, S. 616.

69 Der Atheist bestätigt die Tatsache, dass er ein Teil des Seins ist bzw. dass er Sein benötigt um überhaupt da zu sein. Nach Ibn al-ʿArabī ist das Sein aber nichts anderes als ein Aspekt des *wuǧūd*, der in der *akbarītischen* Lehre Bewusstsein und Sein ist. Der *wuǧūd* an sich ist der Wirkliche selbst.

an ihr Selbst zu erinnern. Denn in ihnen liegt der Glaube, er muss nur noch enthüllt und dann weiter gepflegt werden.

Zudem wird *fiṭra* bei ihm in einem anderen Sinn verwendet und zwar als das von Allah in die Geschöpfe gelegte Wissen. Hier gibt Ibn al-ʿArabī das Beispiel mit dem Säugling, der die Brust seiner Mutter nimmt und ihre Milch akzeptiert.[70] Für ihn ist die gesamte kosmische Ordnung eine Form der Hingabe gegenüber Allah. Jedes Element im Universum hat nicht nur ein bewusstes Sein, sondern es trägt das Wissen über seine Aufgabe und seinen Zweck in diesem großen Ganzen in sich.[71] Wäre so ein Wissen in ihnen nicht vorhanden, dann könnte man es nicht aus ihnen gewinnen. Die Vorstellung, dass das Wissen ausschließlich eine Angelegenheit der denkenden Ratio sei, teilt Ibn al-ʿArabī nicht. Auch die Gleichstellung des Bewusstseins mit der biologischen Lebendigkeit lehnt er ab.[72] Bewusstsein ist bei ihm eine Frage der Ontologie.

Nun, ist die *fiṭra* ein Erkenntnismittel? Anhand der Untersuchung als Begriff und als Konzept bei aš-Šayḫ al-Akbar kann man sagen, dass die *fiṭra* kein Erkenntnismittel, sondern die Verfassung jeglicher Entität ist. Sie ist die primordiale Natur des Menschen und die grundlegende Ebene seines Daseins als Geschöpf. Diese Tatsache bedingt ein Wissen, welches auf der Ebene des Unbewussten unseres Selbst liegt und welches Grund für die menschliche Sehnsucht nach dem Göttlichen und nach dem letzten Prinzip des Seins ist, wie es Goethe einst in Faust formulierte:

> *Daß ich erkenne, was die Welt – Im Innersten zusammenhält.*[73]

Es wurde festgestellt, dass der Mensch keinen direkten Zugang zu seiner eigenen *fiṭra* hat, da er während des Prozesses seiner Erziehung, seiner Sozialisierung und seines Werdens allgemein Überzeugungen und Glaubenssätze entwickelt und Wissen erwirbt, durch welches er auf die Welt schaut und wodurch er sie begreift. Ebendaher benötigt der Mensch weitere Erkenntnismittel, um zu Wissen und zu Erkenntnis zu gelangen. Die *fiṭra* ist somit eher ein Zustand, den man wieder zu verwirklichen versucht, aber kein Erkenntnismittel wie die Sinne, das Begriffsvermögen oder die anderen Mittel.

70 Vgl. Ibn al-ʿArabī: *al-Futūḥāt al-makkiyya*, Bd. 2, S. 260. Auch wenn die moderne Neurologie davon ausgeht, dass es hier um Reflexe geht, die durch die Gene vorgegeben sind, bleibt es ein in uns gelegtes Wissen.

71 Vgl. ebd., Bd. 2, S. 678.

72 Vgl. ebd.

73 Goethe, Johann Wolfgang: *Faust*, Stuttgart: Cotta'sche Verlag 1854, S. 18.

5. Vom Begriffsvermögen (*al-ʿaql*) und der Imagination (*al-ḫayāl*)

„Ja, nein!" - Aus der Antwort Ibn al-ʿArabīs auf Averroës[1]

Laut der Mehrheit der Theologen gibt es drei Kanäle, durch welche das Erlangen des theologischen Wissens stattfindet, nämlich die Sinne, das Begriffsvermögen sowie die göttliche Kunde.[2] Ibn al-ʿArabī stimmt mit den Theologen zwar über diese Erkenntnismittel überein, allerdings lässt er weitere Erkenntnismittel gelten, wie z. B. die Imagination oder das Herz. In dem vorliegenden Kapitel werden das Begriffsvermögen sowie die Imagination untersucht.

Wir haben im dritten Kapitel gesehen, dass Ibn al-ʿArabī drei Kategorien des Wissens kennt, wenn man es nach den Erkenntnismitteln einteilt. Nun sollen die Erkenntnismittel dieser drei Kategorien in diesem und im nächsten Kapitel untersucht werden. Es soll erörtert werden, was das Begriffsvermögen erkennen kann und wo seine Grenzen in dem hier behandelten Bereich, also dem der Theologie, liegen. Auch die anderen Erkenntnismittel, von denen das Begriffsvermögen abhängt, sollen hier kritisch behandelt werden. Das heißt, hier soll es auch darum gehen, die Imagination wie sie von Ibn al-ʿArabī verstanden wird, zu definieren sowie das Erkenntnisspektrum der verschiedenen Erkenntnismittel des Selbst zu bestimmen, um dann zu schauen, welche Grenzen das Begriffsvermögen und die Imagination haben.

1 IBN AL-ʿARABĪ, MUḤYĪ AD-DĪN: *al-Futūḥāt al-makkiyya*, Kairo: Dār al-Kutub al-ʿarabīyya 1911, Bd. 1, S. 154.

2 Diese drei Ebenen sind eine Umschreibung der klassischen Position, die davon ausgeht, dass die Sinne, das Begriffsvermögen, die Tradition (im Sinne einer Überlieferung vom Propheten) sowie die Herzenserkenntnis die zulässigen Erkenntnismittel in der Theologie sind. Allerdings war und ist der letzte Punkt, wie schon bereits erwähnt, unter den Theologen umstritten. Siehe: AL-KŪMĪ, ABŪ ʿABDILLĀH: *Taḥrīr al-maṭālib li-mā-taḍammanathu ʿaqīdat ibn al-ḥāǧib*, Beirut: Muʾassasat al-maʿārif 2008, S. 92; sowie: RAMADĀN EFENDI, IBN MUḤAMMAD: *Šarḥ Ramdān Efendi ʿalā šarḥ as-Saʿd ʿalā al-ʿaqāʾid an-nasafiyya*, Beirut: Dār al-kutub al-ʿilmiyya 2012, S. 90 f; siehe auch die Diskussion der Kommentatoren von *Šarḥ al-ʿAqāʾid* über die Beweiskraft der Herzenserkenntnis im Bereich vom *kalām* in: AL-MAZĪDĪ, AḤMAD FARĪD: *Šurūḥ wa-ḥawāšī al-ʿaqāʾid an-nasafiyya*, Beirut: Dār al-kutub al-ʿilmiyya 2013, Bd. 2. S. 593-603.

Ibn al-ʿArabī unterscheidet im menschlichen Selbst zwischen rein mentalen und sinnlichen Kräften.[3] Während die mentalen Kräfte sich im menschlichen Hirn befinden, sind die Sinne etwas, was sowohl von den jeweils zuständigen Körperteilen als auch vom Hirn abhängt.[4] In seinem Buch *al-Maʿrifa* spricht der Meister von acht Kräften, nämlich *a)* der Wahrnehmungskraft (*al-ḥiss al-muštarak*), *b)* der Imagination (*al-ḫayāl*), *c)* der Denkkraft (*al-mufakkira*), *d)* dem Begriffsvermögen (*al-ʿāqila*),[5] *e)* der Fantasie (*al-wahm*), *f)* dem Gedächtnis (*al-ḥāfiẓa*), *g)* der Erinnerungskraft (*aḏ-ḏākira*). Zu diesen sieben Kräften zählt er noch die fünf Sinne dazu.[6] Aber in seinem Werk *al-Futūḥāt al-makkiyya* erwähnt er die Vorstellungskraft (*al-muṣawwira*) als weitere Kraft, die der Imagination untergeordnet ist.[7] Allerdings sind nicht alle diese Kräfte aktive Erkenntnismittel, sondern nur einige von ihnen. Die restlichen dienen als Hilfsmittel. In diesem Zusammenhang spielen fünf Kräfte eine zentrale Rolle in der menschlichen Erkenntnis.[8]

Die erste Kraft sind die fünf Sinne, deren Wahrnehmung je nach Distanz variiert. Denn das, was man von einem Objekt in der Entfernung von drei Kilometern erkennt, ist nicht das, was man von ihm in der Entfernung von einem Meter erkennt. Diese Variation in der sinnlichen Wahrnehmung führt Ibn al-ʿArabī auf die Nähe und Distanz und die Stärke des Sinnesvermögens zurück und nicht auf das Sinnesvermögen als Erkenntnismittel selbst. Denn für ihn sind die Sinne keine Erkenntnismittel, die Wahres oder Falsches vermitteln, sondern sie nehmen lediglich das wahrgenommene Objekt, wie es zu ihnen steht, wahr. In anderen Worten, die nahe Wahrnehmung ist nicht korrekter oder gar wahrer als die distanzierte Wahrnehmung. Das, was die Sinne wahrnehmen, ist nach der Vorstellung Ibn al-ʿArabīs, wie wir noch feststellen werden, immer richtig.[9]

Darüber hinaus verfügt der Mensch über die Imagination, die Denkkraft und das Begriffsvermögen. Die fünfte Kraft, welche aber kein direktes

3 Zu diesen zwei Kräften kommt das Erkenntnisvermögen der *laṭīfa* hinzu, welches das Selbst unabhängig von der Gestalt, die es hat, besitzt. Vgl. Ibn al-ʿArabī, Muḥyī ad-Dīn: „*Kitāb al-Maʿrifa*", in: ʿAbd al-Fattāḥ, Saʿīd (Hrsg.): *Rasāʾil Ibn ʿArabi (4)*, Beirut: Muʾassasat al-intišār al-ʿarabī, 2004, S. 173–311, hier S. 292 f.

4 Vgl. ebd., S. 291 f.

5 Hier wurde das Adjektiv mental hinzugefügt, um den Begriff vom allgemeinen Begriffsvermögen, welches auch als ein Synonym für das Erkenntnispotential des Herzens benutzt werden kann, zu unterscheiden. Siehe dazu: Chittick, William C.: *The Sufi Path of Knowledge: Ibn al-ʿArabi's Metaphysics of Imagination*, SUNY Press 1989, S. 159.

6 Vgl. Ibn al-ʿArabī: „*Kitāb al-Maʿrifa*", S. 291 f.

7 Vgl. Ibn al-ʿArabī: *al-Futūḥāt al-makkiyya*, Bd. 3, S. 364.

8 Vgl. ebd., Bd. 1, S. 94.

9 Vgl. aṣ-Ṣādiqī, Ahmad: *Iškāliyyat al-ʿaql wa l-wuǧūd fī fikr Ibn ʿArabī*, Beirut: al-Madār al-islāmī 2010, S. 182.

Erkenntnismittel ist, ist das Gedächtnis. Seine Rolle ist nur, das Wahrgenommene bzw. das Begriffene aufzubewahren, damit man darauf später mittels der Erinnerungskraft zurückgreifen kann.

Im vorliegenden Kapitel sollen nun die Imagination, das Begriffsvermögen (*ʿaql*) und die Fantasie untersucht werden. Die Fragen, was man durch diese Erkenntnismittel erkennen kann und wie diese Erkenntnismittel funktionieren, sollen im Mittelpunkt der folgenden Untersuchungen stehen. Auch ihre Relation zueinander sowie zu den Sinnen soll in diesem Zusammenhang beleuchtet werden, um dann ihr Erkenntnispotenzial in Bezug auf den Wirklichen ﷻ zu prüfen.

5.1. Das Begriffsvermögen *(al-ʿaql)*

Die Haltung Ibn al-ʿArabīs gegenüber dem Begriffsvermögen war in der Ideengeschichte der Muslime ein Novum. Denn das Erkenntnispotential des Begriffsvermögens wurde zwar in manchen Bereichen bereits vor ihm in Frage gestellt und man kennt in der Tradition der Theologie schon vor Ibn al-ʿArabī andere skeptische Haltungen gegenüber dem Begriffsvermögen. Eine umfassende und vor allem systematische Auseinandersetzung mit dem Begriffsvermögen, mit seinem Erkenntnispotential sowie seinen Erkenntnisgrenzen erleben wir jedoch erst mit aš-Šayḫ al-Akbar. Interessanterweise finden wir parallel zu ihm andere Zeitgenossen, die die rationalen Erkenntnisse als die höchsten betrachteten und das logische Denken in vielen Bereichen endgültig integriert haben. Im 12. und 13. Jh. lebten gewiss die Koryphäen der rationalen Gelehrsamkeit wie z. B. Imam ar-Rāzī, Imam al-Āmidī oder Imam Ibn Rušd. Daher war Ibn al-ʿArabī bewusst, dass er in seinen Ausführungen verständliche Argumente bringen musste, wenn er die Ansichten der *mutakallımun* und Philosophen kritisieren wollte.

Zwar ist sein Erkenntnisweg ein anderer, aber die theologische Möglichkeit seiner Erkenntnisse einerseits und die Plausibilität dieser Erkenntnisse andererseits wollte er so darstellen, dass auch die Verfechter eines Rationalismus in der Theologie es begreifen konnten. Seine Adressaten waren oft seine Schüler und Freunde, die zum Kreis der Sufitradition gehörten. Aber seine Schriften hatten auch als Ziel, die Begründung der Positionen und Ideen, die er vertrat, plausibel nachvollziehbar zu machen, sodass die Rechtsgelehrten, *mutakallimūn* und die anderen exoterischen

Gelehrten stets als indirekte, im Hintergrund anwesende Adressaten begriffen werden können.

Die Haltung Ibn al-ʿArabīs gegenüber dem Begriffsvermögen soll hier aus der Perspektive dreier Fragen behandelt werden: Wie funktioniert das Begriffsvermögen? Wie sieht sein Verhältnis zu den Sinnen aus? Was ist sein Erkenntnisspektrum? Bevor jedoch diese drei Fragen untersucht werden, soll zuerst die Problematik, die mit dem Begriff *ʿaql* zusammenhängt, geklärt werden, da „Begriffsvermögen" nur eine, aber keinesfalls die einzige Bedeutung des theologischen Terminus *ʿaql* darstellt. Deshalb ist es angebracht, mit einer Begriffsklärung zu beginnen.

5.1.1. Zum Begriff *ʿaql*

Wie es oft bei vielen arabischen Zentralbegriffen der Theologie der Fall ist, weist der Begriff *ʿaql* eine gewisse Ambiguität auf. Häufig wird er mit Verstand oder Vernunft oder im Englischen mit *„reason"* oder *„intellect"* übersetzt.[10] Allerdings wurde in der vorliegenden Arbeit die Übersetzung als Begriffsvermögen aus zwei Gründen bevorzugt, die eher pragmatischer als systematischer Natur sind. Der erste Grund ist die Tatsache, dass der Terminus Begriffsvermögen mehr Spielraum für die Interpretation des Begriffes *ʿaql* und seiner unterschiedlichen Aspekte bei aš-Šayḫ al-Akbar anbietet und sich somit als eine angemessenere Übersetzung erweist. Der zweite Grund ist etymologischer Natur. Denn sowohl die arabische Wurzel *ʿ-q-l* als auch das deutsche Stammwort „greifen" zeigen Gemeinsamkeiten, die man bei einem Vergleich zwischen *ʿ-q-l* und Verstand oder *ʿ-q-l* und Vernunft nicht in dieser Form vorfindet. Das Stammwort „greifen" beinhaltet u. a. Bedeutungen wie „packen, umschließen und umfassen".[11] Ähnliche semantische Implikationen findet man auch bei der arabischen Wurzel *ʿ-q-l*.

Die Etymologie des Begriffes *ʿaql* spielt für Ibn al-ʿArabī eine zentrale Rolle in seiner Lehre. Daher soll zuerst eine kurze sprachliche Erklärung der

10 Nicht selten wurden die Bedeutungen der philosophischen Begriffe aus der griechischen Tradition übernommen, sodass die Originalität des arabischen Begriffes verloren ging. Zur Problematik der griechischen Definitionen und Konzepte in der Philosophie und Theologie siehe: ʿAbd ar-Raḥmān, Ṭāhā: *Su'āl al-ʿamal*, Casablanca: al-Markaz aṯ-ṯaqāfī al-ʿarabī 2012, S. 55 ff; siehe auch der Vergleich von Ibn Taymiyya zwischen der Verwendung von *ʿaql* in der Sunna und in der Philosophie: Ibn Taymiyya, Taqiyy ad-Dīn: *ar-Rad ʿalā al-manṭiqiyyīn*, Lahore: Maʿārif Lahor 1977, S. 275 f.

11 Siehe greifen in: Pfeifer, Wolfgang: *Etymologisches Wörterbuch (Online)*, 1993: Akademie-Verlag, http://www.dwds.de/; sowie in: *Duden: Herkunftswörterbuch (Digitale Version)*, Duden Bibliothek, Graz: Duden 2013.

Wurzel ʿ-*q-l* sowie des in verschiedenen Kontexten verwendbaren Verbes ʿaqala erfolgen. Die Wurzel ʿ-*q-l* bedeutet ursprünglich:

«العين والقاف واللام أصل (...) يدل (...) على حبسة في الشيء»[12]

ʿayn, qāf und lām ist eine Wurzel, die auf eine Sperrung in etwas hindeutet.

Weiter finden wir in *Lisān al-ʿarab* eine ähnliche Bedeutung. Dort wurde *ʿaql* mit dem Wort *ḥiǧr* erklärt, welches u. a. neben „sperren", auch „verhindern" und „abriegeln" bedeuten kann. Des Weiteren wird das Verb *ʿaqala*, welches man übrigens ebenfalls für „verstehen" benutzt, auch in seiner ursprünglichen Bedeutung verwendet, nämlich für „das Zügeln und Aufnehmen".[13]

Ibn al-ʿArabī versucht in seiner Benutzung von *ʿaql* nah an den etymologischen Bedeutungen des Begriffes zu sein, um somit auch nah am Koran zu bleiben.[14] Der Begriff *al-ʿaql* wird bei dem Meister eher als eine Substantivierung des Verbes *ʿaqala*, denn als ein Terminus verwendet. Denn bemerkenswerterweise wurde *al-ʿaql* in der koranischen Verwendung nie als Terminus, der auf eine Entität hinweisen würde, benutzt, ja der Begriff *ʿaql* kommt nicht einmal im Koran vor.[15] Versteht man *ʿaql* als eine Substantivierung, dann bleiben die drei Grundbedeutungen der Wurzel ʿ-*q-l*, nämlich das Zügeln, das Aufnehmen und das Einschränken, in dem Wort präsent. Und in der Tat, wie Chittick festgestellt hat, impliziert der Begriff *ʿaql* bei Ibn al-ʿArabī in fast all seinen Verwendungen als menschliches Vermögen die Einschränkung und das Limitieren.[16] Das Begriffsvermögen ist nach dem andalusischen Meister das Vermögen, die Dinge in Begriffen zu erfassen und ihnen einen Sinn zu geben.[17] Das gilt zumindest für alle Erkenntnisse, die aus dem Denken und Reflektieren stammen. Es ist so, als ob man beim Akt des Begreifens die Wissensgegenstände in Begriffen „zügelt und einschränkt", weil die Begriffe kein Abbild von der sinnlich wahrnehmbaren Wirklichkeit sind, denn:

12 Ibn Fāris, Abū al-Ḥusayn: *Maqāyīs al-luġa*, Beirut: Dār al-fikr 1979, Bd. 4, S. 69.
13 Vgl. Ibn Manẓūr, Ǧamāl ad-Dīn: *Lisān al-ʿarab*, Beirut: Dār al-maʿārif 1998, S. 3046.
14 In dieser Arbeit wurde der Begriff *ʿaql* nur in seiner Erkenntnisfunktion untersucht. *al-ʿaql* spielt auch eine Rolle in der Ontologie und in der Ethik Ibn al-ʿArabīs und hat in den jeweiligen Bereichen eine andere Bedeutung und Funktion. Zum Begriff *ʿaql* in der Ontologie siehe: al-Ḥakīm, Suʿād: *al-Muʿǧam aṣ-ṣūfī*, Beirut: Dandara 1981, S. 813–817. Für die Verwendung des Begriffes *ʿaql* als das zügelnde Prinzip in unserem Verhalten im Bereich der Ethik siehe: Chittick: *The Sufi Path of Knowledge*, S. 160 f.
15 Vgl. al-Ḥakīm: *al-Muʿǧam aṣ-ṣūfī*, S. 812.
16 Vgl. Chittick: *The Sufi Path of Knowledge*, S. 159.
17 Vgl. Ibn al-ʿArabī: *al-Futūḥāt al-makkiyya*, Bd. 1, S. 33.

> «فإن زيدا اللفظي والخطي إنما هو زاي وياء ودال رقما أو لفظا ما له يمين ولا شمال ولا جهات ولا عين ولا سمع فلهذا قلنا لا يتنزل عليه من حيث الصورة لكن من حيث الدلالة»[18]
>
> *Zayd als Zeichen oder als Wort ist lediglich ein zayn, yāʾ und dāl [...] welches keine rechte oder linke Seite, keine Richtungen, keine Augen und keine Ohren hat, deswegen sagen wir, dass es kein Abbild [von Zayd] sondern nur ein Hinweis [auf ihn] ist.*

Aus diesem Grund gehen Aspekte der Wissensgegenstände verloren, wenn man sie begreift. Wenn man etwas begreift, dann schränkt man es ein. Gerade deswegen heißt das Begriffsvermögen (*al-ʿaql*) so wie es heißt.[19]

> «فإن العقل من عالم التقييد ولهذا سمي عقلا من العقال»[20]
>
> *Denn der ʿaql (das Begriffsvermögen) ist aus der Sphäre der Einschränkung und deswegen heißt er ʿaql, abgeleitet von Fussfessel des Kameles (ʿiqāl).*

Zudem ist das Begriffsvermögen keine eigenständige Entität in uns bzw. etwas, was separat vom Menschen gedacht werden kann. Nach Ibn al-ʿArabī sind die verschiedenen Erkenntnismittel, sei es das Begriffsvermögen oder die anderen Erkenntnisfähigkeiten, über die der Mensch verfügt, nur Modi des Selbst und keine eigenständigen Wesenheiten.[21] Die Art und Weise, wie man etwas erkennt, bestimmt den Namen des Modus.[22] Das Begriffsvermögen, das Herz oder die Erinnerungskraft usw. sind alles Aspekte des gleichen Selbst, welches nur als Ganzes gedacht werden kann.[23] Falls der *ʿaql* als eine separate Wesenheit (*ǧawhar*) dargestellt wird, dann ist damit gemeint, dass das Begreifende das Selbst ist, welches eine Entität darstellt.

Das Begreifen im Sinne des Erfassens eines Dinges ist für Ibn al-ʿArabī etwas, was vom Denken (*fikr*) und Reflektieren (*naẓar*) zu unterscheiden ist. Daher schreibt er dem *ʿaql* zwei Modi zu, das reflektierende Begriffsvermögen (*al-ʿaql an-naẓarī*), welches die Urteilskraft miteinschließt, und

18 Ebd., Bd. 1, S. 46.

19 Das heißt, seine eigentliche Bedeutung im Arabischen.

20 Ibn al-ʿArabī: *al-Futūḥāt al-makkiyya*, Bd. 2, S. 114.

21 Vgl. ebd., Bd. 2, S. 459.

22 Vgl. Chittick: *The Sufi Path of Knowledge*, S. 159.

23 Auf die Tatsache, dass die Erinnerungskraft und das Begriffsvermögen Eigenschaften der *laṭīfa* sind, weist der Meister z. B. in *al-Futūḥāt al-makkiyya* hin. Siehe dazu: Ibn al-ʿArabī: *al-Futūḥāt al-makkiyya*, Bd. 2, S. 691.

das aufnehmende Begriffsvermögen (*al-ʿaql* al-*qābil*).[24] Schaut man sich diese zwei Modi an, dann versteht man, warum die Denkkraft vom Begriff *ʿaql* ausgeschlossen ist, obgleich es eine Verbindung zwischen den beiden gibt, denn die Denkkraft ist ein Vermögen, über welches der *ʿaql* verfügt, welches er aber nicht selbst ist.[25]

Nach dieser sprachlichen Einführung in das Begriffsvermögen als Begriff bei aš-Šayḫ al-Akbar soll als nächstes das Begriffsvermögen als Erkenntnismittel sowie sein Verhältnis zum Denken und Reflektieren genauer dargestellt werden.

5.1.2. Die Abhängigkeit des Begriffsvermögens

Das reflektierende Begriffsvermögen sowie die Vorstellungskraft sind zwei Vermögen, die den Menschen von den anderen Geschöpfen unterscheiden.[26] Jedoch ist diese Auszeichnung nach dem andalusischen Gelehrten nicht immer positiv zu bewerten. Denn das reflektierende Begriffsvermögen gehört in der *akbarītischen* Erkenntnislehre zu den schwächsten Erkenntnismitteln. Ziel der folgenden Unterpunkte ist, die Kritik, die Ibn al-ʿArabī an das Begriffsvermögen gerichtet hat, darzustellen.

Etwas zu begreifen ist der letzte mentale Vorgang im Prozess des Erkennens. Somit ist unser Begriffsvermögen von anderen Kräften abhängig, da es an sich leer von Wissen ist.[27] Ibn al-ʿArabī spricht nicht von einem apriorischen Wissen, sondern von den genuinen Grundlagen des Begreifens (*awāʾil al-ʿaql*), die notwendigerweise in uns existieren.[28] Daher erlangt das reflektierende Begriffsvermögen nur durch zwei Wege Wissen: erstens durch die fünf Sinne und zweitens durch die Denkkraft.[29] Ohne die Sinne würde das Begriffsvermögen keine Farben, Gestalten, Geräusche oder die anderen sinnlich wahrnehmbaren Dinge erfassen, geschweige denn könnte es zwischen den unterschiedlichen Dingen unterscheiden.[30]

Wenn wir etwas mit den Sinnen wahrnehmen, dann denken wir entweder darüber nach oder wir erfassen es durch ein voriges Wissen, welches

24 Auf die Funktion des aufnehmenden Begriffsvermögens (*al-ʿaql al-qābil*) wird im Punkt über das Herz eingegangen werden. Zu der Unterscheidung zwischen dem reflektierenden Begriffsvermögen (*al-ʿaql an-naẓarī*) und dem aufnehmenden Begriffsvermögen (*al-ʿaql al-qābil*) siehe: Ebd., Bd. 2, S. 358; Bd. 3, S. 7.

25 Vgl. ebd., Bd. 1, S. 251; 288 f.

26 Vgl. Ibn al-ʿArabī: „*Kitāb al-Maʿrifa*", S. 308.

27 Vgl. Ibn al-ʿArabī: *al-Futūḥāt al-makkiyya*, Bd. 1, S. 126.

28 Vgl. ebd., Bd. 1, S. 94.

29 Vgl. ebd., Bd. 1, S. 213.

30 Vgl. ebd., Bd. 1, S. 288.

entweder die genuinen Grundlagen des Begreifens (*awāʾil al-ʿaql*) hergeben oder welches wir vorher erkannt haben. Wenn wir über das Wahrgenommene nachdenken, dann erfolgt das Denken durch die Denkkraft, die ihrerseits von der Imagination abhängig ist. Denn die Komponenten, mit denen wir im Denkprozess zu tun haben, sind alle imaginiert, da wir nur mit mentalen Wissensgegenständen arbeiten. Diese imaginierten Wissensgegenstände haben ihren Ursprung in der sinnlichen Wahrnehmung. Die wahrgenommenen Dinge bekommen ein Abbild in der Imagination, was ihnen eine andere Form des Daseins verleiht, nämlich das mentale Dasein (*al-wuǧūd aḏ-ḏihnī*).[31] Ferner kann man nur das imaginieren, was man vorher gesehen hat. Daher ist die Imagination auch von den Sinnen abhängig.

«ثم إن الخيال فقير إلى هذه الحواس فلا يتخيل أصلا إلا ما تعطيه هذه القوى»[32]

Die Imagination ist dieser Sinne bedürftig. Denn nur was die Sinne hergeben, kann imaginiert werden.

Die Imagination ist aber nicht nur von den Sinnen abhängig, sondern auch von einer Kraft, die das Imaginierte speichert. Dieses ist das Gedächtnis, welches wiederum auf die Erinnerungskraft angewiesen ist.[33] Nun, wenn das Wahrgenommene in der Imagination ein mentales Dasein bekommt, können wir darüber nachdenken. Das Denken, welches nach Ibn al-ʿArabī immer in der Sphäre der Imagination stattfindet,[34] braucht ein weiteres Vermögen, nämlich die Vorstellungskraft, um einen Hinweis, eine Erklärung oder einen Beweis aus den verschiedenen Komponenten, die aus der empirischen Erfahrung und durch die genuinen Grundlagen des Begreifens gewonnen werden, bilden zu können. Erst wenn wir ein mentales Bild von einem Hinweis oder Beweis haben, wird dies vom Begriffsvermögen auf einen Sachverhalt angewendet und somit begriffen.[35] Das Begriffsvermögen verbindet das Ergebnis des Denkens mit einem Sachverhalt und gibt so den Dingen einen Sinn, welcher richtig oder falsch sein kann.

Ferner spricht Ibn al-ʿArabī in seinem Konzept davon, dass es Wissensgegenstände gibt, die das Begriffsvermögen notwendigerweise erkennt.

31 Vgl. ebd., Bd. 2, S. 309.
32 Ebd., Bd. 1, S. 289.
33 Vgl. ebd.
34 Vgl. ebd., Bd. 4, S. 185.
35 Vgl. ebd., Bd. 1, S. 289.

Darin liegt es nie falsch und ist vor Fehlern bewahrt. Diese Erkenntnisse sind unabhängig von der sinnlichen Erfahrung. Dazu gehören die Grundlagen der Logik oder der Mathematik, denn sie entspringen den genuinen Grundlagen des Begreifens.[36]

Im zweiten Modus des Begreifens ist das Begriffsvermögen jedoch von der Denkkraft abhängig. Die Hauptaufgabe der Denkkraft ist, zwischen zwei oder mehreren Wissensgegenständen, die in der Imagination vorhanden sind, eine Verbindung in Form prädikativer oder kausaler Zuschreibung herzustellen, die dann vom Begriffsvermögen erfasst wird. Hier kann das Begriffsvermögen sowohl beim Konzeptualisieren eines Wissensgegenstandes als auch bei der Zuschreibung zu einem anderen Wissensgegenstand Fehler begehen.[37]

Ibn al-ʿArabī versucht, die Schwäche des Begriffsvermögens aufzuzeigen, indem er dessen Abhängigkeit zu den anderen Vermögen darlegt. Dies führt uns zu einer weiteren Frage: Wie verhält sich das Begriffsvermögen zu den Sinnen?

5.1.3. Das Verhältnis zwischen den Sinnen und dem Begriffsvermögen

Oft wird aš-Šayḫ al-Akbar dem Platonismus oder dem Neoplatonismus zugeschrieben. Diese Ansicht ist allerdings genauer betrachtet undifferenziert und kann gegen zahlreiche Argumente nicht standhalten. Zwar gibt es – wie es bei einigen Philosophien und Denktraditionen der Fall ist – Gemeinsamkeiten zwischen der Lehre Ibn al-ʿArabīs und dem Platonismus oder dem Neoplatonismus, aber auch radikale Differenzen, die ihn und seine Lehre aus dem Kreis dieser beiden Philosophien ausschließen. Eine solche ist seine Bewertung der sinnlichen Wahrnehmung gegenüber dem Begriffsvermögen:

> «اعلم أن منزلة القوى الحسية الحيوانية أتم من منزلة القوى الروحانية لأنها لها الاسم الوهّاب لأنها هي التي تهب للقوى الروحانية ما تتصرف فيه وما يكون به حياته العلمية من قوة الخيال وفكر وحفظ وتصور ووهم وعقل فكل هذه القوى من مدد القوى الحسية ولهذا قال تعالى في الذي أحبه كنت سمعه وبصره الحديث فذكر الصورة الحسية وما ذكر من القوى الروحانية شيئا ولا أنزل نفسه منزلتها لأن منزلتها منزلة الافتقار إلى الحواس»[38]

36 Vgl. ʿAfīfī, Abū al-ʿAlāʾ: *al-Falsafa aṣ-ṣūfiyya ʿinda Muḥyī ad-Dīn Ibn al-ʿArabī*,, Kairo: Dār al-kutub wa al-waṯāʾiq al-qawmiyya 2009, S. 169.

37 Vgl. Ibn al-ʿArabī: *al-Futūḥāt al-makkiyya*, Bd. 2, S. 622.

38 Ibn al-ʿArabī: „*Kitāb al-Maʿrifa*", S. 222 f.

> *Wisse, dass der Rang der animalischen sinnlichen Kräfte vollkommener als jener der geistigen Kräfte ist. Denn sie haben*[39] *den göttlichen Namen ‹Der Schenkende› (al-Wahhāb) und zwar deswegen, weil sie den geistigen Kräften das hergeben, womit sie arbeiten [können] und wovon das Wissensleben der Imagination, der Denkkraft, des Gedächtnisses, der Fantasie, der Vorstellungskraft sowie des Begriffsvermögens abhängt. Gewiss entspringen all diese Kräfte den sinnlichen Kräften. Aus diesem Grund sagt Allah ﷻ über denjenigen, den Er liebt, dass Er sein Gehör und seine Sehkraft wird.*[40] *Er erwähnte [nur] die Sinne und keine geistige Kraft. Er versetzte sich nicht in den Rang dessen, welcher der Sinne bedürftig ist.*

Aš-Šayḫ al-Akbar erklärt in dieser Passage deutlich, dass der Rang der geistigen Kräfte den sinnlichen unterlegen ist. Für seine Ansicht liefert er uns mehrere Argumente. Eines davon ist die Abhängigkeit. Alle geistigen Kräfte können nur durch die Sinne funktionieren, um irgendetwas erkennen zu können. Dementsprechend macht diese Bedürftigkeit die geistigen Kräfte gegenüber den Sinnen qualitativ gesehen unterlegen. Der Satz „Gewiss entspringen all diese Kräfte den sinnlichen Kräften“ zeigt uns, dass wir es hier mit einem Empiristen zu tun haben. Dieser Punkt gehört zu jenen Themen, die kaum in den Arbeiten über die Erkenntnislehre Ibn al-ʿArabīs erwähnt wurden. Imam Ibn al-ʿArabī als einen Platoniker oder Neuplatoniker zu rezipieren wurde zu einer Art Dogma, welches man kaum hinterfragt. Zwar soll man hier vorsichtig mit dem Begriff Empirist umgehen, da er nicht eins zu eins die Positionen der Empiristen, wie wir sie seit der Aufklärung kennen, vertritt. Allerdings, zumindest was die Stellung der Sinne betrifft, finden wir bei ihm mehr Gemeinsamkeiten mit den britischen Empiristen als mit den Platonikern oder Neuplatonikern.[41] Er geht in seiner Argumentation weiter und sagt:

> «ألا تراه سبحانه كيف وصف نفسه بكونه سميعا بصيرا متكلما حيا عالما قادرا مريدا وهذه كلها صفات لها أثر في المحسوس ويحس الإنسان من نفسه بقيام هذه القوى به ولم يصف سبحانه نفسه بأنه عاقل ولا مفكر ولا متخيل»[42]

39 Im Sinne von in sich tragen bzw. reflektieren. Das heißt, dieser göttliche Name manifestiert sich in ihnen.

40 Kanz al-ʿummāl, Beirut: Muʾassasat ar-risāla 1985, Nr. 21327/ Buḫārī.

41 Als Empiristen können in diesem Zusammenhang Locke und Hume als Beispiele dienen. Zum Empirismus Lockes siehe: Russell, Bertrand: *Philosophie des Abendlandes*, übers. von Elisabeth Firscher-Wernecke und Ruth Gillischewski, Köln: Anaconda Verlag 2012, S. 616–626; für Hume könnte u.a. die Arbeit von Deleuze herangezogen: Deleuze, Gilles: *Empirisme et subjectivité*, 8. Aufl., Paris: Presses Universitaires de France 2010.

42 Ibn al-ʿArabī: *al-Futūḥāt al-makkiyya*, Bd. 3, S. 189.

> *Siehst du nicht, wie Er, erhaben sei Er, sich als den Hörenden, Sehenden, Redenden, Lebenden, Wissenden, Mächtigen, Wollenden bezeichnete? Und all diese Bezeichnungen haben einen Bezug zu den sinnlichen Dingen. Der Mensch spürt in sich selbst, dass er diese Kräfte in sich trägt. Er, erhaben sei Er, hat sich aber nicht als den Begreifenden, Denkenden oder Imaginierenden bezeichnet.*

Für Ibn al-ʿArabī ist dieser Punkt, der fest im Koran und in der prophetischen Tradition verankert ist, ein weiter Hinweis auf den Triumph der Sinne über das Begriffsvermögen und die anderen geistigen Vermögen. Ein Grund, warum Allah ﷻ sich selbst nicht mit rein geistigen Namen bezeichnet hat, ist die Tatsache, dass Er erhaben darüber ist, sich als etwas zu bezeichnen, das bedürftig ist. Die Sinne sind nur Allahs bedürftig. Denn sie nehmen direkt die Erscheinungen des *wuǧūd* – welcher nichts anderes als der Wirkliche ﷻ selbst ist – auf und wahr.[43] Dazu lesen wir bei ihm:

> «فاعرف شرف الحس وقدره وأنه عين الحق تعالى»[44]
>
> *So erkenne den hohen Vorrang der Sinneswahrnehmung und ihre Vornehmheit und dass sie [die Sinne] der Wirkliche, erhaben ist Er, selbst sind.*

Dass die Sinne aus einem bestimmten Aspekt der Wirkliche ﷻ selbst sind, wird im letzten Kapitel ausgeführt. Aber es soll hier noch erwähnt werden, dass das Ziel der Gotteserkenntnis bei den Sufis die uneingeschränkte sinnliche Wahrnehmung des Wirklichen ﷻ ist, die im Jenseits stattfinden wird.[45] Für den Meister ist die jenseitige Welt im Gegensatz zu den Philosophen eine Welt der Sinne und des Gefühls. Das Gewahren, Spüren und Fühlen haben im Jenseits die Oberhand.[46] Die koranische Stelle „Besser aber ist das Jenseits und dauernder"[47], ist für Ibn al-ʿArabī ein weiterer Hinweis darauf, dass die sinnliche Wahrnehmung höher und edler als die Erkenntnis des Begriffsvermögens ist, da das Jenseits fortdauert und man dort den Wirklichen ﷻ direkt erfahren und Seine Manifestation sehen wird. Aus diesem Grund verkündet er an einer anderen Stelle in *al-Futūḥāt al-makkiyya* :

> «واعلم أن الشرف كله في الحس وأنها جهلت أمرها وقدرها»[48]

43 Vgl. Ibn al-ʿArabī: „*Kitāb al-Maʿrifa*", S. 222.
44 Ibn al-ʿArabī: *al-Futūḥāt al-makkiyya*, Bd. 3, S. 189.
45 Vgl. Ibn al-ʿArabī, Muḥyī ad-Dīn: *Kitāb al-ǧalāla, in: Rasā'il Ibn ʿArabī*, Beirut: Dār ṣādir 1997, S. 60.
46 Vgl. Ibn al-ʿArabī: „*Kitāb al-Maʿrifa*", S. 222; sowie: *Kitāb al-ǧalāla*, S. 61.
47 Der Koran (Übers. Goldschmidt), Leipzig: Verlag Julius Kittls Nachfolger 1916, 87:17.
48 Ibn al-ʿArabī: „*Kitāb al-Maʿrifa*", S. 223.

> *Und wisse, dass die ganze Ehre in der Sinneswahrnehmung liegt und dass du [nur] dich selbst und deinen Rang verkannt hast.*

Verkennen ist hier in dem Sinne gemeint, dass man denkt, die intelligiblen Dinge seien qualitativ höher, was die Erkenntnis betrifft. Diese Position von aš-Šayḫ al-Akbar lässt uns viele Vorurteile über seine Lehre kritisch betrachten. Im *akbarītischen* Gebilde gibt es keinen Platz für die ontologische Dichotomie zwischen der Idee und dem Abbild dieser Idee oder zwischen einer intelligiblen Wirklichkeit und einer sinnlichen Scheinwelt. Alles ist nach seiner Lehre wirklich und spiegelt eine göttliche Wirklichkeit bzw. Handlung wider. Im Prinzip gibt es nur eine einzige Wirklichkeit, die wir wegen verschiedener Hindernisse und Gründe im Erkenntnisprozess nicht wie sie an sich ist wahrnehmen. Um das Göttliche in der Wirklichkeit zu erfahren bzw. wahrzunehmen, benötigt man die göttliche Kunde (*waḥy*) und die Herzenserkenntnis, die eine Verbindung zur sinnlichen Wahrnehmung hat.[49]

Ferner wird das reflektierende Begriffsvermögen von dem Imam aus Murcia als Hindernis vor der reinen sinnlichen Wahrnehmung betrachtet, da es einschränkt, leugnet, falsche Interpretationen und Urteile trifft. In seiner Kritik erwähnt er diejenigen, die die Meinung vertreten, dass die Sinne sich irren können. Hier scheinen die Theologen und selbstverständlich die Philosophen, die der platonischen bzw. aristotelischen Tradition folgen, gemeint zu sein. Imam al-Ġazālī, jener Gelehrte, dem Ibn al-ʿArabī kaum widerspricht, ist ebenso der Auffassung, dass die Sinne sich irren.[50] Allerdings vertritt aš-Šayḫ al-Akbar hier eine radikal andere Position. Um seine Ansicht zu veranschaulichen bringt er zwei Beispiele: Wenn man sich auf einem Schiff befindet und man die Küste sich synchron mit der Bewegung des Schiffes bewegen sieht oder wenn man Zucker oder Honig isst und ihn bitter findet. Die Kritiker der Sinne würden in diesen beiden Fällen den Irrtum den Sinnen zuschreiben. Ibn al-ʿArabī ist aber hier einer anderen Meinung:

> «القصور والغلط وقع من الحاكم الذي هو العقل لا من الحواس فإن الحواس إدراكها لما تعطيه
> حقيقتها ضروري كما إن العقل فيما يدركه بالضرورة لا يخطى وفيما يدركه بالحواس أو بالفكر قد

49 Diesen Gedanken werden wir später auch bei Anhängern des aš-Šayḫ al-Akbar finden. Imam an-Nabūlsī vertrat z. B. die Position, dass man den Wirklichen ﷻ nur durch die göttliche Kunde (*waḥy*) oder durch die sinnliche Wahrnehmung erfahren bzw. erkennen kann. Siehe dazu: AN-NĀBULUSĪ, ʿABD AL-ĠANIYY: *Dīwān al-ḥaqāʾiq wa-maǧmūʿ ar-raqāʾiq*, Beirut: Dār al-kutub al-ʿilmiyya 2001, S. 436.

50 Vgl. AL-ĠAZĀLĪ, ABŪ ḤĀMID: *al-Munqiḏ min aḍ-ḍalāl*, Damaskus: Dār at-taqawā 2010, S. 33 f.

يغلط فما غلط حس قط ولا ما هو إدراكه ضروري فلا شك أن الحس رأى تحركا بلا شك ووجد طعما مرا بلا شك فأدرك البصر التحرك بذاته وأدرك الطعم قوة المرارة بذاته وجاء عقل يحكم أن الساحل متحرك وأن السكر مر وجاء عقل آخر وقال إن الخلط الصفراوي قام بمحل الطعم فأدرك المرارة وحال ذلك الخلط بين قوة الطعم وبين السكر فإذن فما ذاق الطعم إلا مرارة الصفراء فقد أجمع العقلان من الشخصين على أنه أدرك المرارة بلا شك واختلف العقلان فيما هو المدرك للطعم فبان أن العقل غلط لا الحس فلا ينسب الغلط أبدا في الحقيقة إلا للحاكم لا للشاهد»[51]

Die Schwäche und der Irrtum betreffen aber den Urteilenden, welcher [hier] das Begriffsvermögen ist und nicht die Sinne. Das Erfassen dessen, was das Vermögen der Sinne hergibt, ist notwendig, genauso wie das Begriffsvermögen keinen Fehler in dem begeht, was es notwendigerweise erfasst.[52] Allerdings kann es Fehler begehen in dem, was es durch die Sinne oder die Denkkraft erfasst. Weder der Sinn noch irgendein Vermögen begeht Fehler, [in dem], was es notwendigerweise erfasst.[53] Es gibt keinen Zweifel darin, dass das Auge eine Bewegung gesehen hat und auch keinen Zweifel, dass er [diese Person] einen bitteren Geschmack erfasst hat.[54] Die Sehkraft hat durch sich selbst die Bewegung und der Geschmackssinn durch sich selbst das Bittere erfasst. [Erst] dann kam das Begriffsvermögen [einer Person] und traf das Urteil, dass die Küste sich bewegt und dass der Zucker bitter ist, danach kam das Begriffsvermögen [einer weiteren Person] und sagte, dass die Galle sich mit dem Essen vermischte, sodass man das Bittere geschmeckt hat. Die Galle war ein Hindernis zwischen dem Geschmackssinn und dem Zucker. Eben hat der Geschmackssinn nur die Bitterkeit der Galle geschmeckt. Also war das Begriffsvermögen der beiden Personen sich darüber einig, dass man Bitterkeit geschmeckt hat, jedoch waren die beiden sich uneinig, wer den Geschmack erfasst hat. Somit zeigt sich, dass der Irrtum vom Begriffsvermögen und nicht vom Sinn stammt. Denn man schreibt den Irrtum in der Wirklichkeit nur dem Urteilenden, nicht dem Wahrnehmenden zu.

Für ihn steht fest: Die Sinne irren sich nicht.[55] Der Irrtum stammt vom Begriffsvermögen, das falsche Schlüsse zieht und das Wahrgenommene falsch interpretiert. In beiden Fällen werden die Kritiker der Sinne behaupten, dass die Sinne sich geirrt haben. Allerdings liefert uns Ibn al-ʿA-

51 Ibn al-ʿArabī: *al-Futūḥāt al-makkiyya*, Bd. 1, S. 214.

52 Wie z. B. die Grundprinzipien der Logik und Mathematik.

53 Die Notwendigkeit ist hier so zu verstehen, dass das jeweilige Vermögen keine weiteren Mittel benötigt, um einen Wissensgegenstand zu erkennen.

54 Denn das ist etwas, was man unmittelbar wahrnimmt. Dass diese Wahrnehmung in uns ist, kann man nicht leugnen.

55 Vgl. Ibn al-ʿArabī, Muḥyī ad-Dīn: *Kitāb al-yaqīn*, in: ʿAbd al-Fattāḥ, Saʿīd (Hrsg.): *Rasāʾil Ibn ʿArabi* (4), Beirut: Muʾassasat al-intišār al-ʿarabī, 2004, S. 45–66, hier S. 49.

rabī zwei schlüssige Argumente gegen diese Behauptung. Erstens, die Wahrnehmung der Sinne ist notwendig, das heißt die Sinne empfangen von der Außenwelt direkt Sinneseindrücke, die sie dann im Normalfall an unser Begriffsvermögen weiterleiten. Das, was sie uns vermitteln, ist genau das, was sie entsprechend ihres Vermögens rezipiert haben. Zweitens, die Sinneswahrnehmung kann gar nicht urteilen, weil alle Urteile logischer Sätze bzw. kausaler oder prädikativer Verbindungen die Aufgabe des Begriffsvermögens bzw. der Illusion und nicht der Sinne sind. Das heißt, ob ein Urteil bzw. ob die Interpretation des Wahrgenommenen richtig oder falsch ist, hängt vom Begriffsvermögen und nicht von den Sinnen ab. Ibn al-ʿArabī macht eine Unterscheidung zwischen den Dingen wie sie sind und wie sie uns erscheinen. Die Sinne können uns nur die Dinge, wie sie uns unter bestimmten Aspekten und Variablen erscheinen, vermitteln. Das ist, was wir unmittelbar wahrnehmen. Erst im nächsten Schritt kommt das Begriffsvermögen und trifft ein Urteil. Genauer betrachtet sagen uns die Sinne nicht, dass die Küste sich bewegt, sondern sie vermitteln uns bloße sinnentleerte Eindrücke. In der Sinneswahrnehmung gibt es weder den Begriff Küste noch Bewegung. Weder kategorisieren die Sinne das Wahrgenommene sprachlich oder logisch noch bewerten sie es. Das liegt nicht in ihrem Vermögen, denn das ist die Aufgabe der Denkkraft, die dem Begriffsvermögen seine reflektierende Funktion verleiht. Hier zeigt sich der Fehler des Begriffsvermögens. Es urteilt über Dinge, zu welchen es keinen direkten Zugang hat, und es versucht, anhand der vermittelten Sinneseindrücke, die immer vom jeweiligen Sinnesvermögen und von der Perspektive, aus welcher sie zu den Dingen stehen, abhängen, ein Urteil über die Dinge an sich zu treffen. Das Begriffsvermögen kann aber die Dinge, wie sie an sich sind, nicht begreifen. Deswegen ist sein Wissen mangelhaft.[56]

Es erscheint sinnvoll, das berühmte Beispiel des Imam al-Ġazālī in *al-Munqiḏ min aḍ-ḍalāl* anhand der Position von Ibn al-ʿArabī zu dekonstruieren, sodass der Unterschied zwischen den beiden Positionen noch klarer wird. Bei al-Ġazālī lesen wir:

»من أين الثقة بالحواس وأقواها حاسة البصر وهي تنظر إلى الظل فتراه واقفاً غير متحرك وتحكم
بنفي الحركة ثم بالتجربة والمشاهدة بعد ساعة تعرف أنه متحرك وأنه لم يتحرك دفعة واحدة بغتة بل
بالتدريج ذرة ذرة حتى لم يكن له حالة وقوف وتنظر إلى الكوكب فتراه صغيراً في مقدار دينار ثم
الأدلة الهندسية تدل على أنه أكبر من الأرض في المقدار هذا وأمثاله من المحسوسات تحكم فيها

56 Vgl. Ibn al-ʿArabī, Muḥyī ad-Dīn: *Fuṣūṣ al-ḥikam*, Beirut: Dār al-kitāb al-ʿarabī 2002, Bd. 1. S. 133.

حاكم الحس بأحكامه ويكذبه حاكم العقل ويخونه تكذيباً لا سبيل إلى مدافعته فقلت قد بطلت الثقة بالمحسوسات أيضاً»[57]

> *Woher nimmst du die Gewißheit der Sinne, unter denen das Sehvermögen das stärkste ist? Das Auge erblickt den Schatten, sieht ihn unbeweglich stehend und urteilt deshalb, er habe keine Bewegung. Durch Erfahrung und Beobachtung erkennt es dann jedoch nach einer Stunde, daß der Schatten beweglich ist und seine Bewegung nicht plötzlich, sondern allmählich, Schritt für Schritt stattfindet, so daß er im Grunde niemals aufgehört hat, sich zu bewegen. Es schaut auf einen Stern und sieht ihn klein wie einen Dinar. Dann zeigen die mathematischen Beweise, daß er in Wirklichkeit größer ist als die Erde. Über all dies und Ähnliches aus dem Bereich der sinnlichen Wahrnehmungen urteilt der Richter der Sinne nach seinen Maßstäben, während der Richter der Vernunft ihn unwiderlegbar zum Lügner erklärt.*[58]

Imam al-Ġazālī geht in seiner Ausführung davon aus, dass die Sinne uns falsche Tatsachen vermitteln und uns in die Irre führen, ja sie seien gleich Lügnern. Allerdings ist der Fehler, den al-Ġazālī und die anderen Kritiker der Sinneswahrnehmung begehen, der, welcher bereits erwähnt wurde, nämlich, dass sie die Sinne so darstellen, als ob das Urteilen in ihrem Vermögen läge. Und genau hier liegt der Irrtum. Denn falsche oder richtige Schlussfolgerungen obliegen allein dem reflektierenden Begriffsvermögen. Es ist laut Ibn al-ʿArabī das Urteilende (*al-ḥākim*). aš-Šayḫ al-Akbar würde al-Ġazālī in dem Punkt zustimmen, dass man durch die Erfahrung und die Beobachtung die Bewegung des Schattens erkennt. Das ist gerade ein Argument für die Position Ibn al-ʿArabīs. Das reine Begriffsvermögen wäre allein nie in der Lage, eine Bewegung zu erkennen. Es kann aber über dieses Phänomen anhand der ihm gelieferten Informationen nachsinnen. Es könnte zum Schluss kommen, dass der Schatten sich nicht bewegt, da das ihm gelieferte Bild keine Bewegung aufweist oder diese Wahrnehmung mit anderen Wahrnehmungen vergleichen und dann zu einer anderen Schlussfolgerung kommen. Beobachtet man den Schatten eine Stunde, dann wird man gewiss eine Bewegung wahrnehmen. Die Sinneswahrnehmung im ersten Beispiel hat uns nicht getäuscht, denn sie hat uns bloß entsprechend ihres Vermögens den Schatten, wie er uns in einem Moment erscheint, gezeigt. Das, was wir visuell wahrgenommen haben, ist als Wahrnehmung in der Tat so. Genauso verhält es sich mit

57 al-Ġazālī: al-Munqiḏ min aḍ-ḍalāl, S. 33 f.

58 al-Ġazālī, Abū Ḥāmid: *Der Erretter aus dem Irrtum*, übers. von Abd Elsamad Elschazli, Philosophische Bibliothek 389, Hamburg: Felix Meiner 1988, S. 22 f.

dem Stern im zweiten Beispiel. Er erscheint von der Erde aus klein. Unser Sehvermögen hat sich nicht getäuscht, als es draußen einen Punkt, welcher ein Stern ist, sah. Denn so erscheint ein Stern unserem Sehvermögen aus der Entfernung, die unsere Erde von den Sternen trennt.

Ein letztes Beispiel, bevor mit diesem Punkt abgeschlossen wird, wäre ein Film im Kino. Die Sinne des Zuschauers nehmen Bilder und Töne wahr, die man nicht verleugnen kann. Würde jemand aus dem Mittelalter dieses große Bild an der Wand sehen, dann könnte er vielleicht zu der Schlussfolgerung kommen, dass diese Menschen tatsächlich an der Wand seien, was in diesem Fall eine falsche Schlussfolgerung des Begriffsvermögens wäre. Die Sinne hingegen haben in der Tat Bild und Ton wahrgenommen. Ob diese Bilder und Töne nun aus einem Gerät oder von tatsächlichen Menschen oder gar von Geistern stammen, ist ein Urteil, welches das Begriffsvermögen entsprechend seines Wissens und seiner Kategorien trifft. Und da es über etwas, was es nicht notwendigerweise erfasst, urteilt, besteht die Möglichkeit, dass es sich irrt.

Imam Ibn al-ʿArabī sah in der Kritik der Sinne ein Fundament für den radikalen Skeptizismus in seiner sophistischen Form. Dies war übrigens auch der Grund, warum Jahrhunderte nach ihm auch Aufklärer wie George Berkley die Sinne verteidigt haben und sie als unfehlbar ansahen.[59]

Ferner gilt das Begriffsvermögen für den Imam als eine Einschränkung für die Wahrnehmung, da es die Wirklichkeit nur in seinen begrenzten Kategorien erfasst.[60] In seiner reflektierenden Funktion nimmt es die Welt allein wie sie von seinen Kategorien dargestellt wird und wie sie sich in unserer Imagination abbildet, wahr, da auf der einen Seite alles, was wahrgenommen wird, in der Imagination abgebildet wird und auf der anderen Seite unsere Denkkraft nur mit dem, was in der Imagination gespeichert wurde, arbeitet. Ebendaher nimmt unser Begriffsvermögen die Welt nicht wahr wie sie in der Wirklichkeit ist.[61]

Die Welt, die ja normalerweise ein Schauplatz der Wahrnehmung ist, ist durch die Einschränkung des Begriffsvermögens in die Verborgenheit geraten und kann in ihrer Absolutheit nur erfasst werden, wenn das Be-

59 Saporiti, Katia: *Weshalb die Welt so ist, wie wir sie sehen - Berkleys These der Unfehlbarkeit unserer Wahrnehmung*, in: Perler, Dominik und Markus Wild (Hrsg.): *Sehen und Begreifen: Wahrnehmungstheorien in der frühen Neuzeit*, Berlin; New York: de Gruyter 2007, S. 265–286, hier S. 266.

60 Vgl. Bāsīl, Victor Saʿīd: *Waḥdat al-wuǧūd ʿind Ibn ʿArabī wa-ʿAbd al-Ġaniyy an-Nābulusī*, Beirut: Dār al-fārābī 2006, S. 60.

61 Vgl. an-Nābulusī, ʿAbd al-Ġaniyy: *Ǧawāhir an-nuṣūṣ fī ḥall kalimāt al-fuṣūṣ*, Beirut: Dār al-kutub al-ʿilmiyya 2008, Bd. 1, S. 65.

griffsvermögen seine Grenzen kennt bzw. man die Erkenntnis von den Ketten des Begriffsvermögens entfesselt.[62]

5.1.4. Das Erkenntnisspektrum des Begriffsvermögens

Ibn al-ʿArabī spricht oft von *ṭawr al-ʿaql*, was man mit Grenze, Raum oder Spektrum des Begriffsvermögens übersetzen kann. Das Begriffsvermögen hat einen bestimmten Raum, den es nicht überschreiten kann und darf. Im letzten Punkt wurde erwähnt, dass das Begriffsvermögen die Wissensgegenstände einschränkt und deswegen falsche Urteile treffen kann, wenn es in einem anderen Erkenntnisraum als dem eigenen benutzt wird. Hier soll auf diese Einschränkung genauer eingegangen werden, bzw. der Grund, wie diese zustande kommt, untersucht werden. Basierend auf dem, was man schon aus Logik, Philosophie und *kalām* kennt, stellt der Imam fest, dass das Begriffsvermögen die Wissensgegenstände nur anhand von vier Kategorien bzw. Kriterien einordnen und voneinander unterscheiden und somit begreifen kann. Denn ein Wissensgegenstand kann nur anhand seiner Substanz, seiner Wirkung, seines Zustandes oder seiner äußeren Erscheinung erkannt werden.[63] Genau genommen könnte man diese vier Kategorien unter zwei große subsumieren, nämlich die Substanz und deren Eigenschaften. Weiter stellt er fest, dass ein Wissensgegenstand jenseits dieser Kategorien nicht positiv vom Begriffsvermögen erkannt werden kann. Denn es kann die Wissensgegenstände nur anhand der vier oben erwähnten Kategorien erkennen. In seiner reflektierenden Funktion arbeitet das Begriffsvermögen mit hauptsächlich vier Grundfragen, nämlich *a)* der Frage, ob etwas der Fall ist (*hal*) *b)* der Frage nach dem Was (*mā*) *c)* der Frage nach dem Wie (*kayf*) und *d)* der Frage nach dem Warum (*lima*).[64]

Die Wissensgegenstände, die das reflektierende Begriffsvermögen durch die anderen Erkenntnismittel erlangt, untersucht bzw. kategorisiert es anhand dieser Grundfragen (*maṭālib kuliyya*). Dem Prozess des Denkens liegen zwei Haupttätigkeiten zugrunde, und zwar das Verbinden bzw. Zusammensetzen und das Unterscheiden. Basierend auf den vorhandenen Informationen, die durch die Sinne erhalten wurden, bestimmt das Begriffsvermögen durch das Denken einerseits die Eigenschaften, die einen

62 Vgl. Ibn al-ʿArabī: *Kitāb al-ǧalāla*, S. 60.
63 Vgl. Ibn al-ʿArabī: *al-Futūḥāt al-makkiyya*, Bd. 1, S. 92.
64 Vgl. ebd., Bd. 1, S. 93.

Wissensgegenstand von einem anderen unterscheiden, und andererseits die gemeinsamen Aspekte und Attribute, die ihm dabei helfen, mehrere Wissensgegenstände und Phänomene unter eine gleiche Kategorie zu fassen. Abstrakte Universalien existieren für aš-Šayḫ al-Akbar nicht außerhalb von uns, sie haben keine tatsächliche Wirklichkeit, sondern nur ein mentales Dasein.[65] Das ist somit ein weiterer Punkt, in welchem sich die Lehre Ibn al-ʿArabīs vom Platonismus und dessen Ideenlehre radikal unterscheidet. Das Fundament der Ideenlehre ist die Bestätigung von real existierenden und vom Begriffsvermögen unabhängigen Universalien. Nach den Kommentatoren Ibn al-ʿArabīs sind diese Universalien imaginierte Begriffe bzw. Konzepte, die man in die Einzeldinge in der Wirklichkeit hineinliest. Die Welt getrennt vom Prozess des Erkennens durch unser Begriffsvermögen besteht nur aus Einzeldingen, die der Mensch durch das Denken in imaginierte Kategorien zusammenführt.[66]

Im Grunde genommen sind viele Aspekte der sinnlich wahrgenommenen Wirklichkeit nicht in der Welt selbst vorhanden. Die Wirklichkeit, wie sie uns erscheint, hängt von der festen Entität (*al-ʿayn aṯ-ṯābita*), von den Eigenschaften Allahs, von der Wahrnehmung der Sinne sowie vom Begreifen des Begriffsvermögens ab. Die Kategorien Raum und Zeit sind z. B. für den Meister keine wirklich existierenden Dimensionen, sondern nur Relationen zwischen den verschiedenen Dingen im *wuǧūd*. Sie sind von uns illusioniert, damit wir die Dinge im Verhältnis zu einander und zu uns selbst einordnen können.[67] Außerdem gibt es Eigenschaften, die sowohl von den substanziellen Körpern als auch von unseren Sinnen abhängen, nämlich die Farbe und die Form. Ferner gibt es nach Ibn al-ʿArabī Eigenschaften wie Bewegung, Struktur, Gewicht und Masse, die nicht in den festen Entitäten (*al-aʿyān aṯ-ṯābita*) selbst existieren, sondern vom Begriffsvermögen vorgegeben werden.[68] Es ist evident, dass diese Position

65 Vgl. Ibn al-ʿArabī: *Fuṣūṣ al-ḥikam*, Bd. 1, S. 52 f.

66 Vgl. at-Turka, Ṣāʾin ad-Dīn: *Šarḥ Fuṣūṣ al-ḥikam*, Beirut: Dār al-kutub al-ʿilmiyya 2012, S. 98; sowie: Mullā Ǧāmī, ʿAbd ar-Raḥmān: *Šarḥ Fuṣūṣ al-ḥikam*, Beirut: Dār al-kutub al-ʿilmiyya 2004, S. 67. Eine ausführlichere Dekonstruktion der Universalien in der Schule Ibn al-ʿArabīs verdanken wir Imam ʿAfīf ad-Dīn at-Tilmisānī (gest. 1291) in seinem Kommentar zu Fuṣūṣ al-ḥikam. Siehe dazu: at-Tilmisānī, ʿAfīf ad-Dīn: *Šarḥ Fuṣūṣ al-ḥikam*, Beirut: Dār al-kutub al-ʿilmiyya 2015, S. 51–55.

67 Zum Konzept von Zeit bei Ibn al-ʿArabī und dass es eine illusionierte Kategorie ist, siehe u. a.: Jaakko Hämeen-Anttila: *The Immutable Entities and Time, Journal of The Muhyiddin Ibn 'Arabi Society* 39 (2006), S. 15–32; sowie: Kalin, Ibrahim: *From the Temporal Time to the Eternal Now: Ibn al-'Arabi and Mulla Sadra on Time, Journal of The Muhyiddin Ibn 'Arabi Society* 41 (2007), S. 31–62; und: Winkel, Eric: *Time is not real: Time in Ibn 'Arabi, and from Parmenides (and Heraclitus) to Julian Barbour*, in: *Journal of The Muhyiddin Ibn 'Arabi Society* 51 (2012), S. 77–101.

68 Ibn al-ʿArabī: *al-Futūḥāt al-makkiyya*, Bd. 2, S. 458. Für eine ausführliche Erklärung dieses Punktes im Lichte der modernen Physik siehe: Haj Yousef, Mohamed: *The Single Monad Model of the Cosmos or: The Days*

sich auf den ersten Blick mit dem Forschungsstand der modernen Physik nicht vereinbaren lässt. Genauer betrachtet geht es bei dieser Position allerdings um eine Ansicht, die von einer bestimmten Ontologie ausgeht. So stellt Mohamed Haj Yousef, der die Positionen Ibn al-ʿArabīs in mehreren Studien mit der modernen Physik, aber auch mit anderen Philosophien verglich, fest:

> *In apparent disagreement with physics, and also with common sense, Ibn 'Arabî paradoxically declares that most common properties of matter like weight, density, transparency, and softness are related to the perceiver and not to the objects themselves [II.458.14]. There are only two exceptions, the colour and the shape, where Ibn 'Arabî accepts that they can be related to something in the object itself, though they may also be dependent on the perceiver like other properties. At a first glance this might be difficult to accept, especially since it clearly contradicts our daily experience. However, we have already seen in section II.6 that Ibn 'Arabî›s unique understanding of motion may only be understood on the basis of the oneness of being and the re-creation principle that we explained in section V.6. Similarly, if we accept that objects and the whole world are continuously created and re-created by the Single Monad, then we have to revise our view about the structure of matter: for there actually exist (in this view) only the individual substances/monads and their forms, so that other properties are consequences and not intrinsic.*[69]

Die Position Ibn al-ʿArabīs diesbezüglich ist eine logische Schlussfolgerung, wenn man seine ontologische Lehre zu Ende denkt. Denn wenn die Welt aus den festen Entitäten (*al-aʿyān aṯ-ṯābita*), die im Wissen Allahs perpetuieren sowie aus den Manifestationen der göttlichen Eigenschaften und Namen durch diese Entitäten besteht, während diese beiden Teile immateriell sind, dann ist die Welt in ihrem Wesen nicht physikalisch. Die Physikalität ist nur ein Ergebnis der Ordnung und der Art, wie die Welt uns erscheint und wie wir sie begreifen. Nichtsdestotrotz kann man die Welt in physikalischen Kategorien fassen, da es eine konstante Ordnung durch das Prinzip der dauerhaften Re-Erschaffung gibt. Aber was in diesem Zusammenhang von Relevanz ist, ist die Tatsache, dass das reflektierende Begriffsvermögen in seiner Beschaffenheit nur Dinge begreifen kann, die es in seine eigenen Kategorien einordnen kann, die es einteilen kann und anhand der oben erwähnten Grundfragen und Attribute begrei-

of God: Ibn Arabi's Concept of Time and Creation in Six days, CreateSpace Independent Publishing Platform 2013.

69 Haj Yousef: *The Single Monad Model of the Cosmos*, S. 286.

fen kann. Das Erkenntnisspektrum des Begriffsvermögens (*ṭawr al-ʿaql*) ist begrenzt und kann deswegen nicht die Dinge, die seine Kategorien übersteigen, begreifen oder durch das Reflektieren erkennen.

Nur in einem Fall kann man basierend auf dem Erkenntnisbereich des Begriffsvermögens, Rückschlüsse auf den Bereich jenseits dessen Erkenntnisbereiches ziehen. Dies möchten wir uns im nächsten Punkt genauer ansehen.

5.1.5. Die Induktion

Genauso wie Ibn al-ʿArabī der deduktiven Methode skeptisch gegenüber stand, war er auch kritisch gegenüber der induktiven Methode (*al-istiqrāʾ*) in der Theologie. Im 56. Kapitel der *Futūḥāt al-makkiyya* behandelt er explizit die Frage, wann die Induktion in der Theologie nützlich ist und wann nicht.[70] Zulässig ist die Induktion nur in dem Fall, in dem man bestimmte Charaktereigenschaften (*aḫlāq*), die in der göttlichen Kunde (*waḥy*) erwähnt wurden, näher verstehen will. Wenn z. B. Allah sagt, dass Er der Barmherzigste aller Barmherzigen ist oder dass Er der beste Verzeihende ist, dann kann die induktive Methode angewandt werden, um diese Bezeichnung näher zu verstehen.[71] Wenn man sich die Menschen mit edlen Charaktereigenschaften anschaut, dann stellt man fest, dass sie bestimmte Eigenschaften besitzen, wie z. B. Sanftmut, VHingabe, Gnade oder Rücksicht.[72] Durch die Induktion wissen wir, dass die edlen Charaktereigenschaften nur einer Person zugeschrieben werden, die solche Eigenschaften besitzt, also, so Ibn al-ʿArabī, wissen wir zwangsläufig, dass dem Wirklichen ﷻ diese Attribute eher gebühren und zwar in einer Art, die alles andere übertrifft. Die Induktion ist in diesem Fall nur deswegen zulässig, weil die göttliche Kunde (*waḥy*) die Induktion in diesem Zusammenhang erlaubt. Allah ﷻ sagt in einem Hadith: ***„Ich bin so, wie Mein Diener über Mich denkt, so soll er über Mich gut denken.“***[73] Wenn der Mensch denkt, dass Allah vergebend, barmherzig oder liebend ist, dann hat er eine Vorstellung von VHingabe, Barmherzigkeit oder Liebe, die er nur aus der Erfahrung mit anderen Menschen kennt. Über Allah zu denken basierend auf einem induktiven Verständnis der Barmherzigkeit oder Liebe, ist in diesem Zusammenhang nicht nur zulässig, sondern auch unvermeidbar.

70 Vgl. Ibn al-ʿArabī: *al-Futūḥāt al-makkiyya*, Bd. 1, S. 284.
71 Vgl. ebd.
72 Vgl. ebd.
73 al-Muttaqī al-Hindī: Kanz, Nr. 1135/Buḫārī, Muslim.

Jenseits des Bereiches der Charaktereigenschaften ist die Induktion nutzlos im Bereich der Theologie und führt nicht zu einem Wissen über Allah, weil die Induktion lediglich auf der empirischen Beobachtung basiert, von welcher das Wesen Allahs ausgeschlossen ist. aš-Šayḫ al-Akbar bringt hier das folgende Beispiel:[74]Durch die Empirie bestätigt man, dass jedes Wesen, das ein Erschaffer ist, ein Körper ist.

X1, X2...sind Erschaffer

X1, X2...sind ein Körper

Jeder Erschaffer ist ein Körper

Nimmt man die Konklusion dieser Induktion und versucht, darauf basierend eine Deduktion in Bezug auf Allah abzuleiten, dann sieht es so aus:

Alle Erschaffer sind Körper.

Der Wirkliche ist der Erschaffer der Welt.

Der Wirkliche ist ein Körper.

Diese Konklusion führt somit zu einer Aussage, die in Bezug auf den Wirklichen nicht stimmen kann, weil sie Ihm sonst einen Makel zuschreiben würde. Denn die Körperlichkeit ist eine Form der Bedürftigkeit, über welche Allah erhaben ist. Ferner sperrt nicht nur der Fakt, dass das Wesen des Wirklichen nicht empirisch beobachtbar ist, den Weg der induktiven Methode zum Wissen über Gott ab, sondern die ontologische Tatsache, dass es im *wuǧūd* keine Wiederholung gibt.[75] Nichts geschieht zweimal, sodass man daraus eine Regel ableiten kann, die für Allah gelten würde. Der Wirkliche ist jenseits der Induktion, weil Er sich nie zweimal gleich manifestiert. Die Entitäten im *wuǧūd*, die ständig neu erschaffen werden, erscheinen uns nur deswegen als konstant, weil man die Manifestation dahinter nicht erkennt.[76] Nichtsdestotrotz können sowohl die Induktion als auch die Deduktion in Bezug auf die Welt verwendet werden, weil im *wuǧūd* eine beobachtbare Gewöhnlichkeit (*ʿāda*) vorhanden ist, eine Theorie, die Ibn al-ʿArabī mit den *Ašʿarīten* teilt.

74 Vgl. Ibn al-ʿArabī: *al-Futūḥāt al-makkiyya*, Bd. 1, S. 284.
75 Vgl. ebd., Bd. 1, S. 285.
76 Vgl. ebd., Bd. 2, S. 471.

5.2. Die Imagination (*al-ḫayāl*)

Ein weiteres Erkenntnismittel, über welches der Mensch verfügt und welches in der *akbarītischen* Erkenntnislehre von zentraler Bedeutung ist, stellt die Imagination (*al-ḫayāl*) dar. Im vorigen Punkt wurden das Verständnis des *ʿaql* bei aš-Šayḫ al-Akbar sowie die Grundzüge seiner Kritik gegen den *ʿaql* als reflektierendes Begriffsvermögen beschrieben. Nun wird im zweiten Punkt dieses Abschnittes auf die Imagination eingegangen. Dem gleichen Untersuchungsmuster wie beim Begriffsvermögen wird auch hier gefolgt. Das heißt, es wird zuerst der Begriff *ḫayāl*, der seinerseits ambig ist, sprachlich und fachspezifisch definiert. Danach wird auf drei Grundfragen eingegangen, mit deren Hilfe versucht wird, die Imagination in der *akbarītischen* Erkenntnislehre zu veranschaulichen, nämlich: Welche Bedeutung hat das Konzept vom *ḫayāl* in der Theologie Ibn al-ʿArabīs? Welches Erkenntnisvermögen hat die Imagination? Und wie verhält sich die Imagination zum Begriffsvermögen? Bei der letzten Frage spielt die Unterscheidung zwischen Imagination und Fantasie eine Rolle, die ebenfalls erläutert wird.

5.2.1. *al-Ḫayāl* in der Sprache

Wenn in dieser Arbeit der Begriff Imagination verwendet wird, dann sollen trotzdem die semantischen Besonderheiten des Begriffes *ḫayāl* im Arabischen stets im Hinterkopf behalten werden. Auf die Wichtigkeit der Semantik der arabischen Sprache beim Verständnis der *akbarītischen* Konzepte wurde schon mehrmals hingewiesen. Hier bildet der Begriff *ḫayāl* keine Ausnahme. Ibn al-ʿArabī blendet – wie bei den bisher behandelten Grundkonzepten – auch hier nicht die etymologischen und semantischen Implikationen der Wurzel *ḫ-y-l* im Begriff *ḫayāl* aus.[77]

Die ursprünglichen Bedeutungen einer Wurzel, wie wir bei den Begriffen *ʿilm* oder *ʿaql* sahen, spielen oft – wenn auch nicht immer – eine bedeutende Rolle in der sprachlichen Verwendung, die Ibn al-ʿArabī den Begriffen zuteilt. Das heißt, auch wenn er einem Wort eine neue Bedeutung bzw. Verwendung gibt, dann bleibt eine semantische Verbindung mit der Wurzel, aus welcher der jeweilige Begriff stammt, bestehen. Ibn al-ʿArabī

77 Die Lexikografen sind darüber uneinig, ob *ḫayāl* aus *ḫ-y-l* oder *ḫ-w-l* stammt. al-Farāhīdī z. B. behandelt das Wort unter *ḫ-w-l*. Siehe: AL-FARĀHĪDĪ, AL-ḪALĪL B. AḤMAD: *Kitāb al-ʿayn*, Kairo: Dār al-ḥuriyya 1980, S. 4, S. 304.

ist in seinem Umgang mit der Sprache konsequent. Denn auf den ersten Blick könnte man denken, dass er manchen Begriffen weit hergeholte Interpretationen zukommen lässt, allerdings stellt man bei genauerer Untersuchung fest, dass diese Interpretationen, wenn man überhaupt von solchen sprechen kann, nicht weit von dem wortwörtlichen Sinn des jeweiligen Begriffes entfernt sind. Er bevorzugt nicht nur bei Koran und Sunna eine wortgetreue – also eine *ẓāhirītische* – Lesart, sondern basiert oft seine Schlüsselkonzepte auf den ursprünglichen Bedeutungen der Wurzel, aus welchen die Begriffe stammen. Der ernsthafte Umgang Ibn al-ʿArabīs mit der Sprache mutet fast wie ein Spiel an. Allerdings spielt er auf eine Weise mit der Sprache, die zunächst den Eindruck erzeugt, er würde sich von den offenkundigen Bedeutungen der göttlichen Kunde (*waḥy*) entfernen. Paradoxerweise ist sein Verständnis der Sprache so wortgetreu, dass der Leser denken könnte, er rede in Metaphern.

Es ist deswegen sinnvoll, bevor das Konzept des *ḫayāl* bei ihm untersucht wird, einen Blick in die sprachliche Bedeutung dieses Begriffes zu werfen. Ibn Fāris, der Autor von *Maqāyīs al-luġa*, schreibt zu der Wurzel *ḫ-y-l* Folgendes:

> «الخاء والياء واللام أصل واحد يدل على حركة في تلون فمن ذلك الخيال وهو الشخص وأصله ما يتخيله الإنسان في منامه لأنه يتشبه ويتلون»[78]
>
> *al-Ḫāʾ, yāʾ und lām bilden eine Wurzel, die auf die dynamische Veränderung [der Form] (ḥaraka fī talawwun) hinweist. [Aus dieser Wurzel] stammt al-ḫayāl im Sinne von [nicht identifizierter] Person (šaḫṣ). Die Bedeutung hat ihren Ursprung in dem, was sich der Mensch in seinem Traum vorstellt. Denn da nimmt [das, was der Mensch im Traum sieht] die Gestalt von anderen an und verändert seine Form.*

Wortwörtlich übersetzt, spricht Ibn Fāris in seiner Erläuterung von der Bewegung in der Gestalt. Damit ist allerdings die Veränderung der Form gemeint. Im Arabischen sagt man zu einer nicht identifizierten Personengestalt bzw. einem Schatten auch *ḫayāl*. Denn die Form dieser Person ändert sich, je näher sie rückt. Von Weitem sieht man nur eine dunkle Gestalt. Man nennt auch die dunklen Wolken ḫāl und zu der Wolke allgemein sagt man *al-muḫayyil, al-muḫayyila* oder *al-muḫīla*.[79] Es ist anzunehmen, dass sie so heißen, weil sie in ständigem Wandel ihrer Form sind.

78 Ibn Fāris: *Maqāyīs al-luġa*, B. 2, S. 235.
79 Vgl. Ibn Manẓūr: *Lisān al-ʿarab*, S. 1304.

Aber ebenso, weil sie die Gestalt des Himmels dynamisch verändern. Aus diesem Grund sagt man auch im Arabischen, wenn der Himmel regnerisch wird, „*aḫālat as-samāʾ*“, was wortwörtlich „der Himmel hat sich verändert“ heißt.[80] Die meisten Derivate aus der Wurzel *ḫ-y-l* weisen auf eine Veränderung in der Form bzw. Gestalt von etwas hin.

Ḫayāl wird üblicherweise mit Imagination übersetzt. Er hat als erste Bedeutung das, was man sich im Traum vorstellt. Die Erklärung, die Ibn Fāris gab, geht davon aus, dass das Wort so heißt, weil unsere Träume verschiedene Formen und Gestalten annehmen. Aber in der Sprache ist *ḫayāl* nicht nur das, was wir träumen, sondern alles, was wir mental gestalten.[81] Die Grundbedeutung von *ḫayāl* sowie vom Verb *taḫayyala* (imaginieren) wurde jedoch in ihrer Verwendung abstrahiert, sodass man mit dem Verb *taḫayyala* u. a. „vermuten“, „verdächtigen“ oder auch „denken“ meint.[82] Es scheint, dass die Imagination im Arabischen so heißt, weil sie mit der bildhaften Verformung der Gestalten zu tun hat. Diese grundlegende Bedeutung entspricht auch der koranischen Verwendung. Zwar kommt das Wort *ḫayāl* im Koran nicht vor, allerdings wird das passive Verb „يُخَيَّلُ إِلَيْهِ“[83] verwendet, welches ungefähr „es kam ihm vor“ bzw. „es erschien ihm“ bedeutet. In der *āya* geht es darum, dass Moses ﷺ gedacht bzw. imaginiert hat, dass die Seile und Stöcke der Zauberer sich wie eine Schlage bewegten. Die Gestalt der Seile nahm eine andere Form an, zumindest in der Wahrnehmung von Moses u, deswegen ist es ein *ḫayāl*.

Allgemein lassen sich zwei Punkte in der sprachlichen Untersuchung der Derivate der Wurzel *ḫ-y-l* schlussfolgern. Erstens, die Wahrnehmung einer Veränderung in der Form ist semantisch in den meisten Derivaten verankert. Und zweitens die Tatsache, dass diese Veränderung nicht nur in der Wahrnehmung stattfindet, sondern in der Natur der Derivate vorliegt. Ferner drückt man im Arabischen mit dem Begriff *ḫayāl* nicht nur eine mentale Tätigkeit aus, sondern sowohl die imaginierten Dinge als auch die tatsächlichen in sich veränderbaren bzw. dem Wandel unterliegenden Dinge. Dieser Punkt ist von großer Wichtigkeit, denn man tendiert dazu, mit dem lateinischen Wort *Imaginatio*, aus welchem viele europäische Sprachen das Wort Imagination abgeleitet haben, einen

80 Vgl. ebd.
81 Vgl. ebd., S. 1306.
82 Vgl. AL-FARĀHĪDĪ: *Kitāb al-ʿayn*, Bd. 4, S. 306.
83 Koran, 20:66.

Gegensatz zum Wirklichen zu erfassen.[84] Diese Diskrepanz lässt sich zwar auch in manchen Verwendungen des Begriffes *ḫayāl* und des Verbes *taḫayyala* finden, aber es gibt auch Derivate bzw. andere Verwendungen, die nicht unbedingt eine Irrealität implizieren.

Ferner wird das Wort *ḫayāl* auch *a)* für den Schatten eines Raubvogels, der diesem als Beute erscheint, *b)* für den Schatten und Menschengestalt allgemein, *c)* für das Spiegelbild und *d)* für die Vogelscheuche verwendet.[85] Aus diesen zahlreichen Bedeutungen des Begriffes *ḫayāl* stellt man zwei Gemeinsamkeiten zwischen all diesen Bedeutungen fest. Erstens, all diese Dinge, die man *ḫayāl* nennt, existieren tatsächlich, allerdings werden sie für etwas anderes gehalten. Zweitens, all diese Dinge nehmen die Form von etwas anderem an.

aš-Šayḫ al-Akbar basiert sein Konzept von Imagination auf diesen zwei semantischen Bedeutungen des Begriffes. Rein semantisch kann keine genuine Gegensätzlichkeit zwischen Wirklichkeit und Imagination festgestellt werden. Die Diskrepanz entsteht erst in der Verwendung des Wortes in einem bestimmten Kontext. Dieser Punkt ist für die vorliegende Untersuchung von Bedeutung. Denn die Imagination ist bei dem Meister nicht per se ein Synonym für die Irrealität oder ein Antonym zur Wirklichkeit.

5.2.2. Die Ambiguität des Begriffes *ḫayāl*

Ḫayāl gehört zu den wichtigsten Aspekten der Lehre Ibn al-ʿArabīs. In fast allen Untersuchungen der *akbarītischen* Erkenntnislehre findet man Kapitel, die auf diesen Punkt eingehen. Die Schwierigkeit, vor der wir allerdings stehen, wenn wir versuchen, eine ganzheitliche Darstellung der Imagination bei aš-Šayḫ al-Akbar zu geben, ist die Tatsache, dass der *ḫayāl* bei ihm nicht nur eine Rolle in der Erkenntnis spielt, sondern auch in seinem Verständnis des *wuǧūd*, sprich in seiner ontologischen Lehre. Aus diesem Grund wäre die pauschale Verwendung des Begriffes Imaginati-

84 Im Griechischen weist das Wort φαντασία mehr Ambiguität auf und zeigt einige Gemeinsamkeiten mit dem arabischen Wort. Im Lexikon Liddel/Scott werden dem Wort mehrere Bedeutungen gegeben. Vier sind hier von Wichtigkeit: „*1. appearing, appearance, = τὸ φαίνεσθαι, πάντες ἐφίενται τοῦ φαινομένου ἀγαθοῦ, τῆς δὲ φ. οὐ κύριοι do not control the appearing, […] usu. with less verbal force, appearance, presentation to consciousness, whether immediate or in memory, whether true or illusory, […] 2. imagination, i.e. the re-presentation of appearances or images, primarily derived from sensation […] 2 b. in Aristotle, faculty of imagination, both presentative and representative […] 2 c. c. creative imagination.*" Siehe φαντασία in: Liddell, Henry George und Robert Scott: *Liddell and Scott. An Intermediate Greek-English Lexicon*, Oxford: Clarendon Press 1889, http://www.perseus.tufts.edu/.

85 Vgl. Ibn Manẓūr: *Lisān al-ʿarab*, S. 1304 ff.

on für alle Bedeutungen des *ḫayāl* ungenau und dadurch würden mehrere Aspekte verloren gehen. Daher wird je nach Kontext das Wort *ḫayāl* entweder als Imagination – meistens in seinem epistemologischen Sinn – oder als Spiegelbild bzw. Schattenbild übersetzt, wenn es im ontologischen Sinn verwendet wird. Zudem wird in den Fällen, in denen die Ambiguität des Wortes betont werden soll, schlicht der arabische Terminus übernommen. In allen Fällen, in denen der Begriff übersetzt wird, steht neben der Übersetzung das arabische Wort in Klammern, sodass jegliche Ungenauigkeit vermieden wird.

In der vorliegenden Arbeit liegt der Fokus auf der Rolle der Imagination (*ḫayāl*) in der Erkenntnislehre. Eine ausführliche Darstellung der ontologischen Aspekte des *ḫayāl* würde den Rahmen dieser Dissertation sprengen. In diesem Zusammenhang könnte man auf fünf ausführliche Arbeiten über den *ḫayāl* bei Ibn al-ʿArabī hinweisen, jene von Corbin,[86] Chittick[87], Salman Bashier,[88] Maḥmūd Ġurāb[89] und Sulaīmān al-ʿAṭṭār[90]. In den drei ersten Arbeiten steht die Ontologie im Mittelpunkt, nichtsdestotrotz wurde – auch wenn nicht in der gleichen Intensität – auf die epistemologischen Aspekte der Imagination eingegangen. Was die Arbeit von Ġurāb betrifft, so ist sie eher eine Sammlung von Texten über die Imagination aus den unterschiedlichen Werken Ibn al-ʿArabīs.[91]

Ibn al-ʿArabī trennt im *wuǧūd* nicht zwischen Sein und Bewusstsein.[92] Ebendeswegen kann man die Imagination in ihrer epistemologischen Rolle bei dem andalusischen Gelehrten nicht untersuchen, ohne auf ihre ontologischen Aspekte zumindest hinzuweisen. Die erste Schwierigkeit, der man beim Versuch, das Konzept des *ḫayāl*[93] bei Ibn al-ʿArabī zu untersuchen, begegnet, ist die Vielfalt der Begriffe, die er in diesem Zusammenhang als Synonyme für die Imagination benutzt. Muḥammad Miṣbāḥī führt die Ambiguität des Konzeptes des *ḫayāl* bei Ibn al-ʿArabī

86 CORBIN, HENRY: *L'imagination créatrice dans le soufisme d'Ibn Arabi*, Paris: Entrelacs 2006.

87 CHITTICK, WILLIAM C.: *Imaginal Worlds: Ibn al-'Arabi and the Problem of Religious Diversity*, Albany: State University of New York Press 1994; siehe auch: CHITTICK, WILLIAM C.: *The Self-disclosure of God: Principles of Ibn al-'Arabī's Cosmology*, Albany, NY: SUNY Press 1998, S. 331–349; sowie: *The Sufi Path of Knowledge*, S. 112–124.

88 BASHIER, SALMAN: *Ibn al-'Arabi's Barzakh: The Concept of the Limit and the Relationship Between God and the World*, Albany: State University of New York Press 2004.

89 ĠURĀB, MAḤMŪD: *al-ḫayāl ʿālam al-barzaḫ wa-l-miṯāl*, Damaskus: Matbaʿat naḍr 1993.

90 AL-ʿAṬṬĀR, SULAĪMĀN: *al-Ḫayāl ʿind Ibn al-ʿArabī*, Kairo: Dār aṯ-ṯaqāfa 1991.

91 Ġurāb schrieb seine Bemerkungen als Fußnoten, sodass man im Haupttext nur die Passagen von Ibn al-ʿArabī findet.

92 VGL. CHITTICK, WILLIAM C.: *Ibn Arabi: Heir to the Prophets*, Oxford: Oneworld Publications 2007, S. 37 f.

93 Der Genauigkeit wegen wurde in diesem Punkt auf die bisher benutzte Übersetzung des Begriffes *ḫayāl* verzichtet.

auf die Annahme zurück, dass aš-Šayḫ al-Akbar hier zwei Systeme miteinander vermischt hat bzw. zusammenführte, nämlich das der Philosophie und das der Sufis, und deswegen erscheinen manchmal seine Ausführungen als inkohärent.[94] Aber da einerseits vor Ibn al-ʿArabī kaum ein Sufi ausführlich über die Imagination geschrieben hat und anderseits die philosophischen Konzepte zur Imagination in vielen Gesichtspunkten der Lehre Ibn al-ʿArabīs nicht entsprechen, scheint diese Annahme kaum vertretbar zu sein. Die Gemeinsamkeiten zwischen manchen Aspekten der Imagination bei ihm und den Philosophen, insbesondere Aristoteles und Ibn Sīnā (gest. 1037), kann man auf die sprachlichen Verwendungen des Begriffes zurückführen.

Ferner hat Ibn al-ʿArabī der Imagination in seinem Lehrgebäude zweifellos mehr Platz und vor allem mehr Wert als Aristoteles und die anderen peripatetischen Philosophen eingeräumt.[95] Er hat dem Begriff *ḫayāl* nicht nur mehrere Bedeutungen zugeteilt, sondern vielmehr weitere Begriffe zu Synonymen von *ḫayāl* gemacht. Die Synonyme des *ḫayāl* bei Ibn al-ʿArabī sind aber keine lexikalischen, sondern als solche nur in seiner eigenen Terminologie zu verstehen. Die Vielfalt der Synonyme hat hier nicht rein stilistische Gründe. Vielmehr drückt jedes Synonym eine bestimmte epistemologische bzw. ontologische Natur oder Aufgabe des *ḫayāl* aus.[96] Laut der Lehre des aš-Šayḫ al-Akbar gibt es keine zwei vollkommen identischen Begriffe. Denn ein Grundgedanke seiner Lehre ist, dass es nichts im *wuǧūd* gibt, das zwei mal vollkommen identisch vorkommt.[97]

5.2.3. Das akbarītische Konzept des *ḫayāl*

Da Allah als der *Ḥaqq* (der Wirkliche) die einzige Wirklichkeit ist, die tatsächlich vorhanden ist, stellt sich die Frage, wie die Welt ontologisch einzuordnen ist. Mit der Welt ist hier nicht nur das uns bekannte Universum, sprich das physisch vorhandene und sinnlich wahrnehmbare gemeint, sondern vielmehr die Welt im Sinne von allem, was man normalerweise

94 Vgl. Misbāḥī, Muḥammad: *Naʿam wa-lā: al-fikr al-munfatiḥ ʿind Ibn ʿArabī*, Beirut: ad-Dār al-ʿarabiyya li l-ʿulūm 2012, S. 62 f.

95 Vgl. Ḫamīsī, Sāʿid: *Naẓariyyat al-Maʿrifa ʿind Ibn ʿArabī*, Kairo: Dār al-faǧr 2001, S. 87. Für eine kurze Darstellung der Imagination bei Aristoteles, siehe: Shields, Christopher: *Aristotle's Psychology*, in: Zalta, Edward und Uri Nodelman (Hrsg.): *The Stanford Encyclopedia of Philosophy*, 2015.

96 Vgl. Ḫamīsī, Sāʿid: *Ibn al-ʿarabī - al-musāfir al-ʿā ʾid*, Beirut: ad-Dār al-ʿarabiyya li l-ʿulūm 2010, S. 229.

97 Vgl. Ibn al-ʿArabī: *al-Futūḥāt al-makkiyya*, Bd. 2, S. 302.

als Nicht-Allah bezeichnet.[98] Die Antwort, die Ibn al-ʿArabī uns liefert, ist, dass die Welt weder nichtexistierend noch existierend ist. Sie ist ontologisch gesehen zwischen dem absoluten *wuǧūd*, welcher der Wirkliche ﷻ selbst ist, und der Nichtexistenz (*ʿadam*). Somit ist die Welt nach ihm ein *ḫayāl* sowohl im Sinne einer Imagination als auch im Sinne eines Spiegelbildes. Das, was wir alltäglich wahrnehmen, ist nicht aus allen Aspekten die Wirklichkeit selbst. Denn wie erwähnt, die einzige Wirklichkeit ist allein der *wuǧūd*, welcher Allah selbst ist. Ebendaher soll in der Lehre Ibn al-ʿArabīs zwischen der Wirklichkeit und der sogenannten Wirklichkeit, wie Izutsu sie nennt, unterschieden werden.[99]

Um seinen Standpunkt näher zu erklären, zitiert Ibn al-ʿArabī die prophetische Überlieferung, die besagt, dass die Menschen schlafen und erst aufwachen, wenn sie sterben.[100] Dementsprechend ist die Welt eine Art Traum, denn alles, was wir wahrnehmen und erleben, ist nicht die Wirklichkeit selbst. Wenn der Prophet ﷺ sagt, dass die Menschen nach dem Tod aufwachen werden, so meint er damit nicht das Aufwachen in dem Sinne, dass sie den Schlafzustand verlassen, sondern eher, dass sie erkennen werden, dass sie in einer Art Schlaf waren und noch sind. Es ist eine Metapher für die Illusion, man besäße eine tatsächliche Existenz. Denn das, was man in der Welt wahrnimmt, ähnelt dem, was man im Traum erfasst:

«فانتباهه بالموت هو كمن يرى أنه استيقظ في النوم في حال نومه فيقول في النوم رأيت كذا وكذا
وهو يظن أنه قد استيقظ ويعضد هذا الخبر قوله تعالى في حق الميت فكشفنا عنك غطاءك فبصرك
اليوم حديد أي تدرك ما لم تكن أدركته بالموت فهو يقظة بالنسبة لما كنت عليه في حال الحياة الدنيا

98 Im Arabischen wird dafür der Begriff *ġayr* (das Andere) bzw. in Plural *aġyār* (die Anderen) oder *mā siwā llāh* (das, was nicht Allah ist bzw. das Nicht-Allah) verwendet.

99 Vgl. Izutsu, Toshihiko: *Sufism and Taoism: A Comparative Study of Key Philosophical Concepts*, Rev Sub Aufl., Berkeley: University of California Press 1984, S. 7.

100 Diese Überlieferung schreiben u. a. Imam Ibn al-ʿArabī sowie Imam al-Ġazālī dem Propheten ﷺ zu. Allerdings gibt es dafür in den uns vorliegenden Werken keine Überlieferungskette. Der Sinn der Überlieferung entspricht allerdings koranischen Passagen sowie authentischen prophetischen Aussagen wie z. B.: *„Der wahrhaftigste Vers der arabischen Dichtung ist die Aussage Labīds, nämlich ‚Alles außer Allah ist nichtig'.“* Kanz, Nr. 7977/ Buḫarī. Des Weiteren wurde die Aussage *„die Menschen schlafen…“* im gleichen Wortlaut von mehreren Autoritäten, wie z. B. Imam Ali ؑ, Sufyān aṯ-Ṯawrī, Sahl b. ʿAbd Allāh at-Tustarī und Bišr b. al-Ḥāriṯ überliefert, was auf einen prophetischen Ursprung hindeuten könnte. Für die Überlieferung von Sufyān aṯ-Ṯawrī siehe: al-Iṣafahānī, Abū Nuʿaym: *Ḥilyat al-awliyāʾ*, Beirut: Dār al-kutub al-ʿilmiyya 1988, Bd. 7, S. 52; für Sahl b. ʿAbd Allāh siehe: al-Bayhaqī, Abū Bakr Aḥmad: *az-Zuhd al-kabīr*, Beirut: Muʾassasat al-kutub aṯ-ṯaqāfiyya 1996; für Bišr b. al-Ḥāriṯ siehe: al-Ǧawharī, Abū Muḥammad al-Ḥasan: *Ḥadīṯ Abū al-Faḍl az-Zuhrī*, Riad: Maktabat aḍwāʾ as-salaf 1998, Bd. 2, S. 670.

ثم إذا بعثت في النشأة الآخرة يقول المبعوث من بعثنا من مرقدنا هذا فكان كونه في مدة موته كالنائم في حال نومه مع كون الشارع سماه يقظة وهكذا كل حال تكون فيه لا بد لك من الانتقال عنه»[101]

*Das Erwachen durch den Tod gleicht [dem Zustand] desjenigen, der im Traum sieht, dass er geträumt hat, sodass er in seinem Traum sagt, er habe so und so [im Traum] gesehen. Er denkt [in seinem Traum], dass er erwacht ist. Die göttliche Kunde bestätigt das in Bezug auf den Toten, [dort ist zu lesen]: '**Nun nehmen wir dir die Decke ab, und scharf ist heute dein Auge.**'[102] Das heißt, du erfasst das, was du vor dem Tod nicht erkanntest. Somit ist er [der Zustand nach dem Tod] ein Erwachen im Vergleich zum Zustand im diesseitigen Leben. Allerdings wird nach der Auferstehung der Auferstandene sagen: '**Oh, weh uns, wer erweckte uns von unsrem Lager (marqadinā)**'[103] So war er in der Zeit seines Todes wie ein Schlafender, obwohl der Vermittler der Scharia ihn [das heißt den Tod] ein Erwachen nannte. Und so verhält es sich mit jedem Zustand, den man [später] verlässt.*

Folglich verlässt der Mensch nie die imaginierte Welt, zu welcher er selbst gehört. Die Welt bzw. die Welten, die im *wuǧūd* erscheinen und welche keinen eigenen *wuǧūd* haben, sind zwischen dem *wuǧūd* und der Nichtexistenz. Chittick nennt diese Imagination allegorisch den Traum Gottes.[104]

Die Dinge, die wir in unseren Träumen sehen, existieren aus einem Aspekt in der Traumwelt und aus einem anderen Aspekt existieren sie nicht, bzw. existieren nur in unserer Wahrnehmung. Die Träume sind aus einem Aspekt wir selbst, da sie uns gehören und aus einem anderen Aspekt nicht wir selbst, weil sie nicht unser ganzes Selbst sind. Demzufolge ist die Welt in ihrem Verhältnis zu Allahs Selbst nicht Er, da das göttliche Wesen eine reine Abwesenheit bzw. Unbekanntheit (*ġayb muṭlaq*) und absoluter *wuǧūd* ist, welcher nichts weiteres braucht, um zu sein. Die Welt ist auch nicht das Selbst Allahs, weil das göttliche Wesen absolut, unendlich und jenseits aller Kategorien ist. Aber aus einem anderen Aspekt ist die Welt der Wirkliche ﷻ selbst, denn die festen Entitäten (*al-aʿyān aṯ-ṯābita*), die sich im *wuǧūd* zeigen und die man die Welt bzw. das Nicht-Allah (*ġayr Allāh*) nennt, sind nichts anderes als das Wissen Allahs und wenn sie sich im *wuǧūd* zeigen, dann sind sie allein die Entifikationen (*taʿayyunāt*) und Manifestationen (*taǧaliyyāt*) des Göttlichen im Rahmen Seiner Eigen-

101 Ibn al-ʿArabī: *al-Futūḥāt al-makkiyya*, Bd. 2, S. 313.
102 Koran (Goldschmidt), 50:22.
103 Ebd., 36:52.
104 Vgl. Chittick: *The Sufi Path of Knowledge*, S. 113.

schaften und Handlungen.[105] Ebendaher ist die Welt sowohl Allah als auch nicht Allah oder sie ist weder Allah noch nicht Allah, beides ist richtig. Wahres Wissen über die Welt und ihre Beziehung zu Allah findet man bei aš-Šayḫ al-Akbar und im „sowohl-als-auch" bzw. im „weder-noch", nicht in den logischen Sätzen des klassischen *kalām* bzw. der peripatetischen Philosophie, die die richtige Natur der Dinge in dem „entweder-oder" suchen.[106] Wir lesen in einer Passage in *al-Futūḥāt al-makkiyya*:

> «العالم بين الطبيعة والحق وبين الوجود والعدم بما هو وجود خالص ولا عدم خالص بالعالم كله سحر يخيل إليك أنه حق وليس بحق ويخيل إليك أنه خلق وليس بخلق إذ ليس بخلق من كل وجه وليس بحق من كل وجه»[107]
>
> *Die Welt ist zwischen [ihrer] Natur[108] und dem Wirklichen, zwischen dem wuǧūd und der Nichtsexistenz (ʿadam). Sie ist weder reiner wuǧūd noch eine reine Nichtexistenz. Die ganze Welt ist eine Magie, die du, als ob sie der Wirkliche wäre, imaginierst, wobei sie nicht der Wirkliche ist und von welcher du imaginierst, sie sei ein Geschöpf, wobei sie kein Geschöpf ist, denn sie ist nicht aus allen Aspekten ein Geschöpf und auch nicht aus allen Aspekten der Wirkliche.*[109]

Ein Synonym, welches Ibn al-ʿArabī hier für den *ḫayāl* benutzt, ist *al-barzaḫ*.[110] Sprachlich gesehen – und wie es im Koran zu finden ist – wird dieses Wort für alles, was zwischen zwei Sachen ist, benutzt.[111] Der *barzaḫ* kann sowohl als eine Art Trennlinie als auch als eine Verbindung zwischen zwei Seiten gesehen werden.[112] Auf diese Weise betrachtet Ibn al-ʿArabī

105 Vgl. AL-ĞANDĪ, MUʿAYYID AD-DĪN: ***Šarḥ Muʿayyid ad-Dīn al-Ğandī ʿalā fuṣūṣ al-ḥikam***, Beirut: Dār al-kutub al-ʿilmiyya 2007, S. 339 f.

106 Vgl. CHITTICK: ***The Sufi Path of Knowledge***, S. 112.

107 IBN AL-ʿARABĪ: ***al-Futūḥāt al-makkiyya***, Bd. 4, S. 151.

108 Das heißt die Nichtexistenz.

109 Die Position Ibn al-ʿArabīs erinnert uns an die Meinung vieler fernöstlicher Lehren, insbesondere die des Buddhismus. Der Versuch, die Lehren Ibn al-ʿArabīs mit den Mitteln einer rationalistischen Philosophie zu verstehen, ist oft zum Scheitern verurteilt. In Bezug auf den Buddhismus konstatierte Edward Conze das gleiche Problem in der europäischen Tradition. Dazu schreibt er in seinem Standartwerk über das buddhistische Denken: „***Viele europäische Kommentatoren waren davon überzeugt, daß der aristotelische Satz vom Widerspruch überall als gleichbleibendes Gesetz allen gültigen Denkens gelte und fehlinterpretierten daher die buddhistische Ontologie aufgrund ihrer schieren Unfähigkeit, deren Grundsatz zu erfassen. Stets und überall lehnt diese nämlich zugunsten einer »nicht -dualistischen« Wirklichkeit ohne Sein und Nichtsein jede einseitige Bejahung oder Verneinung als Irrtum ab.***" CONZE, EDWARD: ***Buddhistisches Denken***, übers. von Ursula Richter, 1. Aufl., Frankfurt am Main: Insel Verlag 2007, S. 315.

110 Vgl. IBN AL-ʿARABĪ: ***al-Futūḥāt al-makkiyya***, Bd. 1, S. 304.

111 Vgl. IBN MANẒŪR: ***Lisān al-ʿarab***, S. 256.

112 Masruḥīn hat in seiner letzten Studie über den ***wuǧūd*** und die Zeit bei Ibn al-ʿArabī deutlich aufgezeigt, dass vor dem Meister der Begriff ***barzaḫ*** ausschließlich für das Trennen verwendet wurde. Der ***barzaḫ*** als eine trennende Verbindung ist eine Bedeutung, die erst mit Ibn al-ʿArabī dem Wort gegeben wurde. Vgl. MASRUḤĪN, MUḤAMMAD YUNUS: ***al-wuǧūd wa-z-Zamān fī l-Ḫiṭāb aṣ-ṣūfī ʿind Ibn ʿArabī***, Beirut: Manšūrāt al-ǧamal 2015, S. 251–253.

die Welt. Dazu schreibt er in einer langen Passage in *al-Futūḥāt al-makkiyya*, die hier in ihrer Länge zitiert werden soll:

> «اعلم أن البرزخ عبارة عن أمر فاصل بين أمرين لا يكون متطرفا أبدا كالخط الفاصل بين الظل والشمس (...) وإن عجز الحس عن الفصل بينهما والعقل يقضي أن بينهما حاجزا يفصل بينهما فذلك الحاجز المعقول هو البرزخ فإن أدرك بالحس فهو أحد الأمرين ما هو البرزخ (...) ولما كان البرزخ أمرا فاصلا بين معلوم وغير معلوم وبين معدوم وموجود وبين منفي ومثبت وبين معقول وغير معقول سمي برزخا اصطلاحا وهو معقول في نفسه وليس إلا الخيال فإنك إذا أدركته وكنت عاقلا تعلم أنك أدركت شيئا وجوديا وقع بصرك عليه وتعلم قطعا بدليل أنه ما ثم شيء رأسا وأصلا فما هو هذا الذي أثبت له شيئية وجودية ونفيتها عنه في حال إثباتك إياها فالخيال لا موجود ولا معدوم ولا معلوم ولا مجهول ولا منفي ولا مثبت كما يدرك الإنسان صورته في المرآة يعلم قطعا أنه أدرك صورته بوجه ويعلم قطعا أنه ما أدرك صورته بوجه»[113]
>
> *Wisse, dass der barzaḫ eine Trennung zwischen zwei Sachen, die zu keiner der beiden Seiten gehört, ist, wie die Trennlinie zwischen dem Schatten und dem Sonnenlicht. Auch wenn die Sinne diese Trennung nicht wahrnehmen, so bestätigt das Begriffsvermögen, dass es hier eine Trennung gibt, die die beiden separiert. Diese begriffene Trennung ist der barzaḫ. Ist diese Trennung mit den Sinnen wahrnehmbar, so ist es nicht der barzaḫ, sondern [in diesem Fall] ein Teil einer der zwei Seiten. Und weil der barzaḫ eine Trennung zwischen dem Erkennbaren und Unerkennbaren, zwischen dem Nichtexistenten (maʿdūm) und Vorhandenen (mawǧūd), zwischen dem Negierten und Bestätigten und zwischen dem Begreifbaren und Unbegreifbaren ist, so hieß er fachspezifisch barzaḫ. An sich ist er begreifbar und er ist nichts anderes als der ḫayāl. Wenn du ihn als begreifende Person erfasst, so weißt du, [auf der einen Seite] dass das, was deine Sehkraft traf, ein vorhandenes Ding ist (šayʾ wuǧūdī), [auf der anderen Seite] weißt du durch einen Hinweis, dass es dieses Etwas ganz und gar nicht gibt. Nun, was ist denn dieses Etwas, welchem du die vorhandene Dinglichkeit (šayʾiyya wuǧūdiyya) sowohl zugeschrieben hast, als auch im gleichen Atemzug negiert hast? Gewiss, der ḫayāl ist weder vorhanden (mawǧūd) noch nichtexistent (maʿdūm), weder bekannt noch unbekannt, weder negiert noch bestätigt. Es ist, wie wenn der Mensch sein Bild im Spiegel sieht. Denn aus einem Aspekt weiß er, dass er sein Abbild erfasste und aus einem anderen Aspekt weiß er, dass er nicht sein Abbild erfasste.*

Wenn darüber hinaus die Welt als eine sogenannte Wirklichkeit bezeichnet wird, dann heißt es nicht, dass sie nicht vorhanden ist bzw. dass es sie nicht gibt. Was vielmehr damit im *akbarītischen* Denken zum Ausdruck

113 Ibn al-ʿArabī: *al-Futūḥāt al-makkiyya*, Bd. 1, S. 304.

kommt, ist, dass das, was man als physisch bzw. geistig oder substanziell bzw. substanzlos bezeichnet, ein Teil oder präziser gesagt, eine Entifikation (*taʿayyun*) der absoluten Wirklichkeit, also des *wuǧūd* selbst, ist. Somit leugnet aš-Šayḫ al-Akbar nicht eine gewisse physikalische Ordnung der sinnlich wahrnehmbaren Welt, auch wenn er sie ontologisch gesehen als eine Imagination, die nicht mit der Irrealität verwechselt werden darf, betrachtet. Die Physikalität eines Teiles der Welt ereignet sich lediglich in der absoluten Imagination (*al-ḫayāl al-muṭlaq*). Genauso wie unser Bewusstsein im Traum einige Dinge physisch spürt und erfasst, so verhält es sich mit der sinnlich wahrnehmbaren Welt. Der absolute *ḫayāl* ist zusammenfassend gesagt der Seinsrahmen für alles, was im *wuǧūd* erscheint.[114]

Die Welt ist aber nicht etwas, was von unserer eigenen Imagination – oder wie es in anderen Philosophien der Fall ist – von unserer Wahrnehmung oder Ratio abhängig ist.[115] Denn nach Ibn al-ʿArabī und aus der Vogelperspektive gesehen, ist sowohl unsere Sinneswahrnehmung als auch unser Begriffsvermögen ein Teil der imaginierten Welt. Ja auch unsere partikulare Imagination ist ein Teil der absoluten Imagination. Darüber hinaus ist das denkende Ich in seiner Natur nichts anderes als alles, was ist, sprich eine Imagination.[116] Wie man bemerkt, schlägt Ibn al-ʿArabī einen anderen Weg ein, als Descartes und die gesamte philosophische Traditi-

114 Man konstatiert, dass das Konzept des *ḫayāl* und sein Verhältnis zum *wuǧūd* eine gewisse Ähnlichkeit mit dem Konzept der Maya und ihrem Verhältnis zu Brahman und Atman in der Philosophie der Vedanta hat. „*The doctrine of Maya is considered by many thinkers, both in the East and the West, to be an integral part of the Vedanta philosophy. The Vedanta system is supposed to be an acosmic pantheism, holding that the Absolute called Brahman alone is real and the finite manifestations are illusory. There is one absolute undifferentiated reality, the nature of which is constituted by knowledge. The entire empirical world, with its distinction of finite manifestation and the objects of their thought, is an illusion. Subjects and objects are like the fleeting images which encompass the dreaming soul and melt away into nothingness at the moment of waking. The term Maya signifies the illusory character of the finite world. Sankara explains the Maya conception by the analogies of the rope and the snake, the juggler and jugglery, the desert and the mirage, and the dreamer and the dream. The central features of the Vedanta philosophy, as it is conceived at the present day, are briefly explained in the lines: ‚Brahman is the real, the universe is false. The Atman is Brahman. Nothing else.'*" Radhakrishnan, S.: *The Vedanta Philosophy and the Doctrine of Maya*, in: Weston, Burns und Frank Thilly (Hrsg.): *International Journal of Ethics*, Bd. 24, Philadelphia 1914, S. 431–451, hier S. 431. Zu den Ähnlichkeiten mit dem *ḫayāl*, was seine ständige Veränderlichkeit und seinen Wandel betrifft, siehe: Eliade, Mircea: *Geschichte der religiösen Ideen*, Freiburg im Breisgau; Basel; Wien: Herder 2002, Bd. 1, S. 190. Auch im buddhistischen Denken findet man Analogien zum Konzept des *ḫayāl* bei Ibn al-ʿArabī. Die Ähnlichkeiten mit dem buddhistischen Konzept des Absoluten (*parma-artha*) und des Wirklichen (*Satya*) sowie der *Leerheit* bzw. Leere (*Śūnyatā*) sind frappant ähnlich. Siehe dazu z. B.: Conze: *Buddhistisches Denken*, S. 313–333; siehe auch: Weber-Brosamer, Bernhard und Dieter M. Back: *Die Philosophie der Leere: Nagarjunas Mulamadhyamaka-Karikas. Übersetzung des buddhistischen Basistextes mit kommentierenden Einführungen*, 2. Aufl., Wiesbaden: Harrassowitz, O 2006.

115 Das, was vom Erkenntnisvermögen unseres Selbst abhängt, ist, wie die Welt uns erscheint, aber nicht die Existenz der Welt.

116 Vgl. an-Nābulusī: *Ǧawāhir an-nuṣūṣ*, Bd. 1, S. 382.

on, die auf seiner Lehre basiert.[117] Die Frage nach der ontologischen Natur des denkenden Ichs blieb in der cartesianischen Philosophie unbeantwortet. Zu Recht stellte Heidegger fest: „*Mit dem »cogito sum« beansprucht Descartes, der Philosophie einen neuen und sicheren Boden beizustellen. Was er aber bei diesem »radikalen« Anfang unbestimmt läßt, ist die Seinsart der res cogitans, genauer der Seinssinn des »sum«.*"[118] Zwar verfolgt Ibn al-ʿArabī in seinem Vorhaben andere Ziele als Heidegger, doch eben die Frage, die Descartes nicht behandelt, was Heidegger als ein Versäumnis bezeichnet, steht im Mittelpunkt des *akbarītischen* Denkens.[119] Indem er das Dasein von allen Dingen auf eine einheitliche und eine Seinsart zurückführt, nämlich die absolute Imagination (*al-ḫayāl al-muṭlaq*), und dadurch, dass er den Sinn dieser Seinsart untersucht, indem er das Verhältnis der absoluten Imagination zum *wuǧūd* in seinem ganzen theologischen Vorhaben ergründet, versucht Ibn al-ʿArabī, den Sinn dieser Seinsart zu erklären. Anhand seiner Lehre der absoluten Imagination (*al-ḫayāl al-muṭlaq*) schafft es Ibn al-ʿArabī, die Unterscheidung zwischen Objekt und Subjekt zu überwinden. Denn genauer genommen ist der *wuǧūd* sowohl das Subjekt als auch das Objekt jeglicher Erkenntnis. Zudem ist das denkende Ich selbst eine Imagination. Trennt man es von seiner wahren Wirklichkeit, dann wäre es selbst eine Täuschung.[120]

Die Diskrepanz zwischen einer illusionären Welt der Träume und einer tatsächlichen physischen Welt ist bei aš-Šayḫ al-Akbar nicht vorhanden, da beide genau genommen eine Imagination sind. Zwar nennt man das, was man mit den Sinnen wahrnimmt, die sinnliche Welt und das, was man im Schlaf erlebt, Träume, jedoch sind sie von ihrer ontologischen Natur her ähnlich. Beide sind Zeichen und Hinweise auf einen noch zu er-

117 Denn Descartes bemüht sich in seinem Discours, die Wirklichkeit als real wirklich zu beweisen, bzw. dass sie tatsächlich ist und dass er als Subjekt existiert, dabei geht er aber weder auf die Seinsart des Ich noch die der Welt ein. Die Frage nach der ontologischen Natur des „ist" bleibt unbeantwortet. Siehe: DESCARTES, RENÉ: *Discours de la Méthode /Bericht über die Methode*, Stuttgart: Reclam 2001, S. 63–77.

118 HEIDEGGER, MARTIN: *Sein und Zeit*, 19. Aufl., Tübingen: De Gruyter 2006, S. 24.

119 Corbin und später Chittick sehen in dem lateinischen Averroismus und den daraus entstandenen Folgen den Grundstein für die späteren Entwicklungen in der europäischen Tradition, die einen exklusiv rationalistischen Weg einnahm. Ferner konstatiert CHITTICK: „*At the same time, no one could fail to notice Ibn ʿArabī's challenge to merely rational understanding, and many Islamic philosophers followed paths that attempted to harmonize reason, mystical intuition, and revelation.*" CHITTICK, WILLIAM C.: *Ibn Arabi*, in: ZALTA, EDWARD UND URI NODELMAN (HRSG.): *The Stanford Encyclopedia of Philosophy*, 2015. Nach Corbin führte der lateinische Averroismus, und zwar bis heute, zu einem Konflikt zwischen der Philosophie und Theologie, zwischen Glauben und Wissen, zwischen Symbol und Geschichte. Vgl. CORBIN: *L'imagination créatrice dans le soufisme d'Ibn Arabi*, S. 34.

120 Denn die Wirklichkeit des Ichs ist die Tatsache, dass es nur eine Entifikation des Wirklichen ist. Ein separates „Ich" gibt es somit nicht. Auf diesen Punkt weist Imam al-Ḥarrāq hin, indem er in seinem Gedicht *at-Tāʾiyya* schreibt: „*Suchst du etwa Leyla, während sie sich doch in dir manifestiert? Du bildest dir ein, sie wäre etwas anderes. Nichts anderes als du ist sie.*" AL-WARDĪNĪ, ʿABD AL-QĀDIR: *Buġyat al-muštāq*, Kairo: Būlāq 1881, S. 170.

schließenden Sinn und bedürfen deswegen einer Interpretation.[121] Alles, was im *wuǧūd* erscheint, ist dessen Zeichen. Daher heißt die Welt *ʿālam*.[122] Sie ist in ihrer Gesamtheit nichts anderes als eine Sammlung von Zeichen, die auf die verschiedenen Aspekte des *wuǧūd*, sprich die Eigenschaften und Namen Allahs, hinweisen. Alles, was man hört, sieht, schmeckt, fühlt und riecht, aber auch alle abstrakten Sinne, die man erkennt und alles, was man imaginiert, all das ist Träger eines höheren Sinnes, man könnte es Übersinn nennen. Deswegen bedarf alles, was ist, einer Interpretation, damit der Mensch zur Wirklichkeit dieses Phänomens gelangen kann. Hier spielt die Deutung (*taʿbīr*) und Interpretation (*taʾwīl*) eine zentrale Rolle.

Imam AL-QAYṢARĪ schreibt in seinem Kommentar zu *Fuṣūṣ al-ḥikam*, dass alles, was in der Welt geschieht, nichts anderes als Gesandte des Wirklichen ﷻ zum Diener sind. Sie überbringen stets eine Kunde von ihrem Herrn. ***„Wie viele sind es der Zeichen an den Himmeln und auf Erden, aber vorüber gehen sie an ihnen, sie wenden sich von ihnen ab.“***[123] Es ist allerdings die Unachtsamkeit, der metaphorische Schlaf, der den Menschen daran hindert, die Wirklichkeit als solche wahrzunehmen. Denn er bleibt an der Schale hängen.[124] Zu verstehen, dass die sinnlich wahrnehmbare Welt auch eine Imagination ist, die genauso wie die Träume einer Deutung bedarf, ist im Theologieverständnis des aš-Šayḫ al-Akbar von zentraler Bedeutung.

Die Wirklichkeit des *ḫayāl* ist die ständige Veränderung. Denn der Wirkliche ﷻ manifestiert sich in jedem Augenblick in einer Vielzahl von unzähligen Formen (*ṣuwar*). Das fortdauernde Vergehen und Werden ist die Natur des *ḫayāl* selbst. Man kann die göttlichen Manifestationen nicht verstehen, wenn man den *ḫayāl* und seine Eigenschaften nicht begreift. Ein entscheidender Punkt in der *akbarītischen* Lehre ist, dass der Wirkliche ﷻ nur auf der Ebene des *ḫayāl* erkennbar ist, da Seine Namen und Eigenschaften sich nur entsprechend der festen Entitäten (*al-aʿyān aṯ-ṯābita*) zeigen, welche wiederum nur in der Sphäre des *ḫayāl* existieren. Das hat als Konsequenz, dass der Wirkliche sich entsprechend der Natur der

121 Vgl. AL-MAHĀʾIMĪ, ʿALĀʾ AD-DĪN: ***Ḫuṣūṣ an-niʿam fī Šarḥ Fuṣūṣ al-ḥikam***, Beirut: Dār al-kutub al-ʿilmiyya 2007, S. 264.

122 Der Begriff ***ʿālam*** ist mit ***ʿalāma*** (Zeichen/Hinweis) verwandt. Aus diesem Grund wird ***ʿālam*** manchmal in theologischen bzw. kosmologischen Kontexten als Synonym für ***ʿalāma*** verwendet. Denn durch die Welt erkennt man die Eigenschaften und Handlungen Allahs. Somit ist die Welt ein Zeichen und Hinweis auf die Wirklichkeit der Welt. Siehe: AL-ĞURĞĀNĪ, AŠ-ŠARĪF ʿALĪ B. MUḤAMMAD: at-Taʿrīfāt, Casablanca: Muʾassasat el-Ḥusnā 2006, S. 130.

123 Koran (Goldschmidt), 12:105.

124 AL-QAYṢARĪ, DAWŪD: ***Šarḥ Fuṣūṣ al-ḥikam***, Beirut: Manšūrāt ar-riḍā 2003, Bd. 1, S. 670.

Imagination und ihrer Merkmale zeigt. Es ist, als sei Wirklichkeit eine Flüssigkeit, welche die Form und Farbe einer Flasche annimmt, die in diesem Fall der *ḫayāl* wäre. Ebendeswegen ist neben dem Wissen über die göttlichen Namen sowie über die Manifestationen (*taǧaliyyāt*) das Wissen über die Stellung des *ḫayāl* in der Erkenntnis so fundamental, dass Ibn al-ʿArabī so weit geht und die Erkenntnis in Bezug auf denjenigen, der kein Wissen über den *ḫayāl* hat, negiert.[125]

Ferner unterscheidet Ibn al-ʿArabī zwischen *al-ḫayāl al-muttaṣil*, der in sich und unabhängig von der Imagination des Menschen existiert und welcher wortwörtlich übersetzt „die getrennte oder unabhängige Imagination" heißt und *al-ḫayāl al-munfaṣil*, welche die menschliche Imagination als Vermögen ist. Das bisher behandelte Konzept des *ḫayāl* bezieht sich in erster Linie auf die erste Form des *ḫayāl*, nämlich auf das, was man allgemein Nicht-Allah bzw. Schöpfung nennt. Als nächstes soll die zweite Form beleuchtet werden.

5.2.4. Die Imagination als Erkenntnisvermögen

Genauso wie es eine vom Menschen separate und vom Wirklichen ﷻ" selbst „imaginierte" Welt gibt, zu welcher auch der Mensch gehört, so besitzt der Mensch selbst die Fähigkeit, zu imaginieren. Denn er ist im *akbarītischen* Denken ein Spiegelbild des Wirklichen ﷻ. Die Imagination als ein menschliches Vermögen hat in der Lehre des Meisters mehrere epistemologische Aufgaben, die in einigen Aspekten mit den klassischen Funktionen der Imagination in der Philosophie übereinstimmen und bei anderen Punkten originelle Züge aufweisen.

Auf zwei Grundfunktionen der Imagination weist der andalusische Gelehrte in der folgenden Passage in *al-Futūḥāt al-makkiyya* hin:

> «وأما القوة الخيالية فإنها لا تضبط إلا ما أعطاها الحس إما على صورة ما أعطاها وإما على صورة ما أعطاه الفكر من جمله بعض المحسوسات على بعض»[126]
>
> *Was die Imagination betrifft, so kann sie nur das, was die Sinne ihr hergeben, fassen, nämlich entweder entsprechend der Form, die ihr [von den Sinnen] vermittelt wurde, oder in der Form, die die Denkkraft vermittelt, indem sie [die Denkkraft] zwischen den verschiedenen Sinneswahrnehmungen kombiniert.*

125 Vgl. Ibn al-ʿArabī: *al-Futūḥāt al-makkiyya*, Bd. 2, S. 309 und 313.
126 Ebd., Bd. 1, S. 94.

Wir haben schon darauf hingewiesen, dass die Imagination den durch die Sinneseindrücke gewonnenen Wahrnehmungen ein mentales Dasein verleiht. Nur im Nu werden die Sinneseindrücke unmittelbar wahrgenommen. In dem Moment, wo man sich aber Dinge, die man vorher wahrgenommen hat, vorstellt, ist diese Vorstellung ein imaginiertes Abbild. Auch in dem Moment, in dem wir z. B. eine Blume sehen und dann die Augen schließen und wir sie weiter „sehen", ist dieses Bild imaginiert. Die Vorstellungskraft ist somit eine Funktion der Imagination und ist innerhalb dieser epistemologisch zu lokalisieren. Zu Ende gedacht bedeutet dies, dass ein großer Teil, wenn nicht der größte Teil des Bildes der Welt, das der Mensch hat, ein imaginiertes ist, das nur ein mentales Dasein hat. Nicht nur die ontologische Natur der Welt ist eine Imagination, sondern auch unsere Wahrnehmung dieser Welt beruht auf einer. Daher bezeichnet Ibn al-ʿArabī die Welt bzw. die sogenannte Wirklichkeit, die wir wahrnehmen, als eine Imagination in der Imagination (*ḫayāl fī ḫayāl*).[127]

Eine weitere Aufgabe der Imagination ist der schöpferische Akt. Sie zerteilt alles, was man durch die Erfahrung wahrgenommen hat, um mit Hilfe der Denkkraft neue Formen und Gestalten zu bilden. Die Kreativität ist für Ibn al-ʿArabī ein Ergebnis der Imagination und hängt von der Stärke dieses Vermögens ab. Kreativ sein heißt für ihn, etwas, was kein Gleiches hat, zu erschaffen. Den Begriffen neue Bedeutungen zuzuteilen oder gar neue Wörter zu erfinden sind Teile der Kreativität.[128]

Der schöpferische Akt der Kreativität bedingt nicht die Erschaffung von etwas, welches aus allen Aspekten neu ist. Denn das ist an sich unmöglich. Vielmehr bezieht sich der kreative Akt auf das Kombinieren von vorhandenem Wissen, um dann etwas neues zu erfinden. Die Architekten, die Rhetoriker, die Schreiner und Baukünstler sind für ihn Beispiele für jene, die eine starke schöpferische Kraft besitzen.[129] Demzufolge ist die Imagination in diesen Bereichen fundamental, um neue Erkenntnisse zu erlangen.

Ferner spricht der Meister an einigen Stellen vom Auge der Imagination (*ʿayn al-ḫayāl*).[130] Damit drückt er die wahrnehmende Fähigkeit dieser aus. Genauso wie die Sinneswahrnehmungen die sinnlichen Dinge wahrnehmen können und das Begriffsvermögen die rein intelligiblen Dinge er-

127 Vgl. Ibn al-ʿArabī: *Fuṣūṣ al-ḥikam*, Bd. 1, S. 104.
128 Vgl. Ibn al-ʿArabī: *al-Futūḥāt al-makkiyya*, Bd. 1, S. 91.
129 Vgl. ebd.
130 Vgl. z. B. ebd., Bd. 3, S. 507.

kennen kann, so kann die Imagination die imaginierten Dinge erfassen. Diese Funktion zeigt sich am häufigsten in den Träumen. Denn während des Traumes sind das Begriffsvermögen mit seiner Denkkraft sowie die Sinne außer Kraft gesetzt. Nur die Imagination mit ihren verschiedenen Fähigkeiten bleibt aktiv.[131] Er geht allerdings noch einen Schritt weiter und vertritt die Ansicht, dass kraft der Imagination der Mensch in der Lage ist, Dinge, die nicht physisch sind, dennoch in einer wahrnehmbaren Form bzw. Gestalt erfassen zu können. Anhand dieser Ansicht versuchte er einige Phänomene und Passagen im Koran und in der Sunna zu entschlüsseln und eine Erklärung dafür zu geben, wie z. B. die Erscheinung der Engel in irdischen Gestalten, obwohl sie geistige Wesen sind.[132]

Des Weiteren hat die Imagination die Funktion der Verbildlichung und Verformung der intelligiblen Dinge. Die Imagination ist das Bindeglied zwischen den Sinnen und dem Begriffsvermögen. Demzufolge ist sie auch im Selbst des Menschen ein *barzaḫ*, welcher zwei Seiten verbindet. Genauer betrachtet, und wenn man die *akbarītische* Lehre zu Ende denkt, findet auch die Sprache in der Sphäre der menschlichen Imagination statt. Denn auf der einen Seite ist es die Imagination, die die Zeichen und Laute, die in sich keinen Sinn tragen, mit einem Sinn, welcher dem Begriffsvermögen entstammt, bekleidet. Auf der anderen Seite erfasst das Begriffsvermögen die sinnlich wahrnehmbaren Dinge nur in der Sphäre der Imagination. Außerdem spielt die Imagination bei der Abstrakation eine Rolle. Allerdings kann sie die sinnlich wahrnehmbaren Dinge nicht so abstrahieren, dass sie intelligible Dinge werden.[133]

5.2.5. Imagination und Fantasie und ihr Verhältnis zum Begriffsvermögen

Es ist schwer, eine adäquate Übersetzung des Begriffes *wahm* bei aš Šayḫ al-Akbar zu finden. Rein sprachlich kann er u. a. Wahn, Wahnsinn, Fantasie, Illusion oder Täuschung bedeuten. Das Problem bei den meisten Übersetzungen ist der gewisse negative Beigeschmack, welcher diesen Begriffen innewohnt. Nur „Fantasie" scheint mir in diesem Zusammenhang das nächste deutsche Wort zum Konzept des *akbarītischen wahm* zu sein. Auch Chittick nahm in seinen Studien zu Ibn al-ʿArabī das Wort *fantasy* als Übersetzung für *wahm*.[134] Im Gegensatz zum gängigen Sprachgebrauch,

131 Vgl. Ḫamīsī: *Naẓariyyat al-Maʿrifa ʿind Ibn ʿArabī*, S. 166.
132 Vgl. Ibn al-ʿArabī: *al-Futūḥāt al-makkiyya*, Bd. 2, S. 311.
133 Misbāhī: *Naʿam wa-lā: al-Fikr al-munfatiḥ ʿind Ibn ʿArabī*, S. 74.
134 Vgl. Chittick: *The Sufi Path of Knowledge*, S. 122.

aber auch zur Verwendung des Begriffes in der Tradition, hat die Fantasie bei Ibn al-ʿArabī neben der negativen eine neutrale und auch eine positive Bedeutung. In seiner negativen Verwendung könnte man *wahm* mit Illusion übersetzen, ansonsten wird in dieser Arbeit Fantasie als Übersetzung herangezogen.

Dem Konzept der Fantasie wurde abgesehen von der Arbeit von Sāʿid al-Ḫamīsī in den bisherigen Studien zur Erkenntnislehre Ibn al-ʿArabīs keine Aufmerksamkeit geschenkt.[135] Weder alte Lexika der Fachbegriffe wie *Laṭāʾif al-iʿlām* von Imam al-Qāšānī noch moderne Wörterbücher der *akbarītischen* Fachbegriffe, wie die Arbeiten von Suʿād al-Ḥakīm, haben einen Eintrag zum Begriff *wahm*, und dies, obwohl aš-Šayḫ al-Akbar mehrmals in seinen Werken auf die Fantasie und ihren Bezug zur Erkenntnis einging, wie z. B. im 169. Kapitel in *al-Futūḥāt al-makkiyya* und insbesondere im 22. Kapitel in *Fuṣūṣ al-ḥikām*.[136]

An manchen Stellen spricht Ibn al-ʿArabī von der Fantasie (*wahm*) als Synonym für die Imagination (*ḫayāl*).[137] Allerdings wird in dem hier behandelten Punkt, wenn nicht anders bemerkt, zwischen Imagination und Fantasie unterschieden.

Der Hauptunterschied zwischen den beiden liegt in der *akbarītischen* Lehre darin, dass die Fantasie, genauso wie das reflektierende Begriffsvermögen, Urteile treffen kann und zwar über Wissensgegenstände, die in der Imagination vorhanden sind.[138] Des Weiteren kann man, um die Verwirrung, die hier entstehen könnte, zu vermeiden, die Fantasie schlicht als einen Modus bzw. als Funktion der Imagination verstehen. Das heißt, in dem Moment, in dem man versucht, Wissensgegenstände, die nicht durch das Begriffsvermögen erfassbar sind, zu verbildlichen, spricht man von Fantasie. Sie hat allerdings weitere Aufgaben, auf die noch in diesem Punkt eingegangen wird.

Ibn al-ʿArabī setzt die Fantasie und das Begriffsvermögen auf die gleiche Stufe bezüglich ihres Zugangs zu den sinnlich wahrnehmbaren Dingen und zu abstrakten Begriffen.[139] Hier ist wiederholt zu betonen, dass die Fantasie oder das Begriffsvermögen keine separaten Entitäten des Selbst

135 Zur Relation zwischen der Fantasie und der Imagination, siehe: Ḫamīsī: *Naẓariyyat al-Maʿrifa ʿind Ibn ʿArabī*, S. 157–165.

136 Vgl. Ibn al-ʿArabī: *al-Futūḥāt al-makkiyya*, Bd. 3, S. 364 f; sowie: *Fuṣūṣ al-ḥikam*, Bd. 1, S. 181–187.

137 Vgl. Ibn al-ʿArabī: *al-Futūḥāt al-makkiyya*, Bd. 1, S. 306.

138 Vgl. ebd., Bd. 3, S. 364.

139 Vgl. ebd.

sind, sondern lediglich unterschiedliche Modi des Denkens bzw. des Erkennens.

Es wurde schon erwähnt, dass das reflektierende Begriffsvermögen nur Substanzen oder Eigenschaften von Substanzen erkennen kann. Damit das Begriffsvermögen allerdings etwas außerhalb dieser zwei Kategorien begreifen kann, muss es sich diesen Wissensgegenstand, welcher ja weder eine Substanz noch eine Eigenschaft einer Substanz ist, vorstellen. Der Meister stellt fest, dass eine Aufgabe der Fantasie darin liegt, dem Begriffsvermögen eine Vorstellung dessen, was außerhalb seines Erkenntnisspektrums liegt, zu liefern, damit dieses es begreifen kann:

> «فعلمه المنسوب إليه ما هو مادة ولا ينسب إلى مادة فلم يكن في قوة العقل مع علمه بهذا إذا خاض فيه أن يقبله إلا بتصور وهذا التصور من حكم الوهم عليه لا من حكمه»[140]
>
> *Sein[141] Wissen [z. B.] ist weder eine Substanz, noch wird es einer Substanz zugeschrieben. Deswegen und auch wenn das Begriffsvermögen das weiß,[142] kann es dies nur anhand einer Vorstellung begreifen, die [dann] der Fantasie und nicht ihm[143] unterliegt.*

Jede Form des abstrakten Denkens kann vom Begriffsvermögen nur hinter dem, was der Meister den „feinen Schleier der Fantasie" (*ḥiǧāb raqīq yuʿṭīh al-wahm*) nennt, stattfinden.[144] Denn auch wenn man meinen würde, dass abstrakte Wissensgegenstände substanzlos sind, kann man sie nur begreifen, wenn sie auf Befehl der Fantasie durch die Vorstellungskraft bildlich geformt werden. Die Verbildlichung des Substanzlosen geschieht ausschließlich durch die Fantasie und nicht durch das Begriffsvermögen. In diesem Zusammenhang ist die Fantasie nichts anderes als ein Synonym der Imagination (*ḫayāl*).

Weiter stellt Ibn al-ʿArabī fest, dass bei den meisten Menschen die Fantasie die Oberhand über das reflektierende Begriffsvermögen hat und dass alles, was das Begriffsvermögen durch die Denkkraft begreift, von der Fantasie beeinflusst ist. Es sei denn, es handelt sich um ein notwendiges Wissen des Begriffsvermögens. Denn über dieses hat die Fantasie keine

140 Ebd.
141 Das heißt das Wissen Allahs.
142 Das heißt, dass Allah ein Wissen besitzt.
143 Dem Begriffsvermögen.
144 Vgl. Ibn al-ʿArabī: *al-Futūḥāt al-makkiyya*, Bd. 3, S. 365.

Macht.[145] Auch hier ist die Fantasie (*wahm*) im Sinne der Imagination (*ḫayāl*) verwendet worden.

Das Problem in der Relation zwischen Fantasie und Begriffsvermögen besteht darin, dass die Fantasie Wissensgegenstände formt und verbildlicht, die eigentlich keine Form oder Substanz haben. Das Begriffsvermögen ist aber in dieser Beziehung schwach und ist gezwungen, dieses Bild des Abstrakten anzunehmen. Zu Ende gedacht kommt man zu der Schlussfolgerung, dass das Selbst die Wissensgegenstände, die weder eine Substanz noch eine Eigenschaft einer Substanz sind, nicht wie sie sind, sondern lediglich, wie die Fantasie sie darstellt, begreift. Wir haben es hier also mit einer Erkenntnis zu tun, die nicht dem Wesen dieser Wissensgegenstände entspricht, sondern lediglich ein Produkt des Selbst, ja ein fantasiertes Wissen ist, welches nach aš-Šayḫ al-Akbar subtil und flüchtig ist, im Gegensatz zum Wissen, das dem Begriffsvermögen entspringt, welches fortdauern kann und in festen Begriffen vermittelbar ist.[146]

Allerdings sieht Ibn al-ʿArabī in der Fantasie als einem Modus des Erkennens interessanterweise nichts Negatives, solange sie ihre Aufgabe erfüllt, nämlich die Verbildlichung des Unkategorisierbaren. Und da der Wirkliche ﷻ weiß, dass die Imagination eine wesentliche Rolle in unserer Erkenntnis spielt und die Fantasie das Begriffsvermögen dominiert, war Seine Kunde durch die Propheten in erster Linie an unsere Fantasie gerichtet. Die Propheten, so Ibn al-ʿArabī, stehen in der Gegenwart (*ḥaḍra*) der Imagination:

> «فوقفوا في حضرة الخيال خاصة ليجمعوا بين الطرفين بين المعاني والمحسوسات فهو موقف الرسل»[147]
>
> *Sie ſtanden insbesondere in der Gegenwart der Imagination, damit sie zwiſchen den beiden Seiten, zwiſchen begrifflichen und sinnlichen [Wissensgegenſtänden] vereinen. Sie [die Imagination] iſt der Standort der Gesandten.*

Er versucht, an dieser Stelle auf einen wichtigen Aspekt der göttlichen Kunde (*waḥy*) hinzudeuten, nämlich das Gottesbild, das die Propheten vermittelt haben. Denn wenn im Koran oder in der Sunna von dem Wirklichen ﷻ die Rede ist, dann findet man eine Vermischung von abstrakten und bildlichen Darstellungen, von Unvergleichbarkeit (*tanzīh*) und Ähnlichkeit (*tašbīh*). Der Prophet ﷺ sagte z. B.: ***„Diene Allah, als ob du Ihn***

145 Vgl. ebd.
146 Vgl. ebd.
147 Ebd.

siehst", und danach sagte er ﷺ: *„und wenn du Ihn nicht siehst, dann sieht Er dich."*[148] Die beiden Sätze kann man nur anhand der Fantasie verstehen. Der Prophet ﷺ spricht im ersten Satz von einem als ob. Es ist, als würde er sagen *„diene Allah und stelle dir vor, dass du Ihn siehst"*. Denn nicht jeder Mensch ist in der Lage, aufgrund philosophischer Argumentationen die Gottesvorstellung zu abstrahieren. Ibn al-ʿArabī sieht darin kein Problem. Denn die Sphäre der Imagination ermöglicht jedem, einen Anteil am Verständnis der göttlichen Botschaft zu haben. Wenn man hingegen die Unähnlichkeit des Wirklichen ﷻ sowie die Unsichtbarkeit Seines Wesens begreift, dann ist man in diesem Fall durch das zweite Gebot angesprochen und zwar, dass man mindestens wissen soll, dass Allah uns sieht. Für den Meister ist das zweite Gebot nicht nur an unser Begriffsvermögen gerichtet, sondern auch an die Fantasie. Der einzige Unterschied zwischen den zwei Geboten ist, dass die Fantasie im zweiten Gebot subtiler ist. Denn in dem Moment, in dem man sich vorstellt, dass Allah ﷻ uns von außen sieht, haben wir Ihn von unserem Wesen getrennt. Und genau diese Trennung ist eine Art Begrenzung und Limitierung, wobei man trotzdem weiß, dass nichts wie Seinesgleichen ist.[149]

Man hat somit nicht die Sphäre der Fantasie verlassen. Um diesen Punkt zu betonen, liefert Ibn al-ʿArabī andere Beispiele, eines davon ist hier noch zu erwähnen. Wenn der Mensch z. B. hört, dass Allah bereits immer redend war oder seit der Ewigkeit etwas gewusst hat, dann stellt er sich Allah in einem zeitlichen Kontinuum vor, so wie wir uns selbst in diesem Kontinuum vorstellen.[150] Ähnlich verhält es sich mit dem Raum in Bezug auf Allah. Wir wissen, dass Allah raumlos ist, aber unsere Fantasie stellt sich Ihn über uns vor.[151] Denn der Mensch kann sich schwer aus dem Griff der Fantasie befreien. Diese Tatsache, wie oben erwähnt, wird von Ibn al-ʿArabī nicht kritisiert. Vielmehr ist es für ihn notwendig, dass der Mensch versucht, anhand seiner Fantasie das in der göttlichen Kunde (*waḥy*) vermittelte Gottesbild zu begreifen. Rein auf der Ebene des Begriffsvermögens kann man nur den *wuǧūd* Allahs bestätigen und eine negative Theologie betreiben.[152] Das ist aber nur die eine Seite der Medaille. Will man Allah ﷻ etwas zuschreiben bzw. die Texte, in welchen Ihm Eigenschaften, Namen oder Handlungen zugeschrieben werden, verste-

---

148 Kanz, Nr. 5250/ Ḥilyat alAwliyāʾ.
149 IBN AL-ʿARABĪ: *al-Futūḥāt al-makkiyya*, Bd. 3, S. 365.
150 Vgl. ebd., Bd. 1, S. 388.
151 Vgl. ebd., Bd. 3, S. 416.
152 Vgl. ebd., Bd. 1, S. 93.

hen, dann benötigt man Fantasie. Ferner sieht Ibn al-ʿArabī den Fehler nicht darin, dass man das Fantasievermögen in Bezug auf Allah benutzt, sondern lediglich darin, dass das Begriffsvermögen den Wirklichen سبحانه وتعالى in einer einzigen Vorstellung begrenzt. In dem Moment, in dem man meint, dass die eigene Vorstellung vom Wirklichen سبحانه وتعالى die einzig richtige sei oder noch drastischer, wenn man glaubt, dass die eigene Vorstellung der Wirklichkeit des Wesens des Wirklichen entspräche, dann gerät man in schwerwiegende Fehler. Sie entstehen, wenn das Begriffsvermögen der Vorstellung, welche es durch die Fantasie begreift, mehr zuschreibt, als ihr zusteht.[153] Denn die Vorstellung der Fantasie ist nur eine Annäherung an die Erkenntnis. Sie beansprucht nicht die Vermittlung der Wirklichkeit, wie sie an und in sich ist.

Ferner hat die Fantasie neben dem Urteilen über die imaginierten Wissensgegenstände weitere Aufgaben. Sie kann partikulare Aspekte der sinnlich wahrnehmbaren Wissensgegenstände erfassen.[154] Dass man z. B. mit einer Schlange eine Gefahr assoziiert, ist ein Urteil, welches mit der Fantasie zu tun hat. Wir imaginieren in uns, was diese Schlange uns antun könnte, sodass Angst entsteht. Bestünde keine Gefahr, dann wäre diese Fantasie in diesem Fall eine Illusion. Diesbezüglich schreibt der Meister:

> «وكمن يرى حية أو أسدا على صورة لا يتمكن فيما يعطيه العقل أن يصل ضرر إليه فيغيب عن ذلك الدليل ويتوهم ضرر فينفر منه ويتغير وجهه وباطنه بحكم الوهم وسلطانه وهذا موجود»[155]
>
> *Es ist wie eine Person, die eine Schlange oder einen Löwen in einer Form, die rational betrachtet ungefährlich ist, sieht. Trotzdem wird dieser [rationale] Hinweis ignoriert und diese Person illusioniert sich einen Schaden, sodass sie dann Abneigung spürt, die Farbe ihres Gesichtes und ihr Gemüt sich verändert und zwar aufgrund der Illusion und deren Macht. Und so etwas gibt es tatsächlich.*

Allerdings bemerkt der Kommentator des *Fuṣūṣ*, Imam al-Qāšānī, dass die meisten Urteile der Fantasie über die imaginierten oder über bestimmte Charakteristika der sinnlich wahrnehmbaren Wissensgegenstände öfter stimmen. Das heißt, das Fantasierte stimmt mit einer Wirklichkeit außerhalb uns überein. aš-Šayḫ al-Akbar geht davon aus, dass die Angst oder die Liebe in diesem Zusammenhang sehr eng mit der Fantasie zu-

153 Vgl. Ibn al-ʿArabī: *Fuṣūṣ al-ḥikam*, Bd. 1, S. 182 ff; vgl. *al-Futūḥāt al-makkiyya*, Bd. 4, S. 166.
154 Vgl. al-Qāšānī, ʿAbd ar-Razzāq: *Šarḥ Fuṣūṣ al-ḥikam*, Beirut: Dār al-kutub al-ʿilmiyya 2007, S. 354.
155 Ibn al-ʿArabī: *al-Futūḥāt al-makkiyya*, Bd. 2, S. 326.

sammenhängen.[156] Denn oft existiert das Geliebte oder das Befürchtete lediglich in unserer Fantasie. Der Liebende kreiert ein Bild seines Geliebten aus Attributen, die er liebenswert empfindet. al-Qāšānī stellt jedoch weiter fest, dass die Urteile der Fantasie über die rein intelligiblen Wissensgegenstände oft fehlerhaft sind. Das entsteht hauptsächlich durch Analogieschlüsse, die auf der Induktion basieren, durch die Verallgemeinerung und durch das Urteilen über übersinnliche Wissensgegenstände auf Basis des Wissens über die sinnlichen Dinge.[157] Hier ist zu bemerken, dass der Wirkliche ﷾ weder zu den sinnlichen noch zu den intelligiblen Wissensgegenständen gehört.

Letztendlich kann hier geschlussfolgert werden, dass die Fantasie als Vermögen des Selbst eine zentrale Rolle in der Erkenntnis spielt, da sie im Gegensatz zum Begriffsvermögen und zu den Sinnen das einzige Vermögen ist, das sowohl die Unvergleichbarkeit sowie die Ähnlichkeit des Wirklichen ﷾ in ihre Erkenntnis einfließen lassen kann.[158]

156 Zur der Verbindung zwischen der Liebe und der Fantasie, siehe: Ebd., Bd. 3, S. 450. Zur Verbindung zwischen Angst und Fantasie siehe: Bd. 1, S. 373 und Bd. 2, S. 340.
157 Vgl. al-Qāšānī: *Šarḥ Fuṣūṣ al-ḥikam*, S. 354.
158 Vgl. at-Tilmisānī: *Šarḥ Fuṣūṣ al-ḥikam*, S. 260.

5.3. Die Erkenntnisgrenzen des Selbst in der Theologie

In den vorigen Punkten dieses Kapitels wurde das Begriffsvermögen und die Imagination bei Ibn al-ʿArabī im Bezug auf ihr Erkenntnisvermögen und Spektrum untersucht. Es bleibt jetzt zu schauen, welche Rolle diese Erkenntnismittel in der Theologie (*al-ʿilm bi-llāh*) spielen.

Zunächst ist hier zu erwähnen, dass im Bereich der Normenlehre und Methodologie der Normenlehre (*uṣūl al-fiqh*) aš-Šayḫ al-Akbar dem Begriffsvermögen mehr Platz einräumt. Er vertritt z. B. die Position, dass alle *muǧtahidūn* in ihren Interpretationen und Normenableitungen recht haben.[159] Das Begriffsvermögen spielt in diesem Bereich eine wichtige Rolle, denn von ihm hängt der Prozess des Verstehens und der Interpretation ab. Im Bereich der Normenlehre haben bei Ibn al-ʿArabī u. a. die Erleichterung (*ruḫṣa*), die Nützlichkeit (*maṣlaḥa*), welche von Zeit, Ort und Zustand der Menschen abhängt oder das Pragmatische eine wichtige Bedeutung bei der Ableitung der Normen.[160] Ebenfalls ist das Verstehen des Kontextes der Menschen in diesem Bereich von großer Wichtigkeit.[161] Diese Punkte sind alle vom Begriffsvermögen abhängig. Allerdings setzt er sich kritisch mit jenen Erscheinungen in der Rechtstradition auseinander, die das Leben und Ausleben der prophetischen Botschaft erschweren. Sie jedoch hier zu behandeln, würde den Rahmen dieses Abschnitts sprengen.

Es wurden schon einige Grenzen der unterschiedlichen Erkenntnismittel des Selbst erwähnt. Nun sollen explizit die Erkenntnisgrenzen im Bezug auf die theologischen Erkenntnisse herausgearbeitet werden.

5.3.1. Die Kritik des reinen Begriffsvermögens

Ibn al-ʿArabī versucht in seinem Lehrgebäude dem Begriffsvermögen Grenzen zu setzen, die es nicht überschreiten darf. Er wird manchmal so dargestellt, als sei er antirational, wodurch das Gefühl vermittelt wird, dass seine Ablehnung der Erkenntnisse des Begriffsvermögens in vielen Bereichen auf bloßen Visionen und Entschleierungen basiere. In Wirk-

159 Vgl. Ibn al-ʿArabī: *al-Futūḥāt al-makkiyya*, Bd. 3, S. 400; siehe auch: al-Badrī, Muḥammad Fārūq: *Fiqh aš-Šayḫ Muḥyī ad-Dīn Ibn ʿArabī fī l-ʿIbādāt*, Beirut: Dār al-kutub al-ʿilmiyya, 2006, S. 85 f.
160 Vgl. al-Badrī: *Fiqh aš-Šayḫ Muḥyī ad-Dīn Ibn ʿArabī fī l-ʿIbādāt*, S. 76f; 139 f.
161 Vgl. ebd., S. 79.

lichkeit beruht der größte Teil seiner Lehren auf einer Beweisführung, die kohärent und rational begreifbar ist.[162]

Genauer betrachtet sind für ihn anhand des reinen Begriffsvermögens zwei Erkenntnisse im Bezug auf Allah zu erfassen, nämlich das Wissen über Seinen *wuǧūd* sowie das Wissen über Seine Unvergleichbarkeit (*tanzīh*).[163] Er schreibt in seinem bekannten Brief an Imam ar-Rāzī, in dem er die Grundzüge seiner Kritik des Begriffsvermögens in der Theologie schildert:

> «فالعقول تعرف الله من حيث كونه موجودا ومن حيث السلب لا من حيث الإثبات وهذا خلاف الجماعة من العقلاء والمتكلمين إلا سيدنا أبا حامد قدس الله روحه فإنه معنا في هذه القضية ويجل الله سبحانه وتعالى أن يعرفه العقل بفكره ونظره»[164]
>
> *Das Begriffsvermögen kann Allah als [etwas] Existierendes sowie das, was Er nicht ist, erkennen aber nicht, wie Er ist. Dies steht im Gegensatz zu der Hauptströmung der Rationalisten und mutakallimīn außer unserem Meister Abū Ḥāmid*[165]*, möge Allah seiner Seele gnädig sein. Denn er ist auf unserer Seite, was diese Angelegenheit betrifft. Er nämlich spricht Allah davon frei, dass das Begriffsvermögen Ihn mit dem bloßen Denkvermögen und Nachsinnen erkennen kann.*

Aus dieser Passage ist zu entnehmen, dass Ibn al-ʿArabī die Ansicht vertritt, dass anhand des reinen Begriffsvermögens lediglich eine negative Theologie möglich ist. Denn der Mensch erkennt durch seine Erfahrung unterschiedliche Eigenschaften der Seienden. Er kann auch ihre Kontingenz erfassen. Die Eigenschaften vergehen, indem ihre Träger vergehen und manchmal vergeht die Eigenschaft, während das Wesen, das sie trägt, fortbesteht. Diese Tatsachen sind für das Begriffsvermögen erkennbar. Schreibt es dann so eine kontingente Eigenschaft dem Wesen zu, dessen *wuǧūd* notwendig ist (*wāǧib al-wuǧūd*), dann hat man dem notwendigen Wesen etwas zugeschrieben, das möglich und nicht notwendig ist. Kontingenz bedeutet auch die Bedürftigkeit und Abhängigkeit von anderen Faktoren, um zu sein. Hingegen ist die Unabhängigkeit im Begriff *wāǧib*

162 Vgl. Chittick: Ibn Arabi, S. 2.

163 Diese zwei Erkenntnisse sind auch jene, die der Mensch durch seine primordiale Natur (*fiṭra*) erkennen kann.

164 Ibn al-ʿArabī, Muḥyī ad-Dīn: *Risāla ilā al-Imām ar-Rāzī, in: Rasāʾil Ibn ʿArabī*, Beirut: Dār ṣādir 1997, S. 239–247, hier S. 240.

165 Abū Ḥāmid al-Ġazālī.

al-wuǧūd inbegriffen. Daher kann das Begriffsvermögen lediglich eine negative Theologie betreiben.[166]

Ferner ist das Denken ein Vermögen, welchem Fehler unterlaufen können. In seiner Kritik der Metaphysik der Philosophen und *mutakallimūn* weist er darauf hin, dass jedes rationale Argument durch ein gegenteiliges Argument widerlegt werden kann,

> «لهذا اختلف العقلاء فكل واحد من المخالفين عنده دليل مخالفه شبهة لمخالفه لكونه خالف دليل هذا الآخر فعين أدلتهم كلهم هي عين شبهاتهم فأين الحق وأين الثقة وأصل الفساد إنما وقع من حيث حكموا الخلق على الحق الذي أوجدهم»[167]
>
> *und deswegen herrscht unter den Vernunftbegabten (ʿuqalāʾ) eine Divergenz. Denn für jeden von ihnen gilt das Argument des Gegners als Scheinargument, weil eben dieser seinem Argument widerspricht. [Zweifellos] sind ihre Argumente ihre Scheinargumente selbst. Wo bleibt dann die Wirklichkeit und Gewissheit?*[168] *Das Verderben geschah gewiss, nachdem sie das Geschöpf als Beurteiler über den Wirklichen, Der sie [die Vernunftbegabten] erschaffen hat, nahmen.*

Diese Position vertritt Ibn al-ʿArabī konsequent in mehreren Punkten der Theologie. Er ist z. B. der Ansicht, dass man, rational gesehen, nicht in der Lage ist, die Unmöglichkeit der Existenz eines weiteren urewigen (*qadīm*) Wesens, welches nicht Gott (*ilāh*) ist, aufzuzeigen. In diesem Punkt vertritt er die Position, dass man solch eine metaphysische Erkenntnis nur durch die göttliche Kunde (*waḥy*) erlangen kann.[169]

Ferner kann man neben der Abhängigkeit des Begriffsvermögens von den Sinnen und der Imagination, auf die schon eingegangen wurde, die Grenzen des Begriffsvermögens bei Ibn al-ʿArabī in Bezug auf die metaphysische Erkenntnis des göttlichen Wesens in zwei Kernpunkten zusammenfassen:

- » Die Erhabenheit des göttlichen Wesens und die Unmöglichkeit der Analogie
- » Die Hürde der Sprache

166 Vgl. Ibn al-ʿArabī: *al-Futūḥāt al-makkiyya*, Bd. 1, S. 271.
167 Vgl. ebd., Bd. 3, S. 537.
168 Wortwörtlich: Vertrauen.
169 Vgl. Ibn al-ʿArabī: *al-Futūḥāt al-makkiyya*, Bd. 1, S. 44.

5.3.1.1. Die Erhabenheit des göttlichen Wesens

aš-Šayḫ al-Akbar geht davon aus, dass wenn man über einen Wissensgegenstand *X* etwas wissen will, dies nur möglich ist, wenn man bereits über ein Wissen von etwas anderem verfügt, welches eine Ähnlichkeit bzw. ein Verhältnis zu *X* hat. Ausgangspunkt jeglichen Wissens ist immer ein schon vorhandenes Wissen. Nach ihm können die verschiedenen Formen der Ähnlichkeit zwischen den Wissensgegenständen unter drei Oberkategorien zusammengefasst werden, nämlich die des Genus (*ǧins*), die der Art (*naw*ʿ) sowie die der Person (*šaḫṣ*).[170] Allerdings besteht zwischen den Dingen und dem Wesen des Wirklichen ﷻ in keiner der erwähnten Kategorien eine Ähnlichkeit. Wir verfügen weder mit einem angeborenen noch mit einem erworbenen Wissen über irgendetwas, welches eine Ähnlichkeit mit dem Wesen des Wirklichen ﷻ aufweist oder welches sich mit dem göttlichen Wesen vergleichen lässt.[171] Des Weiteren kann das Begriffsvermögen die Wissensgegenstände nur anhand ihrer Substanz, ihrer Wirkung, ihres Zustandes oder ihrer äußeren Erscheinung erkennen.[172] So stellt er fest:

> «ولا يدرك العقل شيئا لا توجد فيه هذه الأشياء البتة وهذه الأشياء لا توجد في الله تعالى فلا يعلمه العقل أصلا من حيث هو ناظر وباحث وكيف يعلمه العقل من حيث نظره وبرهانه الذي يستند إليه الحس أو الضرورة أو التجربة والباري تعالى غير مدرك بهذه الأصول التي يرجع إليها العقل في برهانه»[173]
>
> *Das Begriffsvermögen kann nie ein Ding, welches nicht über diese Merkmale verfügt, erfassen. Zudem sind diese Merkmale im Bezug auf Allah ﷻ nicht vorhanden und ebendeswegen kann das Begriffsvermögen (*ʿ*aql) Ihn gar nicht durch das Reflektieren und Forschen erkennen. Wie kann das Begriffsvermögen Ihn überhaupt durch das Reflektieren erkennen, wobei der Beweis [des Begriffsvermögens] sich entweder auf die sinnlichen Erfahrungen, das notwendige Wissen oder die Experimente stützt, hingegen ist aber der Schöpfer durch diese Erkenntnismittel, auf welchen das Begriffsvermögen seinen Beweis gründet, nicht erkennbar.*

Dass das Wesen des Wirklichen ﷻ nicht durch die Sinne erkennbar ist, ist für Ibn al-ʿArabī evident, da das Wesen des Wirklichen nicht zu den

170 Vgl. ebd., Bd. 1, S. 92.
171 Vgl. ebd.
172 Vgl. ebd.
173 Ebd.

kontingenten Substanzen der Welt gehört. Ferner sind logischerweise alle weiteren Erkenntnismittel, die von den Sinnen abhängen, wie z. B. das Begriffsvermögen, die Imagination oder die Experimente deswegen nicht in der Lage, durch ihr eigenes Vermögen ein Wissen über Allah zu erlangen oder gar zu produzieren, weil sie ihr Wissen eben nur auf dem, was sinnlich ist, aufbauen.[174]

Des Weiteren ist alles, was nicht Allah ist, entweder sinnlich wahrnehmbar oder durch das Begriffsvermögen erkennbar. Die Imagination ist lediglich eine Stufe zwischen den beiden Seiten. Dazu sind die sinnlich wahrnehmbaren Dinge durch ihr Wesen selbst erfassbar, hingegen sind die intelligiblen und feinstofflichen Dinge durch ihre Wirkung und deren Implikationen erkennbar. Weiter konstatiert der Meister, dass der Wirkliche سبحانه وتعالى nicht nur durch die Sinne unerfassbar ist, sondern auch durch das reine Begriffsvermögen, da das Wirken bzw. die Taten Allahs in keinem Aspekt den Handlungen der Geschöpfe ähneln. Die Handlungen der Geschöpfe stehen in einer kausalen Kette und die Handlungen Allahs bringen die Dinge aus der Nichtexistenz in den *wuǧūd* hinein, ohne von etwas anderem abhängig zu sein. Somit kann man das Wesen des Wirklichen nicht anhand Seines Wirkens erkennen, im Gegensatz zu den Geschöpfen.[175] Zu Ende gedacht kann man über den Wirklichen سبحانه وتعالى keine Prädikationen bzw. positiven Aussagen treffen, weil wir unser vorhandenes Wissen über die Welt nicht als Grundlage für Syllogismen und Analogien in Bezug auf Allah benutzen können. aš-Šayḫ al-Akbar geht davon aus, dass es unmöglich ist, allein anhand der Syllogismen irgendeine positive Aussage bezüglich des Wirklichen سبحانه وتعالى zu treffen. Denn:

«فإن الحكم على المحكوم عليه بأمر ما من غير أن يعلم ذات المحكوم عليه وحقيقته جهل عظيم من الحاكم عليه بذلك فلا تصح الدلالة في نسبة أمر إلى شيء من غير أن تعرف حقيقة ذلك المنسوب إليه»[176]

Einem Subjekt ein Prädikat zuzuschreiben, ohne das Wesen des Subjekts und dessen Wirklichkeit zu kennen, ist eine große Unwissenheit seitens desjenigen, der so eine Aussage trifft. Ebendaher darf man die Geltung einer Bedeutung in Bezug auf etwas erst erweitern, wenn man die Wirklichkeit [dieses etwas] kennt.

174 Vgl. ebd., Bd. 1, S. 94 f.
175 Vgl. ebd., Bd. 1, S. 93 f.
176 Ebd., S. 3, S. 468.

Da wir aber das Wesen des Wirklichen سبحانه وتعالى nicht kennen, können wir Ihn سبحانه وتعالى nicht als Subjekt für logische Sätze nehmen. Denn einem Wesen eine Eigenschaft zuzuschreiben, setzt ein Wissen über dieses Wesen voraus. Gewiss kann man manche Prädikate bzw. Aussagen auf andere Seiende übertragen oder ihre Geltung auf andere Kategorien erweitern, allerdings nur, wenn zwischen den zwei Kategorien eine Ähnlichkeit bzw. Gemeinsamkeit in einem oder mehreren Aspekten besteht und auch nur, wenn man ein Konzept von den beiden Subjekten hat. Und wie schon oben erwähnt, fehlt sowohl diese Ähnlichkeit, wenn man die Schöpfung als Ausgangspunkt nimmt, um über das Wesen des Wirklichen nachzudenken als auch eine Vorstellung bzw. ein Konzept des göttlichen Wesens. Das reine Begriffsvermögen weiß bzw. kann erkennen, dass der Wirkliche سبحانه وتعالى ist und, was Er nicht ist, aber nicht, was Er ist.

Hinzu kommt, dass das Begriffsvermögen nur in den Kategorien des Raumes und der Zeit denken kann. Es wurde schon darauf hingewiesen, dass in dem Moment, wenn das Begriffsvermögen über Wissensgegenstände, die jenseits dieser zwei Kategorien sind, zu reflektieren versucht, die Fantasie bzw. Illusion einspringt. So schreibt der Meister bezüglich des Denkens über das göttliche Wissen mit dem bloßen Begriffsvermögen und dessen Erkenntnisse:

> «من طمع أن يحيط علمه وعقله بحقيقة علم كان موجودا قبل الكون وقبل القبل فقد طلب بيض الأنوق (...) وانخلع بالحقيقة عن غريزة العقل والحري أن يعد أمثاله من المجانين»[177]
>
> *Wer den Wunsch hegt, dass sein Wissen und Begriffsvermögen die Wirklichkeit eines Wissens, das vor der Welt und vor dem Vor selbst existierte, erfasst, so wünscht er sich das Unmögliche [...] Solcher verlor in Wirklichkeit das Begriffsvermögen und seinesgleichen sollen eher zu den Wahnsinnigen gezählt werden.*

Das, was in diesem Beispiel für das göttliche Wissen gilt, gilt evidenterweise auch für das göttliche Wesen, da die göttlichen Eigenschaften und das göttliche Wesen eine Einheit sind.[178]

Die Unfähigkeit des Begriffsvermögens, mit seinen Erkenntnismöglichkeiten das göttliche Wesen zu erkennen und ein Wissen über Es zu gewinnen, hat nicht nur die Abhängigkeit des Begriffsvermögens von den Sinnen und der Imagination sowie die Unfähigkeit der rationalen Kate-

177 Ibn al-ʿArabī, Muḥyī ad-Dīn: *Šuǧūn al-masǧūn wa-funūn al-maftūn*, Damaskus: Dār saʿd ad-dīn 2005, S. 153.
178 Vgl. Ibn al-ʿArabī: *al-Futūḥāt al-makkiyya*, Bd. 1, S. 42.

gorien, das Göttliche zu erfassen als Grund, sondern auch die Sprache, die das Hauptmedium der Erkenntnisse des Begriffsvermögens ist.

5.3.1.2. Die Hürde der Sprache

Wenn man über den Wirklichen ﷻ spricht, dann ist die Illusion zu vermeiden, dass das göttliche Wesen und die Geschöpfe die Grundbedeutungen sowie die daraus entstandenen Implikationen in irgendeinem Aspekt in der Wirklichkeit teilen.[179] Durch das Denkvermögen erkennt der Mensch, dass alles, was er den Geschöpfen in Form von Begriffen zuschreibt, unmöglich in Bezug auf das göttliche Wesen ist. Rational gesehen kann eine Bedeutung samt ihrer Modalitäten und Implikationen nicht die gleiche sowohl nm Bezug auf ein Geschöpf als auch auf den Wirklichen ﷻ sein. Hier wieder zeigt sich die nominalistische Tendenz Ibn al-ʿArabīs. Die ganze Sprache, wenn sie in Bezug auf den Wirklichen benutzt wird, ist nichts anderes als ein Hilfsmittel des Verstehens. Sie vermittelt keine absoluten Wahrheiten, die das Wesen Allahs widerspiegeln.

In einer Passage in *Fuṣūṣ al-ḥikam* stellt Ibn al-ʿArabī fest, dass z. B. der Begriff Wissen eine Bedeutung hat, die man rational begreift und anhand welcher man den Begriff Wissen sprachlich vom Begriff Leben unterscheiden kann. Allerdings schreiben wir sowohl dem Wirklichen als auch den Engeln oder den Menschen ein Wissen und ein Leben zu. Man sagt z. B., Allah ist wissend und der Engel ist wissend und so fort. Die Wirklichkeit des Wissens als kontextloser Begriff ist die gleiche und trotzdem sagen wir, dass das Wissen des Wirklichen ﷻ anfangslos (*qadīm*) und das Wissen des Menschen erschaffen ist.[180]

Die Wirklichkeit des Wissens in der Relation mit einem Subjekt ist von der Wirklichkeit dieses Subjekts abhängig.[181] Was Ibn al-ʿArabī hier sagen will, ist, dass der Begriff Wissen als Eigenschaft etwas Denkbares ist, welcher aber nur auf der Ebene des Begriffsvermögens existiert. Der Begriff Wissen besagt nichts über die Wirklichkeit dieser Eigenschaft, wenn sie in Relation mit einem Subjekt steht. Es sei denn, wir können die Wirklichkeit dieser Relation durch unsere Erkenntnismittel erfassen, wie im Fall der Geschöpfe. So wissen wir z. B. ungefähr, wie die Wirklichkeit des Wissens in Bezug auf die Menschen ist, weil wir sowohl die Bedeutung

179 Vgl. ebd., Bd. 1, S. 41.
180 Vgl. Ibn al-ʿArabī: Fuṣūṣ al-ḥikam, Bd. 1, S. 52.
181 Ebd.

des Begriffes Wissen rational begreifen als auch das Wesen des Menschen empirisch kennen. Allerdings fehlt in Bezug auf Allah das Wissen über Sein erhabenes Wesen und daher kann man allein mittels des bloßen Begriffsvermögens und der Sprache die Wirklichkeit des Wissens in Bezug auf das göttliche Wesen nicht erkennen. Wir können uns in dieser Prädikation nur den Begriff Wissen vorstellen:

»لا تعرف العبارة عنها ولهذا لا يجوز أن يقال فيه سبحانه ما هو إذ لا ماهية له ولا كيف هو إذ لا كيف له«

Man kann sie [die Attribute Allahs, wie sie in Relation zu Seinem Wesen stehen] sprachlich nicht vermitteln. Aus diesem Grund darf man nicht in Bezug zu Seiner Erhabenheit Was ist Er fragen, denn Er hat keine Washeit[182] *und man darf auch nicht Wie ist Er sagen, denn Er hat keine Modalität.*[183]

Das bisher Gesagte gilt allerdings nur, wenn es um eine rationalistische Metaphysik geht, die das reine Begriffsvermögen als Mittel der Erkenntnis nimmt. Anders verhält es sich, wenn Allah Sich Selbst in Seiner göttlichen Kunde (*waḥy*) vermittelt und Sich Selbst Eigenschaften, Namen und Relationen zuschreibt. In diesem Fall darf man sie Ibn al-ʿArabī zufolge in Bezug auf den Wirklichen ﷻ benutzen. Denn:

»وهو الذي نعت نفسه بهذا كله ونعلم حقيقة هذا كله بحده وماهيته ولكن نجهل النسبة إلى الله في ذلك لجهلنا بذاته«[184]

Er hat Sich Selbst mit all [diesen Attributen] bezeichnet. Wir kennen zwar die Wirklichkeit dieser Attribute, was ihre [abstrakte] Definition und Substanz betrifft, allerdings sind wir unkundig bezüglich der Relation [dieser Attribute] zu Allah, da wir unkundig bezüglich Seines Wesens sind.

Auch wenn in der göttlichen Kunde (*waḥy*) Eigenschaften, Namen und Zuschreibungen in Bezug auf Allah stehen, können wir zwar diese Attribute als Begriffe und Konzepte verstehen, ihre Wirklichkeit als Attribute Allahs können wir jedoch nicht aus dem Begriff selbst entnehmen. Allgemein geht er davon aus, dass alles, was Allah über Sich Selbst sagt, nur ein sprachliches Konstrukt ist, welches unserer Sprache, jedoch nicht Seiner Wirklichkeit entspricht.[185] Die Struktur der Sprache, wenn sie von dem

---

182 Quiddität.
183 IBN AL-ʿARABĪ, MUḤYĪ AD-DĪN: *Inšāʾ ad-dawāʾir* (Handschrift), Hs. Nr: 5458, King Saud University 13. Jh. n. H., Blatt 29 Vorderseite.
184 IBN AL-ʿARABĪ: *al-Futūḥāt al-makkiyya*, Bd. 3, S. 515.
185 Vgl. IBN AL-ʿARABĪ: *Šuǧūn al-masǧūn wa-funūn al-maftūn*, S. 152 f; *al-Futūḥāt al-makkiyya*, Bd. 1, S. 93.

Wirklichen benutzt wird, hat zwei Ebenen. Die erste Ebene ist die Bedeutung bzw. die Bedeutungen, die Allah gemeint hat. Diese sind Wirklichkeit und immer richtig, denn sie sind mit Seinem Wissen identisch. Allerdings haben wir anhand des Erkenntnisvermögens des Selbst keinen direkten Zugang zu dieser Ebene. Die zweite Ebene ist zwischen uns als Adressaten und der göttlichen Kunde (*waḥy*). Auf dieser Ebene verstehen wir die Sprache mit dem begrenzten Vorwissen, das wir haben. Daher ist die Sprache, wenn sie von uns verwendet und verstanden wird, nur als ein Hinweis zu verstehen.[186] Auf der zweiten Ebene hat die Sprache lediglich die Aufgabe, annähernde Bedeutungen und ein ungefähres Verständnis zu vermitteln, aber nicht Abbildung einer Wirklichkeit zu sein, denn

«إذ فائدة الكلام الإفهام بالمقاصد للسامعين»[187]

der Sinn des Sprechens (Sprache!) ist, das Gemeinte für den Zuhörer verständlich zu machen.

Dass wir in Bezug auf Allah die Attribute und Namen, mit welchen Er Sich Selbst bezeichnet hat, verwenden können, hat als Legitimation die glaubensbezogene Tatsache, dass Allah bzw. Sein Gesandter sie selbst mitgeteilt haben und nicht, weil sie metaphysisch korrekt sind. Die Korrektheit und Legitimation entstammen lediglich der göttlichen Kunde (*waḥy*). Und genau hier ist der Kernpunkt der *akbarītischen* Kritik gegen die *mutakallimūn* und Philosophen, die davon ausgehen, dass der Mensch über rationale Kategorien verfüge, anhand welcher er den Wirklichen erkennen könne. Für aš-Šayḫ al-Akbar führt dieser Weg nicht zu einer Erkenntnis über den Wirklichen سبحانه وتعالى, sondern fabriziert lediglich einen Gott, der nur in ihrer Imagination existiert. Solange der Wirkliche سبحانه وتعالى selber nichts über Sein Wesen, Seine Eigenschaften, Seine Taten usw. vermittelt, und zwar entweder durch Seine Propheten oder durch eine direkte Entschleierung (*kašf*), hat keine metaphysische Aussage über den Wirklichen سبحانه وتعالى Geltung. Denn, wie bereits gesagt, das Begriffsvermögen ist ohnehin nicht in der Lage, irgendwelche Aussagen über das göttliche Wesen zu treffen, geschweige denn, Seine Wirklichkeit zu erkennen.

186 Vgl. Ibn al-ʿArabī, Muḥyī ad-Dīn: *Inšāʾ ad-dawāʾir*, Ägypten: Maktabat aṯ-ṯaqāfa ad-dīniyya 1998, S. 23.
187 Ibn al-ʿArabī: *al-Futūḥāt al-makkiyya*, S. 1, S. 436.

5.3.2. Der Bereich des Denkens und Reflektierens in der Theologie

Dass der Mensch mit seinen Erkenntnismitteln allein unfähig ist, sowohl das göttliche Wesen als auch alle Phänomene, die jenseits der Kategorien des Begriffsvermögens sind, zu erkennen, bedeutet nicht, dass das Begriffsvermögen keine Rolle in der Theologie spielt. Der *ʿaql* hat nicht nur die Fähigkeit, das durch die Denkkraft erlangte Wissen zu begreifen, sondern auch das, was er durch andere Wege vermittelt bekommt. Das Begreifen der göttlichen Kunde (*waḥy*) und das Bewusstwerden im Sinne der Intuition bzw. der sufischen Erfahrung, sind der Gegenstand des nächsten Kapitels dieser Arbeit. Daher wird hier lediglich die Aufgabe des reinen Begriffsvermögens in der Theologie behandelt. Hier sollen die Punkte, die in diesem Kapitel nicht ausreichend erwähnt wurden, kurz zur Sprache gebracht werden.

Die Ambiguität des Begriffes *ʿaql* könnte zu einem Missverständnis führen, wenn man hier und da bei Ibn al-ʿArabī zahlreiche Passagen liest, in denen der *ʿaql* und dessen Schwäche kritisiert werden. Allerdings, wie schon in diesem Kapitel angeführt, hat der *ʿaql* im *akbarītischen* Lehrgebäude mehrere Funktionen. Wenn Ibn al-ʿArabī den *ʿaql* kritisiert, dann ist immer der *ʿaql* als Begriffsvermögen in Verbindung mit der Denkkraft gemeint, jenes Vermögen, das nur die Menschen besitzen.[188] Jedoch kritisiert er genauer gesagt das Begriffsvermögen nicht deswegen, weil es von dem Denken abhängig ist, sondern weil dieses anhand der Kategorien der Denkkraft über das göttliche Wesen jenseits der göttlichen Kunde (*waḥy*) nachdenkt.

Dem Meister nach kann der Mensch über die Dinge nur als Zeichen reflektieren und nicht als Entitäten, da er mit seinen Sinnen, von denen die Imagination abhängt und auf welche das Denken angewiesen ist, keinen Zugang zu den festen Entitäten (*al-aʿyān aṯ-ṯābita*) hat. Was wir erfahren, sind einzig Aspekte der Entitäten, wie sie uns im *wuǧūd* erscheinen. Ebendaher sind in der *akbarītischen* Lehre die Dinge als Zeichen Gegenstand des Reflektierens, die auf eine Wirklichkeit bzw. auf ein weiteres Wissen hindeuten. Ibn al-ʿArabī verweist in diesem Zusammenhang darauf, dass die göttliche Aufforderung im Koran, nachzudenken, nie das göttliche Wesen als Gegenstand nimmt, sondern immer Phänomene, die in der Welt zu finden sind.[189]

188 Vgl. ebd., Bd. 2, S. 230.
189 Vgl. ebd.

aš-Šayḫ al-Akbar betont hier die Präzision der koranischen Sprache und warnt vor der Vermischung der Kategorien. Wenn im Koran über etwas steht, dass man es wissen, begreifen, hören soll oder dass man an etwas glauben soll, dann ist genau diese eine Tätigkeit verlangt und keine andere. Nachdenken und Reflektieren sind für ihn keine Synonyme dafür, etwas zu wissen oder zu begreifen. Denn für das Wissen gelten andere Kriterien als für das Glauben, Hören oder Begreifen. Wenn Allah im Koran oder in der mehrfach überlieferten Sunna zum Nachdenken über etwas aufruft, dann soll der Akt des Nachdenkens sich auf den Wissensgegenstand, den Allah namentlich erwähnt, beschränken. Denn nur in diesem Bereich kann der Mensch durch das Nachdenken zu dem Wissen gelangen, das von Allah in der jeweiligen Passage gewollt ist und dessen theologischer Gehalt richtig ist. Überschreitet das Nachdenken seine Grenze und versucht es, Wissen über Dinge zu erlangen, das man durch andere Vermögen bzw. Handlungen erreicht, dann erfährt es kein Wissen und wirdsomitfehlerhaft.[190]

Ferner und abgesehen vom weltlichen Gehalt, welcher das Ziel der Naturwissenschaft sowie anderer Wissenschaften ist, führt das Nachdenken über die Dinge und die verschiedenen Phänomene der Welt zu einem theologischen Wissen über den Wirklichen als Gott und nicht als Wesen.[191] Als Wesen bleibt der Wirkliche für das reflektierende Begriffsvermögen unerreichbar. Jedoch kann das Begriffsvermögen erkennen, welches Verhalten seitens des Geschöpfes Gott gebührt. Dass die Verehrung und Reverenz Gott gebührt und dass man von Ihm abhängig ist, sind z. B. nach Ibn al-ʿArabī Erkenntnisse, die man mit dem reinen Begriffsvermögen ohne göttliche Kunde (*waḥy*) erlangen kann, da dies Erkenntnisse sind, die der Mensch durch seine primordiale Natur (*fiṭra*) erlangen kann, wie schon im vierten Kapitel ausgeführt wurde.

Des Weiteren besteht die Hauptfunktion des Denkens darin, die eigenen Grenzen zu erkennen. Ibn al-ʿArabī erwähnt in *al-Futūḥāt al-makkiyya*, dass wenn Allah uns im Koran zum Denken und Reflektieren aufruft, Er سبحانه وتعالى damit nicht meint, dass wir unser Denkvermögen benutzen sollen, um die Wesenheit Allahs und wie Er ist zu erkennen, wie es die *mutakallimūn* und Philosophen missverstanden haben, sondern vielmehr, um die eigene Schwäche und Grenze des Denkvermögens zu erkennen. Nachdenken in seiner höchsten Form ist, über das Denken selbst nachzudenken. Setzt

190 Vgl. ebd.
191 Vgl. ebd.

sich der Mensch kritisch mit seinem Erkenntnisvermögen auseinander, so erkennt er, aš-Šayḫ al-Akbar zufolge, dass er in seinem Wissen über Allah von Allah abhängig ist.[192]

192 Vgl. ebd., Bd. 1, S. 126.

6. Vom Herzen (*al-qalb*)

„Das Herz ist wie eine Feder in der Einöde,
die der Wind wechselhaft bewegt."[1] *- Der Auserkorene ﷺ.*

6.1. Sprachlicher und historischer Überblick

Als erstes soll der Begriff *qalb* sprachlich und fachspezifisch definiert werden. Dafür wird ein historischer Überblick über die Entwicklung dieses Begriffes bei den früheren Sufis vermittelt, sodass die Hintergründe der Lehren Ibn al-ʿArabīs diesbezüglich in ihrem Kontext nachvollzogen werden können.

6.1.1. Die sprachliche Definition von *qalb*

Die Wurzel *q-l-b*, aus welcher das arabische Wort Herz, sprich *qalb*, stammt, hat zwei Grundbedeutungen, nämlich den Kern von etwas oder die Veränderung einer Richtung.[2] Die Begriffe sowie die Verwendungen, die aus dieser Wurzel abgeleitet werden, sind trotzdem vielfältig. Mit dem Verb *qalaba* sowie mit dessen Substantivierung *al-qalb* wird z. B. jegliche Veränderung oder jeder Wechsel zum Ausdruck gebracht. Des Weiteren kommt es vor, dass man das Verb *qallaba* in bestimmten Kontexten als Synonym für etwas untersuchen oder für das tiefe Nachdenken über die Konsequenzen einer Entscheidung verwendet.[3]

Was das Wort *qalb* betrifft, so hat es neben dem Herzorgan des Körpers zahlreiche Bedeutungen. Drei sind in diesem Zusammenhang von Bedeutung. Ibn Manẓūr erwähnt in seinem Lexikon *Lisān al-ʿarab*, dass das Wort *qalb* als Synonym für das Begriffsvermögen (*ʿaql*) verwendet wird.[4] Auch das, wodurch man sich einer Sache bewusst wird, wird *qalb* ge-

1 KANZ AL-ʿUMMĀL, Nr. 1228/ al-Musnad, Šuʿab al-Īmān und Muʿǧam aṭ-Ṭabarānī.
2 Vgl. IBN FĀRIS, ABŪ AL-ḤUSAYN: *Maqāyīs al-luġa*, Beirut: Dār al-fikr 1979, Bd. 5, S. 17.
3 Vgl. IBN MANẒŪR, ǦAMĀL AD-DĪN: *Lisān al-ʿarab*, Beirut: Dār al-maʿārif 1998, S. 3713.
4 Vgl. ebd., S. 3714.

nannt.[5] Ferner wird *al-qalb* für die innerste Seite von etwas benutzt. Dazu wird das Wort *qalb* als Betonung der Reinheit von etwas verwendet.[6]

Im sufischen Kontext spielen all diese drei unterschiedlichen Bedeutungen neben der ursprünglichen der Wurzel *q-l-b* eine zentrale Rolle. Die wechselhafte Natur des Herzens, seine Fähigkeit zu begreifen und Bewusstheit zu besitzen sowie die Tatsache, dass es den Kern des menschlichen Daseins ausmacht, sind alles Aspekte, denen wir begegnen, wenn die Sufis über das Herz sprechen. Das Interesse am Herzen als zentrales Erkenntnismittel bei den Sufis hat seinen Ursprung im Koran und in der prophetischen Tradition.

6.1.2. Historischer Exkurs

Nun soll das Konzept des Herzens aus der Perspektive des *taṣawwuf* erklärt werden. Die Beschäftigung mit den Eigenschaften des Herzens, mit seinen Makeln, Zuständen sowie mit den Methoden und Praktiken, die den Menschen dabei helfen sollen, das Herz zu heilen, ist mehr oder weniger die Geburtsstunde des *taṣawwuf*. Eine der frühesten Bezeichnungen des *taṣawwuf*, welche wahrscheinlich von al-Ḥasan al-Baṣrī (gest. 728) stammt, war *ʿilm al-qulūb wa-l-ḫawāṭir* (Die Lehre der Herzen und Gedanken).[7]

Es reicht, einen Blick auf die Kompendien zu werfen, welche die Aussagen der frühen Sufis gesammelt haben, wie z. B. die *Risāla* von Imam al-Qušayrī oder *Ḥilyat al-awliyāʾ* von Imam Abū Nuʿaym al-Iṣfahānī, um festzustellen, dass die Sufis sich seit den Anfängen mit den verschiedenen Aspekten des Innersten des Menschen beschäftigt haben, sodass sie schlicht die Bezeichnung *arbāb al-qulūb* (Die Herren der Herzen) bekamen.[8]

Obwohl die frühen Sufis zahlreiche Traktate und Werke über die Eigenschaften und die Heilung der Herzen verfasst haben, so findet man jedoch kaum Schriften, die sich explizit mit der Wirklichkeit des Herzens beschäftigen. Die wahrscheinlich früheste und bis heute noch erhaltene Schrift diesbezüglich stammt von Imam al-Ḥāriṯ al-Muḥāsibī, nämlich

5 Vgl. ebd.

6 Vgl. ebd., S. 3715.

7 Vgl. Massignon, Louis: *La Passion de Husayn ibn Mansûr Hallâj (Tome 2-La survie de Hallâj): Martyr mystique de l'Islam exécuté à Bagdad le 26 mars 922. Étude d'histoire religieuse*, Paris: Librairie Orientaliste 1922, S. 468; siehe auch: Renard, John: *Historical dictionary of Sufism, Lanham*, Md.: Scarecrow Press 2005, S. 105.

8 Vgl. al-Iṣfahānī, Abū Nuʿaym: *Ḥilyat al-awliyāʾ*, Beirut: Dār al-kutub al-ʿilmiyya 1988, Bd. 1, S. 27.

sein Traktat *māhiyat al-ʿaql* (Die Quiddität des Begriffsvermögens).[9] Auch wenn der Titel uns täuschen könnte, so meint er mit dem Begriffsvermögen (*ʿaql*) in dieser Schrift nichts anderes als das Herz bzw. das Begreifen und das Bewusstwerden als eine Handlung des Herzens.[10] Auch die Vorstellung, dass man über die Wesenheit des *ʿaql* bzw. des Herzens nicht sprechen kann, sondern nur über dessen Wirkung und Funktion, ist zum ersten mal in der Ideengeschichte des *taṣawwuf* in dieser Schrift erwähnt worden:

> «لا يقدر أحد أن يصفه في نفسه ولا في غيره بغير أفعاله لا يقدر أن يصفه بجسمية ولا بطول ولا بعرض ولا طعم ولا شم ولا مجسة ولا لون ولا يعرف إلا بأفعاله»[11]
>
> *Keiner kann es [al-ʿaql] für sich selbst oder für andere beschreiben, es sei denn anhand dessen Handlungen. Man kann es nicht mit Körperlichkeit, Länge, Breite, Geschmack, Geruch, Form oder Farbe bezeichnen. Es wird nur durch seine Handlungen [Wirkungen] erkannt.*

Dieser Vorstellung werden wir auch bei Imam al-Ġazālī und Imam Ibn al-ʿArabī begegnen. In dieser frühen Schrift von al-Muḥāsibī wird deutlich, dass das Konzept vom Begriffsvermögen sehr nah mit dem Bewusstsein verwandt, wenn nicht gar identisch ist. Wenn al-Muḥāsibī vom Verb *ʿaqala* spricht, dann hat es zwar die Bedeutung von begreifen, aber auch von bewusst werden. Genauer betrachtet, wenn er von verschiedenen Formen des Begriffsvermögens (*ʿaql*) spricht, meint er damit die verschiedenen Stufen des Bewusstseins.[12] Des Weiteren finden wir bei ihm die Vorstellung, dass das Begriffsvermögen (*ʿaql*) eher die Aufgabe des Empfangens und nicht des Kreierens hat.[13] Eine Ansicht, die wir schon bei Ibn al-ʿArabī kennengelernt haben. Allerdings, im Gegensatz zu al-Muḥāsibī, unterscheidet aš-Šayḫ al-Akbar zwischen dem reflektierenden Begriffsvermögen (*al-ʿaql an-naẓarī*) und dem aufnehmenden Begriffsvermögen (*al-ʿaql al-qābil*). Die Position von al-Muḥāsibī, in welcher eher vom Begriffsvermögen die Rede ist, obwohl er damit letztendlich das meint, was die Sufis unter dem Herzen verstehen, hat sich jedoch nicht durchgesetzt. Die Sufis, wie Louis Gardet feststellte, tendieren in diesem Zusammenhang eher dazu, die koranische Sprache zu verwenden:

9 AL-MUḤĀSIBĪ, AL-ḤĀRIṮ: *Māhiyat al-ʿaql*, in: *al-Masāʾil fī aʿmāl al-qulūb*, Beirut: Dār al-kutub al-ʿilmiyya 2000, S. 168–185.

10 Vgl. ebd., S. 170; 173.

11 Ebd., S. 170.

12 Vgl. ebd., S. 174.

13 AL-MUḤĀSIBĪ, AL-ḤĀRIṮ: *al-ʿaql wa-fahm al-qurʾān*, Beirut: Dār al-fikr 1971, S. 246.

> *The role allotted to 'heart' in the personality and understanding of man is in strict conformity with Semitic tradition, and the Sufi 'science of hearts' is firmly based on the quran. While ʿaql, 'intellect', has no place in the vocabulary of the qur›an, qalb is very frequently employed.*[14]

Das wird deutlich, wenn man die Werke von den Sufis, die entweder zu Zeiten al-Muḥāsibīs oder kurz nach ihm lebten, untersucht. Imam al-Ǧunayd z. B. spricht in seinem Buch *as-sirr fī anfās aṣ-ṣūfiyya* ausschließlich vom Herzen.[15] Bei ihm findet man eine ausgearbeitetere Terminologie. So spricht er nicht nur von *qalb* (Herz) sondern auch von *sirr* (das Innerste),[16] von *ṣadr* (Brust),[17] oder von *nafas* (Atem).[18]

Die Zeit zwischen dem 2. und 5. Jh. war, wie es für alle anderen Disziplinen auch gilt, die Entstehungszeit des *taṣawwuf*. Die Hauptarbeit, die in dieser Phase geleistet wurde, war jene, die allgemeinen Konzepte, die im Koran oder in der prophetischen Tradition vorkommen, zu untersuchen. Wir noch sehen werden, spricht Allah ﷻ im Koran von der Härte und Sanftheit des Herzens. In der formativen Phase haben sich die Sufis dann mit der Frage beschäftigt, was das Herz härter bzw. weicher werden lässt. So findet man schon in jener Zeit ausgereifte Konzepte zu diesen Fragen.[19] Die Vorstellung, dass die Handlungen und das, was wir durch die Sinne wahrnehmen, einen unmittelbaren Einfluss auf unser Herz haben, findet auch in den Worten der frühen Sufis Erwähnung.[20] Auch begegnen wir in dieser Zeit den gleichen Unterscheidungen zwischen den verschiedenen Arten von Herzen, wie sie im Koran erwähnt wurden.[21] Dies ist ein Konzept, welches den *taṣawwuf* nie verlassen wird. Man spricht allerdings nicht nur von den verschiedenen Arten der Herzen, sondern sie werden vielmehr mit Gefäßen, die man füllen kann, verglichen, deren Inhalt ei-

14 Siehe *Ḳalb* in: Encyclopaedia of Islam, Second Edition (Online Edition), Leiden: Brill 2014.

15 Vgl. z. B. AL-ǦUNAYD, ABŪ AL-QĀSIM: *as-Sirr fī anfās aṣ-ṣūfiyya*, Kairo: Dār ǧawāmiʿ al-kalim 2003, S. 127; 134; 184.

16 Vgl. ebd., S. 127; 134.

17 Vgl. ebd., S. 134.

18 Vgl. z. B. ebd., S. 129 ff.

19 Vgl. AS-SULLAMĪ, ABŪ ʿABD AR-RAḤMĀN: *Tabaqāt aṣ-ṣūfiya*, Beirut: Dār al-kutub al-ʿilmiyya 2003, S. 26. Auch die Werke von al-Muḥasibī oder von Imam al-Ḫarrāz können hier als Beispiel dienen.

20 Siehe z. B. die Aussage von Ibrāhim b. Adham in: Ebd., S. 40. Dort macht er Sanftheit der Herzen von der Sanftmut gegenüber den Waisen, Witwen und Armen abhängig.. Auch die Vorstellung, dass die negativen Charaktereigenschaften von anderen ein Teil unseres Selbst werden könnten, wenn wir ihnen mit einem bestimmten Bewusstsein begegnen, finden wir in der formativen Zeit, wie man es aus einer Aussage von Bišr al-Ḥāfī (gest 767) entnehmen kann. Siehe: AL-IṢFAHĀNĪ: *Ḥilyat al-awliyā'*, Bd. 8, S. 350. Die Aussage von Abū al-ʿAbbās b. Masrūq (gest. 910) *„Die Beschäftigung mit der Unwahrheit vertreibt die Erkenntnis aus dem Herzen"* könnte ebenfalls als Beispiel in diesem Zusammenhang dienen. as-Sullamī: Tabaqāt aṣ-ṣūfiya, S. 191.

21 Vgl. AS-SULLAMĪ: *Tabaqāt aṣ-ṣūfiya*, S. 56; 90.

nen Einfluss auf die Handlungen hat.[22] Ein Vergleich, der als Hinweis dafür dienen kann, dass das Herz in ihrer Terminologie das Bewusstsein ist oder, dass sie zumindest etwas ähnliches darunter verstanden.

Außerdem finden wir in den Aussagen der frühen Sufis die Position, dass das Verstehen (*fahm*) eine Handlung des Herzens ist, wie man es aus einer Aussage von Abū Turāb an-Naḫšabī (gest. 859.) folgern kann und dass nur ein Herz, welches versteht, ein lebendiges Herz ist.[23] Die Wachsamkeit des Herzens durch das Verstehen unterscheidet es von dem unachtsamen Herzen, welches unbewusst handelt. Von dem gleichen Sufi stammt auch die Ansicht, dass die Prüfung der Gedanken des Herzens, oder anders gesagt, die Entwicklung eines klaren Bewusstseins, die beste gottesdienstliche Handlung sei.[24] Imam aš-Šiblī (gest. 945) sprach auch von der Vorstellung, dass man sein Herz nach etwas ausrichten könne. Heute würde man sagen, dass man ein Bewusstsein für etwas entwickeln könne.[25]

Allgemein lässt sich sagen, dass in der Frühphase die verschiedenen Zustände des Herzens ziemlich genau untersucht wurden.[26] Hier wurde nur auf wenige Beispiele hingewiesen, um zu zeigen, dass die frühen Sufis schon ein Konzept vom Herzen kannten, welchem sie, im Gegensatz zu den *mutakallimūn* und Philosophen, mehr Platz eingeräumt haben als z. B. dem Begriffsvermögen (*ʿaql*). Trotzdem mussten wir bis zum Ende des dritten Jahrhunderts nach der Hidschra warten, um dann zwei Schriften zu erhalten, die sich explizit mit dem Herzen beschäftigen. Die Rede ist hier von den Traktaten *Maqāmāt al-qulūb* von Imam Abū al-Ḥusayn an-Nūrī (gest. 908.) sowie *Bayān al-farq bayna aṣ-ṣadr wa l-qalb wa l-fuʾād wa l-lubb* von Imam al-Ḥakīm at-Tirmiḏī.

22 Vgl. ebd., S. 97; 302.
23 Ebd., S. 126.
24 Vgl. ebd.
25 Vgl. AL-IṢFAHĀNĪ: *Ḥilyat al-awliyāʾ*, Bd. 10, S. 370.
26 Eine ausführliche Arbeit, die eine systematische Darstellung der Sufi-Psychologie in ihrer Fülle darstellt, ist bis heute noch nicht vorhanden. Für eine Einführung in die Thematik siehe: PRYOR, AMINEH AMELIA: *Psychology in Sufism, Volume One*, San Rafael: International Association of Sufism 2000; sowie: WILCOX, LYNN: *Sufism and Psychology*, Chicago: Abjad Book Designers & Builders 1995. Für einen Vergleich zwischen dem *taṣawwuf* und der jungianischen Psychologie siehe: SPIEGELMAN, J. MARVIN: *Sufism Islam and Jungian Psychology*, Scottsdale, Ariz.: New Falcon Publications 1991.

6.1.2.1. an-Nūrī

Die Arbeit von an-Nūrī beschäftigt sich allerdings nicht mit der Definition des Herzens, sondern liefert uns lediglich verschiedene Kategorien desselben, die je nach Nähe bzw. Entfernung zu Gott variieren.[27] Es scheint, dass der Fokus von an-Nūrī mehr auf der ethischen Seite bzw. auf dem Herzen als Entität des Glaubens und der Hingabe lag. In seinem Schreiben geht er davon aus, dass es Stationen bzw. Ebenen des Herzens gibt. Von ihm haben wir die ersten Unterscheidungen zwischen *qalb* (Herz), *ṣadr* (Brust), *fu'ād* (Brennpunkt)[28] und *lubb* (Kern).[29] Basierend auf der koranischen Verwendung dieser Begriffe stellt er fest, dass die Brust der Drehpunkt der Hingabe (*islām*), das Herz der Drehpunkt des Glaubens, der Brennpunkt des Herzens der Drehpunkt der Erkenntnis (*ma'rifa*) und der Kern die Stelle der Einheitslehre (*tahwḥīd*) ist.[30] Was aber genau diese vier Stufen des Herzens sind, erwähnt er nicht. In seiner Ausführung verknüpft er die emotionalen und geistigen Zustände des Menschen mit der Erkenntnis. Diese Position werden wir bei den meisten Sufis finden. Der Prozess der Erkenntnis ist somit stets von den äußerlichen Einflüssen, sprich Erziehung und Sozialisierung sowie von der eigenen innerlichen Verfassung beeinflusst. Denkt man diesen Ansatz zu Ende, dann ist die logische Schlussfolgerung, dass sowohl die Affekte als auch die Erkenntnis in der gleichen Sphäre stattfinden. Aus dieser Perspektive betrachtet ist es nachvollziehbar, dass jegliche Art der Erkenntnis sowohl von außen beeinflusst wird als auch auf uns Einfluss nimmt.

6.1.2.2. al-Ḥakīm at-Tirmiḏī

Die Schrift, die an-Nūrī zugeschrieben wird, geht nicht auf weitere Details ein. In diesem Zusammenhang ist aber erwähnenswert, dass seine Unterteilung des Herzens in vier Stufen bei einem weiteren Sufi, der ca. 24 Jahre nach ihm starb, zu finden ist, nämlich bei al-Ḥakīm at-Tirmiḏī, welcher diese Unterteilung ausführlicher in seinem Traktat *Bayān al-farq bayna aṣ-*

27 AN-NŪRĪ, ABŪ AL-ḤUSAYN: *Maqāmāt al-qulūb*, Baghdad: Maṭba'at al-ma'ārif 1969, S. 14 ff.
28 *al-Fu'ād* stammt aus der Wurzel *f-'-d*, was die Hitze und das Brennen bedeutet. Im Arabischen sagt man *fa'ada al-laḥma*, das heißt, er hat das Fleisch gegrillt. Es scheint, dass der *fu'ād* für das Herz benutzt wurde, weil es eine Stelle ist, an welcher man die Gefühle mit ihrer Wärme und Kälte spürt. Die Übersetzung, für die ich mich entschieden habe, sollte die ursprüngliche Bedeutung beibehalten. Würde ich *fu'ād* mit Herz übersetzen, dann gingen diese sprachlichen Feinheiten, die in diesem Zusammenhang eine Rolle spielen, verloren. Für die sprachliche Bedeutung von *fu'ād* siehe: IBN FĀRIS: *Maqāyīs al-luġa*, Bd. 4, S. 469.
29 Vgl. AN-NŪRĪ: *Maqāmāt al-qulūb*, S. 12.
30 Vgl. ebd.

ṣadr wa l-qalb wa l-fuʾād wa l-lubb behandelt hat. Ob er diese Unterteilung von an-Nūrī übernommen hat, bleibt unklar. Allerdings ist die Arbeit von at-Tirmiḏī systematischer und liefert uns ein klareres Bild von bestimmten Begriffen. So stellt er z. B. ganz am am Anfang seiner Schrift fest:

> «اعلم (...) أن اسم القلب اسم جامع يقتضي مقامات الباطن كلها»[31]
>
> *Wisse, dass al-qalb (das Herz) ein umfassendes Wort ist, in welchem alle profunden[32] Seiten [des Menschen] inbegriffen sind.*

Das heißt, mit ihm wird erstmals die gesamte innerliche Seite des Menschen allgemein als Herz bezeichnet und dargelegt, dass die verschiedenen Unterscheidungen innerhalb dieser einen, innerlichen Seite des Menschen stattfinden. Anders gesagt, soll zwischen dem Herzen als Synonym für die innerliche Seite des Menschen und dem Herzen als eine spezifische Stufe dieser einen innerlichen Seite unterschieden werden. Wenn at-Tirmiḏī von den innerlichen Stufen des Herzens spricht, behandelt er sie bildlich als Kreise, die sich ineinander befinden. Der äußerste Kreis, welcher die Brust (*ṣadr*) ist, bildet sozusagen die Schnittstelle zwischen dem Selbst und der Welt, samt ihrer äußeren Einflüsse, aber auch zwischen dem Herzen und den Wünschen, Lüsten und Begierden des Selbst.[33]At-Tirmiḏī geht davon aus, dass die meisten Vorgänge auf der Ebene der Brust uns unbewusst bleiben.[34] Das, was in unsere Brust eindringt, wird selten sofort wahrgenommen, hat aber trotzdem einen Einfluss auf uns.[35] Dementsprechend kann die Sphäre der Brust als jene Stufe gesehen werden, aus welcher das Selbst ein Ego entwickelt, da das Ego eine Sammlung von den Trieben ist, die unsere Wünsche und Bestrebungen lenken.[36]

31 AT-TIRMIḎĪ, AL-ḤAKĪM: *Bayān al-farq bayna aṣ-Ṣadr wa-l-qalb wa-l-Fuʾād wa-l-Lubb*, Amman: Al-Markaz al-malakī li-l-buḥūṯ 2012, S. 11.

32 Man könnte für profund auch innerlich oder esoterisch nehmen, wobei der letzte Begriff, obwohl er dem Arabischen *bāṭin* nahesteht, in den akademischen Diskursen in den letzten Jahrzehnten vermieden wird, da er bestimmte Assoziationen hervorruft, die oft jenseits der Wissenschaft geortet werden. René Guénon benutzt z. B. den Begriff *ésotérisme* im Sinne von den Lehren des *taṣawwuf* und zwar sowohl in ihren praktischen, sprich die ṭarīqa als auch in ihren theoretischen Aspekten, sprich die *ḥaqīqa*. „*L'ésotérisme, considéré ainsi comme comprenant à la fois tarîqah et haqîqah, en tant que moyens et fin, est désigné en arabe par le terme général et-taçawwuf.*" Guénon, René: Aperçus sur l'ésotérisme islamique et le Taoïsme, Paris: Gallimard 1992, S. 15.

33 Vgl. at-Tirmiḏī: *Bayān al-farq bayna aṣ-ṣadr wa-l-qalb wa-l-Fuʾād wa-l-Lubb*, S. 13 f.

34 Vgl. ebd., S. 14.

35 Vgl. ebd.

36 Mit Ego ist hier die *Nafs al-ammāra bi-s-sūʾ* (die Triebseele) gemeint. AL-ʿADSCHAM, RAFĪQ: *Mawsūʿat musṭalḥāt at-taṣawwuf al-islāmī*, Beirut: Maktabat lubnān 1999, S. 981.

Es ist interessant festzustellen, dass die äußere Seite des Herzens bzw. des Bewusstseins jene Sphäre ist, aus welcher die unbewusste Interaktion mit der Welt stattfindet. Das Unbewusste ist nach ihm somit nicht die verborgene Seite des Bewusstseins, sondern umgekehrt, also gerade die äußere und obere Stufe des Bewusstseins, die unsere Sicht auf die Welt und unsere Haltung ihr gegenüber direkt beeinflusst. Der Begriff *ṣadr* bedeutet ursprünglich die obere Seite von etwas.[37] Die unbewusste Beziehung mit der Welt, zu welcher ja auch die negativen Einflüsse gehören, bildet somit eine Schicht aus Wünschen, Begierden, Bedürfnissen und Interessen, die uns oft unbewusst bleiben und die unsere Handlung und Erkenntnis über die Welt beeinflussen und die, aus der Perspektive des *taṣawwuf* betrachtet, zahlreiche Schleier vor der bewussten Erfahrung mit der Welt darstellen. Wenn Allah im Koran von der Enge oder Weite der Brust spricht, dann meint Er ﷻ, so Imam at-Tirmiḏī, die Fülle der Gedanken.[38] Ist die Brust mit bewussten Gedanken über die Wirklichkeit gefüllt, dann ist wenig Platz für die Illusion vorhanden, sprich die Brust ist eng und vice versa. Ebendeswegen sprechen die Sufis von *at-taḫallī* (die Entleerung des Herzens) und *at-taḥallī* (die Veredlung des Herzens).[39]

Das Herz (*qalb*) im spezifischen Sinne befindet sich in einer tieferen Ebene, umhüllt von der Brust, welche als ein Synonym für jene Sphäre dient, die das Unbewusste und das Ego beheimatet. Für ihn ist das Herz die Stelle des Wissens und der Affekte.[40] Hingegen ist der Brennpunkt des Herzens (*fu'ād*) die Stelle der *mušāhada* (die Anschauung),[41] der unmittelbaren Erfahrung mit der Wirklichkeit.[42] Das Verhältnis zwischen dem spezifischen Herzen (*qalb*) und dem Brennpunkt des Herzens (*fu'ād*) besteht darin, dass das eine erfährt und das andere begreift.[43] Allerdings ist hier nicht die sinnliche Erfahrung gemeint, sondern die mystische, die Berührung der Wirklichkeit, wie sie an sich ist. Jedoch geht at-Tirmiḏī nicht auf die theologische Erklärung dieser Erfahrung ein. Nichtsdesto-

37 Vgl. Ibn Manẓūr: *Lisān al-ʿarab*, S. 2411.

38 Vgl. at-Tirmiḏī: *Bayān al-farq bayna aṣ-ṣadr wa l-qalb wa l-fu'ād wa l-lubb*, S. 20 f.

39 Vgl. Ibn al-ʿArabī, Muḥyī ad-Dīn: *al-Futūḥāt al-makkiyya*, Kairo: Dār al-Kutub al-ʿarabīyya 1911, Bd. 2, S. 283 f; sowie: as-Sarrāǧ, Abū Naṣr: *al-Lumaʿ fī tarīḫ at-taṣawwuf*, hg. von Reynold Alleyne Nicholson, Leiden: Brill 1914, S. 362 f.

40 Vgl. at-Tirmiḏī: *Bayān al-farq bayna aṣ-ṣadr wa-l-qalb wa-l-fu'ād wa-l-lubb*, S. 14 f; 26 ff.

41 *Mušāhada* wird sowohl für die Schau der Dinge vor ihrem göttlichen Hintergrund als auch für die Schau der Wirklichkeit in den Dingen und für die zweifellose Wirklichkeit der Gewissheit benutzt. Siehe: Ibn al-ʿArabī, Muḥyī ad-Dīn: Iṣṭilāḥāt aṣ-ṣūfiyya, Beirut: Dār al-Imām Muslim. 1990, S. 64.

42 Vgl. at-Tirmiḏī: *Bayān al-farq bayna aṣ-ṣadr wa l-qalb wa l-fu'ād wa l-lubb*, S. 16; 43.

43 Vgl. ebd., S. 43.

trotz gelten solche Überlegungen als Fundamente für die weiteren Ausführungen späterer Sufis.

Die Schau des Brennpunktes des Herzens (*fu'ād*) ist nicht auf eine äußerliche Wirklichkeit, sondern eher zum Innersten des Menschen gerichtet. Denn at-Tirmiḏī zufolge befindet sich der Kern des Herzens (*al-lubb*) unterhalb der Stufe des Brennpunktes des Herzens (*al-fu'ād*).[44] *Al-Lubb* (der Kern) ist das begreifende Prinzip schlechthin und er unterscheidet sich in seiner Verfassung und Beschaffenheit von den anderen Ebenen des Herzens.[45] at-Tirmiḏī vergleicht ihn mit einem Licht, das von den anderen Kreisen, die eine Relation zum Selbst haben, umhüllt ist. Man hat allerdings das Gefühl, dass er unter dem Kern des Herzens (*lubb*) sowohl die Essenz des Bewusstseins, ohne welche der Mensch kein bewusstes Sein haben kann, als auch das Vernunftprinzip versteht.[46]

Zusammengefasst sieht at-Tirmiḏī das Herz als die innerliche Seite des Menschen, die aus verschiedenen Sphären besteht. Bewegt man sich in Richtung der äußerlichen Erfahrung, so kommt man auf die Ebene, die mit der sinnlichen Erfahrung in Berührung kommt und die das Ego, das Unbewusste, die Einflüsse und ähnliche Aspekte hervorbringt. Richtet man den Blick nach innen, so kommt man zum Herzen im spezifischen Sinne, jener Sphäre, in welcher das Begreifen stattfindet. Das Herz kann über sich selbst reflektieren, über die Sphäre der Brust, aber auch über die Sphäre des Brennpunktes des Herzens, in welcher die mystische Erfahrung erlebt wird sowie über die Spähre des *lubb*, in welcher die Einheitserfahrung stattfindet.[47] Die Möglichkeit dieser Erfahrung wird im Modell at-Tirmiḏīs allerdings nicht theologisch erklärt. Ferner bietet die Systematisierung, die er liefert, wichtige Punkte, die wir noch im Kapitel über das Herz bei Ibn al-'Arabī ontologisch und epistemologisch untersuchen werden.

44 Vgl. ebd., S. 16 f.
45 Vgl. ebd., S. 52.
46 Vgl. ebd., S. 62 ff.
47 Vgl. ebd., S. 52.

6.1.2.3. al-Ġazālī

Neben dem Modell von at-Tirmiḏī gibt es ein weiteres Modell, nämlich jenes, das Imam al-Ġazālī in seinem Werk *Iḥyā' 'ulūm ad-dīn* entwickelt hat. Imam al-Ġazālī verwendet andere Begriffe und eine andere Systematisierung. Er spricht z. B. nicht mehr von den Stufen des Herzens und verwendet die Unterteilung in Brust/Herz/Brennpunkt/Kern nicht wie die Sufis vor ihm. Man sollte sich vergegenwärtigen, dass zwischen dem Tod at-Tirmiḏīs und al-Ġazālī fast 126 Jahre liegen. In dieser Zeit hat die Systematisierung und Vereinheitlichung der Sufi-Terminologie eine gewisse Reife erlebt, insbesondere durch die Arbeiten von Abū Bakr al-Kalābāḏī (990?), Abū al-Qāsim al-Qušayrī, Abū Naṣr aṭ-Ṭūṣī (gest. 988), Abū Ismā'īl al-Anṣārī und Abū Ṭālib al-Makkī.

Imam al-Ġazālī dedizierte das Thema Herz einem ganzen Buch unter den vierzig Büchern seines *Iḥyā'*. In dem Buch mit dem Titel *'Aǧā'ib al-qalb* lieferte er eine grundlegende Untersuchung des Menschenbildes aus einer eher psychologischen Perspektive. Ganz am Anfang weist er auf den begrifflichen Wirrwarr hin, der damals unter vielen Gelehrten herrschte, wenn es darum ging, die innere Seite des Menschen zu behandeln. Aus diesem Grund begann er mit der Untersuchung von vier zentralen Begriffen, die sich damals etabliert haben, nämlich Herz (*qalb*), Geist (*rūḥ*), Seele (*nafs*) und Begriffsvermögen (*'aql*).[48]

Er stellte fest, dass diese Begriffe vier physiologische Phänomene beschreiben können. Wenn man sie allerdings außerhalb der Medizin verwendet, dann sind sie vier Bezeichnungen für ein und dasselbe Phänomen, nämlich die *laṭīfa*, die subtile Seite des Menschen, ein Begriff, den wir in einem früheren Kapitel schon kennengelernt haben.[49] Das heißt, diese *laṭīfa* wird Geist, Seele, Herz oder Begriffsvermögen genannt, nicht weil wir es hier mit unterschiedlichen Teilen, Seiten oder gar unterschiedlichen Entitäten zu tun haben, sondern lediglich, weil sie verschiedene Funktionen erfüllt und in Relationen mit unterschiedlichen Phänomen steht.[50] Die Vielfalt der Bezeichnungen entsteht aufgrund der Vielfalt der Funktionen und Relationen. Diese Systematik wird nach Imam al-Ġazālī auch von aš-Šayḫ al-Akbar übernommen.

48 Vgl. AL-ĠAZĀLĪ, ABŪ ḤĀMID: *Iḥyā' 'ulūm ad-dīn*, Beirut: Dār al-Ma'rifa 2004, Bd. 1, S. 842.
49 Vgl. ebd., Bd. 1, S. 844.
50 Vgl. ebd., Bd. 1, S. 842 f.

Nachdem al-Ġazālī erklärt, dass es in diesem Zusammenhang um die gleiche Entität geht, benutzt er hauptsächlich die Bezeichnung Herz für die innerliche Seite des Menschen. Genauso wie bei den früheren Sufis, geht auch er nicht auf die Relation zwischen dem Selbst und dessen Gestalt ein, und er tut dies mit Absicht. Als Entschuldigung erwähnt er, dass erstens dieses Thema zu den Lehren der *mukāšafa* – der mystischen Entschleierung – gehört und zweitens, dass wenn man darüber reden würde, man das Geheimnis des Geists enthüllen würde, was etwas sei, worüber der Prophet ﷺ selber nicht gesprochen habe.[51] Sein Ziel ist allerdings:

> «ذكر أوصافها وأحوالها لا ذكر حقيقتها في ذاتها وعلم المعاملة يفتقر إلى معرفة صفاتها وأحوالها ولا يفتقر إلى ذكر حقيقتها»[52]
>
> *…die Erwähnung ihrer[53] Eigenschaften und Zustände und nicht ihre wesentliche Wirklichkeit. Das praxisorientierte Wissen verlangt nach dem Wissen über die Eigenschaften und Zustände [der laṭīfa] und nicht nach der Behandlung ihrer Wirklichkeit.*

Deswegen nähert sich Imam al-Ġazālī diesem Thema psychologisch und praxisorientiert an und nicht metaphysisch. Das erinnert uns an die schon erwähnte Position Ibn al-ʿArabīs, der das Abstrahieren des Selbst und seiner subtilen Seite als etwas Getrenntes von einer Gestalt ablehnte.

Nun, was sind die Hauptmerkmale des Herzens nach al-Ġazālī? Ihm zufolge besitzt das Herz zwei Eigenschaften, die die Menschen von den Tieren unterscheiden, nämlich das Wissen und den Willen. Der Mensch besitzt kraft seines Herzens die genuinen Grundlagen des Begreifens und er kann sich durch die Erfahrung und Erziehung weiteres Wissen aneignen.[54] Der Wille ist die Eigenschaft, durch welche sich die Vernünftigkeit des Menschen zeigt. Denn anhand des Willens kann man entsprechend seines Wissens handeln und Selbstkontrolle über sich selbst ausüben oder auch nicht; etwas, was nur der Mensch kann. Der Wille ist zum Nutzen hin orientiert und der Nutzen der Handlungen wird durch das Wissen erfahren.[55] In dem Modell al-Ġazālīs ist das Begriffsvermögen im Herzen inbegriffen, oder anders ausgedrückt, die Fähigkeit des Denkens ist eine Funktion des Herzens, sprich der *laṭīfa*, und sie wird Begriffsvermögen

51 Vgl. ebd., Bd. 1, S. 842.
52 Ebd.
53 Das heißt die *laṭīfa*.
54 Vgl. al-Ġazālī: *Iḥyā' ʿulūm ad-dīn*, Bd. 1, S. 847.
55 Vgl. ebd.

genannt, wenn sie diese Funktion erfüllt. Allerdings findet man bei ihm nicht die Unterscheidung, die Ibn al-ʿArabī zwischen dem reflektierenden Begriffsvermögen (*al-ʿaql an-naẓarī*), das heißt dem Begriffsvermögen in seinem Verhältnis zur Denkkraft und dem aufnehmenden Begriffsvermögen (*al-ʿaql al-qābil*), welches das Bewusstsein darstellt, unternimmt. Des Weiteren geht Imam al-Ġazālī davon aus, dass das Herz sich das Wissen durch zwei Wege aneignet, nämlich durch die Denkkraft und durch die Erfahrung. Doch er beschränkt die Erfahrung nicht nur auf die sinnliche Erfahrung, sondern weitet den Begriff so aus, dass er auch die Intuition, Eingebung und alle Formen der mystischen Erfahrung einbezieht.[56] Das Herz ist für ihn mit einem Spiegel zu vergleichen.[57] Begreifen heißt für ihn, dass man die Wirklichkeit der Wissensgegenstände reflektiert. Wir haben es somit im Prozess des Wissens mit einem Dreieck zu tun, bestehend aus dem Herzen, der Wirklichkeit der Wissensgegenstände und dem Abbild der Wissensgegenstände im Herzen.[58] Allerdings versperren dem Herzen fünf Hindernisse den Weg zur Erkenntnis der Wirklichkeit.[59] Bezogen auf die Erkenntnis Gottes und der Wirklichkeit der Welt stellt er diese Hindernisse wie folgt dar: Das erste Hindernis liegt in der Natur des Herzens. Ein unreifes Herz wie z. B. das eines Kindes kann nicht die Wirklichkeit der Wissensgegenstände reflektieren.[60] Das zweite Hindernis sind die Sünden und Triebe, sprich die negativen Einflüsse der unmoralischen Eigenschaften.[61] Das dritte Hindernis ist die Bestrebung und der Zweck unserer Handlungen. Denn auch wenn man ein moralisches Leben führt, aber nicht über die Göttlichkeit und die subtilen Wirklichkeiten nachdenkt, so wird man keine Erkenntnis darüber erlangen.[62] Das vierte Hindernis sind die Vorurteile, die sich durch die Erziehung bzw. Sozialisierung im Menschen verwurzelt haben. Die vorgefassten Vorstellungen über den Wirklichen sind deswegen ein Schleier vor der Erfassung der Wirklichkeit, wie sie ist, weil man davon ausgeht, dass die Wahrheit des Wirklichen der eigenen Vorstellung entsprechen sollte. Imam al-Ġa-

56 Vgl. ebd., Bd. 1, S. 847 f.

57 Die Vorstellung, dass das Herz ein Spiegel ist, findet man interessanterweise auch in den Lehren des Hinduismus. Verglichen mit den Konzepten der verschiedenen muslimischen Gelehrten weisen die Vorstellungen über das Herz im Hinduismus frappante Ähnlichkeiten auf. Siehe: *Heart* in: Jones, Lindsay (Hrsg.): *Encyclopedia of Religion*, 2 edition Aufl., Detroit: Macmillan Reference USA 2004, S. 3881.

58 Vgl. al-Ġazālī: *Iḥyāʾ ʿulūm ad-dīn*, Bd. 1, S. 852.

59 Vgl. ebd., Bd. 1, S. 853.

60 Vgl. ebd.

61 Vgl. ebd.

62 Vgl. ebd.

zālī geht davon aus, dass die meisten Theologen und frommen Gläubigen von diesem Schleier betroffen sind, weil sie den Wirklichen und somit die Wirklichkeit nur im Rahmen ihrer vorgefassten Glaubensvorstellungen erkennen können bzw. wollen.[63] Das fünfte Hindernis bildet die Unkenntnis darüber, wie man die Erkenntnis über den Wirklichen erlangt.[64]

Wenn wir jetzt anhand des Konzepts von Imam al-Ġazālī sowie der Lehren der anderen Sufis vor ihm eine Zusammenfassung dessen, was das Herz in der Sufitradition ist, eruieren wollen, dann können wir aus dem bisher Gesagtem festhalten, dass es die innere Seite des Menschen ist, die aus mehreren Ebenen bzw. Aspekten besteht. Diese haben mit den verschiedenen Funktionen des Herzens zu tun. Es ist die Stelle des Begreifens, des Wissens und des Willens. Ferner wurde das Herz mit einem Gefäß verglichen, da es all die Erfahrungen des Selbst aufnimmt und eben gerade der Inhalt dieses Gefäßes spielt eine entscheidende Rolle bei der Erkenntnis des Wirklichen. Des Weiteren wurde das Herz mit einem Spiegel verglichen, welcher mit verschiedenen Schichten, die aus Vorurteilen oder negativen Eigenschaften bestehen, beschmutzt ist. Aus diesem Grund sprechen die Sufis von den Schleiern des Herzens, die ein Hindernis vor der Erkenntnis darstellen. Mit ihrem Konzept des Herzens legten die Sufis die Grundlage der zwei Zweige des *taṣawwuf*. Denn wenn die Erkenntnis des Wirklichen سبحانه وتعالى einerseits von der „Reinheit" des Herzens abhängt, dann muss man wissen, wie man das Herz reinigt – und hier hat man das erste Fundament, nämlich den praktischen Teil des *taṣawwuf*, sprich die *ṭarīqa*. Dieser Teil soll uns in dieser Arbeit jedoch nicht vorrangig interessieren.

Wenn andererseits das Herz den Wirklichen سبحانه وتعالى erkennen kann, wie ist dies theologisch zu begründen und wie sieht diese Erkenntnis aus? Bei diesen Fragen handelt es sich dann um den zweiten Bereich des *taṣawwuf*, sprich die *ḥaqīqa*. Hier wird sich die Rolle Ibn al-ʿArabīs zeigen. Bevor man allerdings dieser Frage nachgeht, soll zuerst auf das *akbarītische* Konzept des Herzens eingegangen werden.

63 Vgl. ebd.
64 Vgl. ebd., Bd. 1, S. 853 f.

6.2. Das Herz bei Ibn al-ʿArabī

Das Herz – in der Tradition Ibn al-ʿArabīs sowie bei den Sufis allgemein, wie es bereits dargestellt wurde – ist die zuständige Instanz für die wahre Erkenntnis, die Intuition und das Bewusstsein.[65] Es ist nicht nur für das Erfassen zuständig, sondern auch die Stelle, die das Fühlen von Emotionen und innerlichen Zuständen ermöglicht und ebenso das Mittel, womit ein Wissen erfasst wird, welches den vermeintlichen Widerspruch zwischen Rationalität und Emotionalität transzendiert. Es ist ein Wissen, welches nicht nur begreifbar, sondern auch intuitiv ist und eine direkte Erfahrung mit dem Wissensgegenstand ermöglicht.[66] Ibn al-ʿArabī unterscheidet, genauso wie sein Vorgänger al-Ġazālī. zwischen dem Herzen im Sinne eines Körperorgans und dem Herzen im Sinne der begreifenden subtilen Seite des Menschen (*laṭīfa*).[67] Trotzdem hat das Herz als Organ laut Ibn al-ʿArabī einen Einfluss auf unsere geistigen Kräfte, dazu schreibt er:

> «وإذا لم يحفظ الإنسان في غذائه ولم ينظر في صلاح مزاجه (...) اعتلت القوى وضعفت وفسد الخيال والتصور (...) وضعف الفكر وقل الحفظ وتعطل العقل بفساد الآلات التي بها يدرك الأمور»[68]
>
> *Wenn man nicht gemäßigt isst und seine Gesundheit […] nicht pflegt, dann kränkeln und schwächen die Kräfte, die Imagination und die Einbildung […] werden verdorben, die Denkkraft wird [ebenso] schwach und die Merkfähigkeit nimmt ab. Das Nichtfunktionieren des Begriffsvermögens wird durch das Verderben der Mittel, durch die es die Dinge erfasst, verursacht.*

65 Vgl. Corbin, Henry: *L'imagination créatrice dans le soufisme d'Ibn Arabi*, Paris: Entrelacs 2006, S. 233 f. Interessanterweise entspricht die Vorstellung vom Herzen in der klassischen chinesischen Philosophie dem sufischen Verständnis des Wortes *qalb*. In ihrem Artikel zur Erkenntnistheorie in der chinesischen Philosophie schreibt Jana Rošker: *„In classical Chinese philosophy the meaning of the Chinese word xin, which literally refers to the physical heart, is not limited to its common connotations. Unlike Western definitions, the Chinese metaphorical understanding of this notion not only denotes this organ as the center of emotions, but also as the center of perception, understanding, intuition and even rational thought."* Rošker, Jana: *Epistemology in Chinese Philosophy*, in: Zalta, Edward und Uri Nodelman (Hrsg.): *The Stanford Encyclopedia of Philosophy*, 2015. Auch in den verschiedenen buddhistischen Traditionen sowie in der philosophischen Schule des Vedanta des Hinduismus gilt das Herz als die Stelle des Bewusstseins. Im Vedanta ist er der Sitz von Brahman und die Schnittstelle, wo sich die Dualität zwischen dem Ich und der Welt, bzw. zwischen Brahman und Atman, auflöst. Siehe *Hadya-*vatthu* in: *Nyanaponika: Buddhistisches Wörterbuch: Kurzgefasstes Handbuch der buddhistischen Lehren und Begriffe in alphabetischer Anordnung*, 4. Aufl., Stammbach: Beyerlein u. Steinschulte 1989, S. 81 f; sowie: Deussen, Paul: *Das System des Vedanta*, Leipzig: Brockhaus 1906, S. 52; 61.

66 Vgl. Nasr, Seyyed Hossein: *Islamic Philosophy from Its Origin to the Present*, New York: SUNY Press 2006, S. 102.

67 Vgl. Ibn al-ʿArabī: *al-Futūḥāt al-makkiyya*, Bd. 1, S. 531.

68 Ebd., Bd. 1, S. 532.

Laut ihm bestimmt die Gesundheit des Herzens als Organ die Gesundheit des Körpers und somit unsere mentalen bzw. geistigen Kräfte, durch welche unser Bewusstsein einen Zugang zur Welt hat.[69] Eine Körperverachtung oder eine Negierung der Körperlichkeit und der mit ihr verbundenen Bedürfnisse hat in diesem Konzept keinen Platz. Denn es geht hier nicht um einen dialektischen Dualismus, im Sinne von entweder Körper oder Geist, sondern um eine Einheit, die man das Selbst nennt und welche eine äußerliche und innerliche Wirklichkeit hat. Ziel des *taṣawwuf* ist es, ein Gleichgewicht zwischen diesen beiden Seiten des Selbst herzustellen und nicht die eine Seite auf Kosten der anderen zu fördern oder gar einen Teil seiner Wirklichkeit zu überwinden.[70]

Das Wort Herz (*qalb*) wird in dieser Arbeit nur in seinem metaphysischen Sinn benutzt. Allerdings weist auch die Verwendung des *qalb* in diesem Sinne bei aš-Šayḫ al-Akbar eine gewisse Ambiguität auf und wird nicht konstant in der gleichen Bedeutung verwendet. Der andalusische Sufimeister basiert sein Konzept vom Herzen auf der Sprache, der göttlichen Kunde (*waḥy*) sowie auf den Konzepten anderer Sufis vor ihm, insbesondere dem von al-Ḥakīm at-Tirmiḏī sowie von al-Ġazālī.

Das Herz wird bei ihm für zwei Ebenen, die nicht klar voneinander getrennt sind, benutzt. In der ersten Verwendung gilt das Herz als Synonym für die Seele (*rūḥ*), bzw. für die subtile Seite des Menschen (*laṭīfa*). Das entnimmt man der Tatsache, dass er in seinem Buch *Mawāqiʿ an-nuǧūm* auf eine weitere Ausführung über die Stationen des Herzens in seinem Werk *at-Tadbīrat al-ilāhiyya* hinweist.[71] Allerdings verwendet er in *at-Tadbīrat al-ilāhiyya* vorwiegend den Begriff Seele (*rūḥ*) statt Herz.[72] Das ist ein Hinweis dafür, dass er die Begriffe *qalb* und *rūḥ* als Synonyme verwendet. Das würde bedeuten, dass *qalb*, *laṭīfa* und *nafs* zumindest in manchen Ver-

69 Ebd., Bd. 1, S. 531 f.

70 Wenn wir das Fasten und Essen als Beispiel nehmen, dann vertritt aš-Šayḫ al-Akbar die Meinung, dass man normal essen soll, falls man nicht fastet. Denn entweder man fastet als Gottesdienst, der gewiss einen Einfluss auf unseren Körper hat, oder man lässt es und isst normal an den Tagen, an welchen nicht gefastet wird. Vgl. ebd., S. 2, S. 188; siehe auch: Ibn al-ʿArabī, Muḥyī ad-Dīn: *Ḥilyat al-abdāl*, *in: Rasāʾil Ibn ʿArabī*, Beirut: Dār ṣādir 1997, S. 507–513, hier S. 511. Die Kritik Ibn al-ʿArabīs am exzessiven Hungern stellt die Behauptung aḏ-Ḏahabīs (gest. 1348) in Frage, nämlich dass einige Ansichten bzw. Schriften Ibn al-ʿArabīs ein Ergebnis von Halluzinationen und mentaler Dysfunktion seien, die seine übertriebene asketische Lebensführung verursacht habe. Siehe: aḏ-Ḏahabī, Šams ad-Dīn: *Tārīḫ al-islām*, Beirut: Dār al-kitāb al-ʿarabī 1998, Bd. 46, S. 377.

71 Vgl. Ibn al-ʿArabī, Muḥyī ad-Dīn: *Mawāqiʿ an-nuǧūm wa-maṭāliʿ ahillat al-asrār wa al-ʿulūm*, Beirut: al-Maktaba al-ʿaṣriyya 2008, S. 124.

72 Vgl. Ibn al-ʿArabī, Muḥyī ad-Dīn: *at-Tadbīrāt al-ilāhiyya fī iṣlāḥ al-mamlaka al-insāniyya*, in: ʿAbd al-Fattāḥ, Saʿīd (Hrsg.): *Rasāʾil Ibn ʿArabi (2)*, Beirut: Muʾassasat al-instišār 2002, S. 310 ff.

wendungen bzw. Kontexten auch als Synonyme gesehen werden können, da für ihn *rūḥ* und *laṭīfa*[73] sowie *nafs* und *laṭīfa*[74] manchmal als Synonyme benutzt werden.[75] Das Herz ist somit in dieser ersten Bedeutung das bewusste Element in uns:

> «فقد ثبت أن القلب رئيس البدن وهو المخاطب في الإنسان وهو العقل الذي يعقل عن الله»[76]
>
> *Es steht somit fest, dass das Herz das Oberhaupt des Körpers ist und es ist das [von Gott] Angesprochene im Menschen. Es ist das Begreifende (ʿaql), welches [von] Allah begreift (yaʿqilu ʿani-llāh).*

Ibn al-ʿArabī schreibt dem Herzen all die Eigenschaften zu, die in der Tradition dem Bewusstsein zukommen und welche im vorigen Punkt erwähnt wurden. Wir haben gesehen, dass schon Imam at-Tirmiḏī unter *qalb* die Gesamtheit der inneren Seite des Menschen verstand. Diese Vorstellung finden wir auch bei Ibn al-ʿArabī. Denn auch für ihn ist das Herz ein Synonym für die profunde Seite des Menschen. Dies erwähnt er explizit am Anfang seines Werkes *at-Tadbīrāt al-ilāhiyya*:

> «فللإنسان ظاهر وباطن عالم الحس وعالم القلب»[77]
>
> *Der Mensch hat eine äußerliche (ẓāhir) und eine profunde (bāṭin) Seite, er besteht aus der Welt der Sinne (al-ḥiss) und aus der Welt des Herzens (al-qalb).*

Der Kommentator von *at-Tadbīrāt al-ilāhiyya*, Muḥammad ad-Damūnī (gest. nach 1794), bestätigt in seinem Kommentar die hier vertretene Position, nämlich, dass das Herz ein Synonym für die Seele bzw. für die subtile Seite des Menschen (*laṭīfa*) ist, indem er die oben erwähnte Stelle wie folgt kommentiert:

> «وعالم القلب هي القوى الروحانيات وتفسير الروح بالقلب لأن القوى المدركة والحافظة والذاكرة والمتخيلة والمفكرة (...) هي تنزل النفس في الصورة الجسدية الجسمانية»[78]
>
> *Die Welt des Herzens sind die geistigen Kräfte. Die Seele wird als das Herz erklärt, weil die Wahrnehmungskraft, das Gedächtnis, die Erinnerungskraft, die*

73 Ibn al-ʿArabī: *al-Futūḥāt al-makkiyya*, Bd. 1, S. 671.

74 Vgl. ebd., Bd. 1, S. 568.

75 Dass *nafs* (Seele), *rūḥ* (Geist), *qalb* (Herz), *ʿaql* (Begriffsvermögen) unterschiedliche Aspekte der *laṭīfa* (subtilen Seite des Menschen) sind, ist ein Konzept, welches schon bei al-Ġazālī zu finden war, wie schon im entsprechenden Punkt dargestellt wurde.

76 Ibn al-ʿArabī: *Mawāqiʿ an-nuǧūm wa-maṭāliʿ ahillat al-asrār wa al-ʿulūm*, S. 123.

77 Ibn al-ʿArabī: *at-Tadbīrāt al-ilāhiyya fī iṣlāḥ al-mamlaka al-insāniyya*, S. 297.

78 ad-Dāmūnī, Muḥammad: *an-Nafaḥāt al-qudsiyya fī šarḥ at-tadbīrāt al-ilāhiyya fī iṣlāḥ al-mamlaka al-insāniyya*, Beirut: Books Publisher 2013, S. 99.

Imagination, die Denkkraft [...] alles Konkretisierungen (tanazzul)[79] *des Selbst in der körperlichen Gestalt sind.*

In der zweiten Verwendung wird das Herz konkreter für einen bestimmten Erkenntnismodus benutzt und wird im Sinne eines Erkenntnismittels verstanden. Die subtile Seite des Menschen (*al-laṭīfa*) hat verschiedene Modi des Erkennens. Basiert das Erkennen auf dem Reflektieren und Denken, dann wird es reflektierendes Begriffsvermögen (*al-ʿaql an-naẓarī*) genannt. Erlangt die *laṭīfa* das Wissen direkt vom Wirklichen ﷻ dann wird dieser Modus Herz (*qalb*) genannt. [80] Der Begriff *qalb* bei Ibn al-ʿArabī hat eine allgemeine und eine spezifische Bedeutung. In den folgenden Unterpunkten sollen die verschiedenen Eigenschaften, Merkmale und Besonderheiten des Herzens (*qalb*) bei Ibn al-ʿArabī untersucht werden. Was unterscheidet den Erkenntnismodus des Herzens vom reflektierenden Begriffsvermögen und welche Rolle spielt das Herz in der theologischen Erkenntnislehre?

6.2.1. Überblick über die Eigenschaften des Herzens

Wie bereits erwähnt, kommt der Begriff *ʿaql* im Koran nicht vor. Dafür wird aber das Verb *ʿaqala* (begreifen) insgesamt 49 mal genannt.[81] Anders verhält es sich mit dem Begriff Herz (*qalb*), der über 132 mal verwendet wird und zwar in sehr unterschiedlichen Kontexten und mit verschiedenen Implikationen.[82] Die Vielfalt der Bedeutungen und die Zahl der Verwendungen zeigen deutlich die Zentralität des Herzens als Konzept und Fachbegriff der koranischen Sprache. Des Weiteren kommen andere Begriffe, die mit dem Herzen verwandt sind und die manchmal als Synonyme hierfür benutzt werden, vor, wie z. B. *fuʾād*, *ṣadr*, *sirr* oder *lubb*.[83] Zunächst wird in diesem Punkt ausschließlich der Begriff *qalb* untersucht.

Was uns im Koran und in der prophetischen Tradition auffällt, ist, dass es keine Definition davon gibt, was das Herz genau bedeutet. Es wird z. B.

79 *at-Tanazzul* bedeutet rein sprachlich das Deszendieren bzw. Absteigen. In dieser Stelle wurde es mit Konkretisierung übersetzten, da *tanazzul* hier eine bildhafte Darstellung des Absteigens von der abstrakten Ebene zu der konkreten Ebene vermittelt.

80 Vgl. Chittick, William C.: *The Sufi Path of Knowledge: Ibn Al-ʿArabi's Metaphysics of Imagination*, SUNY Press 1989, S. 159. Wobei das Herz bei ihm auch im Sinne einer besonderen Fähigkeit des Erkennens benutzt wird. Vgl. Ibn al-ʿArabī: *al-Futūḥāt al-makkiyya*, Bd. 1, S. 289.

81 Vgl. Zāyir, ʿAdil ʿAdbulǧabbār: *Muʿǧam Alfāẓ al-ʿilm wa-l-Maʿrifa fī l-Luġa, Beirut: Maktabat lubnān* 1997, S. 103.

82 Vgl. ebd., S. 111 f.

83 Siehe *Heart* in: *„Encyclopaedia of the Qurʾān"* Brill, Leiden, 2001, S. 407.

nicht erklärt was das Herz ist, sondern was das Herz ausmacht, was seine Eigenschaften und Wirkungen sind. Man könnte die Aspekte, in welchen *qalb* in den verschiedenen *āyāt* sowie den Überlieferungen thematisiert wird, in vier große Themen unterteilen, nämlich *a)* das Herz und seine Morphologie, *b)* das Herz als Stelle der Empfindungen, *c)* das Herz als erkennendes und handelndes Subjekt und *d)* das Herz als Objekt der Handlungen Gottes.

Das Herz bei Ibn al-ʿArabī ist eine Entität, die singulär im Menschen ist, das heißt die Möglichkeit, dass eine Person zwei Herzen besitzen könnte,[84] ist ausgeschlossen.[85] Charakteristisch für das Herz ist, dass seine Beschaffenheit sich verändert und in einem Wandel sein kann. Es ist etwas, das sowohl mit Härte (*qaswa*)[86] als auch mit Weichheit (*līn*)[87] bezeichnet werden kann. Die Verhärtung des Herzens wird als ein Prozess dargestellt, welcher mit der Zeit auftritt, immer dann, wenn man sich vom Wirklichen ﷻ abwendet.[88] Hingegen wird es weich, wenn es dem Wirklichen gedenkt. Die wechselhafte Natur des Herzens wird durch verschiedene Zustände im Koran zum Ausdruck gebracht. In einer Gegenüberstellung wird zwischen dem kranken (*marīḍ*)[89] und dem heilen Herzen (*salīm*)[90] unterschieden. Das kranke Herz wird in 22:53 mit dem harten Herzen in Verbindung gebracht. Diese Verhärtung sieht Ibn al-ʿArabī als Ergebnis der Erfahrung des Menschen.[91] Das, was der Mensch sieht und hört, beeinflusst die Beschaffenheit seines Herzens. Anders ausgedrückt, die Sozialisierung und die Erziehung beeinflussen direkt den Zustand des Herzens. Insbesondere das Konzept des kranken Herzens spielt bei den Sufis eine zentrale Rolle. Ja fast die Gesamtheit des praktischen Teils des *taṣawwuf* beschäftigt sich mit den sogenannten *amrāḍ wa-ʿilal al-qulūb* (Die Krankheiten und Makel des Herzens), um letztendlich das Herz zu reinigen bzw. zu heilen. Denn das Heil des Herzens ist bei den Sufis ein fundamentales Kriterium für die Erkenntnis des Wirklichen.[92] Die Krankheiten des Herzens sind alle negativen Eigenschaften, die der Mensch er-

---

84 Im Sinne eines Bewusstseins.
85 Vgl. IBN AL-ʿARABĪ: *al-Futūḥāt al-makkiyya*, Bd. 4, S. 359.
86 Vgl. ebd., Bd. 1, S. 383.
87 Koran 39:23.
88 Vgl. IBN AL-ʿARABĪ: *al-Futūḥāt al-makkiyya*, Bd. 2, S. 447.
89 Koran u. a. 33:32.
90 Koran 26:89; 37:83.
91 Vgl. IBN AL-ʿARABĪ: *al-Futūḥāt al-makkiyya*, Bd. 4, S. 25.
92 IBN AL-ʿARABĪ, MUḤYĪ AD-DĪN: *Wuǧūh al-qalb*, İ.B.B. Atatürk Kitaplığı Sayısal Arşiv ve e-Kaynaklar (OE_Yz_1289/08), Blatt 83.

wirbt und die mit der Zeit ein Teil von seinem Selbst werden. Die Fülle der Krankheiten des Herzens entwickeln sich, bildlich dargestellt, zu einer Art Schicht auf dem Herzen und bilden dann Schleier und Hindernisse, die das Herz in seinem Erkenntnisprozess und seiner Wahrnehmung trüben bzw. verblenden.[93]

Außerdem wird das Herz im Koran als etwas beschrieben, das verschleiert wird,[94] das in Hüllen (*akinna*) sein kann,[95] das sich in einer Versenkung (*ġamra*) befindet,[96] das durchtränkt von etwas Negativem sein kann,[97] oder das verschmutzen kann (*rān*).[98] Dass die Herzen verschmutzen, wird auch in einer prophetischen Tradition erwähnt. Dort beschrieb der Auserkorene ﷺ den Schmutz als Rost.[99] All diese Beschreibungen im Koran und in der Sunna bestätigt Ibn al-ʿArabī.[100] Allerdings sind diese Zustände keine Zustände der Wesenheit des Herzens an sich. Denn die Herzen:

«أبدا لم تزل مفطورة على الجلاء مصقولة صافية»[101]

...sind in ihrer Beschaffung glänzend, poliert und rein.

Mit Schleier ist die Beschäftigung mit den Geschöpfen nur als Geschöpfe und das Ignorieren des Wirklichen dabei gemeint.[102] Der Schleier ist somit eher die Relation des Herzens zu den anderen Geschöpfen, welche die Relation zu Allah verblendet.[103] Nach Ibn al-ʿArabī ist das Herz ohnehin in einem ständigen Kontakt mit den göttlichen Manifestationen.[104] Es ist die Haltung des Herzens zu der göttlichen Kunde (*waḥy*) bzw. zum Gesandten ﷺ, die der Weg sind, um diese Manifestationen als solche wahrzunehmen, welche den Schleier als eine Illusion entstehen lässt. Mehr dazu im Kapitel über die Verschleierung.

Das Herz ist auch die Stelle, an der die Empfindungen stattfinden bzw. die wahrnehmende Instanz der Empfindungen. Zahlreiche Affekte und innerliche Zustände werden in diesem Zusammenhang dem Herzen zu-

93 Vgl. Ibn al-ʿArabī: *al-Futūḥāt al-makkiyya*, Bd. 4, S. 25.
94 Koran 2:88.
95 Koran 41:5.
96 Koran 23:63.
97 Koran 2:93.
98 Koran 83:14.
99 Kanz, Nr. 42130/ Šuʿab al-Īmān.
100 Vgl. Ibn al-ʿArabī: *al-Futūḥāt al-makkiyya*, Bd. 1, S. 91.
101 Ebd.
102 Vgl. ebd.
103 Vgl. ebd.
104 Vgl. ebd.

geschrieben, wie z. B. die innere Ruhe, die dem Glauben entspringt (*ṭuma'nīna*).[105] Die Barmherzigkeit (*raḥma*) und die Sanftmut (*ra'fa*) werden ihm ebenso zugeschrieben.[106] Des Weiteren werden die Demut (*ḫušū'*)[107] oder die Gottesfurcht (*al-wağal*)[108] auch als Empfindungen des Herzens genannt.

Ferner tauchen in Hadithen weitere Empfindungen auf, wie z. B. Angst, Liebe, Trauer, Abscheu oder Wachsamkeit.[109] Diese können sowohl in Form von flüchtigen Zuständen (*ḥāl*) als auch von dauerhaften Stationen (*maqām*) eine Qualität des Herzens sein. Zwei von den sechs Teilen von *al-Futūḥāt al-makkiyya*, sprich ein Drittel des *Magnum Opus*, wurden den Zuständen und Stationen des Herzens dediziert.

Darüber hinaus werden dem Herzen zwei Eigenschaften der Räumlichkeit zugeteilt, die mit seiner Selbstempfindung zu tun haben, nämlich die Enge bzw. das sich Zusammenziehen (*išmi'zāz*)[110] und die Weite bzw. das sich Öffnen (*šarḥ*). Wohlgemerkt wird das Öffnen des Herzens im Sinne, dass es zugänglich für die Wirklichkeit gemacht wird, in allen Stellen im Koran Allah attribuiert.[111] In *Fuṣūṣ al-ḥikam* beschreibt aš-Šayḫ al-Akbar diese Veränderung des Herzens im Sinne von weit und eng werden als das Ergebnis der Identität zwischen der Manifestation des Wirklichen und dem Herzen des Menschen.[112]

Im Koran wird das Herz als die Entität beschrieben, die versteht (*fiqh*)[113] und begreift (*'aql*).[114] Durch jenes wird das Wissen erfasst. Das erinnert uns an die Definition Ibn al-'Arabīs vom Wissen, in welcher er explizit das Herz als das erkennende Subjekt erwähnt. Das Begreifen ist ein Akt des Herzens, im Gegensatz zu der aristotelischen Tradition, die das Begreifen dem Intellekt (*nous*) zuschreibt; ein Vorgang, welcher außerhalb des Herzens stattfindet.[115] Es macht einen erheblichen Unterschied, wenn man das Begreifen allgemein und insbesondere die Erkenntnis der gleichen Stelle zuschreibt, in welcher sich die Empfindungen abspielen und

105 Vgl. ebd., Bd. 2, S. 59.
106 Koran 57:27.
107 Vgl. Ibn al-'Arabī: *al-Futūḥāt al-makkiyya*, Bd. 2, S. 193 f.
108 Vgl. ebd., Bd. 4, S. 164 f.
109 Siehe dazu: Wensinck, Arent Jan (Hrsg.): *al-Mu'ğam al-mufahras li-alfāẓ al-Ḥadīṯ*, Leiden: Brill 1936, Bd. 5, S. 454 ff.
110 Koran 39:45.
111 Koran, 6:25; 16:106; 20:25; 39:22; 94:1.
112 Vgl. Ibn al-'Arabī, Muḥyī ad-Dīn: *Fuṣūṣ al-ḥikam*, Beirut: Dār al-kitāb al-'arabī 2002, Bd. 1, S. 120 f.
113 Koran, 7:179; 9:127.
114 Koran, 22:46.
115 Siehe *Heart* in: Jones (Hrsg.): *Encyclopedia of Religion*, S. 3882.

die in ihrer Natur wechselhaft ist, anstatt es einem universellen, dem Widerspruch intoleranten Prinzip zuzuschreiben.

Das Herz ist auch die Stelle der Entscheidungen und des Willens. Durch dieses erwirbt der Mensch seine Taten, für die er die Verantwortung trägt.[116] Und da das Herz das erkennende und wollende Prinzip in uns ist, so ist es logischerweise auch das Subjekt, welches glaubt bzw. in welchem Glaube empfunden wird.[117]

Das Herz ist nicht nur ein Subjekt, sondern auch ein Objekt verschiedener Handlungen des Wirklichen سبحانه وتعالى. In unterschiedlichen *āyāt* lesen wir, dass Allah die Herzen versiegelt und verschließt.[118] Allah bindet auch die Herzen, in dem Sinne, dass sie keine Emotionen mehr nach außen zeigen, wie es z. B. der Fall mit der Mutter des Propheten Moses ﵇ war.[119] Es gibt somit eine direkte Verbindung zwischen dem Wirklichen سبحانه وتعالى und dem Herzen, durch welche sich nicht nur diese Handlungen erklären lassen, sondern auch das Phänomen der Verkündung, welche die Propheten erleben, die eine Art Entschleierung ist. Die göttliche Kunde kam direkt auf das Herz des Propheten ﷺ, so wird dieser Akt im Koran beschrieben.[120] Auch sagt der Prophet ﷺ in einer Aussage, die von unterschiedlichen Gefährten überliefert wurde, dass sich die Herzen der Menschen zwischen den zwei Fingern des Barmherzigen befinden.[121] Diese Überlieferung hat eine besondere Stellung in der Lehre Ibn al-ʿArabīs, da sie die Gegensätzlichkeit der Manifestationen des Wirklichen سبحانه وتعالى zum Ausdruck bringt, die sich ja in der Barmherzigkeit bzw. dem *wuǧūd* ereignen. In ihr wird auch vermittelt, dass es eine direkte Verbindung zwischen dem Herzen und dem Wirklichen gibt und dass diese Verbindung dem göttlichen Namen „der Barmherzige" unterliegt.[122] Außerdem steht im Koran, dass Allah سبحانه وتعالى zwischen dem Selbst und dem Herzen stehen kann,[123] sowohl im Sinne einer Trennung als auch einer Verbindung, oder anders ausgedrückt, zwischen dem Selbst und Seiner Wirklichkeit. Oder in noch anderen Worten, zwischen der Entität und ihrer Wirklichkeit. Mehr dazu im Punkt über die Verschleierung.

116 Vgl. Ibn al-ʿArabī: *al-Futūḥāt al-makkiyya*, Bd. 1, S. 306.
117 Vgl. ebd., S. 2, S. 98. Koran, 58,22.
118 Koran, 7:101, 10:74, 40:35; 42:24; 45:23.
119 Koran, 28:10.
120 Koran, 2:97.
121 Kanz, Nr. 1217/ Muslim, al-Musnad.
122 Ibn al-ʿArabī: *al-Futūḥāt al-makkiyya*, Bd. 3, S. 199.
123 Koran, 8:24.

6.2.2. Das Fluktuieren des Herzens

Die etymologische Verbindung des Wortes *qalb* mit der Wurzel *q-l-b*, durch welche eine Veränderung zum Ausdruck gebracht wird, ist das Fundament, auf welchem Ibn al-ʿArabī sein Konzept des Herzens basiert. Denn während der *ʿaql* (Begriffsvermögen) sprachlich gesehen eine Art Bindung und Festlegung darstellt, ist der *qalb* etwas, was ständig im Wandel ist. Der andalusische Gelehrte spricht vom Fluktuieren des Herzens (*taqallub al-qalab*). Eine Bezeichnung, die er der prophetischen Tradition entnimmt, wie es z. B. aus den folgenden Hadithen ersichtlich wird:

«إنما سمي القلب من تقلبه»[124]

Das Herz (qalb) heißt [deswegen qalb], weil es fluktuiert [min taqallubih].

«يا مقلب القلوب ثبت قلبي على دينك»[125]

Oh Wender [muqallib] der Herzen, verfestige mein Herz auf Deinem dīn.

«مثل القلب كمثل ريشة بأرض فلاة تقلبها الرياح»[126]

Das Herz ist wie eine Feder in der Einöde, die der Wind wechselhaft bewegt [tuqallibuhā].

«لقلب ابن آدم أشد تقلبا من القدر إذا استجمعت غليانا»[127]

Wahrlich fluktuiert das Herz des Kindes Adams stärker als ein aufwallender Topf.

Das Fluktuieren des Herzens führt Ibn al-ʿArabī sowohl auf die Natur des *wuǧūd* als auch auf die des Herzens selbst zurück. Da der *wuǧūd* an sich kein statisches Sein ist, sondern ein sich ständig manifestierendes Sein und Bewusstsein, kann hier nicht von einem statischen, universellen und sich nicht verändernden Wissen die Rede sein. Nach Ibn al-ʿArabī ist die einzige feste Erkenntnis, dass die Erkenntnis nicht fest ist.[128]

Ein richtiges Wissen über den *wuǧūd*, welcher der Wirkliche ﷻ ist, soll diese Tatsache berücksichtigen und das kann nur mit einem Erkenntnis-

124 Kanz, S. 1210/ al-Musnad.
125 Ebd., Nr. 3727/ Sunan at-Tirmiḏī.
126 Ebd., Nr. 1229/ Ibn Māǧa, al–Musnad, Šuʿab al–Īmān und Muʿǧam aṭ–Ṭabarānī.
127 Ebd., Nr. 1212/ al-Musnad, al-Mustadrak.
128 Vgl. Ibn al-ʿArabī: ***al-Futūḥāt al-makkiyya***, Bd. 4, S. 21 f.

modus geschehen, der diese Veränderung widerspiegeln kann und nicht mit dem reflektierenden Begriffsvermögen (*al-ʿaql an-naẓarī*), welches mit festen Kategorien arbeitet und welches ständig den Widerspruch zu vermeiden versucht. Anders gesagt, es muss eine Identität zwischen dem *wuǧūd* und dem Erkenntnismittel vorhanden sein, damit kein Scheinwiderspruch zustande kommt.

Die Welt nach aš-Šayḫ al-Akbar ist ein Abbild (*ṣūra*)[129] des Wirklichen.[130] Und sie kann nur als solches gelten, wenn sie sich ständig verändert. Denn ein statischer Zustand der Welt würde bedeuten, dass man den Wirklichen in einem einzigen Abbild einschränken könnte. Jedoch würde dies der göttlichen Weite (*al-wusʿ al-ilāhī*) widersprechen, da das uneingeschränkte göttliche Wesen sich nur in einem ständigen, ewigen und uneingeschränkten Wandel zeigen kann. Der ständige Wandel des Wirklichen zeigt sich anhand der Entitäten der Kontingenten (*aʿyān al-mumkināt*), die kein Ende im göttlichen Wissen haben.[131] Da das Herz, wie wir noch sehen werden, eine Spiegelung des *wuǧūd* ist, fluktuiert es dann entsprechend der Manifestation des Wirklichen, weil die beiden identisch sind.[132] Der Wandel und die Veränderung sind somit nicht nur die Natur des *wuǧūd*, sondern auch die des Herzens:

«والتقليب في القلب نظير التحول الإلهي في الصور»[133]

Das Fluktuieren im Herzen gleicht dem göttlichen Wandel in den Formen.

Diese Identität hat ihren Ursprung nicht nur darin, dass das Herz den *wuǧūd* reflektiert, sondern auch darin, dass das Herz und der *wuǧūd* keine zwei separaten Entitäten sind, wie unten ausgeführt wird. Das Wissen über den Wirklichen, welches durch das Herz erfahrbar ist, ist Ibn al-ʿArabī nach ein Wissen vom Wirklichen über den Wirklichen:

129 *Ṣurā* übersetze ich mit Abbild im Singular, während die Pluralform *ṣuwar* mit Formen oder Gestalten übersetzt wird. Denn der Begriff *ṣurā* im Singular ist ein Terminus Technicus in der *akbarītischen* Sprache. Die *ṣūra* (Abbild) des Wirklichen ist der *wuǧūd* und die Manifestationen von diesem in den Entitäten. Die festen Entitäten (*al-aʿyān aṯ-ṯābita*), welche die Implikationen der göttlichen Namen und Eigenschaften sind, sind mit dem göttlichen Wissen identisch und wenn der Wirkliche sich durch Sein Wissen entifiziert, dann ist Seine Entifikation im *wuǧūd* nichts anderes als ein Abbild von Seinem Wissen. Siehe die Einträge zu Ṣurā in: AL-QĀŠĀNĪ, ʿABD AR-RAZZĀQ: *Laṭāyif al-iʿlām fī išārāt ahl al-ilhām*, Beirut: Dār al-kutub al-ʿilmiyya 2004, S. 274.

130 Vgl. IBN AL-ʿARABĪ: *al-Futūḥāt al-makkiyya*, Bd. 3, S. 449.

131 Ebd., Bd. 4, S. 21 f.

132 Vgl. AZHARI NOER, KAUTSAR: *The Encompassing Heart: Unified Vision for a Unified World*, in: *Journal of The Muhyiddin Ibn 'Arabi Society* 43 (2008), S. 75–91, hier S. 76.

133 IBN AL-ʿARABĪ: *al-Futūḥāt al-makkiyya*, Bd. 1, S. 189.

«ولا تكون معرفة الحق من الحق إلا بالقلب لا بالعقل»[134]

Die Erkenntnis des Wirklichen durch den Wirklichen ist nur durch das Herz (qalb) möglich und nicht durch das Begriffsvermögen (ʿaql).

Die Welt, sei sie in ihrer intelligiblen, sinnlichen oder imaginären Form, ist nach Ibn al-ʿArabī das Dasein der festen Entitäten (*al-aʿyān aṯ-ṯābita*) im *wuǧūd*. Mit dem Dasein ist gemeint, dass der Wirkliche, sprich der *wuǧūd*, sich anhand der Natur der festen Entitäten (*al-aʿyān aṯ-ṯābita*) entifiziert. Und da diese festen Entitäten (*al-aʿyān aṯ-ṯābita*) die Implikationen der göttlichen Eigenschaften sind, bedeutet dies, dass der *wuǧūd* die ständige Manifestation der Implikationen der Namen und Eigenschaften des Wirklichen ist. Des Weiteren ist der Mensch das einzige Geschöpf, welches alle Manifestationen (*taǧalliyyāt*) des Wirklichen in sich tragen kann. Zentral in der Argumentation Ibn al-ʿArabīs ist der Hadith, den man u. a. in *Ṣaḥīḥ Muslim* findet:

«خلق الله آدم على صورته»[135]

Allah erschuf Adam nach Seinem Abbild,

und in einer anderen Version:

«خلق الله آدم على صورة الرحمن»[136]

Allah erschuf Adam nach dem Abbild des Barmherzigen.

Adam ist hier ein Synonym für den Menschen in seiner Perfektion, oder wie Ibn al-ʿArabī ihn nennt, *al-insān al-kāmil*, den perfekten Menschen. Das Abbild des Wirklichen bedeutet das Abbild Seiner Namen und Eigenschaften.[137] In der Summe, die man den perfekten Menschen nennt, ist die Wirklichkeit aller göttlichen Namen vorhanden, sowie die Wirklichkeit aller weltlichen Dinge.[138] Man spricht hier von der Wirklichkeit der weltlichen Dinge und nicht von den Entitäten der weltlichen Dinge, weil es selbstevident ist, dass der Mensch nicht die Welt in sich trägt, sondern die göttlichen Namen und Eigenschaften, aus denen die Welt besteht.[139]

134 Ebd., Bd. 1, S. 289.
135 Kanz, Nr. 1142/ Muslim, al-Musnad.
136 Ebd., Nr. 1149/ aṭ-Ṭabānī al-kabīr, al-Mustadrak.
137 Vgl. AN-NĀBULUSĪ, ʿABD AL-ĠANIYY: *Ǧawāhir an-nuṣūṣ fī ḥall kalimāt al-fuṣūṣ*, Beirut: Dār al-kutub al-ʿilmiyya 2008, Bd. 2, S. 356.
138 Vgl. IBN AL-ʿARABĪ: *Fuṣūṣ al-ḥikam*, Bd. 1, S. 199.
139 Vgl. AL-QAYṢARĪ, DAWŪD: *Šarḥ Fuṣūṣ al-ḥikam*, Beirut: Manšūrāt ar-riḍā 2003, S. 2, S. 1262; AL-MAHĀʾIMĪ, ʿALĀʾ AD-DĪN: *Ḫuṣūṣ an-niʿam fī Šarḥ Fuṣūṣ al-ḥikam*, Beirut: Dār al-kutub al-ʿilmiyya 2007, S. 623.

Ferner hat der Mensch nicht nur die Fähigkeit, die intelligiblen Dinge durch das Begriffsvermögen zu erkennen, die sinnliche Dinge durch die Sinne zu erfahren und sich die imaginierten Dinge durch die Imagination vorzustellen, sondern vielmehr besitzt der Mensch dank der Beschaffenheit des Herzens die Fähigkeit, die äußerliche Seite des *wuǧūd* zu transzendieren, um die Eigenschaften und Namen Allahs, die hinter allem stehen, zu erkennen. Diese Erkenntnis ist deswegen möglich, weil das menschliche Bewusstsein nichts anderes ist als ein Aspekt, ja eine Konkretisierung (*tanazzul*) des göttlichen Bewusstseins.

In einem Hadith lesen wir, dass wenn ein Diener sich Allah ﷻ durch die guten Taten annähert, er die Liebe Allahs erlangt. Weiter sagt Allah in dem gleichen Hadith, dass wenn Er diesen Diener liebt, dann wird Er sein Gehör, durch welches er hört, seine Sehkraft, durch welche er sieht, seine Hand, durch welche er handelt und seine Füße, durch welche er läuft.[140] In einer anderen Version steht:

«كنت له سمعاً وبصراً ويداً ومؤيداً»[141]

Ich werde für ihn Gehör, Sehkraft, Hand und eine Unterstützung.

Ibn al-ʿArabī versteht aber den Hadith nicht in dem Sinne, dass der Wirkliche ﷻ das Gehör dieser Person vorher nicht war und es erst danach wurde. Vielmehr versteht er den Hadith so, dass der Mensch durch die Nähe zu Allah die Tatsache erkennt, dass der Wirkliche seit jeher sein Gehör und weitere Kräfte war:

«بقوله كنت يدل على أنه كان الأمر على هذا وهو لا يشعر (...) فهو يتخيل أنه يسمع بسمعه وهو يسمع بربه»[142]

Seine Aussage kuntu [wurde bzw. war Ich] weist darauf hin, dass es so war, ohne dass man es bemerkt hat [...] man denkt, dass man durch das eigene Gehör hört, allerdings hört man durch seinen Herrn.

In dieser Passage geht es nicht darum, den physikalischen Hörprozess zu verleugnen, sondern mehr darum, die letzte ontologische Instanz, durch welche wir in uns die verschiedenen sinnlichen Eindrücke wahrnehmen, zu bestimmen. Das Bewusstsein, anhand dessen wir uns der Dinge bewusst werden, ist ontologisch gesehen der Wirkliche ﷻ selbst:

140 Kanz, Nr. 21327/ al-Buḫārī.
141 Ebd., Nr. 1680/ Ḥilyat al-awliyāʾ, Tārīḫ Dimašq.
142 Ibn al-ʿArabī: *al-Futūḥāt al-makkiyya*, Bd. 3, S. 68.

«وبالبصر يقع الإدراك للمبصر وهو الحق فبه تبصر»[143]

Durch die Sehkraft, welche der Wirkliche ist, erfasst der Sehfähige. Somit sieht man durch Ihn.

Allerdings, und weil das sinnlich Wahrgenommene durch das reflektierende Begriffsvermögen von dem Wirklichen getrennt wird, damit er die Unvergleichbarkeit (*tanzīh*) des Wirklichen bewahrt, entsteht dann eine Dualität zwischen dem wahrnehmenden Subjekt und dem wahrgenommenen Objekt. Diese Dualität, die dem Denkprozess des reflektierenden Denkvermögens innewohnt, ist eine Scheindualität, die durch das Herz überwunden werden kann.

6.2.3. Zur Potentialität und Aktivität des Herzens

Wenn Ibn al-ʿArabī auf der einen Seite von der Potentialität des Herzens, eine qualitativ andere Form des Wissens über den Wirklichen ﷻ zu erlangen, spricht, so betont er auf der anderen Seite die Tatsache, dass diese Potentialität nicht bei allen Menschen aktiviert ist. Es ist der Prozess der Kultivierung des Selbst (*tazkiyya*), der dann dem Menschen verhilft, die erkennende Fähigkeit seines Herzens zu aktivieren, so die gängige sufischeVorstellung.[144]

Für die Unterscheidung zwischen dem aktiven und inaktiven Herz zitiert Ibn al-ʿArabī in seinen Schriften oft die *āya* 50:37, die eine zentrale Rolle in seiner Argumentation spielt.[145] Er liest sie für seine Argumentation separat vom textuellen Kontext, da für ihn jedes Wort bzw. jede *āya* mehrere Bedeutungsebenen hat, die sich nicht gegenseitig ausschließen. Es gibt somit eine Bedeutung, die die *āya* in ihrem Kontext hergibt sowie weitere Bedeutungen, welche die *āya* als einzelne Aussage darbietet.[146] Demnach besagt 50:37, dass das prophetische Wissen eine Erinnerung und Ermahnung nur für jene ist, die entweder ein Herz besitzen oder dem Propheten zuhören. ***„Wahrlich, darin ist eine Erinnerung für jenen, der ein Herz hat oder Gehör schenkt, während er erlebt.“***[147] Ibn al-ʿArabī nimmt diese koranische

143 Ebd., Bd. 4, S. 22.
144 Vgl. AL-ʿADSCHAM: ***Mawsūʿat muṣṭalḥāt at-taṣawwuf al-islāmī***, S. 173.
145 Insgesamt erwähnt er diese koranische Stelle einundzwanzig mal als direktes Zitat. Siehe den Index der ***Futūḥāt al-makkiyya*** in: IBN AL-ʿARABĪ, MUḤYĪ AD-DĪN: ***al-Futūḥāt al-makkiyya***, hg. von Aḥmad Šams ad-Dīn, Beirut: Dār al-kutub al-ʿilmiyya 2006, Bd. 9, S. 47 f.
146 IBN AL-ʿARABĪ: ***al-Futūḥāt al-makkiyya***, Bd. 3, S. 95 f; siehe auch: CHODKIEWICZ, MICHEL: ***Un océan sans rivage. Ibn Arabî, le Livre et la Loi***, Paris: Seuil 1992, S. 39–54.
147 Koran 50:37, eigene Übersetzung.

Stelle nach ihrem offenkundigen Sinn und lässt sie für seine Erkenntnislehre wortwörtlich gelten. In *Fuṣūṣ al-ḥikam* behandelt er diese *āya* im zwölften Kapitel. Er stellt fest, dass Allah ﷻ an dieser Stelle nicht „der ein *ʿaql* hat", im Sinne des reflektierenden Begriffsvermögens, gesagt hat, denn:

فإن العقل قيد فيحصر الأمر في نعت واحد والحقيقة تأبى الحصر في نفس الأمر»[148]

...der ʿaql ein Zügel ist, der die Dinge in einer Beschreibung einschränkt. Doch die Wirklichkeit (ḥaqīqa) kann an sich nicht eingeschränkt werden.

Abū al-ʿAlāʾ ʿAfīfī konstatiert in seiner Analyse dieser Stelle aus *Fuṣūṣ al-ḥikam*, dass Ibn al-ʿArabī die Erkenntnissuchenden in drei Kategorien unterteilt.[149] Die erste Gruppe sind jene, die mit ihren Herzen den Wirklichen ﷻ erkennen. Das sind die Propheten und ihre Erben, im Sinne der Gotteskenner.

Die zweite Gruppe sind diejenigen, die mit dem bloßen Begriffsvermögen den Wirklichen erkennen wollen, also jene, die Gott in rationalen Sätzen definieren wollen. Sie erreichen deswegen ihr Ziel nicht, weil der Wirkliche erhaben über die Eingrenzung ist, wie es im Kapitel über den *ʿaql* bereits erläutert wurde.

Die dritte und letzte Gruppe sind diejenigen, die den Propheten Gehör schenken und das, was die Propheten über den Wirklichen ﷻ verkünden, erleben. Ein Erleben, welches nicht auf der Ebene des Herzens stattfindet, sondern auf der Ebene der Imagination.[150] Denn wie schon im Kapitel über die Imagination erwähnt wurde, sprechen die Propheten in erster Linie die Imagination der Adressaten an, wenn von Allah ﷻ oder von anderen übersinnlichen Wesen die Rede ist. Eine imaginierte Vorstellung vom Wirklichen ist Ibn al-ʿArabī nach eine richtige Vorstellung über den Wirklichen, denn sie basiert auf der Aussage eines Propheten. Folgt eine Person einem Propheten, dann wird sie entweder das, was dieser Prophet über Gott erzählt, ohne weitere Interpretationen annehmen oder sie wird seine Aussagen interpretieren, sodass sie ihrem vom reflektierenden Begriffsvermögen erzeugten Gottesbild entspricht.[151]

148 IBN AL-ʿARABĪ: *Fuṣūṣ al-ḥikam*, Bd. 1, S. 122.
149 Vgl. ebd., Bd. 2, S. 149.
150 Vgl. ebd., Bd. 1, S. 123.
151 Vgl. AN-NĀBULUSĪ: *Ǧawāhir an-nuṣūṣ*, Bd. 2, S. 23 f; YAZICIOĞLU, MUḤAMMAD B. ṢĀLIḤ: *Šarḥ Fuṣūṣ al-ḥikam*, Beirut: Dār al-kutub al-ʿilmiyya 2012, S. 160; ḪĀN EFENDI, YAʿQŪB: *Šarḥ Fuṣūṣ al-ḥikam*, Beirut: Books Publisher 2015, S. 284; AT-TURKA, ṢĀʾIN AD-DĪN: *Šarḥ Fuṣūṣ al-ḥikam*, Beirut: Dār al-kutub al-ʿilmiyya 2012, S. 299; IBN AL-ʿARABĪ: *Fuṣūṣ al-ḥikam*, Bd. 2, 149.

Die imaginierte Gottesvorstellung ist allerdings qualitativ höher als die rein rationale, weil sie eine Verbildlichung von dem ist, was ein Prophet verkündet hat, während die rationale Gottesvorstellung lediglich dem reflektierenden Begriffsvermögen entspringt, das sich ja nur auf die weltlichen Phänomene bezieht und gar nicht die Möglichkeit besitzt, etwas jenseits seiner Erkenntnismöglichkeiten von sich selbst aus zu erkennen.[152] Zugespitzt gesagt hat die imaginierte Gottesvorstellung als Basis die Aussage Gottes über sich selbst, wobei die rationale Gottesvorstellung ein reines Produkt des Selbst ist.

Der Unterschied zwischen der imaginierten und erdachten Gottesvorstellung ist wie der Unterschied zwischen jemandem, der eine Stadt, in welcher er nie war, imaginiert, während jemand, der diese Stadt besucht hat, von ihr erzählt, und jemandem, der nie in der Stadt war und sie sich ohne jegliche Beschreibung denkt.

Wir haben hier einen Bruch mit der Tradition der *mutakallimūn*, die der Imagination überhaupt keine Erkenntnisfähigkeit zuschreiben. Laut Ibn al-ʿArabī ist die Imagination bzw. die Vorstellung des Gottes, dem man dient, etwas Legitimes und zwar solange man nicht seine Vorstellung als Maßstab setzt und solange man weiß, dass es lediglich eine Vorstellung ist und keine Entsprechung der Wirklichkeit Gottes, wie Er ist.[153] Die imaginative Vorstellung hat einen Wahrheitsgehalt auf der Ebene der Imagination, die das Abstrakte verbildlicht. Die imaginative Vorstellung im Erkenntnisprozess spielt bei Ibn al-ʿArabī die Rolle einer Vorstufe vor der Aktivierung der Potentialität des Herzens.[154]

Die Imagination übernimmt auch eine einschränkende Funktion des Absoluten; diese Einschränkung ist notwendig, weil der Kontingente den Absoluten und Notwendigen nur durch Einschränkungen, die der Natur des Kontingenten und nicht der des Notwendigen entsprechen, erkennen kann. Wenn man sich dieser Einschränkungen bewusst ist, dann weiß man, dass man nur einen Aspekt des Wirklichen erkannt hat.[155]

Zusammengefasst lässt sich sagen, dass wenn das Herz nicht als Erkenntnismittel fungiert, man entweder nach einer objektiven Wahrheit über den Wirklichen ﷻ mit den Mitteln des reflektierenden Begriffsvermö-

152 Vgl. AL-QAYṢARĪ: *Šarḥ Fuṣūṣ al-ḥikam*, Bd. 2, S. 822.

153 Vgl. al-Mahāʾimī: *Ḫuṣūṣ an-niʿam fī šarḥ fuṣūṣ al-ḥikam*, S. 348 f; AN-NĀBULUSĪ: *Ǧawāhir an-nuṣūṣ*, Bd. 2, S. 24.

154 Vgl. AL-ǦANDĪ, MUʿAYYID AD-DĪN: *Šarḥ Muʿayyid ad-Dīn al-Ǧandī ʿalā Fuṣūṣ al-ḥikam*, Beirut: Dār al-kutub al-ʿilmiyya 2007, S. 388.

155 Vgl. AN-NĀBULUSĪ: *Ǧawāhir an-nuṣūṣ*, Bd. 2, S. 24.

gens sucht oder man nach einer subjektiven Erfahrung einer göttlichen bzw. prophetischen Kunde strebt. Der erste Weg führt nach Ibn al-ʿArabī nicht zu einem Wissen über Gott, wobei der zweite Weg seine Legitimation für die Unkundigen hat.

Ist das Herz aktiv, dann ist die subjektive und objektive Perspektive eine Einheit, denn der Erkennende, das Erkannte und die Erkenntnis selbst sind Entfikationen des Wirklichen ﷻ:

«فهو العالم العلم المعلوم فما في الوجود إلا الواحد الكثير»[156]

Er ist der Wissende, das Wissen und das Gewusste. Im wuǧūd gibt es nur den vielfältigen Einen.

156 Vgl. Ibn al-ʿArabī: *al-Futūḥāt al-makkiyya*, Bd. 3, S. 420.

6.3. Die Herzenserkenntnis

Im folgenden Punkt wird die Herzenserkenntnis bei Ibn al-ʿArabī untersucht. Der Fokus liegt dabei auf der Bedeutung dieses Erkenntnismodus in der Theologie. Die philosophischen Diskussionen über die Herzenserkenntnis waren vielmehr Diskussionsgegenstand der Phase nach Ibn al-ʿArabī. Die Diskussion zwischen dem sufischen und dem philosophischen Diskurs fing bereits mit al-Qūnawī an, der in seinem Briefwechsel mit dem Philosophen aṭ-Ṭūsī die Herzenserkenntnis und ihre Richtigkeit thematisierte.[157] Den Post-Ibn al-ʿArabī Diskurs über die Herzenserkenntnis werde ich in diesem Kapitel nicht berücksichtigen, da er den Rahmen dieser Arbeit sprengen würde.[158]

Um das Konzept der Herzenserkenntnis zu erklären, sollen zuerst zwei Schlüsselbegriffe behandelt werden, nämlich die Verschleierung *(al-iḥtiǧāb)* und die Entschleierung *(al-kašf)*. Hier wird auch die Möglichkeit der Entschleierung in der Theologie Ibn al-ʿArabīs einerseits aus der *akbarītischen* ontologischen Lehre heraus erklärt sowie anderseits die *akbarītisch* theologische Begründung ausgeführt.

Des Weiteren wird auf zwei weitere Konzepte der Herzenserkenntnis eingegangen, nämlich das spirituelle Schmecken (*aḏ-ḏawq*) sowie die Realisation (*at-taḥqīq*).

6.3.1. Die Verschleierung (*al-Iḥtiǧāb*)

Wenn von der Erkenntnis des Herzens die Rede ist, dann spielt bei Ibn al-ʿArabī der Begriff *ḥiǧāb* (Schleier) eine zentrale Rolle. Wie Suʿād al-Ḥakīm konstatierte, hat Ibn al-ʿArabī den Fachbegriff Schleier (*ḥiǧāb*) von der negativen Konnotation, die er in den sufischen Lehren vor ihm trug, befreit.[159] Der Schleier ist bei ihm nicht per se etwas Negatives, vielmehr hängt seine Bewertung vom Zusammenhang ab, in welchem er verwendet wird. Sprachlich gesehen lässt Ibn al-ʿArabī die Grundbedeutung, die der *ḥiǧāb* trägt und die auch im Koran vorkommt, gelten:

157 Vgl. *Schubert, Gudrun: Der mystisch-philosophische Briefwechsel zwischen Ṣadr ud-Dīn al-Qōnawī und Naṣīr ud-Dīn-i Ṭūṣī*, Beirut: Orient-Institut Beirut 2011, S. 52 ff.

158 Man kann in diesem Zusammenhang die folgenden Arbeiten erwähnen: Yazdī, Mahdī Ḥā'irī: *The Principles of Epistemology in Islamic Philosophy*: Knowledge by Presence, SUNY Press 1992; Zargar, Cyrus Ali: *Sufi Aesthetics: Beauty, Love, and the Human Form in the Writings of Ibn 'Arabi and 'Iraqi*, Univ of South Carolina Press 2013; Kalin, Ibrahim: *Knowledge in Later Islamic Philosophy: Mulla Sadra on Existence, Intellect, and Intuition*, New York, NY: Oxford University Press 2010.

159 Vgl. al-Ḥakīm, Suʿād: *al-Muʿǧam aṣ-ṣūfī*, Beirut: Dandara 1981, S. 314.

«الحجاب كل ما ستر مطلوبك عن عينك»[160]

Der ḥiǧāb ist alles, was das Gewünschte vor deinem Auge (ʿaynika) bedeckt.

Wobei der Begriff *ʿayn* in der Definition sowohl als Auge als auch als Entität verstanden werden kann. Beide Bedeutungen würden seinem Konzept entsprechen.

In seiner theologischen Erkenntnislehre schließt aš-Šayḫ al-Akbar die direkte Erkenntnis des unentifizierten göttlichen Wesens in Seiner Absolutheit aus. [161] Was erkennbar ist, sind allein die Entitäten der Kontingente sowie die Relationen zwischen ihnen. Im Koran lesen wir: ***„Wir werden ihnen Unsere Zeichen an den Horizonten und an ihnen selbst zeigen, bis ihnen deutlich wird, dass es der Wirkliche ist (annahu l-ḥaqq).***“[162] Ibn al-ʿArabī versteht hier *annahu l-ḥaqq* in dem Sinne, dass das, was sie erkennen, der Wirkliche ﷻ selbst ist, sprich der entifizierte *wuǧūd*. Die Wissensgegenstände sind allerdings unendlich und der Wirkliche will trotzdem von den Menschen erkannt werden und es gibt nur die Entitäten der Kontingente zu erkennen – wie kann man dann den Wirklichen erkennen? Ibn al-ʿArabī liefert als Antwort, dass die Reflexion über die Wissensgegenstände als hinweisende Zeichen (*dalāʾil*) auf den Wirklichen stattfinden soll. Beschäftigt man sich mit den Wissensgegenständen lediglich als weltliche Entitäten, was sie aus einem Blickwinkel ja auch sind, dann bleibt der Hinweis (*ad-dalīl*) auf den Wirklichen, den sie in sich tragen, verborgen. Hier hat man die negative Bedeutung des Schleiers. Die Entitäten der Welt sind ein Schleier vor dem Wirklichen, in dem Moment, in dem man ihre auf den Wirklichen hinweisende Potentialität ignoriert. Er schreibt dazu:

«فمن افترق في نفسه في جمع علوم لا ينظر فيها من حيث دلالتها على الحق حجبته عن موضع الدلالة التي فيها على الحق كعلوم الحساب والهندسة وعلوم الرياضات والمنطق، والعلم الطبيعي فما منها علم إلا وفيه دلالة وطريق إلى العلم بالله ولكن أكثر الناس لا ينظر فيه من حيث طلبه ذلك الوجه الدال على الله فوقع الذم عليه والحجاب عن هذه الدلالة»[163]

Wer sich selbst in den Wissenschaften verliert, bei welchen er nicht ihre Hinweise auf den Wirklichen sieht, so werden ihn [diese Wissenschaften] hindern, den Hinweis auf den Wirklichen in ihnen zu erkennen. Das gilt z. B. für das Kalkül, die Geometrie, die mathematischen Wissenschaften, die Logik oder die Natur-

160 Ibn al-ʿArabī: *Iṣṭilāḥāt aṣ-ṣūfiyya*, S. 69.
161 Vgl. Ibn al-ʿArabī: *al-Futūḥāt al-makkiyya*, Bd. 3, S. 558.
162 Koran, 41:53, eigene Übersetzung.
163 Ibn al-ʿArabī: *al-Futūḥāt al-makkiyya*, Bd. 3, S. 558.

> *wissenschaften. Denn in jeder dieser Wissenschaften gibt es einen Hinweis und einen Weg zur Theologie (al-ʿilm bi-llāh). Doch die meisten Menschen suchen in diesen Wissenschaften nicht den Aspekt, der auf Allah hinweist, deswegen ist es tadelnswert und dieser Hinweis blieb ihnen*[164] *verborgen.*

Ibn al-ʿArabī liefert uns hier ein anderes Verständnis der Theologie, das den gängigen Meinungen seiner Zeit entgegensteht. Für ihn ist die Theologie (*al-ʿilm bi-llāh*) keine Wissenschaft, die uns die Welt als Welt erklärt. Zu Ende gedacht befreit Ibn al-ʿArabī durch seine Position die Wissenschaften von jeglicher theologischen Dogmatik. Denn für ihn sind Mathematik, Logik oder Naturwissenschaften nicht für die Bestätigung von schon vorhandenen Lehren oder Dogmen zuständig. Die Theologie Ibn al-ʿArabīs schreibt nicht vor, in welche Richtung die Erkenntnissuche bzw. Forschung gehen soll, sondern versucht, in den vorhandenen Erkenntnissen, ohne ihren weltlichen Gehalt zu berühren, den göttlichen Aspekt in ihnen zu erkennen und in einem einheitlichen ontologischen Rahmen zu deuten. Sieht man aber die Wissensgegenstände nur aus einer weltlichen Perspektive, dann ist das gerade der Schleier vor dem Wirklichen ﷾.

Des Weiteren bedeutet die Erkenntnis nicht, die Schleier zu überwinden, um irgendetwas dahinter zu erblicken, denn dahinter ist nichts; sondern die Erkenntnis ist, den Schleier der Ignoranz zu lüften, sodass die Wirklichkeit der Welt und des Selbst erkannt werden kann, nämlich, dass alles Schleier ist und dass das Ziel der Erkenntnis lediglich ist, diese Schleier in ihrer Wirklichkeit zu erfassen.

In diesem Zusammenhang stellt Ibn al-ʿArabī im 85. Kapitel der *Futūḥāt* mehrere Fragen, darunter: Wie kann es sein, dass Allah ﷾ überhaupt verschleiert sein kann?[165] Konsequent in seiner Argumentation kommt er zum Schluss, dass wenn neben Allah ﷾ die Existenz von etwas anderem außer Ihm bestätigt werden würde, man zwangsläufig in den Polytheismus geriete.[166] Die einzige vertretbare Position innerhalb des *akbarītischen* Konzepts bleibt somit, dass Allah ﷾ selbst der Schleier ist.[167] Denn nach dem andalusischen Gelehrten ist die Manifestation (*at-taǧallī*) des Wirklichen ﷾ selbst der Schleier.[168] Alles, was man durch die Sinne, die Imagination oder das Begriffsvermögen erfasst, ist eine Gestalt des Wirklichen,

164 Wortwörtlich: ihm. Jedoch erfordert der Kontext der Übersetzung diese Änderung.
165 Vgl. Ibn al-ʿArabī: *al-Futūḥāt al-makkiyya*, Bd. 2, S. 159.
166 Vgl. ebd.
167 Vgl. ebd.
168 Vgl. ebd., Bd. 4, S. 19.

anhand welcher Er sich zeigt.[169] Die Manifestationen des Wirklichen سبحانه وتعالى sind ja nichts anderes als die Entifikation entsprechend des göttlichen Wissens. Es sind daher die Entifikationen des *wuǧūd*, die den Wirklichen für uns erkennbar werden lassen. Jenseits der Entifikationen gibt es nur das göttliche Wesen, als die absolute Abwesenheit bzw. Unbekanntheit (*al-ġayb al-muṭlaq*), die nicht erkannt werden kann. Der Schleier, durch welchen der Wirkliche sich verbirgt, ist eben der Schleier, durch welchen Er sich zeigt.

Genauer formuliert erkennt man nur die Geschöpfe. Geschöpf wird hier im *akbarītischen* Sinne verwendet, das heißt, die Entifikation des *wuǧūd*. Dazu schreibt Ibn al-ʿArabī:

> «فما ظهر لك إلا حادث في عين قديم فما رأيت إلا حادثا مثلك لأنك ما رأيت إلا صورة يفيدها نظرك ببصر هو الحق في عين هو الحق»[170]
>
> *Dir ist nur ein ereignendes Ding (ḥādiṯ) in einer anfangslosen Entität erschienen. Du hast somit nur ein ereignendes Ding wie dich geblickt. Denn du hast durch eine Sehkraft, die selbst der Wirkliche ist, eine Gestalt in einer Entität, die selbst der Wirkliche ist, geblickt.*

Wenn die Schleier erkannt werden, dann wird der Verschleierte im gleichen Atemzug erkannt. Der Wirkliche, da Er sich permanent manifestiert, wandelt sich in Seinen Manifestationen von Schleier zu Schleier.[171] In einer Überlieferung sagt der Prophet ﷺ, dass wenn die Schleier Allahs vergehen würden, sein Licht die Gesamtheit der Geschöpfe vernichten würde.[172] Diese Allegorie besagt, dass wenn die Entifikationen des Wirklichen im *wuǧūd* aufgehoben würden, nur die reine Undefinierbarkeit (*allā taʿayyun*) bestünde. Mit der Vernichtung in der besagten Überlieferung ist nicht die Vernichtung von Entitäten gemeint, denn es gibt keine tatsächlichen Entitäten oder Wesenheiten im einen *wuǧūd*, sondern lediglich Relationen (*nisab*), die auch die Vielfalt genannt werden.[173]

Einerseits ist das Ziel der Erkenntnis, die Schleier, die ja die Entifikationen des Wirklichen sind, zu erkennen, andererseits können diese Schleier gar nicht überwunden werden. Es ist nicht so, wie vielleicht fälschlicherweise gedacht wird, dass der Erkenntnissuchende Schleier um Schleier

169 Vgl. ebd.
170 Ebd.
171 Vgl. ebd., Bd. 4, S. 105.
172 Vgl. Kanz, Nr. 1139/ Muslim.
173 Vgl. Ibn al-ʿArabī: *al-Futūḥāt al-makkiyya*, Bd. 2, S. 460.

durchläuft, bis er irgendwann das göttliche Wesen, wie Es ist, erreicht, sondern in Wirklichkeit ist das erkennende Subjekt immer von Schleiern umgeben.[174] Denn die kausalen Verbindungen und Relationen in der Welt bestehen fortdauernd.

Darüber hinaus muss in diesem Zusammenhang zwischen den Schleiern, die der Weg zur Erkenntnis des Wirklichen sind und den Schleiern, die ein Hindernis vor der Erkenntnis sind, unterschieden werden. Für Ibn al-ʿArabī gelten zwei Schleier als die prinzipiellen vor der Erkenntnis:

> «حجاب معنوي وهو الجهل وحجاب حسي وهو أنت»[175]
>
> *ein abstrakter Schleier und zwar die Unwissenheit (ǧahl) und ein sinnlicher [konkreter] Schleier und das bist du [das Selbst].*

Von diesen beiden ist der Schleier des Selbst der gewaltigste, denn er vergeht nie. Aus einem einfachen Grund: Würde das Selbst vergehen, dann wäre keine Erkenntnis mehr möglich.[176]

6.3.2. Die Entschleierung (*al-kašf*)

Wenn es um die Herzenserkenntnis geht, dann verwendet Ibn al-ʿArabī verschiedene Begriffe, die sich schon vor ihm unter den Sufis etabliert haben. Ein zentraler Begriff in diesem Zusammenhang ist *al-kašf*. Rein sprachlich bedeutet er „den Schleier von etwas nehmen", sprich etwas entschleiern bzw. entlüften.[177] In der gleichen Bedeutung wurde dieser Begriff im Koran verwendet: ***„Du warst dessen ja unachtsam. Nun haben Wir deinen Schleier von dir hinweggenommen (kašafnā), so daß dein Sehvermögen heute scharf ist“***[178] Fachspezifisch bei Ibn al-ʿArabī ist der *kašf*:

> «الكشف وهو علم ضروري (...) يجده الإنسان في نفسه لا يقبل معه شبهة ولا يقدر على دفعه ولا يعرف لذلك دليلا يستند إليه سوى ما يجده في نفسه»[179]
>
> *...ein notwendiges Wissen, [...] das der Mensch in sich findet und woran kein Zweifel bestehen kann und das man nicht von sich selbst abwenden kann. Es hat kein Fundament außer dem, was man im eigenen Selbst findet.*[180]

174 Vgl. AL-ḤAKĪM: *al-Muʿǧam aṣ-ṣūfī*, S. 315.
175 IBN AL-ʿARABĪ: *al-Futūḥāt al-makkiyya*, Bd. 3, S. 214.
176 Ebd., Bd. 2, S. 553.
177 Vgl. ḪAMĪSĪ, SĀʿID: *Naẓariyyat al-maʿrifa ʿind Ibn ʿArabī*, Kairo: Dār al-faǧr 2001, S. 188.
178 Koran 50:22, eigene Übersetzung.
179 IBN AL-ʿARABĪ: *al-Futūḥāt al-makkiyya*, Bd. 1, S. 319.
180 Philosophisch gesehen gehört der *kašf* zum intuitiven Wissen.

Wie wir bereits gesehen haben, arbeitet das Begriffsvermögen mit Konzepten bzw. mit der Sprache. Das heißt, wenn wir z. B. Feuer denken, dann haben wir in unserem Begriffsvermögen lediglich ein Konzept vom Feuer aber nicht das Feuer und seine Wirkung selbst.[181] Das Begriffsvermögen hat nur zu den Wissensgegenständen, die den genuinen Grundlagen des Begreifens entspringen, einen direkten Zugang, wie die Grundlagen der Mathematik. Ansonsten ist sein Erkenntnismodus ein indirekter, sprich, es ist ständig von anderen Erkenntnismitteln wie den Sinnen oder der Imagination abhängig. Hingegen hat die sinnliche Erfahrung einen unmittelbaren Zugang zu den sinnlichen Wissensgegenständen. Man kann durch die Sinne eine unmittelbare Erfahrung mit dem tatsächlichen Feuer haben, eine Erfahrung, die auch auf unser Wesen eine Wirkung hat. Zugespitzt dargestellt: Das bloße Denken über das Feuer wärmt nicht, die nahe sinnliche Erfahrung mit dem Feuer schon. Nun schreiben die Sufis die Qualität der unmittelbaren sinnlichen Erfahrung auch dem Herzen zu. Sie sind der Überzeugung, dass es ein zusätzlicher Erkenntnismodus ist. Ein Modus, welcher auf der einen Seite die Unmittelbarkeit der Sinne hat und auf der anderen Seite die überrationalen Wissensgegenstände.[182] Das heißt, das Herz hat die Fähigkeit, überrationale Wissensgegenstände unmittelbar zu erkennen. Doch dazu später mehr.

Wenn es um die Theologie geht, sprich das Wissen über Gott, dann ist die Position Ibn al-ʿArabīs in diesem Zusammenhang klar:

> «العلم الصحيح إنما هو ما يقذفه الله في قلب العالم وهو نور إلهي يختصه مَنْ يَشَاءُ مِنْ عِبَادِهِ من ملك ورسول ونبي وولي ومؤمن ومن لا كشف له لا علم له»[183]
>
> *Das richtige Wissen ist einzig das, was Allah in das Herz des Wissenden eingibt.[184] Es ist ein göttliches Licht, das Er für jene bereithält, die Er von Seinen Dienern will, [sei es] von den Engeln, Gesandten, Propheten, Gottesfreunden oder Gläubigen. Wer keine Entschleierung (kašf) hat, hat kein Wissen.*

Mit dieser Haltung trennt sich der Weg der Sufis, den Ibn al-ʿArabī repräsentiert, von dem Weg der Philosophen und der *mutakallimūn*. Wie wir bereits ausgeführt haben, ist die menschliche Denkkraft nicht in der Lage, ein positives Wissen über Allah zu erlangen. Die Aussage des andalusischen Meisters, dass nur die Entschleierung (*kašf*) Grundlage

181 Vgl. Nasr: Islamic *Philosophy from Its Origin to the Present*, S. 102.
182 Ebd., S. 102 f.
183 Ibn al-ʿArabī: *al-Futūḥāt al-makkiyya*, Bd. 1, S. 218.
184 Wortwörtlich: wirft.

jeglichen Wissens über den Wirklichen ist, ist bei genauer Betrachtung eine Position, die alle Muslime, zumindest in einem Aspekt, bestätigen, nämlich, dass die göttliche Kunde (*waḥy*) und die prophetische Botschaft zwei Grundlagen der Theologie (*al-ʿilm bi-llāh*) sind. Nun, die göttliche Kunde (*waḥy*) ist in ihrer Natur eine Art der Entschleierung. Sie ist kein diskursives Wissen, welches man mit dem bloßen Begriffsvermögen erlangt, sondern sie wird vom Wirklichen ﷻ eingegeben bzw. mitgeteilt. Stellt man die Möglichkeit dieses Wissens in Frage, dann stellt man den göttlichen Ursprung des Korans und des prophetischen Wirkens in Frage. Akzeptiert man hingegen die Natur der göttlichen Kunde (*waḥy*) als eine Form der Entschleierung, stellt sich die Frage, nach welchem Kriterium die Nicht-Propheten von diesem Wissen ausgeschlossen werden. Ibn al-ʿArabī hakt bei diesem Punkt nach und argumentiert wie folgt:

> «القدرة واسعة أن تعطي لهذا الولي ما أعطت للنبي من علوم الأسرار فإن ذلك ليس من خصائص النبوة ولا حجر الشارع على أمته هذا الباب ولا تكلم فيه بشيء»[185]
>
> *Die göttliche Macht ist grenzenlos [und in der Lage], dem Gottesfreund das zu geben, was sie dem Propheten an Herzenserkenntnissen (ʿulūm al-asrār) gegeben hat. Denn das gehört nicht zu den Besonderheiten der Prophetie. Der Prophet (aš-šāriʿ) hat für seine Gemeinde diese Tür nicht geschlossen und er sagte diesbezüglich nichts.*

Wenn man Allah als Denjenigen akzeptiert, Der den Propheten die Herzenserkenntnisse gab, dann liegt somit in Seiner Macht, das gleiche Wissen bzw. Teile dieser Erkenntnisse anderen Menschen, die keine Propheten sind, zu geben. Es ist weder etwas, das in der göttlichen Kunde (*waḥy*) ausgeschlossen wurde, noch ist es rational ummöglich. Das, was Ibn al-ʿArabī ausschließt, ist, dass jemand die Rolle des Propheten als Setzer der Scharia übernimmt:

> «التشريع من خصائص النبوة وليس الاطلاع على غوامض العلوم الإلهية من خصائص نبوة التشريع بل هي سارية في عباد الله من رسول وولي»[186]
>
> *Die Setzung der Scharia gehört zu den Besonderheiten der Prophetie. [Durch Allah] über die geheimnisvollen theologischen Erkenntnisse in Kenntnis gesetzt zu werden, ist allerdings keine Besonderheit der Scharia setzenden Prophetie,*

185 Ibn al-ʿArabī: *al-Futūḥāt al-makkiyya*, Bd. 1, S. 200.
186 Ebd.

> *vielmehr ist dies bei Dienern Gottes der Fall, [unabhängig davon, ob es sich um] einen Gesandten (rasūl) oder einen Gottesfreund (waliy) handelt.*

Die Herzenserkenntnis, die die Nicht-Propheten erlangen, ist jedoch bei Ibn al-ʿArabī der göttlichen Kunde (*waḥy*) unterordnet. Sie soll mehrere Kriterien erfüllen, auf die wir noch zurückkommen werden. Zuerst soll soll auf die Frage eingegangen werden, wie Ibn al-ʿArabī die Entschleierung erklärt und wie er in seiner Lehre theologisch ihre Rolle legitimiert.

6.3.2.1. Die Möglichkeit der Entschleierung

Die höchste Form der Erkenntnis und des Wissens ist, wenn zwischen dem erkennenden Subjekt und dem Wissensgegenstand eine Identität und Einheit besteht. Der Grund der Unmöglichkeit der Erkenntnis allgemein, wie al-Qūnawī, der Schüler von Ibn al-ʿArabī, feststellt, ist die Trennung und Distanz zu dem Wissensgegenstand.[187] Das, wodurch man vom Wissensgegenstand getrennt wird, beeinflusst die Erkenntnis und Qualität des Wissens. Sei die Distanz sinnlich oder abstrakt bzw. ideell, je mehr Einfluss sie übt, desto mehr ist das Wissen über den Wissensgegenstand davon betroffen.[188] Das Wissen des Wirklichen ist deswegen vollkommen, weil Er die Dinge und ihre Vielfalt in Sich selbst, in seiner Einheit erfasst. Der Wirkliche kennt Sich selbst durch Sich selbst und eben Sein Wissen über Sich selbst ist Sein Wissen über die Dinge.[189]

Das Wissen durch die Sinne, das Begriffsvermögen, ist bei den Menschen stets mit einer Distanz zum Wissensgegenstand begleitet. Der Weg der Entschleierung beansprucht deswegen ein Wissen, welches die Dualität zwischen dem Subjekt und Objekt überwindet und welches identisch mit dem Wissensgegenstand ist. Auf diese zwei Punkte soll hier eingegangen werden, sodass die Entschleierung in die *akbarītische* Lehre eingeordnet werden kann.

6.3.2.1.1. Die Nicht-Dualität

Wie schon an verschiedenen Stellen dieser Arbeit erwähnt wurde, geht Ibn al-ʿArabī davon aus, dass die Welt eine Entifikation des *wuǧūd* an-

187 Vgl. AL-QŪNAWĪ, ṢADR AD-DĪN: *an-Nuṣūṣ fī taḥqīq aṭ-ṭawr al-maḫṣūṣ*, in: AL-MAHĀʾIMĪ, ʿALĀʾ AD-DĪN: *Mašraʿ al-ḫuṣūṣ ilā maʿānī an-nuṣūṣ*, Beirut: Dār al-kutub al-ʿilmiyya 2008, S. 249.
188 Vgl. ebd.
189 Vgl. ebd.

hand der festen Entitäten (*al-aʿyān at-tābita*) ist. In der Terminologie Ibn al-ʿArabīs in *Fuṣūṣ al-ḥikam* ausgedrückt, wollte der Wirkliche ﷻ Sich selbst in den Entitäten der Welt sehen, denn ohnehin sieht der Wirkliche Sich selbst in Sich selbst.[190] Allerdings darf dieser göttliche Wille nicht im chronologischen, sondern lediglich im logischen Sinne verstanden werden. Dawūd al-Qayṣarī spricht in seinem Kommentar zu *Fuṣūṣ al-ḥikam* von einer Parallelität der göttlichen Erfassung. Der Wirkliche erfasst sich auf der Ebene der Einheit (*aḥadiyya*), die auch die Verwirklichung der Anfangslosigkeit (*awaliyya*) ist und parallel dazu erfasst sich der Wirkliche auf der Ebene der Einsheit (*wāḥidiyya*), die die Verwirklichung der Endlosigkeit (*āḫiriyya*) ist. Auf der ersten Ebene ist die reine Einheit und auf der zweiten Ebene die Vielfalt der göttlichen Eigenschaften und Namen.[191]

Allerdings handelt es sich auf den beiden Ebenen um eine Erfassung des Wirklichen ﷻ von Sich selbst, durch Sich selbst, in Sich selbst. Es gibt jedoch eine weitere Art des Erfassens, nämlich jene, wenn der Wirkliche aus der Perspektive der Welt auf Sich selbst blickt. Das heißt, Er schaut auf Sich selbst aus dem Blickwinkel des entifizierten *wuğūd* wie Er sich entifiziert und somit wie sich Seine Namen und Eigenschaften konkretisieren.

Diese Art des Erfassens benötigt allerdings ein Wesen, das als Medium zwischen der Welt und dem Wirklichen dient. Dieses Wesen soll mit der Welt identisch sein, das heißt, es soll in der Lage sein, die Gesamtheit aller Eigenschaften und Namen Gottes, die sich in der Welt offenbaren, erkennen zu können. Und da jedes erkennende Subjekt nur das, womit es eine Analogie teilt, erkennen kann, soll die Natur dieses Mediums in der Lage sein, die Gesamtheit der göttlichen Namen und Eigenschaften, die sich in der Welt verwirklichen, reflektieren zu können.[192] Von allen Geschöpfen ist laut Ibn al-ʿArabī allein der Mensch in der Lage, diese Rolle zu übernehmen und ein Medium zwischen der Welt und dem Wirklichen, oder anders gesagt zwischen der Manifestation des Wirklichen in der Welt und dem Wirklichen in Seiner Absolutheit, zu sein. Diese Rolle als Medium wird dem Menschen durch das Herz, das auch Bewusstsein genannt werdenkann,ermöglicht.[193]

Wie schon im Kapitel über das Selbst erklärt wurde, gilt die *laṭīfa* als die subtile Seite des Menschen. Sie ist nichts Weiteres als eine Entifikation

190 Vgl. Ibn al-ʿArabī: *Fuṣūṣ al-ḥikam*, Bd. 1, S. 48 f.
191 Vgl. al-Qayṣarī: *Šarḥ Fuṣūṣ al-ḥikam*, Bd. 1, S. 214.
192 Vgl. Ibn al-ʿArabī: *al-Futūḥāt al-makkiyya*, Bd. 2, S. 124.
193 Vgl. Ibn al-ʿArabī: *Fuṣūṣ al-ḥikam*, Bd. 1, S. 49 f.

des *wuǧūd*. Der *wuǧūd* ist Sein und Bewusstsein und die beiden Seiten zeigen sich in der Entifikation. Denn während ein Teil der Entifikation des *wuǧūd* das Da-Sein des Menschen hervorbringt, sprich die äußerliche Erscheinung, den Körper, so ist die Entifikation des *wuǧūd* als absolutes Bewusstsein der Grund des Bewusstseins im Menschen. Die *laṭīfa* ist daher eine Erscheinung des absoluten Bewusstseins im menschlichen Körper.[194]

Wir haben schon gezeigt, dass das Herz in der *akbarītischen* Terminologie auch als Synonym für die *laṭīfa* gilt. Das heißt, es ist das Herz, welches als Medium zwischen den oben erwähnten ontologischen Sphären dient, allerdings nicht jedes Herz. Für Ibn al-ʿArabī kann nur *al-insān al-kāmil* (der perfekte Mensch) diese Aufgabe als Bindeglied übernehmen. Denn nur der *insān al-kāmil* besitzt ein Herz bzw. Bewusstsein, welches die Wirklichkeit der Welt, sprich die göttlichen Namen und Eigenschaften in ihrer Gesamtheit, erkennen und reflektieren kann.[195]

Ist das Herz aber durch einschränkende Glaubenssätze und durch die Schleier getrübt, so lebt der Mensch in der Dualität und erfährt nicht die Einheit. Die Dualität entsteht deswegen, weil jenes menschliche Subjekt weder den Wirklichen in der Welt noch die Wirklichkeit seiner subtilen Seite erkannt hat.

6.3.2.1.2. Die Selbsterkenntnis

Ibn al-ʿArabī, der Sufi-Tradition treu, geht davon aus, dass das Herz sich selbst erkennt, wenn es sich von den erworbenen Glaubenssätzen[196] sowie von den Makeln der Triebseele befreit. Sich selbst erkennen bedeutet, man erkennt, dass das Bewusstsein eine Konkretisierung des göttlichen Bewusstseins ist.[197] Denn Derjenige, durch welchen das erkennende Subjekt das Bewusstsein erlangte, ist auch Derselbe, der sich in dem erkannten Objekt in der Welt entifiziert hat.[198] In dem Moment, in welchem das Herz erkennt, dass es eine Entifikation des *wuǧūd* ist und dass die Welt auch eine Entifikation ist, verschwindet die Dualität zwischen Subjekt und Objekt. Im Grunde genommen waren das erkennende Subjekt und

194 Vgl. Ibn al-ʿArabī: *al-Futūḥāt al-makkiyya*, Bd. 1, S. 275.
195 Vgl. ebd., Bd. 2, S. 476.
196 Im Sinne von Vorurteile darüber, wie der Wirkliche sein soll.
197 Vgl. Ibn al-ʿArabī: *Fuṣūṣ al-ḥikam*, Bd. 1, S. 69.
198 Vgl. ebd.

das erkannte Objekt durch eine illusionierte Dualität getrennt. In Wirklichkeit bilden sie jedoch eine Einheit.[199]

Die Selbsterkenntnis, wie sie in einer Überlieferung tradiert wurde: *„Wer sich selbst erkennt, erkennt seinen Herrn"*,[200] wird auch durch die *āya*: ***„Und seid nicht wie jene, die Allah vergaßen, sodass Er sie dann ihr Selbst vergessen ließ,"***[201] bestätigt. Aus der erwähnten Überlieferung leitet Ibn al-ʿArabī sowohl die Möglichkeit als auch die Unmöglichkeit der Gotteserkenntnis ab.[202] Mit der Unmöglichkeit der Erkenntnis meint Ibn al-ʿArabī, so at-Turka, die Erkenntnis des Wirklichen durch das reflektierende Begriffsvermögen.[203] Mullā Ǧāmī und al-Qāšānī verstehen unter der Unmöglichkeit jene Unmöglichkeit, das göttliche Wesen in seiner Absolutheit zu erkennen.[204] Die Unmöglichkeit das göttliche Wesen zu erkennen, vergleicht Ibn al-ʿArabī mit der Unmöglichkeit, die subtile Seite des Menschen – von uns selbst abstrahiert – zu erkennen.[205] Man kann anhand des Begriffsvermögens das Selbst nicht von uns selbst abstrahieren, um seine Quiddität zu erfassen. Genauso verhält es sich mit dem göttlichen Wesen. Allah kann nur als Gott gedacht werden, sprich, man kann Allah nicht von der Welt, die seine Manifestation ist, abstrahieren. Ohne Welt ist Allah unerkennbar.[206]

Nun, da die Welt und das Selbst die Manifestation des Wirklichen und die Schleier vor dem göttlichen Wesen in seiner Absolutheit sind, kann der

199 Siehe: Coates, Peter: *Ibn 'Arabi and Modern Thought: The History of Taking Metaphysics Seriously*, Oxford: Anqa Pub 2002, S. 124.

200 Diese Überlieferung wurde von den Hadithgelehrten als eine quellenlose Überlieferung kategorisiert, siehe: al-ʿAǧlūnī, Ismāʿīl: *Kašf al-ḫafā wa l-iltibās ʿammā ištahara min al-aḥādīṯ ʿalā alsuni an-nās*, Kairo: Maktabat al-quds 1351, Bd. 262; al-Ġumārī, Aḥmad b. Ṣiddīq: *ʿAwāṭif al-laṭāʾif fī taḫrīǧ aḥādīṯ ʿawārif al-maʿārif* (Handschrift ohne Nummer), Maktabat al-masǧid an-nabawī, Medina 1274, Blatt 21 f. Allerdings wurde ein ähnlicher Hadith von al-Māwardī in seinem Adab ad-dunyā wa ad-dīn mit dem folgenden Wortlaut erwähnt: *„Aischa fragte den Propheten ﷺ: wann erkennt man seinen Herrn? Er ﷺ antwortete: ‚Wenn man sein Selbst erkennt'."* Siehe: al-Māwardī, Abū al-Ḥasan: *Adab ad-dunyā wa d-dīn*, Beirut: Dār iqraʾ 1985, S. 246. In der Tradition wurde diese Aussage auch Imam Ali ؑ zugeschrieben, wie z. B. von Imam as-Sulamī, siehe: as-Sulamī, ʿAbd ar-Raḥmān: *Ḥaqāʾiq at-tafsīr*, Beirut: Dār al-kutub al-ʿilmiyya 2001, Bd. 1, S. 86. Diese Überlieferung wird von vielen Gelehrten als Hadith gehandhabt, sowohl unter den Sunniten als auch unter den Schiiten. Ibn al-ʿArabī behandelt sie als Hadith und schrieb auch einen Kommentar dazu. Es ist in diesem Zusammenhang wichtig zu erwähnen, dass die Sufis andere Kriterien für die Akzeptanz von manchen Überlieferungen haben, wie z.B. die Entschleierung oder die Tatsache, dass die Überlieferung trotz der fehlenden Überlieferungskette von früheren Gelehrten benutzt wurde, was für diese Überlieferung zutrifft. Des Weiteren wird diese Überlieferung auch durch den Koran, sowie andere Überlieferungen bestätigt.

201 Koran 59:19, eigene Übersetzung.

202 Vgl. Ibn al-ʿArabī: *Fuṣūṣ al-ḥikam*, Bd. 1, S. 215.

203 Vgl. at-Turka: *Šarḥ Fuṣūṣ al-ḥikam*, S. 541.

204 Vgl. Mullā Ǧāmī, ʿAbd ar-Raḥmān: *Šarḥ Fuṣūṣ al-ḥikam*, Beirut: Dār al-kutub al-ʿilmiyya 2004, S. 510; al-Qāšānī, ʿAbd ar-Razzāq: *Šarḥ Fuṣūṣ al-ḥikam*, Beirut: Dār al-kutub al-ʿilmiyya 2007, S. 421.

205 Vgl. Ibn al-ʿArabī: *al-Futūḥāt al-makkiyya*, Bd. 4, S. 423.

206 Vgl. ebd.

Wirkliche durch diese Schleier erkannt werden. Hier kommen wir somit zu der zweiten Bedeutung der oben erwähnten Überlieferung, die von der Möglichkeit der Erkenntnis ausgeht.

In diesem Zusammenhang schreibt aš-Šayḫ al-Akbar:

«قال من عرف نفسه عرف ربه فمن عرف الرداء عرف المرتدي»[207]

Er (der Prophet) sagte: 'Wer sich selbst erkennt, erkennt seinen Herrn.' Also wer das Kleid erkennt, erkennt das Bekleidete.

Hier benutzt Ibn al-ʿArabī das Kleid (*ar-ridāʾ*) als Synonym für den Schleier (*ḥiǧāb*). Das Selbst ist ein Schleier vor dem göttlichen Wesen, weil es eine konkrete Entifikation des Wirklichen ist. Die Konkretisierung des Wirklichen lässt seine Absolutheit unerkennbar sein. Die Konkretisierung des Wirklichen ist jedoch trotzdem ein Weg, um den Wirklichen zu erkennen. Denn erkennt man die Wirklichkeit des Schleiers, erkennt man den Wirklichen.

Des Weiteren – und da unser Selbst die nächste Entifikation des Wirklichen zu uns ist – ist unser Selbst der nächste Weg zur Erkenntnis.[208] Indem die Wirklichkeit des Selbst erkannt wird, wird das Selbst als Entifikation erkannt. Erkennt man sich selbst als Entifikation, so wird demzufolge der sich Entifizierende erkannt.[209] Erkennt man den sich Entifizierenden, erkennt man infolgedessen den *wuǧūd* und somit den Wirklichen.

Unser Selbst ist ein Schleier im doppelten Sinne. Zunächst, weil aus ihm eine Dualität illusioniert wird und ebenso im Sinne einer Entifikation des Wirklichen. Dementsprechend bedeutet die Entschleierung, den Schleier im ersten Sinne zu dekonstruieren, um die illusionierte Dualität zu erkennen und die Wirklichkeit des Schleiers im zweiten Sinne zu erfassen. Durch das Wissen über sich selbst blickt man dann auf die Welt, um die gleiche Erkenntnis auf sie zu übertragen.[210] Erfahrt eine Person die Manifestation in sich selbst, dann entschleiert sie die Manifestationen des Wirklichen in der Welt. Darüber hinaus gibt es in der Lehre Ibn al-ʿArabīs, wenn es um die Entschleierung geht, keine epistemologische Trennung zwischen den verschiedenen Entitäten. Das erkennende Subjekt (das Selbst) ist das erkannte Objekt (das Selbst). Und da alle Entifikationen des *wuǧūd* eine Einheit in ihm bilden, erlangt man sogleich Zugang

207 Ebd., Bd. 4, S. 245.
208 Vgl. ebd., Bd. 2, S. 641.
209 Vgl. ebd., Bd. 1, S. 347.
210 Vgl. ebd., Bd. 2, S. 298 f.

zu den anderen Entitäten des *wuǧūd*, wenn man Zugang zu sich selbst erlangt. Wenn der Wirkliche ﷻ einem Gotteskenner etwas entschleiern will, dann ist das kein Wissen, welches von außen zu ihm zukommt. Vielmehr ist es so, dass der Wirkliche Sein eigenes Wissen in der festen Entität *(al-ʿayn aṯ-ṯābita)* dieser Person zeigt, bzw. konkretisiert.[211]

Allerdings betont Ibn al-ʿArabī, dass der Gegenstand der Erkenntnis durch die Entschleierung immer etwas Ereignendes (*ḥādiṯ*), also ein Geschöpf ist:

> «المعلومات لا تنقطع فالعلوم لا تنقطع فأين الري بها قال به إلا من جهل ما يخلق فيه على الدوام والاستمرار ومن لا علم له بنفسه لا علم له بربه قال بعض العارفين النفس بحر لا ساحل له يشير إلى عدم النهاية وكلما دخل في الوجود أو اتصف بالوجود فهو متناه و ما لم يدخل في الوجود فلا نهاية له وليس إلا الممكنات فلا يصح أن يعلم إلا محدث فإن المعلوم لم يكن ثم كان ثم يكون آخر أيضا (...) فلا تعلم من الله إلا ما يكون منه ويوجده فيك إما إلهاما أو كشفا عن حدوث تجل وهذا كله معلوم محدث فلا علم لأحد إلا بمحدث ممكن مثله والممكنات لا تتناهى لأنها غير داخلة في الوجود دفعة واحدة بل توجد مع الآنات فلا يعلم الله إلا الله ولا يعلم الكون المحدث إلا محدثا مثله يكونه الحق فيه»[212]
>
> *Die Wissensgegenstände haben kein Ende, daher haben die Erkenntnisse auch kein Ende. Das Löschen des Wissensdurstes (ar-rayy) gibt es nicht. Nur jemand, der unkundig ist über das, was permanent und ununterbrochen in ihm erschaffen wird, sagt das [nämlich, dass der Wissensdurst gelöscht werden kann]. Wer kein Wissen über sein Selbst besitzt, hat folglich kein Wissen über seinen Herrn. Einer der Gotteskenner sagte einst: 'Das Selbst ist ein Ozean ohne Ufer'. Er weist damit daraufhin, dass es kein Ende hat. Allerdings ist alles, was im wuǧūd ist bzw. dem wuǧūd attribuiert wird, endlich. Allein das, was nicht in den wuǧūd eintritt, ist unendlich. Und es gibt [im wuǧūd] nur die Kontingente. Somit sind nur Kontingente erkennbar, weil jener Wissensgegenstand, [in einem bestimmten Moment] nicht existierte und dann wurde er und nach ihm entsteht ein weiterer Wissensgegenstand [und so weiter und so fort]. [...] Du weißt von Allah nur das, was von Ihm kommt bzw. was Er in dir schafft, sei es durch Inspiration oder Entschleierung, die aufgrund einer Manifestation zustande kommt und all dies [sowohl die Entschleierung als auch die Manifestation] ist bekanntlich entstanden [sprich nicht anfangslos]. Somit erfährt man Wissen nur über entstandene [erschaffene] Kontingente, die einem [in dem Kontingentsein] ähneln. Die Kontingente haben kein Ende, weil sie nicht alle auf einmal in den wuǧūd eintreten, sondern sie werden allmählich erschaffen.*

211 Vgl. AL-QŪNAWĪ: *an-Nuṣūṣ fī taḥqīq aṭ-ṭawr al-maḫṣūṣ*, S. 251.
212 IBN AL-ʿARABĪ: *al-Futūḥāt al-makkiyya*, Bd. 2, S. 552.

Daher hat nur Allah Wissen über Allah und die entstandene Welt kennt nur etwas Entstandenes wie sie, in welcher der Wirkliche ist.[213]

Ferner bleibt noch auf einen letzten Punkt hinzuweisen: Die Gotteserkenntnis, die auf der Selbsterkenntnis basiert, führt nicht zur Erkenntnis über den Herrn in einem universellen Sinne, sondern das, was erkannt wird, ist das, was Ibn al-ʿArabī den persönlichen Gott oder den Gott der Glaubenssätze nennt. Nach ihm zeigt sich Allah jeder Entität in einer Art, die sich einerseits nicht wiederholt[214] und anderseits nur für diese eine Entität bestimmt ist.[215]

6.3.2.2. Der Gott der Glaubenssätze und die Herzenserkenntnis

Das reflektierende Begriffsvermögen versucht den Wirklichen ﷾ in festen Glaubenssätzen zu beschreiben und festzulegen. Allerdings gibt es unter den Menschen verschiedene Vorstellungen und Glaubenssätze bezüglich des Wirklichen, die sich oft gegenseitig ausschließen. Das reflektierende Begriffsvermögen, gezügelt von seinen eigenen Regeln, sucht deswegen nach dem richtigen Glaubenssatz. Dadurch exkludiert es jedoch alle anderen Gottesvorstellungen, die nicht dem vermeintlich korrekten Gottesbild entsprechen. Das führt dazu, dass das, was die eine Person Gott zuschreibt, von einer anderen verleugnet wird und vice versa. Jeder der beiden beharrt darauf, dass allein seine Glaubensvorstellung der Wahrheit des Wirklichen ﷾ entspräche.[216] Diejenigen, die mit den Mitteln des reflektierenden Begriffsvermögens arbeiten, um den Wirklichen zu erkennen, leben nach Ibn al-ʿArabī in der Illusion, dass auf den Wirklichen ﷾ ein einziger richtiger Glaubenssatz zuträfe. Aus diesem Grund sind sie:

«الذين يكفر بعضهم بِبعض ويلعن بعضهم بعض»[217]

...diejenigen, die sich gegenseitig Verleugnung (kufr) vorwerfen und sich gegenseitig verfluchen.

213 Im Sinne, dass der Wirkliche sich durch die festen Entitäten (*al-aʿyān aṯ-ṯābita*), die die Welt ausmachen, entifiziert. Die Welt ist eine Form, deren Identität der Wirkliche ist. Vgl. AL-QŪNAWĪ: *an-Nuṣūṣ fī taḥqīq aṭ-ṭawr al-maḫṣūṣ*, S. 267.

214 Vgl. IBN AL-ʿARABĪ, MUḤYĪ AD-DĪN: *Risālat lā yuʿawwalu ʿalayh*, Damaskus: Dār al-maḥabba 2002, S. 43; IBN AL-ʿARABĪ: *al-Futūḥāt al-makkiyya*, Bd. 2, S. 185; Bd. 4, S. 369.

215 Vgl. IBN AL-ʿARABĪ: *Fuṣūṣ al-ḥikam*, Bd. 1, S. 121.

216 Vgl. IBN AL-ʿARABĪ: *al-Futūḥāt al-makkiyya*, Bd. 1, S. 427.

217 IBN AL-ʿARABĪ: *Fuṣūṣ al-ḥikam*, s. v. 1, S. 122.

Ibn al-ʿArabī spricht zwar über die Theologen und Philosophen seiner Zeit, aber der Grund, der dazu führt, besteht immer noch, nämlich die exklusivistische Rationalität, welche die Vielfältigkeit des Wirklichen nicht erkennen kann. Für Ibn al-ʿArabī ist diese Herangehensweise des reflektierenden Begriffsvermögens ein Hindernis vor der wahren Gotteskenntnis. Denn der Wirkliche ﷻ lässt Sich nicht in einer bestimmten Definition oder in einer einzigen Vorstellung eingrenzen. Der Wirkliche wäre nicht absolut, wenn dies möglich wäre.[218] Darüber hinaus manifestiert Sich der Wirkliche permanent aufs Neue.[219] Hinzu kommt, dass Er Sich jedem einzelnen Menschen manifestiert.[220] Dazu schreib aš-Šayḫ al-Akbar in *al-Futūḥāt al-makkiyya*:

> «كل ناظر في الله تحت حكم اسم من أسماء الله فذلك الاسم هو المتجلي له وهو المعطي له ذلك الاعتقاد بتجليه له من حيث لا يشعر و الأسماء الإلهية كلها نسبتها إلى الحق صحيحة فرؤيته في كل اعتقاد مع الاختلاف صحيحة ليس فيها من الخطاء شيء هذا يعطيه الكشف الأتم فلم يخرج عن الله نظر ناظر ولا يصح أن يخرج وإنما الناس حجبوا عن الحق بالحق لوضوح الحق وهذا القول الذي ذكرناه لا يعرفه إلا الفحول من أهل الكشف والوجود وأما أصحاب النظر العقلي فلا يشمون منه رائحة»[221]
>
> *Jeder, der über Allah reflektiert, ist [dabei] unter der Gewalt eines Namens der Namen Allahs. Jener [göttliche] Name ist somit der, der sich [diesem Reflektierenden] manifestiert und ihm durch diese Manifestation seinen Glaubenssatz darbietet und zwar ohne dass er [der Reflektierende] dies bemerkt [sprich unbewusst]. Und da die Relation zwischen den göttlichen Namen und dem Wirklichen feststeht, so ist aus diesem Grund die Wahrnehmung des Wirklichen in allen Glaubenssätzen, trotz ihrer Verschiedenheit, ebenso richtig und es liegt in ihnen kein Fehler. Das ist, was die vollkommene Entschleierung (kašf) hergibt. Das Reflektieren jedes Reflektierenden verlässt nie Allah und es kann Ihn nicht verlassen. Vielmehr sind die Menschen durch den Wirklichen vor dem Wirklichen verschleiert, weil der Wirkliche so offenbar ist. Das, was wir hier erwähnt haben, wissen nur die Kenner unter den Leuten der Entschleierung (ahl al-kašf) und des Findens (wuǧūd) erkennen. Die Anhänger des reflektierenden Begriffsvermögens haben nicht einmal einen Hauch von dieser Erkenntnis erfahren.*

In dieser Passage erklärt Ibn al-ʿArabī, dass auch das Reflektieren von den Namen und Eigenschaften Allahs abhängt, ja das Reflektieren selbst ist an sich eine Manifestation. Wie sich der Wirkliche ﷻ dem Menschen zeigt,

218 Vgl. Ibn al-ʿArabī: *al-Futūḥāt al-makkiyya*, Bd. 3, S. 162; Ibn al-ʿArabī: *Fuṣūṣ al-ḥikam*, Bd. 1, S. 121 f.
219 Vgl. Ibn al-ʿArabī: *al-Futūḥāt al-makkiyya*, Bd. 1, S. 706.
220 Vgl. ebd., Bd. 3, S. 234, sowie: Bd. 4, S. 222.
221 Ebd., Bd. 2, S. 85.

davon hängt schließlich das Bild ab, das man von dem Wirklichen سبحانه وتعالى hat. Zu Ende gedacht heißt dies, dass der räumliche und zeitliche Kontext, die Erziehung sowie das Selbst eine entscheidende Rolle bei der Entstehung der Glaubenssätze und Glaubensvorstellungen spielen. Denn genauer betrachtet sind der räumliche und zeitliche Kontext und alle weiteren Einflüsse nichts anderes als Entifikationen der göttlichen Namen und Eigenschaften im *wuǧūd*. Ferner ist jede Gottesvorstellung, egal wie sie in Widerspruch zu anderen Glaubensvorstellungen steht, richtig und sie besitzt ihre Legitimation, da sie einer Manifestation des Wirklichen entspringt.[222] Die Erkenntnis, welche die Widersprüchlichkeit der Glaubenssätze und somit der Manifestationen transzendiert, ist jene wahre Erkenntnis, die nach dem einheitlichen Prinzip hinter dieser Widersprüchlichkeit strebt.[223] Der Gotteskenner, der die Einheit hinter allem erkennt, ist nach Ibn al-ʿArabī derjenige, der die Richtigkeit aller Glaubensvorstellungen erkennt und nicht den Wirklichen سبحانه وتعالى in einer Vorstellung einschränkt:

> «فالعارف الكامل يعرفه في كل صورة يتجلى بها وفي كل صورة ينزل فيها وغير العارف لا يعرفه إلا في صورة معتقده وينكره إذا تجلى له في غيرها كما لم يزل يربط نفسه على اعتقاده فيه وينكر اعتقاد غيره وهذا من أشكل الأمور في العلم الإلهي»[224]
>
> *Der vollkommene Gotteskenner erkennt Ihn in jeder Gestalt, in welcher Er sich manifestiert und in jeder Gestalt, in welcher Er sich konkretisiert. Hingegen der Nichtkenner erkennt Ihn nur in der Gestalt seines Glaubenssatzes und verleugnet Ihn, wenn er sich andersartig manifestiert. Er bindet sich an seinen Glaubenssatz und verleugnet den Glauben[satz] anderer. Dies gehört zu den diffizilsten Fragen der Theologie (al-ʿilm al-ilāhī).*

Nach Ibn al-ʿArabī gehört die Allgegenwärtigkeit des Wirklichen in allen Glaubenssätzen zu den Bedingungen der Göttlichkeit. Denn:

> «فإن الله يتعالى أن يدخل تحت التقييد أو تضبطه صورة»[225]
>
> *Erhaben ist Allah darüber, dass Er eingeschränkt wird oder dass eine [einzige] Gestalt Ihn eingrenzt.*

Es gehört somit zum richtigen Wissen über Allah sowie zu Seiner Unvergleichbarkeit (*tanzīh*), dass man Ihn von der Eingrenzung freispricht.[226]

222 Ibn al-ʿArabī: *Fuṣūṣ al-ḥikam*, Bd. 1, S. 225 f.
223 Vgl. Ibn al-ʿArabī: *al-Futūḥāt al-makkiyya*, Bd. 2. S. 467; Bd. 3, S. 396.
224 Ebd., Bd. 3, S. 132.
225 Ebd., Bd. 2, S. 85.
226 Vgl. ebd.

Würde der Wirkliche ﷻ nicht in allen Glaubenssätzen und Gottesvorstellungen gegenwärtig sein, dann gäbe es mehrere Herren (*arbāb*). Ibn al-ʿArabī versteht die *āya* 17:23 nicht im Sinne von „Ihr sollt nur Ihm dienen", sondern als „Ihr werdet nur Ihm dienen". Die *āya* gilt für ihn nicht als Aufforderung, sondern als Aussagesatz, was er ja rein grammatikalisch auch ist. Das heißt, Allah teilt uns im Koran hier einen Fakt mit, nämlich: Egal, was gedient wird, es wurde nur Ihm gedient.[227]

Das theologische Wissen nach Ibn al-ʿArabī schließt kein Verständnis und keinen Glaubenssatz aus. Er geht sogar noch einen Schritt weiter und empfiehlt, dass man versuchen soll, die anderen Glaubensvorstellungen und somit die Manifestation Gottes dahinter zu verstehen. Nach dem andalusischen Gelehrten gilt, je mehr man über den Wirklichen ﷻ im Diesseits erfahren hat, desto mehr wird man von Ihm im Jenseits erkennen und erfahren. Denn das Wissen über Allah, sprich die Theologie im *akbarītischen* Sinne, gehört zu jenen Erkenntnissen, die auch nach dem Todfortbestehen.[228]

Die Überwindung der Glaubenssätze, die den Wirklichen ﷻ in einer bestimmten Form eingrenzen, geschieht nicht mit dem reflektierenden Begriffsvermögen, zu dessen Aufgaben die Unterscheidung gehört, sondern mit dem Herzen, das die unterschiedlichen Facetten der gleichen Wirklichkeit umfassen kann. Wie schon unter dem Punkt über das Fluktuieren erläutert wurde, ist es die fluktuierende Beschaffenheit des Herzens, die es ihm ermöglicht, der fluktuierenden Wirklichkeit des *wuǧūd* zu folgen und sie zu begreifen.

Für Ibn al-ʿArabī ist die Tatsache, dass der Wirkliche ﷻ nicht in einem einzigen Glaubenssatz zu definieren ist und dass alle Glaubenssätze ihre Legitimation haben, ein Wissen, was der Botschaft der Propheten innewohnt. Es ist etwas, was der Gläubige aus der göttlichen Kunde (*waḥy*) und der prophetischen Botschaft ableiten kann, zumindest als eine allgemeine Erkenntnis.[229] Die Verwirklichung (*taḥqīq*) dieser Erkenntnis in der Erfahrung benötigt allerdings ein Herz, das fähig ist, diese Wahrheit in den einzelnen Glaubenssätzen zu begreifen.

227 Vgl. ebd., Bd. 4, S. 166.
228 Vgl. ebd., Bd. 2, S. 85.
229 Vgl. ebd., Bd. 3, S. 132.

6.3.2.3. Die theologische Bestätigung der Entschleierung (*al-kašf*)

Als Ibn al-ʿArabī die Richtigkeit der Entschleierung als Erkenntnismodus zu bestätigen versuchte, waren seine Adressaten Muslime, die auch an den Koran glaubten. Deswegen ist seine Argumentation theologisch und basiert auf der göttlichen Kunde (*waḥy*).[230] Es scheint hier wichtig, nochmals zu betonen, dass die Theologie (*al-ʿilm al-ilāhī*) im *akbarītischen* Sinne[231] ein Bereich ist, welcher den Fundamenten des Glaubens untergeordnet ist. Denn sie beruht auf der Prämisse, dass das prophetische Wirken des Gesandten göttlichen Ursprungs ist. Ibn al-ʿArabī war sich dessen bewusst, dass die Frage nach der Quelle des Wissens eine der entscheidendsten ist. So soll es uns nicht wundern, wenn wir feststellen, dass er *al-Futūḥāt al-makkiyya* genau mit diesem Punkt anfängt, nämlich mit der Möglichkeit, ein Wissen zu erlangen, welches direkt vom Wirklichen (سبحانه وتعالى) stammt.

Ferner, und wie es uns oft im Laufe dieser Arbeit begegnet ist, verwendet Ibn al-ʿArabī für seine Argumentation eine stark wortgetreue Lesart. Basierend auf mehreren koranischen Stellen, die er nicht im metaphorischen Sinne versteht, argumentiert er, dass Allah auch die Aufgabe eines direkten Lehrenden übernehmen kann, dazu schreibt er:

> «قال تعالى (...) عَلَّمَ الْإِنْسَانَ مَا لَمْ يَعْلَمْ فإنه القائل أَخْرَجَكُمْ مِنْ بُطُونِ أُمَّهَاتِكُمْ لَا تَعْلَمُونَ وقال تعالى خَلَقَ الْإِنْسَانَ عَلَّمَهُ الْبَيَانَ فهو سبحانه معلم الإنسان فلا نشك أن أهل الله ورثة الرسل عليهم السلام والله يقول في حق الرسول وَعَلَّمَكَ مَا لَمْ تَكُنْ تَعْلَمُ وقال في حق عيسى وَيُعَلِّمُهُ الْكِتَابَ وَالْحِكْمَةَ وَالتَّوْرَاةَ وَالْإِنْجِيلَ وقال في حق خضر صاحب موسى عليه السلام وَعَلَّمْنَاهُ مِنْ لَدُنَّا عِلْمًا فصدق علماء الرسوم عندنا فيما قالوا إن العلم لا يكون إلا بالتعلم وأخطئوا في اعتقادهم إن الله لا يعلم من ليس بنبي ولا رسول يقول الله يُؤْتِي الْحِكْمَةَ مَنْ يَشَاءُ وهي العلم وجاء بمن وهي نكرة»[232]
>
> *Allah (سبحانه وتعالى) sagte: '[...] **Er lehrte den Menschen, was er nicht wusste**' 96:1-5. Er ist auch Derjenige, der gesagt hat. '**Allah hat euch aus dem Leib eurer Mütter ohne das geringste Wissen herauskommen lassen und hat euch Gehör, Augenlicht und Herz gegeben. Dafür solltet ihr Ihm Dankbarkeit erweisen**' 16:78. Er sagte auch: '**Er hat den Menschen geschaffen und Er hat ihn die klare Darlegung gelehrt**' 55:3-4. Er ist also der Lehrer der Menschen. Wir haben auch keinen Zweifel daran, dass die Leute Allahs die Erben der Gesandten, das Heil sei mit ihnen, sind und Allah sagt bezüglich des Gesandten: '**Und dich gelehrt, was***

230 Vgl. ebd., Bd. 1, S. 200.
231 Nicht mit der Theologie als Fach zu verwechseln, siehe Kapitel I.
232 Ibn al-ʿArabī: *al-Futūḥāt al-makkiyya*, Bd. 1, S. 279.

> *du nicht wusstest' 4:113. Über Jesus sagte Allah:* ***'Allah wird ihn das Buch, die Weisheit, die Tora und das Evangelium lehren'*** *3:48. Und über al-Ḫiḍr sagte Er:* ***'Und wir lehrten ihn aus Unserer sanftmütigen Seite ein Wissen'*** *18:65. Sonach haben die Schriftgelehrten recht mit ihrer Aussage, dass das Wissen nur durch den Wissenserwerb [lernen] möglich ist, jedoch liegen sie falsch, was ihren Glauben betrifft, dass Allah jemanden, der kein Prophet oder Gesandter ist, nicht lehrt. Allah sagt doch:* ***'Weisheit gibt Allah, wem Er will'*** *2:269. Die Weisheit ist hier das Wissen und Allah hat in dieser āya das Pronomen wem, welches undefiniert ist, verwendet.*

In einem anderen Kapitel der *Futūḥāt al-makkiyya* bemerkt Ibn al-ʿArabī, dass das Verb *ʿallama* (Lehren) direkt Allah und nicht der Denkkraft (*fikr*) zugeschrieben wurde. Daraus schlussfolgert er, dass es eine Station jenseits des reflektierenden Begriffsvermögens gibt, aus welcher ein Wissen entstammt, welches er in vier Arten unterteilt: ***a)*** Ein Wissen, welches durch das reflektierende Begriffsvermögen erreicht werden kann; ***b)*** ein Wissen, welches das Begriffsvermögen für möglich hält, aber durch andere Erkenntnismittel erreicht werden kann, ***c)*** ein Wissen, dessen Existenz das reflektierende Begriffsvermögen für möglich hält, aber für es unmöglich zu erreichen ist; ***d)*** ein Wissen, welches das reflektierende Begriffsvermögen für unmöglich hält, weil die Denkkraft es kategorisch ausschließt.[233] Nach dem andalusischen Meister können all diese Wissensformen durch die Entschleierung erreicht werden. Dass es ein subtiles Wissen gibt, welches nur die Gotteskenner besitzen, bekräftigt er auch mit der prophetischen Aussage:

> «إن من العلم كهيئة المكنون لا يعلمه إلا العلماء بالله فإذا نطقوا به لم ينكره إلا أهل الغرة بالله»[234]
>
> *Es gibt ein Wissen, welches wie eine Subtilität ist, nur die Gotteskenner verfügen über es. Wenn sie es zum Ausdruck bringen, dann verleugnen es diejenigen, die [ihr Wissen über] Allah auf Täuschung gründen.*[235]

Darüber hinaus verwendet Ibn al-ʿArabī koranische Stellen wie: ***„O ihr, die ihr glaubt, wenn ihr Allah fürchtet, so wird Er euch Unterscheidungskraft (fur-***

233 Vgl. ebd., Bd. 2, S. 114.

234 Kanz, Nr. 28942/ Musnad ad-Daylamī, as-Sullāmī (al-arbaʿīn).

235 Ibn al-ʿArabī erwähnt in diesem Zusammenhang, dass dieses Wissen nicht unergründlich ist, sondern es wurde mit der Subtilität verglichen, womit nicht gemeint ist, dass es selbst subtil ist. Denn wäre es in allen Aspekten subtil, dann würde nur Allah es kennen. Vgl. IBN AL-ʿARABĪ: ***al-Futūḥāt al-makkiyya***, Bd. 3, S. 244.

qān) gewähren“,[236] oder: ***„Und fürchtet Allah! dann lehrt euch Allah.***“[237] Dazu kommt der heilige Hadith, der in *Ṣaḥīḥ al-Buḫārī* tradiert wurde:

«لا يزال عبدي يتقرب إلي بالنوافل حتى أحبه فإذا أحببته كنت سمعه الذي يسمع به وبصره الذي
يبصر به ويده التي يبطش بها ورجله التي يمشي بها»[238]

Mein Diener nähert sich Mir mit den freiwilligen guten Taten so an, dass Ich ihn liebe. Und wenn Ich ihn liebe, dann werde Ich sein Gehör, durch welches er hört, seine Sehkraft, durch welche er sieht, seine Hand, durch welche er handelt und seine Füße, durch welche er läuft.

Für Ibn al-ʿArabī ist der Weg zur Entschleierung genauso wie der Weg zu anderen Wissensarten. Denn ebenso wie das Begriffsvermögen ein richtiges Wissen produziert, wenn er die Denkkraft richtig einsetzt, und genauso wie die Sinne, wenn sie gesund sind, ein Wissen über die sinnlichen Wissensgegenstände hervorbringen, so ist das Wissen des Herzens ein Ergebnis der Reinigung bzw. der Polierung des Herzens, wie es im sufischen Jargon heißt.[239]

Des Weiteren unterscheidet Ibn al-ʿArabī, wie wir schon im III. Kapitel gesehen haben, zwischen einem Wissen, welches dem Menschen aus reiner Barmherzigkeit zugeteilt wird und einem Wissen, welches Allah für diejenigen, die sich dafür anstrengen, zugänglich macht.[240] Wobei im Fall der beiden Wissensarten die Barmherzigkeit dem Wissen vorausgeht. Über al-Ḫiḍr sagt Allah im Koran: ***„Einen von Unseren Dienern, dem Wir Barmherzigkeit gewährten und wir lehrten ihn aus Unserer sanftmütigen Seite ein Wissen.***“[241] Somit gehört es zu einer speziellen Form der Barmherzigkeit, dass Allah einem Menschen bestimmte Wirklichkeiten entschleiert und ihm dadurch Zugang zu einem Wissen gewährleistet, das dem Begriffsvermögen oder den Sinnen unzugänglich ist. Man kann die Rolle der Barmherzigkeit auch als einen entscheidenden Unterschied zwischen der Tradition Ibn al-ʿArabīs und den fernöstlichen Traditionen wie z. B. dem Buddhismus betrachten. Denn dort entscheiden lediglich die verschiedenen Formen der Karma über den weiteren Verlauf im Kreis der Samsara,

236 Koran 8:29, eigene Übersetzung.
237 Koran 2:282, eigene Übersetzung.
238 Kanz, Nr. 21327/ al-Buḫārī.
239 Vgl. Ibn al-ʿArabī: *al-Futūḥāt al-makkiyya*, Bd. 1, S. 254.
240 Vgl. ebd., Bd. 1, S.254.
241 Koran 18:65, eigene Übersetzung.

keine höhere Macht.[242] Bei Ibn al-ʿArabī ist es hingegen die Barmherzigkeit, die einem schon im göttlichen Wissen zusteht, die uns ermöglicht, Wissen durch die Entschleierung zu erlangen.

Wie bereits im Punkt über die Verschleierung erwähnt wurde, ist der Wirkliche nicht mit etwas anderem außer Ihm selbst verschleiert. Es hängt lediglich von den Zuständen des Herzens ab, ob der Mensch eine Trennung zwischen den Schleiern und dem Verschleierten sieht oder ob er die Einheit des Schleiers und des Verschleierten, oder gar weder einen Verschleierten noch ein Schleier erkennt.

Ferner sind die sinnlichen, imaginierten und intelligiblen Wissensgegenstände, die auch die Laien erkennen, die gleichen Wissensgegenstände, die der Gotteskenner erkennt und nichts anderes – Allerdings mit einem einzigen Unterschied, nämlich, dass diese Wissensgegenstände:

> «هي عند العارف أسماء إلهية فانظر إلى ما بين المنزلتين كيف يرتقي هذا بعين ما ينحط به هذا»[243]
>
> *…bei dem Gotteskenner göttliche Namen sind. So siehe wie [gewaltig der Unterschied] zwischen den beiden Stufen ist. Das, was den einen zum Aufstieg bringt, führt den anderen zum Abstieg.*

Es ist die vereinheitlichende Erkenntnis des Herzens, die uns einen Blick in die Wirklichkeit der Dinge gewährt. Es ist der *furqān*, das Unterscheidungsvermögen innerhalb der Einheit, das uns die göttlichen Namen und Eigenschaften in den unterschiedlichen Entifikationen des *wuǧūd* erkennen lässt.

6.3.2.4. Die Kriterien der Entschleierung

Lässt man die Entschleierung als Erkenntnismodus uneingeschränkt gelten, dann besteht die Gefahr der Willkürlichkeit. Aus diesem Grund setzt Ibn al-ʿArabī in seiner theologischen Erkenntnislehre, wenn es um die Entschleierung geht, ein paar Kriterien, anhand derer zwischen der richtigen und falschen Entschleierung unterschieden werden kann.

Das erste Kriterium – welches man auch in den Aussagen der ersten Sufis findet – ist die Harmonie zwischen dem Koran und der prophetischen Sunna einerseits, mit den entschleierten Wirklichkeiten andererseits. In

242 Vgl. Schumann, Hans Wolfgang: *Buddhismus: Stifter, Schulen und Systeme*, Düsseldorf; Zürich: Diederichs 2005, S. 76–82.
243 Ibn al-ʿArabī: *al-Futūḥāt al-makkiyya*, Bd. 4, S. 402.

seinem Traktat „*lā-yuʿawwalu ʿalayh*", in dem er verschiedene Phänomene auflistet, denen der Gläubige auf seinem spirituellen Weg keine Aufmerksamkeit schenken soll bzw. darf, schreibt er:

«كل علم عن طريق الكشف والإلقاء والكتابة بحقيقة تخالف شريعة متواترة لا يعول عليه»[244]

Auf jegliches durch die Entschleierung, direkte oder indirekte Eingebung erlangte Wissen bezüglich einer Wirklichkeit, die einer mehrfachüberlieferten [Lehre der] Scharia widerspricht, ist kein Verlass.

Der Begriff Scharia bei Ibn al-ʿArabī umfasst die gesamte prophetische Botschaft sowie alle Wege, die von den Menschen basierend auf der göttlichen Kunde (*waḥy*) erfunden wurden, die die Vervollkommnung der Charaktereigenschaften der Menschen fördern.[245] Wenn Ibn al-ʿArabī von der Scharia, die mehrfach überliefert ist, spricht, dann meint er die Fundamente der Normen, die in der *muḥammadanischen* Scharia festgesetzt sind.[246] Der Begriff „mehrfach überliefert" impliziert eine Art Konsens zu diesen Normen.

Des Weiteren beziehen sich die guten Charaktereigenschaften auf die göttlichen Charaktereigenschaften. Wenn der Prophet davon spricht, dass er dafür kam, um die Charaktereigenschaften zu vervollkommnen, dann deutet er darauf hin, dass er dafür kam, um aufzuzeigen, wie und bei welchen Situationen die Charaktereigenschaften Allahs richtig umgesetzt werden, sodass sie für uns als gute Charaktereigenschaften gelten können.[247]

Der Prophet zeigt uns, wie wir die göttlichen Charaktereigenschaften nachahmen können. Nun, wenn jemand behaupten würde, dass er durch eine Entschleierung eine Wirklichkeit erfuhr, die aber einer mehrfach überlieferten und festgesetzten prophetischen Norm widerspricht, dann ist diese Entschleierung entweder falsch oder wurde falsch interpretiert.[248]

Denn genauer betrachtet gibt es in der Welt nur die Scharia, sprich göttliche Eigenschaften, die dort erscheinen, wo sie erscheinen sollen. Schlechte Eigenschaften in der Welt berufen sich nicht auf etwas Existierendes, sondern sie sind eine Erscheinung eines Mangels an göttlichen Eigen-

244 IBN AL-ʿARABĪ: *Risālat lā yuʿawwalu ʿalayh*, S. 39 f.
245 Vgl. IBN AL-ʿARABĪ: *al-Futūḥāt al-makkiyya*, Bd. 2, S. 562.
246 Vgl. ebd.
247 Vgl. ebd.
248 Vgl. ebd., Bd. 3, S. 8.

schaften.²⁴⁹ Für Ibn al-ʿArabī ist die äußerliche Wirklichkeit, sprich die Scharia und die profunde Wirklichkeit, sprich die *ḥaqīqa*, ein und dieselbe Wirklichkeit.²⁵⁰

Darüber hinaus setzt Ibn al-ʿArabī noch ein weiteres Kriterium fest:

»كل علم حقيقة لا حكم للشريعة فيها بالرد فهو صحيح والا فلا يعول عليه«²⁵¹

„Jedes Wissen über die Wirklichkeit (*ḥaqīqa*), das nicht [explizit] von der Scharia abgewiesen wurde, ist richtig. [Wird es jedoch von der Scharia abgewiesen], dann ist kein Verlass darauf."

Dass das Begriffsvermögen manche Erkenntnisse über den Wirklichen ﷻ durch die Entschleierung für unmöglich hält, ist kein Maßstab für die Richtigkeit dieser Erkenntnisse. Solange sie nicht in der göttlichen Kunde (*waḥy*) durch einen Propheten für falsch erklärt wurden, haben diese Erkenntnisse ihren Anteil an Richtigkeit. Ibn al-ʿArabī verlangt nicht, dass jedes Wissen durch die Entschleierung gänzlich mit einer Stelle im Koran oder mit der Sunna übereinstimmen soll, vielmehr ist es wichtig, dass die Erkenntnisse durch die Entschleierung auf Fundamente in der göttlichen Kunde (*waḥy*) und in den Aussagen der Propheten zurückzuführen sind.²⁵²

Ferner spielt die Scharia eine weitere Rolle in der Kriteriologie Ibn al-ʿArabīs. Für ihn sind die Erkenntnisse der Nicht-Muslime, die sie durch die spirituellen Übungen und die Kultivierung des Selbst erlangen, richtige Erkenntnisse. Denn die spirituellen Übungen führen, unabhängig davon, ob man gläubig ist oder nicht, zur Entschleierung und Welterkenntnis.²⁵³ Genau aus diesem Grund spielt die Scharia für Ibn al-ʿArabī eine zentrale Rolle. Denn sie ist die Voraussetzung dafür, dass man einen spirituellen Geschmack für die göttliche Seite der jeweiligen erkannten Wirklichkeit erlangt. In diesem Zusammenhang zitiert er die Aussage von Imam al-Ǧunayd: *„Diese unsere Lehre basiert auf dem Koran und der Sunna."*²⁵⁴ Das heißt, die Grundlagen unserer spirituellen Übungen und Handlungen sind der Koran und die Sunna.²⁵⁵ Zwar vertritt Ibn al-ʿArabī keine exklusivistische Haltung bezüglich der Erkenntnis allgemein, aller-

---

249 Vgl. ebd., Bd. 2, S. 562.
250 Vgl. ebd., Bd. 2, S. 563.
251 Ibn al-ʿArabī: *Risālat lā yuʿawwalu ʿalayh*, S. 40.
252 Vgl. Ibn al-ʿArabī: *al-Futūḥāt al-makkiyya*, Bd. 3, S. 8.
253 Vgl. ebd., Bd. 2, S. 162.
254 Vgl. ebd., Bd. 2, S. 162; siehe auch: al-Qušayrī, Abū al-Qāsim: *ar-Risāla al-qušayriyya*, Beirut: Dār al-kitāb al-ʿarabī 2005, S. 46.
255 Vgl. Ibn al-ʿArabī: *al-Futūḥāt al-makkiyya*, Bd. 1, S. 608.

dings beansprucht er die tiefen Erkenntnisse bezüglich des Wissens über Gott nur für diejenigen, die auf Basis der Scharia ihren Pfad zum Wirklichen durchschreiten.[256] Die Scharia ist somit der Weg zum Scharia-Geber. Durch sie wird die Erkenntnis über den Wirklichen korrekt begriffen.

Ein weiteres Kriterium, das aš-Šayḫ al-Akbar festlegt, ist die Barmherzigkeit (*ar-raḥma*), die dem entschleierten Wissen innewohnen soll. Im dritten Kapitel dieser Arbeit wurde auf den Begriff des sanftmütigen Wissens (*al-ʿilm al-ladunī*) eingegangen. Es ist ein Synonym für das Wissen, das durch die Entschleierung erreicht wird. Diese ist vor allem eine Frucht der Barmherzigkeit Allahs. Es ist das Wissen, welches der Barmherzigkeit direkt entspringt. Es soll hier nochmal betont werden, dass die Barmherzigkeit ein Synonym vom *wuǧūd* ist. Die Barmherzigkeit Gottes ist der *wuǧūd* selbst.[257] Es ist also selbstevident, dass ein Wissen, welches direkt der Barmherzigkeit entstammt, einerseits zu barmherzigem Handeln und anderseits zu mehr Erkenntnis über die Barmherzigkeit des Wirklichen führt. Ibn al-ʿArabī geht noch einen Schritt weiter in der Essentialität der Barmherzigkeit und schreibt in *al-Futūḥāt al-makkiyya*:

> «والعلم يستصحب الرحمة بلا شك فإذا رأيت من يدعي العلم ولا يقول بشمول الرحمة فما هو صاحب علم»
>
> *Das Wissen [über den Wirklichen] wird ohne Zweifel von der Barmherzigkeit begleitet. Wenn du jemanden siehst, der Wissen [bezüglich des Wirklichen] behauptet und nicht die Position vertritt, dass die Barmherzigkeit allumfassend ist, so ist er kein Besitzer von Wissen.*

Die Allumfassenheit der Barmherzigkeit bedeutet für ihn u. a., dass alle Seienden am Ende von der Barmherzigkeit Allahs getroffen werden, auch wenn sie für ihre Fehltaten für eine bestimmte Zeit bestraft bzw. zur Rechenschaft gezogen werden. Das gilt bei ihm für alle Menschen. Diese Position findet man in mehreren Schriften von ihm und wurde später von seinen Anhängern angenommen.[258] Je mehr man über den *wuǧūd* weiß

256 Vgl. ebd., Bd. 2, S. 162.

257 Vgl. ebd., Bd. 4, S. 200; siehe auch: Chittick: *The Sufi Path of Knowledge*, S. 19.

258 Für die Zeitlichkeit der jenseitigen Strafe siehe: Ibn al-ʿArabī: *al-Futūḥāt al-makkiyya*, Bd. 1, S. 169; Bd. 2, S. 206; Bd. 3, S. 252; Bd. 4, S. 158, 405. Ibn al-ʿArabī geht davon aus, dass der Schmerz in der Hölle nicht ewig ist, sondern dass er sich nach Äonen zu einem Genuss umwandeln wird. Dies war nicht nur seine Position, sondern die Lehrmeinung seiner Anhänger, wie man es aus ihren Kommentaren zu *Fuṣūṣ al-ḥikam* entnehmen kann. Siehe u. a.: an-Nābulusī: *Ǧawāhir an-nuṣūṣ*, Bd. 1, S. 333; al-Qayṣarī: *Šarḥ Fuṣūṣ al-ḥikam*, Bd. 1, S. 629 ff; Mullā Ǧāmī: *Šarḥ Fuṣūṣ al-ḥikam*, S. 206 f; al-Qāšānī: *Šarḥ Fuṣūṣ al-ḥikam*, S. 156 f; at-Tilmisānī, ʿAfīf ad-Dīn: *Šarḥ Fuṣūṣ al-ḥikam*, Beirut: Dār al-kutub al-ʿilmiyya 2015, S. 148; at-Turka: *Šarḥ Fuṣūṣ al-ḥikam*, S. 238; Yazıcıoğlu: *Šarḥ Fuṣūṣ al-ḥikam*, S. 197; al-Ǧandī: *Šarḥ Fuṣūṣ al-ḥikam*, S. 327. Darüber

und je mehr Erkenntnisse man über den Wirklichen erlangt, desto mehr Wissen hat man über die Barmherzigkeit des Wirklichen, da das Wissen über den *wuǧūd* identisch mit dem Wissen über die Barmherzigkeit ist.

6.3.3. Das spirituelle Schmecken (*aḏ-ḏawq*)

Die Beziehung zwischen dem Wirklichen ﷿ und dem Menschen ist keine rein intellektuelle. Der Mensch kann nicht zentrale Aspekte seines Menschseins in dieser Relation ausschalten. Das Wissen über den Wirklichen wird in der *akbarītisch*en Lehre nicht durch rein rationale Argumente erlangt. Die persönliche Erfahrung in dem Verhältnis des Menschen mit dem Wirklichen ﷿ ist nach Ibn al-ʿArabī zentral. Hier spricht er vom spirituellen Schmecken (*aḏ-ḏawq*) als eine Form der Erfahrung mit dem Wirklichen. Es ist etwas, was das Herz spürt, berührt und ja, schmeckt. Hier ist nicht nur von der göttlichen Schönheit die Rede bzw. von den Eigenschaften der Schönheit, sondern auch von der Majestät des Wirklichen und die mit ihr verbundenen Eigenschaften. Das spirituelle Schmecken ist ein augenblickliches und flüchtiges Gefühl. Jeder Mensch macht die Erfahrung in seinem Leben, dass z. B. Dinge, Erlebnisse, Gedanken oder Vorstellungen ihn für einen Moment ergreifen. Nach Ibn al-ʿArabī und für die Sufis allgemein ist dieser Geschmack, den man spürt, der erste Einfluss der Manifestation:

«اعلم أن الذوق عند القوم أول مبادي التجلي و هو حال يفجأ العبد في قلبه»[259]

> *Wisse, dass das spirituelle Schmecken (aḏ-ḏawq) der Anfang der Manifestation ist. Es ist ein Zustand, der das Herz des Dieners [des Menschen] ergreift.*

Der Mensch ist ständig mit den Manifestationen der göttlichen Namen und Eigenschaften konfrontiert. Allerdings nicht jedem ist bewusst, dass das, was er erlebt, eine Entifizierung des Wirklichen ﷿ ist. Wird einem dies bewusst, so kommt dieser Moment des Schmeckens. Das ist, was im

hinaus gibt es in der Tradition weitere Positionen, wie z. B. die Position, dass es möglich ist, dass Allah dem Verleugnenden (*kāfir*) verzeiht, falls er aufrichtig auf der Suche nach der Wahrheit war. Siehe: AL-BAYḌĀWĪ, NĀṢIR AD-DĪN: *Ṭawāliʿ al-anwār min maṭāliʿ al-anẓār*, Beirut: Dār al-ǧīl 1991, S. 229. Außerdem gilt nach den Ašʿarīten als *kafir* nur derjenige, der die prophetische Wahrheit erkannt und sie trotzdem verleugnet hat. AL-BĀǦŪRĪ, IBRAHĪM: *Tuḥfat al-murīd šarḥ ǧawharat at-tawḥīd*, Beirut: Dār al-kutub al-ʿilmiyya 2007, S. 37 f; siehe auch: AL-ĠAZĀLĪ, ABŪ ḤĀMID: *Fayṣal at-tafriqa bayna al-islām wa az-zandaqa*, Maǧmūʿat rasāʾil al-Ġazālī, Kairo: al-Maktaba at-tawfīqiyya, S. 253–274. Dazu kommt die Position von Ibn Taymiyya und seinen Anhängern, die gar von der Vergänglichkeit der Hölle ausgingen. Vgl. FOODA, SAʿĪD: *Aṣḥāb an-nār wa-maṣīruhum*, Amman: Dār al-fatḥ 2007, S. 157 ff.

259 IBN AL-ʿARABĪ: *al-Futūḥāt al-makkiyya*, Bd. 2, S. 548.

obigen Zitat mit „Anfang“ gemeint ist. Darüber hinaus gibt es Momente, in denen man mehr als nur die sinnliche Erfahrung erlebt. Der Mensch fühlt etwas, was er sonst bei der gleichen Erfahrung nicht fühlt und genau das bezeichnen die Sufis als spirituelles Schmecken. Es ist der erste Sinn, der den göttlichen Namen und Eigenschaften entspringt und in der sinnlichen Erfahrung erscheint.[260] Die deutsche Redewendung „auf den Geschmack kommen“ passt in diesem Zusammenhang als Beschreibung für das Gefühl, welches der Mensch erlebt, wenn er das Göttliche in der Erfahrung erstmals geschmeckt hat. Obwohl das spirituelle Schmecken ein augenblickliches Erlebnis ist, kann es wiederholt stattfinden. Denn wann auch immer man sich zum ersten Mal einer Manifestation des Wirklichen bewusst wird, kommt ein Moment des spirituellen Schmeckens zustande.

In dem Fall, in dem das spirituelle Schmecken einer Manifestation fortdauert, handelt es sich nicht mehr um spirituelles Schmecken, sondern um spirituelles Trinken (*šurb*), wie es in der Terminologie Ibn al-ʿArabīs bzw. der Sufis heißt. Ibn al-ʿArabī definiert das spirituelle Trinken einmal als:

«أوسط التجليات» [261]

Die Mitte der Manifestationen,

und einmal wie folgt:

«الشرب هو ما تستفيده في النفس الثاني مضافا إلى ما استفدته في نفس الذوق» [262]

Das Trinken ist das, was man beim nächsten Atemzug [nach dem spirituellen Schmecken] zusätzlich zu dem, was man beim spirituellen Schmecken erfahren hat, erfährt.

Wenn Ibn al-ʿArabī über diese Zustände spricht, dann hat er die Sufis vor Augen. Aber heißt das, dass nur die Sufis solche Erlebnisse haben? Genauer betrachtet hat jeder Mensch solche Erfahrungen. Doch erstens, nicht jeder führt dies auf die Relationen innerhalb des *wuǧūd* zurück und zweitens, nicht jeder ist sich des Wissensgehalts des Schmeckens bewusst.

Die Erfahrung, die der Mensch mit der Welt als Manifestation macht, lässt sich oft nicht in logischen Sätzen oder Argumenten wiedergeben. Aus diesem Grund sind andere Ausdrucksformen nötig, wie die Dichtung,

260 Vgl. ebd.
261 Ibn al-ʿArabī: *Iṣṭilāḥāt aṣ-ṣūfiyya*, S. 60.
262 Ibn al-ʿArabī: *al-Futūḥāt al-makkiyya*, Bd. 2, S. 550.

die Kalligrafie und die anderen Künste, aber vor allem die Lebensführung. Wie man sein Leben führt, hängt nach Ibn al-ʿArabī mit der Frage des Schmeckens zusammen. Denn das, was vom Leben spirituell geschmeckt wurde, hat einen Einfluss auf unser Verhalten. Die Sufis und darunter auch Ibn al-ʿArabī, gehen in diesem Punkt noch weiter und gehen davon aus, dass Allah ﷻ bei jedem Geschmack ein bestimmtes Verhalten von unswill.[263]

Allerdings spricht Ibn al-ʿArabī vom spirituellen Schmecken nur, wenn man eine göttliche Manifestation in der Welt, in den Begriffen oder in den imaginären Bildern erlebt und man sich dessen bewusst ist. Handelt es sich um eine Manifestation in abstrakten Sinngehalten, die man dann erfährt, dann kann hier nicht vom spirituellen Schmecken die Rede sein. Denn abstrakte Bedeutungen erfasst man auf einmal und allgemein:

> «وإن كان التجلي في المعنى فعين مبدئه عينه ما له بعد المبدأ حكم يستفيده الإنسان بالتدريج كما يستفيد معاني تلك الصورة المتجلي فيها أو معاني الأسماء كلها كل اسم منها فيرى في المبدأ ما لا يراه من ذلك الاسم بعد ذلك وصاحب المعنى مبدأ كل شيء عينه»[264]
>
> *Wenn die Manifestation in einem [gestaltlosen] Sinngehalt stattfindet, dann ist dessen Anfang dessen Wesen selbst. Nach der ersten Erfassung folgt dann keine weitere Implikation, die der Mensch, [noch] allmählich gewinnen kann. Im Gegensatz zu den verschiedenen Bedeutungen, die man aus den Gestalten und Begriffen, in welchen [der Wirkliche] sich manifestiert, entnehmen kann, sodass man am Anfang [eine Bedeutung] erblickt, die man nachher in einem göttlichen Namen nicht mehr sieht.*

Aus dem Konzept des spirituellen Schmeckens und Trinkens können zwei Schlüsse gezogen werden: Zum einen sind diese Zustände ein fortdauerndes Geschehen, das heißt sie haben kein festes Ende.[265] Die Manifestationen des Wirklichen in der Welt oder in Begriffen ereignen sich unaufhörlich in jedem Moment und bringen neue Aspekt der göttlichen Namen und Eigenschaften mit sich.[266] Aus diesem Grund ist ein theologi-

263 Vgl. Ibn al-ʿArabī: *Fuṣūṣ al-ḥikam*, Bd. 1, S. 174; Ibn al-ʿArabī: *al-Futūḥāt al-makkiyya*, Bd. 2, S. 548 f.
264 Ibn al-ʿArabī: *al-Futūḥāt al-makkiyya*, Bd. 2, S. 548.
265 Das bezeichnet Ibn al-ʿArabī als *ʿadam ar-rayy* (die Unlöschbarkeit des spirituellen Durstes). Siehe: Ebd., S. 552.
266 *„To see God in His self-disclosure is to see a perpetual and never-repeated display of novel forms. Ibn al-ʿArabi explains the implications of the constant renewal of creation in many diferent connections, citing as one of his primary proof texts the verse, No indeed) but they are uncertain of a new creation (50:15). Although the immediate context of this verse makes it apply to the resurrection, the Shaykh reads it as an allusion to the constant and never-ending bestowal of wujiid upon the possible things in this world.“* Chittick, William C.: *The Self-disclosure of God: Principles of Ibn Al-ʿArabī's Cosmology*, Albany, NY: SUNY Press 1998, S. 57.

sches Wissen nie ein abgeschlossenes Wissen. Die verschiedenen Sinngehalte der Manifestationen zeigen sich allmählich mit dem Geschehen der Zeit.[267] Zum anderen ist das Schmecken eine subjektive Perspektive auf den *wuǧūd*. Zwar kann man versuchen, für andere das Erfahrene durch die Sprache oder andere Mittel zum Ausdruck zu bringen, aber es ist kein Wissen, welches das Entweder/Oder akzeptiert.

Kein spiritueller Geschmack, solange er ein solcher ist, ist falsch. Ibn al-ʿArabī spricht davon, dass jeder Prophet seinen eigenen spirituellen Geschmack besaß, was seine Botschaft und Anhänger nach ihm geprägt hat. Die verschiedenen religiösen Erfahrungen sind in erster Linie eine Frage des Geschmackes.[268]

6.3.4. Die Realisation (*at-taḥqīq*)

Wie schon in der Einleitung erörtert wurde, spielt die Lehre der Manifestationen (*at-taǧalliyyāt*) eine zentrale Rolle in der Ontologie Ibn al-ʿArabīs. Durch die verschiedenen Ebenen der Welt manifestiert der Wirkliche ﷻ in einem sich ständig erneuerten Geschehen die Implikationen Seiner Eigenschaften und Namen.

Eine von Ibn al-ʿArabī oft verwendete koranische Stelle, die für ihn diese ontologische Tatsache wiedergibt, ist 41:53: *„**Wir werden sie sehen lassen Unsere Zeichen an den Horizonten und an ihnen selbst, damit ihnen klar werde, dass es die Wahrheit ist.**"* Die Übersetzung der letzten Stelle mit *„**dass es die Wahrheit ist**"*, ist nur eine mögliche Lesart. Hier wird auf etwas hingewiesen, welches aber nicht in den vorigen *āyāt* steht. Die meisten Kommentatoren verstehen unter der Stelle ***annahu l-ḥaqq*** (dass es die Wahrheit ist) den Koran oder die Gesamtheit der prophetischen Botschaft.[269] Hingegen vertritt Ibn al-ʿArabī eine wortgetreue Lesart. Für ihn ist ***annahu l-ḥaqq*** als *„**dass Er der Wirkliche ist**"* zu verstehen. Also sind diese Zeichen an den Horizonten und in uns selbst der Wirkliche schlechthin, im Sinne des Namen Allahs *al-ḥaqq* (der Wirkliche),[270] nicht, weil Er sich mit der Welt oder mit uns verbindet oder Er sich in uns inkarniert, sondern weil Er sich durch diese Zeichen zeigt. In der Wirklichkeit gibt es keine Dualität zwischen Ihm und etwas außer Ihm.[271]

267 Vgl. Ibn al-ʿArabī: *al-Futūḥāt al-makkiyya*, Bd. 2, S. 548.
268 Vgl. al-Ḥakīm: *al-Muʿǧam aṣ-ṣūfī*, S. 494.
269 Siehe: Ibn al-Ǧawzī, Abū al-Farağ: *Zād al-masīr*, Beirut: al-Maktab al-islāmī 1984, Bd. 7, S. 268.
270 Vgl. Ibn al-ʿArabī: *Fuṣūṣ al-ḥikam*, Bd. 1, S. 69; *al-Futūḥāt al-makkiyya*, Bd. 2, S. 225; Bd. 3, S. 275; Bd. 4, S. 7.
271 Vgl. al-Mahāʾimī: *Ḫuṣūṣ an-niʿam fī Šarḥ Fuṣūṣ al-ḥikam*, S. 146; al-Qāšānī: *Šarḥ Fuṣūṣ al-ḥikam*, S. 78 f.

Hier soll zwischen Manifestation (*taǧallī*) und Inkarnation (*ḥulūl*) unterschieden werden. Die Inkarnation bedeutet, der Wirkliche würde in dem Wesen der Welt sein. Das würde heißen, dass die Welt ein eigenständiges Sein besäße. Diese Vorstellung lehnt Ibn al-ʿArabī kategorisch ab.[272] Denn die Inkarnation setzt zwei Wesenheiten voraus, damit sich die eine Wesenheit in die andere inkarnieren kann.[273] Die Manifestation ist jedoch bei Ibn al-ʿArabī die Manifestation einer einzigen Wesenheit und all die Vielfalt, die dann im *wuǧūd* erscheint, ist eine Vielfalt der Relationen (*nisab*) und Implikationen (*aḥkām*).[274]

Da die Gesamtheit der Welt nach Ibn al-ʿArabī eine Manifestation ist, ist man ständig mit dem Wirklichen in Interaktion. Somit ist die Manifestation, das sich Zeigen von *theos* durch die Welt, ein Zugang zur Theologie (*al-ʿilm bi-llāh*), also zum Wissen über Gott. Wenn die sinnliche Erfahrung ihren Zugang zum Herzen findet, dann sind andere Modi des theologischen Erkennens möglich, als das rationale Reflektieren.

Die Sinne erfahren die Welt und das Herz erkennt die göttlichen Eigenschaften und Namen dahinter. Es ist das Herz, wie wir bereits gesehen haben, welches die Fähigkeit besitzt, die ständige Manifestation des *wuǧūd* zu erfahren. Im Gegensatz zu dem Begriffsvermögen, welches mit festen Denkmethoden zu festen Erkenntnissen gelangen will, entspricht die Herzenserkenntnis der Natur des *wuǧūd*, welcher in einem ständigen Wandel ist.

Das Wissen über Allah entspricht Seiner Manifestation und Seine Manifestationen haben kein Ende. Deshalb sagt Ibn al-ʿArabī, wie wir schon im III. Kapitel sahen, dass man sich auf die Erkenntnis, die nicht von einem Atemzug zum anderen variiert, nicht verlassen darf. [275]

Des Weiteren geht er davon aus, dass es mehrere Ebenen des Wissens gibt, die sich gegenseitig nicht ausschließen. Jede Ebene bezieht sich auf eine ontologische Sphäre. Somit ergeben sich drei Stufen des Wissens. Vorab ist zu erwähnen, dass Ibn al-ʿArabī das Wort *yaqīn*, welches mit Gewissheit übersetzt wird, vom Begriff *ʿilm* unterscheidet. Nicht jede Gewissheit ist ein Wissen. Die Gewissheit ist ein Zustand des Selbst, welcher sich auch ohne Wissen oder Erfahrung ereignen kann.[276]

272 Vgl. Ibn al-ʿArabī: *al-Futūḥāt al-makkiyya*, Bd. 2, S. 83; Bd. 4, S. 71.
273 Siehe *Incarnation* in: Jones (Hrsg.): *Encyclopedia of Religion*, S. 4414.
274 Vgl. Ibn al-ʿArabī: *al-Futūḥāt al-makkiyya*, Bd. 1, S. 265.
275 Vgl. Ibn al-ʿArabī: *Risālat lā yuʿawwalu ʿalayh*, S. 73.
276 Vgl. Ibn al-ʿArabī: *al-Futūḥāt al-makkiyya*, Bd. 2, S. 204.

Die erste Ebene ist das, was er als *ʿilm al-yaqīn* bezeichnet. Diesen Begriff übersetze ich mit dem Wissen bezüglich einer Gewissheit. Es ist ein sicheres Wissen, welches auf unwidersprechlichen Beweisen basiert.[277] Als Beispiel bringt er die Existenz der Kaaba in Mekka. Ihm zufolge ist das ein Wissen, welches so evident ist, dass es nicht in Frage gestellt werden kann.[278] Dies in Frage zu stellen, würde einer Verschwörung gleichen, da die Existenz dieses Ortes durch verschiedene Beweise feststeht.

Obwohl dieses Wissen richtig und wahr ist, ist es qualitativ trotzdem auf einer niedrigen Ebene im Vergleich zu der nächsten, jener des Wissens, nämlich *ʿayn al-yaqīn*, was mit die Erfahrung einer Gewissheit oder die Gewissheit an sich übersetzt werden kann. Um beim Beispiel der Kaaba zu bleiben, argumentiert er weiter:

> «ثم شوهد هذا البيت (...) بالعين المحسوسة فاستقر عند النفس بطريق العين كيفيته وهيأته وحاله فكان ذلك عين اليقين الذي كان قبل الشهود علم يقين وحصل في النفس برؤيته ما لم يكن عندها قبل رؤيته ذوقا»
>
> *…dann wurde dieses Haus (die Kaaba) gesehen [...] mit dem sinnlichen Auge, so verfestigte sich im Selbst durch das Auge die Quiddität, die Form und Zustand [der Kaaba]. Die erfahrene Gewissheit entsprach dem, was vorher ein Wissen bezüglich dieser Gewissheit war. Das Selbst erfährt durch das Sehen ein Empfinden, das vor dem Sehen nicht vorhanden war.*

Die beiden Formen des Wissens schließen sich nicht aus und beide sind korrekt. Ein Wissen bleibt trotzdem ein Wissen, auch wenn es nur auf einer Ebene bestätigt wurde. Diese zwei Ebenen des Wissens sind auch die Zugänge zum Wissen über die Welt als Welt. Sprich, alle Wissenschaften basieren ihre Argumentation entweder auf rein rationalen Beweisen oder auf empirischen Untersuchungen oder auf beiden. Allerdings gibt es für Ibn al-ʿArabī eine dritte Stufe des Wissens, welches das entscheidende in der Theologie (*al-ʿilm bi-llāh*) ist, nämlich die Wirklichkeit der Gewissheit.

Nicht das intellektuelle oder empirische Wissen über die Form der Manifestation, sprich die reine weltliche Seite der Welt ist das Ziel in der *akbarītischen* theologischen Erkenntnis, sondern das Erkennen der göttlichen Wirklichkeit dahinter. Nicht die Manifestation ist hier bezweckt, sondern das sich Manifestierende. Da jedes Ding (*šayʾ*) eine Konkretisierung des *wuǧūd* ist, ist die Dinglichkeit des Dinges eine Konkretisierung einzel-

277 Vgl. ebd., Bd. 2, S. 507.
278 Vgl. ebd.

ner oder verschiedener Namen und Eigenschaften Allahs. Das Erkennen dieser Wirklichkeit in jedem einzelnen Ding bzw. Geschehen in der Welt nennt Ibn al-ʿArabī *at-taḥqīq*. Er vertritt ein wortgetreues Verständnis der Stelle ***„Allahs ist der Osten und der Westen. Wohin ihr euch hinwendet, dort ist die Wirklichkeit (waǧh)***[279] ***Allahs. Allah umfasst und weiß alles.***“[280] Das heißt, überall ist die Wirklichkeit des Einen. Das, was vergeht, ist die Manifestation, die sich ständig erneuert. Hingegen ist der sich Manifestierende fortwährend. ***„Alles ist vergänglich außer Seiner Wirklichkeit (waǧh).***“[281] Nach Karabaş Veli (gest. 1686), einem osmanischen Kommentator Ibn al-ʿArabīs, ist die Vergänglichkeit nicht ein Ereignis, das später eintrifft, sondern die Vergänglichkeit ist ein dauerhafter Zustand von allem außer Allah.[282] Diese innewohnende Wirklichkeit in den Formen und Gestalten der Welt, die in einem Aspekt die Welt selbst ist, ist das, was Gegenstand der theologischen Erkenntnis ist. Dieser Punkt bringt eine zentrale Konsequenz mit sich:

> «فكل جزء في العالم بل كل شيء في العالم أوجده الله لا بد أن يكون مستندا في وجوده إلى حقيقة الإلهية فمن حقره أو استهان به فإنما حقر خالقه واستهان به ومظهره وكل ما في الوجود فإنه حكمة أوجدها الله لأنه صنعة حكيم»[283]
>
> *Jeder von Allah hervorgebrachte Teil der Welt, ja alles in der Welt, ist auch in seinem wuǧūd auf eine göttliche Wirklichkeit zurückzuführen. Wer etwas verachtet oder sich darüber mokiert, so hat er Seinen Schöpfer verachtet und Sich über Denjenigen mokiert, Der [dieses Etwas] [im wuǧūd] gezeigt hat. Alles, was im wuǧūd ist, entspricht einer Weisheit, die Allah hervorbrachte. Denn [alles im wuǧūd] ist das Werk eines Weisen.*

Weiter argumentiert er, dass der Wirkliche im *wuǧūd* nur das zeigt, was in jedem Moment gezeigt werden soll. Wem was und wie im *wuǧūd* gezeigt wird, ist für Ibn al-ʿArabī die Bedeutung der Weisheit.[284] Des Weiteren ist das Wissen über die Weisheit der Dinge zugleich ein Wissen über den Weisen ﷻ, Der dies bestimmt hat. Wer sich blind gegenüber der Weisheit in einem Ding verhält, ist somit über das Ding selbst unwissend. Zu

279 aš-Šayḫ al-Akbar versteht hier das Wort *waǧh*, was üblicherweise mit Gesicht oder Antlitz übersetzt wird, als die Wirklichkeit oder das Wesen von etwas. Siehe: Ebd., Bd. 2, S. 110.

280 Koran 2:115, eigene Übersetzung.

281 Koran 28:88, eigene Übersetzung.

282 Vgl. Karabaş Veli, ʿAlāʾ ad-Dīn ʿAlī: *Šarḥ al-ʿaqāʾid an-nasafiyya bi-lisān at-taḥqīq* (Hs. OE Yz 0476), Istanbul: İ.B.B. Atatürk Kitaplığı Sayısal Arşiv ve e-Kaynaklar 1295 Blatt 3.

283 Ibn al-ʿArabī: *al-Futūḥāt al-makkiyya*, Bd. 2, S. 528.

284 Vgl. Ibn al-ʿArabī, Muḥyī ad-Dīn: *Kašf al-maʿnā ʿan sirr asmāʾ allāh al-ḥusnā*, Rawalpindi (Pakistan): Ibnnularabi Foundation 2016, S. 257.

Ende gedacht heißt dies, die Unwissenheit über die Weisheit in den Dingen ist auch eine Unwissenheit über den Wirklichen.[285]

Aus diesem Blickwinkel betrachtet ist die gesamte Welt voller Sinn. Ja vielmehr ist die Welt selbst der Sinn. Sie ist deswegen sinnvoll bzw. reine Weisheit, weil sie nichts anderes ist als die Manifestation des Weisen. Der Zweck der Realisation (*taḥqīq*) ist, in jedem Aspekt der Welt die Eigenschaften und Namen Allahs zu erkennen, die der Sinn jeglicher Manifestation sind. Es ist, wie oftmals erwähnt wurde, keine intellektuelle Leistung, sondern eine intuitive Erkenntnis, die dem Herzen entspringt, wenn die Schleier des Selbst von ihm – das heißt dem Herz – durch die spirituelle Übung beseitigt werden.

6.3.5. Die Unendlichkeit des Wissens

Eine wesentliche Qualität der Herzenserkenntnis ist im Gegensatz zum rationalen Wissen dynamisch und nicht statisch. Die einzigen Konstanten in der Ontologie Ibn al-ʿArabīs sind das Wesen Allahs, das man nie erkennen kann und die festen Entitäten (*al-aʿyān aṯ-ṯābita*), die man nur im Prozess der Manifestation erkennen kann. Die Zahl der festen Entitäten (*al-aʿyān aṯ-ṯābita*) ist genauso wie das Wissen Allahs unendlich.[286] Da allerdings nicht alle möglichen Dinge auf einmal existieren, sonst wäre die Unendlichkeit eingegrenzt,[287] kann man nicht alles auf einmal erkennen. Das menschliche Selbst hat zwar die Potentialität, ein unendliches Wissen zu erlangen, allerdings nur in einem Prozess.[288] Wenn hier die Rede vom Wissen ist, dann ist damit das Wissen über den Wirklichen, sprich Seine Namen und Eigenschaften gemeint.

Das theologische Wissen im Speziellen und das Wissen allgemein entsprechen in ihrer Natur der Natur der Welt, die eine ständige Manifestation des Wirklichen ist. Genauso wie die Gesamtheit der Welt sich ständig erneuert, erneuert sich auch das Wissen der Geschöpfe. Der Mensch ist sich dessen aber nicht bewusst. Abgesehen davon, ob man den Wirklichen in den Manifestationen erkennt, nehmen wir ständig neue Erfahrungen und Inputs durch unsere Sinne auf. Diese Wahrnehmung ist für Ibn al-ʿArabī nichts anderes als die Manifestation des Wirklichen auf unseren

285 Vgl. Ibn al-ʿArabī: *al-Futūḥāt al-makkiyya*, Bd. 2, S. 528.
286 Vgl. Chittick: *The Sufi Path of Knowledge*, S. 156.
287 Vgl. Ibn al-ʿArabī: *al-Futūḥāt al-makkiyya*, Bd. 2, S. 552.
288 Vgl. Chittick: *The Sufi Path of Knowledge*, S. 156.

äußerlichen Erkenntnismitteln, die der Wirkliche selbst ist, wie schon behandelt wurde.

Da der Mensch in einer ständigen Interaktion mit der Welt ist, die in ihrer Ganzheit eine Manifestation ist,[289] und da die Manifestation des Wirklichen nie enden wird, so ist erstens alles, was ist, ein Weg zum theologischen Wissen.[290] Zweites ist das Wissen über den Wirklichen nie ein abgeschlossenes.[291]

Ibn al-ʿArabī schafft mit seinem Verständnis vom theologischen Wissen eine Synthese zwischen dem theologischen und weltlichen Wissen – weltlich im Sinne, dass es die Welt als Gegenstand hat. Denn für ihn ist es irrelevant, ob wir uns mit der Welt wie sie uns erscheint beschäftigen, oder ob wir uns mit der Welt als Manifestation *(at-taǧallī)* beschäftigen. In beiden Fällen werden wir nie zu einem Ende bzw. zu einem für immer abgeschlossenen Wissen kommen.[292] Das Wissen über das Wesen Allahs ist kategorisch ausgeschlossen, also es bleibt nur das Wissen über Seine Eigenschaften, sprich über die Welt. Und hier ist man sich entweder bewusst, dass die Welt eine Manifestation dieser Eigenschaften ist oder nicht. In beiden Fällen bleibt der Wissensgegenstand der gleiche, nämlich die Manifestationen des Wirklichen.[293]

Jedes Wissen und jede Erkenntnis führt zu weiteren Erkenntnissen und stillt nie die Neugier des Wissens. Ibn al-ʿArabī schließt hier das theologische Wissen nicht aus:

> «وطالب العلم كشارب ماء البحر كلما ازداد شربا ازداد عطشا والتكوين لا ينقطع فالمعلومات لا تنقطع فالعلوم لا تنقطع»
>
> *Der Wissenssuchende gleicht jemandem, der Meereswasser trinkt, je mehr er davon trinkt, desto durstiger wird er. Die Erschaffung hört nie auf, aus diesem Grund hören die Wissensgegenstände auch nie auf. Somit haben die Wissenschaften kein Ende.*

In mehreren Stellen seines Werkes zitiert Ibn al-ʿArabī die koranische Stelle: ***„Und sag: Mein Herr, gib mir mehr Wissen.“***[294] Mit der Vermehrung des Wissens ist nach dem andalusischen Gelehrten nicht die Scharia, also nicht

289 Vgl. Ibn al-ʿArabī: *al-Futūḥāt al-makkiyya*, Bd. 2, S. 299.
290 Vgl. ebd., Bd. 1, S. 223.
291 Vgl. ebd., Bd. 1, S. 253; Bd. 3, S. 506.
292 Vgl. ebd., Bd. 2, S. 552.
293 Vgl. ebd., Bd. 1, S. 166.
294 Koran 20:114, eigene Übersetzung.

die Normativität gemeint, sondern die *ḥaqīqa*, sprich das Wissen über die Wirklichkeit. In anderen Worten: Das Wissen über die Wirklichkeit der Dinge, über das Antlitz des Wirklichen in der Welt.[295] Bezüglich der Normen betonte der Prophet ﷺ oft, dass man nicht viel danach fragen soll.[296] Dies, sowie die Tatsache, dass das Wissen über die Scharia ein Wissen über einen Weg und nicht über das Ziel ist und ebenso die Tatsache, dass das Wissen über die Scharia nur diesseitig ist, waren für Ibn al-ʿArabī Hinweise darauf, dass das unendliche Wissen das Wissen über die *ḥaqīqa* ist.[297]

295 Vgl. Ibn al-ʿArabī: *al-Futūḥāt al-makkiyya*, Bd. 3, S. 151.
296 Vgl. ebd.
297 Vgl. ebd., Bd. 3, S.151.

7. Schlussbetrachtungen

„Was das Wissen der Entschleierung [ʿilm al-mukāšafa] betrifft, so haben sie [die Sufis] darauf nur andeutungsweise mit Gleichnissen hingewiesen.“[1] – *Imam al-Ġazālī*

7.1. Fazit

Wie aus dem obigen Zitat zu entnehmen ist, fehlte bei den Sufis eine umfassende Behandlung ihrer Erkenntnis- und metaphysischen Lehren. Die Hauptschriften bis zum 12. Jh. beschäftigten sich hauptsächlich mit den spirituellen Übungen und den dazu gehörenden Themen. Hier liegt die Besonderheit Ibn al-ʿArabīs in der Ideengeschichte, denn er war einer der ersten, wenn nicht überhaupt der erste, der die Summe der damaligen sufischen Lehren seiner Zeit in ein einheitliches Gedankengebäude gebracht hat. Nicht nur das, sondern er behandelte die Diskussionen der *mutakallimūn* und Philosophen aus der Perspektive der Sufis ausführlich.

In meiner Arbeit unternahm ich den Versuch, die Erkenntnislehre innerhalb des Gedankengebildes Ibn al-ʿArabīs zu erforschen. Durch die Gesamtheit dieser Arbeit wurde verdeutlicht, dass Ibn al-ʿArabī Themen, die vorher nur in der Philosophie oder im *kalām* behandelt wurden, in den *taṣawwuf* integrierte und eine genuine sufische Sichtweise bezüglich der Erkenntnislehre entwickelte. Dadurch zeigte ich, dass der Mythos der Irrationalität, mit dem man die Lehren Ibn al-ʿArabīs etikettiert, keinen wissenschaftlichen Halt besitzt. Denn wie im Laufe der Hauptkapitel ersichtlich wurde, war er in seiner Argumentation stets um begreifbare Ausführungen bemüht, die sich auch in die Metaphysik übersetzen lassen.

Um die Erkenntnislehre bei Ibn al-ʿArabī zu untersuchen, habe ich mich auf zwei Grundfragen konzentriert, nämlich auf die Frage nach Erkenntnis, sprich ihrem Wesen und ihren Kategorien, wie sie von Ibn al-ʿArabī

1 al-Ġazālī, Abū Ḥāmid: Iḥyāʾ ʿulūm ad-dīn, Beirut: Dār al-maʿrifa 2004, Bd. 1, S. 24.

dargestellt wurde und dann auf die Frage nach der Möglichkeit des theologischen Wissens (*al-ʿilm bi-llāh*).

Im Kapitel über die Erkenntnis wurde festgestellt, dass der Wissensbegriff und dessen Definition bei Ibn al-ʿArabī als Hintergrund die Diskussion innerhalb des *kalām* und *taṣawwuf* hat. Ibn al-ʿArabī hat verschiedene Elemente unterschiedlicher Diskurse in seiner Definition und Vorstellung des Wissens zusammengeführt. Basierend auf der Definition des Wissens bei al-Ašʿarī und den frühen *Ašʿarīten* fügte er Elemente des *taṣawwuf* sowie die Skepsis manch späterer *Ašʿarīten*, wie Imam al-Ġazālī oder Imam ar-Rāzī, ein, um dann seine eigene Vorstellung von Wissen zu konzipieren. Sonach wurde verdeutlicht, dass Ibn al-ʿArabī hier den Diskurs um den Wissensbegriff weitergeführt hat und sich im Rahmen der Diskurse innerhalb des *kalām* und *taṣawwuf* bewegte. Festgestellt wurde auch, dass er die Semantik sowie die Etymologie der zentralen Begriffe in seiner Lehre berücksichtigt. Somit zeigte sich, dass die unterschiedlichen Aspekte der Sprache bei ihm eine wesentlichere Rolle als bei den *kalām-Gelehrten* gespielt haben.

Anhand seines Wissensbegriffes kann man drei Punkte bezüglich seiner Erkenntnislehre eruieren: *a)* Es besteht eine Möglichkeit, das Wesen der Dinge zu erkennen, *b)* Wissen bzw. Erkennen sind nicht etwas Abgeschlossenes, sondern ein dynamischer Prozess, *c)* es besteht eine Relation zwischen dem Wissen und der Praxis, sprich den Handlungen des Menschen.

Des Weiteren und anhand seiner Kategorisierungen des Wissens, die einerseits von seinem sufischen Hintergrund und andererseits von seinen ontologischen Vorstellungen beeinflusst waren, wurde gezeigt, dass Ibn al-ʿArabī hier stark von der *kalām-Tradition* abweicht und Konzepte, die eher der sufischen Perspektive dienen, entwickelte.

Nachdem der Wissens- und Erkenntnisbegriff sowie die Kategorien dessen erörtert wurden, war die Frage berechtigt, inwieweit diese Kategorisierungen des Wissens sich theologisch plausibel erklären lassen. Um dieser Frage auf den Grund zu gehen, wurden dann in den nächsten Kapiteln die verschiedenen Erkenntnismittel des Selbst mit Blick auf ihre theologischen Erkenntnismöglichkeiten und Grenzen systematisch untersucht.

Allerdings habe ich, bevor ich im Kapitel über das Begriffsvermögen und die Imagination diese beiden ersten Erkenntnismittel behandelte, zuerst das Konzept des Selbst aus der *akbarītischen* Perspektive erklärt, um dann zum Schluss zu kommen, *a)* dass bei ihm das Selbst eine einzige Einheit ist und *b)* dass die verschiedenen Erkenntnismittel als Modi des Selbst verstanden sind.

Darüber hinaus und im gleichen Zusammenhang war die Frage, ob das Selbst über ein apriorisches Wissen verfügt, von Bedeutung. Aus diesem Grund habe ich das Konzept von *fiṭra* (die primordiale Natur) untersucht. Hier kam ich zum Ergebnis, *a)* dass die *fiṭra* nach Ibn al-ʿArabī eher ein Zustand aller Seienden ist, der unser Dasein bzw. unsere Bedürftigkeit nach dem Göttlichen bestimmt, *b*) dass die *fitra* bei Ibn al-ʿArabī kein Erkenntnismittel ist und *c)* dass der Mensch über keinen direkten Zugang zu seiner primordialen Natur verfügt, da der Mensch einem Prozess der Erziehung und Sozialisierung unterliegt, durch welchen er seine Überzeugungen entwickelt. Später wurde auch gezeigt, dass diese Sozialisierung bzw. die Umwelt selbst eine Entifikation des *wuǧūd* ist.

Im fünften Kapitel behandelte ich das Begriffsvermögen und die Imagination. Hier stellte man die Skepsis Ibn al-ʿArabī gegenüber dem Begriffsvermögen fest. Anhand der Definition des Begriffes *ʿaql* sowie anhand der Behandlung der Relation zwischen dem Begriffsvermögen und den anderen Erkenntnismitteln und Erkenntnishilfsmitteln wurde *a)* einerseits die Abhängigkeit des Begriffsvermögens von den anderen Erkenntnismitteln und *b)* anderseits die Beschränkung des Begriffsvermögens bezüglich des Wissens über Allah aufgezeigt.

Was die Imagination betrifft, so kam ich zum Ergebnis, dass sie zwar als Erkenntnismittel nicht die gleiche Qualität an Erkenntnis wie das Herz erreichen kann, allerdings ist sie bei Ibn al-ʿArabī höher als das Begriffsvermögen gestellt. Durch die Behandlung der Imagination und Fantasie sowie deren Verhältnis zum Begriffsvermögen wurde dann die positive Haltung Ibn al-ʿArabīs gegenüber der Imagination und sogar der Fantasie eruiert, ein Punkt, dem in früheren Arbeiten zum Thema wenig Acht geschenkt wurde.

Die Quintessenz des fünften Kapitels ist, dass Ibn al-ʿArabī sowohl das Begriffsvermögen als auch die Imagination als nicht geeignete Erkenntnismittel für das Wissen über Allah (*al-ʿilm bi-llāh*) betrachtet. Das Begriffsvermögen kann einzig eine negative Theologie (*tanzīh*) betreiben und die Imagination ihrerseits sucht basierend auf der göttlichen Kunde (*waḥy*) die Ähnlichkeit (*tašbīh*), die uns lediglich eine imaginierte, aber laut Ibn al-ʿArabī legitime Vorstellung von Gott ﷻ ermöglicht.

Im sechsten Kapitel wurde das letzte Erkenntnismittel thematisiert, nämlich das Herz. Hier wurde veranschaulicht, dass Ibn al-ʿArabī in der Linie der sufischen Tradition steht, die man bis zum 2. Jh. nach der Hidschra zurückverfolgen kann. Mit seiner Arbeit leistete Ibn al-ʿArabī eine grundlegende Erklärung für Konzepte, die zwar von früheren Sufis benutzt, aber von ihnen nicht erläutert wurden. Damit sind in erster Linie die Konzepte der Entschleierung (*kašf*), des spirituellen Schmeckens (*ḏawq*) sowie der Realisation (*taḥqīq*) gemeint. Bei der Erklärung, die Ibn al-ʿArabī für diese Erkenntnismodi des Herzens liefert, kann man erkennen, dass er die Sprache, die göttliche Kunde (*waḥy*) und die prophetische Tradition, aber auch ontologische Konzepte für seine Argumentation verwendet.

Allerdings ist eine klare Trennung zwischen der Ontologie und der Erkenntnislehre bei ihm nicht vorhanden, so stellt sich die Frage, wie er seine Ontologie begründet; auf diese Frage wurde nicht eingegangen und sie benötigt noch weitere Arbeiten in dem Fach. Auch Arbeiten über die psychologischen Aspekte seiner Erkenntnislehre im Speziellen und in seinem Gedankengebilde im Allgemeinen wären wünschenswert.

Zusammenfassend kann folgendes über die *akbarītische* Erkenntnislehre gesagt werden: Ibn al-ʿArabī geht davon aus, dass der Ausgangspunkt des theologischen Wissens (*al-ʿilm bi-llāh*) die prophetische Botschaft ist. Das erste Verhältnis zwischen dem Subjekt und dieser Botschaft ist der Glaube, der in seinem Ursprung nicht unbedingt begründet werden soll bzw. werden kann. Glaube ist für ihn kein Ergebnis einer intellektuellen Auseinandersetzung, sondern eher eine göttliche Gnade, die sich nicht allein mit den Mitteln des *kalām* erklären lässt.

Allein auf Basis des Begriffsvermögens kann kein positives Wissen über den Wirklichen erlangt werden. Diese Unfähigkeit begründet der andalusische Gelehrte mit dem Wissensgegenstand, welcher in diesem Fall der Wirkliche ﷻ ist sowie mit den Grenzen des Begriffsvermögens. Der Gläubige, so Ibn al-ʿArabī, soll auch nicht den Fehler begehen und die Beschreibung Allahs in der göttlichen Kunde (*waḥy*) anhand seines Begriffsvermögens zurückweisen und deswegen interpretieren. Das Begriffsvermögen kann lediglich die Erhabenheit und die Unvergleichbarkeit (*tanzīh*) Allahs bestätigen und in diesem Rahmen soll es bleiben. Die göttliche Kunde (*waḥy*), wenn sie über den Wirklichen ﷻ und das Jenseitige spricht, spricht nicht nur unser Begriffsvermögen an, sondern vor allem unsere Imagination, deswegen ist eine gewisse Verbildlichung anhand unserer Imagination bzw. Fantasie unabdingbar.

Die Erkenntnis des Wirklichen ist aber nur möglich, wenn man einerseits die Grenzen und das Spektrum des Begriffsvermögens und der Imagination kennt und anderseits der spirituellen Übung, die die Propheten festgesetzt haben, folgt. Dadurch wird laut Ibn al-ʿArabī und den Sufis allgemein, das Herz als Erkenntnismittel aktiviert, oder in anderen Worten gesagt, dadurch wird das Herz von seinen Schleiern befreit, sodass es Zugang zu seinem Wesen erlangt. Selbsterkenntnis, wie im sechsten Kapitel erklärt wurde, ist ein Zugang zum Wissen über den Wirklichen, denn in Wirklichkeit besteht keine Dualität zwischen dem Selbst und dem *wuǧūd*.

Wissen über Allah, welcher der *wuǧūd* selbst ist, ist in der Regel ein Wissen, welches eng mit innerlichen Zuständen des Selbst verknüpft ist. Das heißt, in der *akbarītischen* Lehre ist das Wissen bzw. die Erkenntnis nicht von den Handlungen des Menschen zu trennen, denn die Handlungen haben einen Einfluss auf das Haupterkenntnismittel, nämlich das Herz. Die Lebensführung und die Bewusstheit sind entscheidende Faktoren dafür, ob das Herz die Schleier der Wirklichkeit erkennt oder nicht. Diese Entschleierung ist keine rein intellektuelle Leistung, sondern bedarf eines Prozesses, welcher kein Ende hat, da das Wissen über den Wirklichen auch kein Ende hat.

In diesem Zusammenhang ist darauf hinzuweisen, dass systematische Arbeiten über den Prozess der Läuterung des Herzens bei Ibn al-ʿArabī noch fehlen, darum wäre es wünschenswert, diese Forschungslücke zu füllen.

7.2. Implikationen der akbarītischen theologischen Erkenntnislehre

Die Erkenntnis ist bei Ibn al-ʿArabī ein subjektiver und wandelbarer Prozess, der, wenn er zu Ende gedacht wird, zahlreiche Implikationen für das Das Verständnis der prophetischen Botschaft haben kann. Diese möchte ich hier ausarbeiten.

Zentral für die theologische Erkenntnislehre Ibn al-ʿArabīs ist die menschliche Erfahrung mit dem *wuǧūd*, die für jedes Subjekt einmalig ist. Es gibt somit für ihn keine festen Dogmen, die den Wirklichen ﷻ endgültig beschreiben oder darstellen können. Dieser Punkt ist deswegen von Wichtigkeit, weil er auch einen Schutz der Beziehung zwischen dem menschlichen Subjekt und dem Wirklichen ﷻ darstellt. Wahrheit ist nicht etwas, das jemand von außen bestimmt, sondern es ist etwas, was man erfährt und zwar immer aufs Neue und in einer partikulären, unabgeschlossenen Weise. Aus diesem Grund ist die Bevormundung auf Basis der theologischen Erkenntnislehre Ibn al-ʿArabīs unmöglich. Weder einzelne Gläubige oder Gelehrte noch Institutionen oder gar Staaten können behaupten das einzig richtige Wissen über den Wirklichen zu besitzen.

Meines Erachtens birgt der starke Rationalismus, wenn es um das Wissen über Allah geht, in sich die Gefahr, zu einer Ideologisierung dieses Wissens auszuarten. Denn wenn man davon ausgeht, dass es im Bereich der Theologie um eine fixe und rationale Wahrheit geht, die allein auf Basis des Begriffsvermögens erkennbar ist, dann ist es unausweichlich, andere Wahrheiten auszuschließen. Dieser Ausschluss kann zwar auf einer theoretischen Ebene bleiben, aber er ist auch eine ideologische Grundlage für einen praktischen Ausschluss, der sich auch politisch durchsetzen kann, wenn die Umstände dafür vorhanden sind.

Für Ibn al-ʿArabī ist jede Vorstellung und jeder Glaubenssatz über den Wirklichen aus einem Aspekt wahr. Diese Grundidee, der wir im Laufe dieser Arbeit begegnet sind, öffnet auch eine Tür für ein anderes Bewusstsein, wenn es um die Begegnung mit anderen geht. Wir haben im sechsten Kapitel unter dem Punkt über den Gott der Glaubenssätze gesehen, dass Ibn al-ʿArabī empfiehlt, dass man die anderen Glaubensvorstellungen und die ihnen innewohnenden Manifestationen Gottes versuchen soll zu verstehen. Der andalusische Gelehrte sieht zwar, dass der prophetische Weg der einzige Weg ist, der zu einem vollkommenen Verständnis des *wuǧūd* führt, er schließt aber nicht die anderen Traditionen und Lehren aus, wenn es um die Erkenntnis geht.

Theologie bei Ibn al-ʿArabī, sprich das Wissen über Allah, ist auch im gleichen Atemzug Wissen über die Welt bzw. den *wuǧūd* in seiner Gesamtheit. Das heißt, theologisches Wissen und Erfahrung mit dem Göttlichen ist in jedem Winkel des *wuǧūd* vorhanden. Theologie ist Erfahrung mit dem Göttlichen durch das Herz, aber diese Erfahrung ist nicht nur in der göttlichen Kunde (*waḥy*) oder im Selbst einzuschränken, sondern theologisches Wissen ist auch in allen Formen des Seins vorhanden. Die Kunst oder die Literatur z. B. sind auch Bereiche, in denen man dem Wirklichen begegnen kann.

Zugespitzt ausgedrückt spielt es keine Rolle, mit welchem Wissensgegenstand bzw. Phänomen man sich beschäftigt, sondern eher, mit welchem Erkenntnismittel man die Wissensgegenstände berührt, denn alles ist Entifikation des einen *wuǧūd*. Der Fokus in der theologischen Erkenntnislehre Ibn al-ʿArabīs ist eher auf das Selbst gerichtet im Sinne, dass man das Herz für diese Erkenntnis empfindlich macht, indem man dem prophetischen Weg der Läuterung des Selbst folgt.

Des Weiteren öffnet die Lehre Ibn al-ʿArabīs die Theologie für die Errungenschaften der Naturwissenschaften. Es ist von Bedeutung, die Naturwissenschaft und die anderen Wissenschaften allgemein nicht als Konkurrenz der Theologie und ihres Wahrheitsanspruches zu betrachten oder gar als einen Ersatz für die göttliche Kunde (*waḥy*). Die Theologie, sprich das Wissen über Gott, ist nach Ibn al-ʿArabī kein Bereich der empirischen Wahrheiten oder Falschheiten, sondern vielmehr ein Bereich, der sich mit Sinn und Unsinn beschäftigt. Die Theologie (*al-ʿilm bi-llāh*) ist eher eine Lehre der Deutung im weitesten Sinne des Wortes. Das heißt, sie versucht, den verschiedenen Komponenten des *wuǧūd* in einem großen ontologischen und metaphysischen Gebilde einen Sinn zu geben und dies verständlich zu machen.

Anhand der Lehre Ibn al-ʿArabīs ist auch der Wandel der Wissenschaft und der menschlichen Erkenntnisse über die Welt zu deuten. Falschheit und Richtigkeit verlieren ihre Absolutheit, wenn das Wissen, sei es über die Welt oder über Gott, als ein unendlicher Prozess gedacht wird.

Alles, was ist, hat somit auf der Ebene der Wirklichkeit (*ḥaqīqa*) eine Daseinsberechtigung, denn alles ist Er ﷻ und im gleichen Atemzug nicht Er ﷻ, wie aš-Šayḫ al-Akbar sagt:

«وإذا كان الحق وقاية للحق بوجه والعبد وقاية للحق بوجه فقل في الكون ما شئت إن شئت قلت هو الخلق وإن شئت قلت هو الحق و إن شئت قلت هو الحق الخلق وإن شئت قلت لا حق من كل وجه ولا خلق من كل وجه وإن شئت قلت بالحيرة في ذلك»[2]

Wenn der Wirkliche eine Hülle für das Geschöpf aus einem Aspekt und das Geschöpf eine Hülle für den Wirklichen aus einem anderen Aspekt ist, dann kannst du über die Welt das sagen, was du möchtest. Wenn du willst, kannst du sagen, sie ist ein reines Geschöpf und wenn du willst, kannst du sagen, sie ist nur der Wirkliche und wenn du willst, kannst du sagen sie ist sowohl der Wirkliche als auch ein Geschöpf und wenn du willst, kannst du sagen, sie ist nicht der Wirkliche aus jedem Aspekt und auch nicht ein Geschöpf aus jedem Aspekt und wenn du willst, kannst du diesbezüglich sagen: Es ist Verwirrung.

والله يقول الحق وهو يهدي السبيل

2 Ibn al-ʿArabī, Muḥyī ad-Dīn: Fuṣūṣ al-ḥikam, Beirut: Dār al-kitāb al-ʿarabī 2002, Bd. 1, S. 112.

Glossar

al-aġyār	die Anderen [außer Allah]
al-aḥadiyya	die Einheit
al-āḫiriyya	die Endlosigkeit
al-aḥkām	die Implikationen
ahl an-naẓar	die Denker und Philosophen
al-aḥwāl - al-ḥāl	die Zustände
al-miṯāq	der Urvertrag
allā ta'ayyun	die Undefinierbarkeit
al-awaliyya	die Anfangslosigkeit
awā'il al-'aql	die genuinen Grundlagen des Begreifens
awwal at-ta'ayyunāt	die erste Entifikation
aẓ-ẓann	das hypothetische Wissen
al-azmān	die Zeiten
al-a'yān	die Entitäten
al-a'yān al-mumkināt	die Entitäten der Kontingenten
al-a'yān aṯ-ṯābita	die festen Entitäten
al-barzaḫ	die trennende Verbindung
bāṭin	verborgen; profund
al-Bāṭin	der Verborgene
ad-dahša	das Staunen
aḏ-ḏākira	die Erinnerungskraft
ad-dalā'il	die hinweisenden Zeichen

aḏ-ḏawq	das Schmecken; das spirituelle Schmecken; das Erleben
aḏ-ḏikr	die Erinnerung
al-fikr	das Denken
al-fiṭra	die primordiale Natur
al-fu'ād	der Brennpunkt
al-ǧahl	das Unwissen; das Nichtwissen
al-ǧalāl	die göttliche Majestät
al-ǧamāl	die göttliche Schönheit
al-Ġaniyy	der Unabhängige; der Unbedürftige
al-ǧawhar	die Wesenheit
al-ġayb muṭlaq	die reine Abwesenheit; die reine Unbekanntheit
al-ḥadra	die Gegenwart
ḥaḍrat al-aḥadiyya	die Gegenwart der Einheit
al-ḥāfiẓa	das Gedächtnis
al-ḥākim	das Urteilende
al-ḥaqīqa	die Wirklichkeit
al-ḥaqīqa al-kuliyya	die allumfassende Wirklichkeit
al-Ḥaqq	der Wirkliche
al-ḥarakāt	die kosmischen Bewegungen
al-ḫayāl	die Imagination; das Spiegelbild; das Schattenbild
al-hayba	die Furcht
al-ḥayra	die Verwirrung
al-ḥiǧāb	der Schleier
al-ḥiss al-muštarak	die Wahrnehmungskraft
al-ḥulūl	die Inkarnation

al-idrāk	das Erfassen
al-iḥtiǧāb	die Verschleierung
al-ilāh	der Gott
al-iqrār bi-l-ʿubūdiyya	die Bestätigung der eigenen Dienerschaft
al-išāra	der latente Hinweis
al-iʿtiqād	die Überzeugung
al-kašf	die Entschleierung
al-kufr	die Undankbartkeit; die Verleugnung
lā yudrak	nicht erfassbar
al-laṭīfa	die Subtilität
laṭīfa al-insāniyya	die subtile Seite des Menschen
al-lubb	der Kern
al-māhiyāt	Quidditäten
al-maḥsūsāt	die sinnlichen Dinge
al-maqām	die Station
al-maqāṣid	die göttlichen Absichten
al-marātib	die Stufen
marātib al-wuǧūd	die Stufen des wujūd
al-maṭālib kuliyya	die Grundfragen
al-mawǧūdāt	die vorhandenen Dinge; die Seienden; die Gefundenen
al-mawhūb	geschenkt
al-maẓāhir	die Schauplätze
al-maʿdūm al-mustaḥīl	das nicht-existente Unmögliche
al maʿlūm (Pl.: al-maʿlūmāt)	der Wissensgegenstand/ die Wissensgegenstände; gewusst
al-maʿqūlāt	die Intelligiblen

ma'rifa	die Erkenntnis
ma'rifat allāh	die Gotteserkenntnis
min hayṯ huwa huwa	in Sich Selbst (Gott)
al-mufakkira	die Denkkraft
al-Muḥīṭ	der Allumfassende
al-mukāšafa	die Entschleierung; die mystische Entschleierung
muktasab	erworben
al-mušāhada	die Anschauung; die Schau
al-muṣawwira	die Vorstellungskraft
al-mutaḫayyalāt	die imaginierten Dinge
muṭlaq	absolut
an-nafs	die Seele; das Selbst
naqlī	tradiert
an-naẓar	das Reflektieren
an-nisab	die Relationen
an-nisab al-ilāhiya	die göttlichen Relationen
qadīm	anfangslos, urewig
al-qalb	das Herz
ar-risāla	die [prophetische] Sendung
ar-rubūbiyya	die göttliche Herrschaft
ar-rūḥ	Geist
aṣ-ṣadr	die Brust
aš-šahāda bi r-rubūbiyya	die Bezeugung der göttlichen Herrschaft
aš-šarā'i'	die göttlichen Normen
šay' wuǧūdī	Ein vorhandenes Ding
aš-šay' (Pl.: ašyā')	das Ding

aš-šay'iyya	Dinglichkeit
šay'iyya wuǧūdīyya	vorhandene Dinglichkeit
as-sirr	das Innerste
as-sulūk	das Beschreiten [des Sufi Weges]
aṣ-ṣuwar	die Formen
taǧaddud	die Aktualisierung
at-taǧallī (Pl.:at-taǧaliyyāt)	die Manifestation
at-taǧallī al-ʿirfānī	die erkennbare Manifestation
taǧallī aš-šuhūdī	die erfahrbare Manifestation
at-taḥaqquq al-ḫāriǧī	die extramentale Wirklichkeit
at-taḥqīq	die Realisation
at-tahwḥīd	die Einheitslehre
at-tanawwuʿ	die Variation
at-tanazzul	die Konkretisierung
at-tanzīh	die Unvergleichbarkeit
at-ṭarīqa	der Pfad
at-tašbīh	die Ähnlichkeit
at-tawaǧǧuwāt	die göttlichen Zuwendungen
ṭawr al-ʿaql	das Erkenntnisspektrum des Begriffsvermögens
at-tazkiyya	die Kultivierung
at-taʿayyun (Pl.: at-taʿayyunāt)	die Entifikation
taʿrīf at-tanbīhī	das indizierende Definieren
al-wāḥidiyya	die Einsheit
al-wahm	die Fantasie
al-waḥy	die göttliche Kunde
al-waqt	der spirituelle Augenblick in der reinen Gegenwart

wuǧūd	das Finden; das Sein/Bewusstsein; Gott als der sich Manifestierende
al-wuǧūd aḏ-ḏihnī	das mentale Dasein
wuǧūd al-mutlaq	der absolute *wuǧūd*
wusʿ al-ilāhī	die göttliche Weite
al-yaqīn	die Gewissheit
ẓāhir	äußerlich
aẓ-Ẓāhir	der Offenkundige
ẓuhūr aḏ-ḏāt nafsihā li-nafsihā	das sich Zeigen des göttlichen Wesens für Es selbst
ʾuns	die Vertrautheit
ʿalā mā huwa bihi	wie er an sich ist
ʿālam	die Welt
al-ʿamal	die Praxis
ʿaqala	begreifen
al-ʿāql	das Begriffsvermögen
al-ʿaql al-qābil	das aufnehmende Begriffsvermögen
al-ʿaql an-naẓarī	das reflektierende Begriffsvermögen
ʿaqlī	intellektuell
al-ʿilm	das Wissen
al-ʿilm al-badīhī	das evidente Wissen
al-ʿilm al-ḍarūrī	das notwendige Wissen
ʿilm al-aḥwāl	das Wissen der Zustände
ʿilm al-asrār	das Wissen des Innersten; die Herzenserkenntnis
al-ʿilm al-ilāhī	die Theologie
al-ʿilm al-ladunī	das sanftmütige Wissen
ʿilm al-muktasab	das erworbene Wissen

ʿilm al-wahbī	das geschenkte Wissen
ʿilm al-yaqīn	das Wissen bezüglich einer Gewissheit
ʿilm al-ʿaql	das Wissen des Begriffsvermögens
ʿilm bi-llāh	die Theologie; das Wissen über Gott
al-ʿilm al-istidlālī	das demonstrative Wissen
al-ʿubūdiyya	die Dienerschaft

Literaturverzeichnis

Handschriften

AL-ĠUMĀRĪ, AḤMAD B. SIDDĪQ: *ʿAwāṭif al-laṭāʾif fī taḫrīǧ aḥādīṯ ʿawārif al-maʿārif* (Handschrift ohne Nummer), Maktabat al-masǧid an-nabawī, Medina 1274.

IBN AL-ʿARABĪ, MUḤYĪ AD-DĪN: *Iǧāza ilā al-malik al-muẓaffar* (Hs. 4679), al-Maktaba aẓ-ẓāhiriyya, Damaskus 1888.

IBN AL-ʿARABĪ, MUḤYĪ AD-DĪN: *Inšāʾ ad-dawāʾir* (Hs. 5458), King Saud University, Riad 13. Jh. n. H.

IBN AL-ʿARABĪ, MUḤYĪ AD-DĪN: *Wuǧūh al-qalb* (Hs. OE Yz 1289/08), İ.B.B. Atatürk Kitaplığı Sayısal Arşiv ve e-Kaynaklar, Istanbul.

KARABAŞ VELI, ʿALĀʾ AD-DĪN ʿALĪ: *Šarḥ al-ʿaqāʾid an-nasafiyya bi-lisān at-taḥqīq* (Hs. OE Yz 0476), Istanbul: İ.B.B. Atatürk Kitaplığı Sayısal Arşiv ve e-Kaynaklar 1295 n.H.

AN-NĀBULUSĪ, ʿABD AL-ĠANIYY: *Nuḫbat al-masʾala fī šarḥ at-tuḥfa al-mursala* (Hs. OE Yz 0205), İ.B.B. Atatürk Kitaplığı Sayısal Arşiv ve e-Kaynaklar 1699.

Ibn al-ʿArabīs Werke

IBN AL-ʿARABĪ, MUḤYĪ AD-DĪNN: *Aǧwibat Ibn ʿArabī ʿalā asʾilat al-Ḥakīm at-Tirmiḏī*, Kairo: Maktabat aṯ-ṯaqāfa ad-dīniyya 2006.

IBN AL-ʿARABĪ, MUḤYĪ AD-DĪN: *al-Futūḥāt al-makkiyya*, Kairo: Dār al-Kutub al-ʿarabīyya 1911.

IBN AL-ʿARABĪ, MUḤYĪ AD-DĪN: *al-Futūḥāt al-makkıyya*, hg. von Aḥmad Šams ad-Dīn, Beirut: Dār al-kutub al-ʿilmiyya 2006.

IBN AL-ʿARABĪ, MUḤYĪ AD-DĪN: *al-Iʿlām bi-išārāt ahl al-ilhām*, in: *Rasāʾil Ibn ʿArabī, Beirut*: Dār ṣādir 1997, S. 96–105.

IBN AL-ʿARABĪ, MUḤYĪ AD-DĪN: *al-Kawkab ad-durrī fī manāqib Ḏī an-Nūn al-Miṣrī*, in: ʿABD AL-FATTĀḤ, SAʿĪD (HRSG.): *Rasāʾil Ibn ʿArabi* (3), Beirut: Muʾassasat al-instišār 2002.

IBN AL-ʿARABĪ, MUḤYĪ AD-DĪN: *at-Tadbīrāt al-ilāhiyya fī iṣlāḥ al-mamlaka al-insāniyya*, in: ʿABD AL-FATTĀḤ, SAʿĪD (HRSG.): *Rasāʾil Ibn ʿArabi* (2), Beirut: Muʾassasat al-instišār 2002.

IBN AL-ʿARABĪ, MUḤYĪ AD-DĪN: *at-Taǧaliyyāt, in: Rasāʾil Ibn ʿArabī*, Beirut: Dār ṣādir 1997, S. 414–455.

IBN AL-ʿARABĪ, MUḤYĪ AD-DĪN: *Diwān Ibn ʿArabī*, Beirut: Dār ṣādir 2012.

IBN AL-ʿARABĪ, MUḤYĪ AD-DĪN: *Fuṣūṣ al-ḥikam*, Beirut: Dār al-kitāb al-ʿarabī 2002.

IBN AL-ʿARABĪ, MUḤYĪ AD-DĪN: *Ḥilyat al-abdāl, in: Rasāʾil Ibn ʿArabī*, Beirut: Dār ṣādir 1997, S. 507–513.

IBN AL-ʿARABĪ, MUḤYĪ AD-DĪN: *Inšāʾ ad-dawāʾir*, Ägypten: Maktabat aṯ-ṯaqāfa ad-dīniyya 1998.

IBN AL-ʿARABĪ, MUḤYĪ AD-DĪN: *Iṣṭilāḥāt aṣ-ṣūfiyya*, Beirut: Dār al-Imām Muslim. 1990.

IBN AL-ʿARABĪ, MUḤYĪ AD-DĪN: *Kašf al-maʿnā ʿan sirr asmāʾ allāh al-ḥusnā*, Rawalpindi (Pakistan): Ibnnularabi Foundation 2016.

IBN AL-ʿARABĪ, MUḤYĪ AD-DĪN: *Kitāb al-alif (Kitāb al-aḥadiyya)*, Damaskus: Dār al-maḥabba 2002.

IBN AL-ʿARABĪ, MUḤYĪ AD-DĪN: *Kitāb al-yāʾ, in: Rasāʾil Ibn ʿArabī*, Beirut: Dār ṣādir 1997, S. 137–147.

IBN AL-ʿARABĪ, MUḤYĪ AD-DĪN: *Kitāb al-ǧalāla, in: Rasāʾil Ibn ʿArabī*, Beirut: Dār ṣādir 1997, S. 58–70.

IBN AL-ʿARABĪ, MUḤYĪ AD-DĪN: *Kitāb al-masāʾil, in: Rasāʾil Ibn ʿArabī*, Beirut: Dār ṣādir 1997, S. 390–413.

IBN AL-ʿARABĪ, MUḤYĪ AD-DĪN: *Kitāb al-maʿrifa*, in: ʿABD AL-FATTĀḤ, SAʿĪD (HRSG.): *Rasāʾil Ibn ʿArabi* (4), Beirut: Muʾassasat al-intišār al-ʿarabī, 2004, S. 173–311.

IBN AL-ʿARABĪ, MUḤYĪ AD-DĪN: *Kitāb al-yaqīn*, in: ʿABD AL-FATTĀḤ, SAʿĪD (HRSG.): *Rasāʾil Ibn ʿArabi* (4), Beirut: Muʾassasat al-intišār al-ʿarabī, 2004, S. 45–66.

IBN AL-ʿARABĪ, MUḤYĪ AD-DĪN: *Mawāqiʿ an-nuǧūm wa-maṭāliʿ ahillat al-asrār wa al-ʿUlūm*, Beirut: al-Maktaba al-ʿaṣriyya 2008.

IBN AL-ʿARABĪ, MUḤYĪ AD-DĪN: *Muḥāḍarat al-abrār wa-musāmarat al-aḫyār*, 2. Aufl., Beirut: Dār ṣādir 2005.

IBN AL-ʿARABĪ, MUḤYĪ AD-DĪN: *Nushat al-ḥaq*, in: ʿABD AL-FATTĀḤ, SAʿĪD (HRSG.): *Rasāʾil Ibn ʿArabi* (1), Beirut: Muʾassasat al-intišār al-ʿarabī, 2004, S. 267–276.

IBN AL-ʿARABĪ, MUḤYĪ AD-DĪN: *Rasāʾil Ibn ʿArabī*, Beirut: Dār ṣādir 1997.

IBN AL-ʿARABĪ, MUḤYĪ AD-DĪN: *Risāla fī asrār aḏ-ḏāt al-ilāhiyya*, in: ʿABD AL-FATTĀḤ, SAʿĪD (HRSG.): *Rasāʾil Ibn ʿArabī (1), Beirut*: Muʾassasat al-intišār al-ʿarabī, 2001.

IBN AL-ʿARABĪ, MUḤYĪ AD-DĪN: *Risāla ilā al-Imām ar-Rāzī, in: Rasāʾil Ibn ʿArabī*, Beirut: Dār ṣādir 1997, S. 239–247.

IBN AL-ʿARABĪ, MUḤYĪ AD-DĪN: *Risālat lā yuʿawwalu ʿalayh*, Damaskus: Dār al-maḥabba 2002.

IBN AL-ʿARABĪ, MUḤYĪ AD-DĪN: *Šuǧūn al-masǧūn wa-funūn al-maftūn*, Damaskus: Dār saʿd ad-dīn 2005.

IBN AL-ʿARABĪ, MUḤYĪ AD-DĪN: *ʿAǧāʾib al-ʿirfān*, Beirut: Dār al-kutub al-ʿilmiyya 2007.

IBN AL-ʿARABĪ, MUḤYĪ AD-DĪN: *ʿUqlat al-mustawfiz*, in: ʿABD AL-FATTĀḤ, SAʿĪD (HRSG.): *Rasāʾil Ibn ʿArabi* (2), Beirut: Muʾassasat al-instišār 2002.

IBN AL-ʿARABĪ, MUḤYĪ AD-DĪN und Herrmann, Wolfgang: *Der sagenhafte Greif des Westens: ʿAnqāʾ Mughrib*, Herrliberg: Edition Shershir 2012.

IBN AL-ʿARABĪ, MUḤYĪ AD-DĪN und Herrmann, Wolfgang: *Deuter der Sehnsüchte Turjuman al-Ashwaq*, Herrliberg: Edition Shershir 2013.

IBN AL-ʿARABĪ, MUḤYĪ AD-DĪN UND WEIDNER, STEFAN: *Der Übersetzer der Sehnsüchte: Liebesgedichte aus dem arabischen Mittelalter*, 1. Aufl., Salzburg: Jung u. Jung 2016.

Arabische Primärliteratur

ʿABD AL-ǦABBĀR (AL-QĀḌĪ), ABŪ AL-ḤASAN: *al-Muġnī fī abwāb al-ʿadl wa at-tawḥīd: Kitāb an-naẓar wa l-maʿārif*, Kairo: ad-Dār al-misriyya li t-aʾlīf wa n-našr 1961.

ʿABD AL-ǦABBĀR (AL-QĀḌĪ), ABŪ AL-ḤASAN: *Šarḥ al-uṣūl al-ḫamsa*, KAIRO: Maktabat wahba 2006.

AL-ʿĀMILĪ, ḤASAN: *al-Ilāhiyyāt*, Bd. 2, Beirut: Dā Iḥyāʾ aṯ-ṯurat 2005.

AL-ĀMIDĪ, SAYF AD-DĪN: *Abkār al-afkār fī ʿilm al-kalām*, Kairo: Dār al-Kutub wa al-waṯāʾiq al-qawmiyya 2004.

AL-ĀMIDĪ, SAYF AD-DĪN: *al-Iḥkām fī uṣūl al-aḥkām*, Mekka: Maktabat nizār muṣtafā al-bāz 2005.

AL-BAĠDĀDĪ, ʿABD AL-QĀHIR: *Uṣūl ad-dīn*, Beirut: Dār al-kutub al-ʿilmiyya 1981.

AL-BĀǦŪRĪ, IBRAHĪM: *Tuḥfat al-murīd šarḥ ǧawharat at-tawḥīd*, Beirut: Dār al-kutub al-ʿilmiyya 2007.

AL-BANNĀNĪ, ʿABD AR-RAḤMĀN: *Ḥāšiyat al-bannānī ʿalā šarḥ al-ǧalāl al-maḥallī ʿalā matn ǧamʿ al-ǧawāmiʿ*, Beirut: Dār al-fikr 2005.

AL-BĀQILLĀNĪ, ABŪ BAKR: *al-Inṣāf fīmā yaǧibu iʿtiqāduh wa-lā yaǧūzu al-ǧahlu bih*, hg. von Muḥammad Zāhid al-Kawṯarī,, Kairo: al-Maktaba al-azhariyyya li-turāṯ 2000.

AL-BĀQILLĀNĪ, ABŪ BAKR: *at-Taqrīb wa l-iršād*, Damaskus: Muʾassasat ar-risāla 1993.

AL-BĀQILLĀNĪ, ABŪ BAKR: *Tamhīd al-awāʾil wa-talḫīṣ ad-dalāʾil*, Beirut: Muʾassasat al-kutub aṯ-ṯaqāfiyya 1993.

AL-BAYḌĀWĪ, NĀṢIR AD-DĪN: *Ṭawāliʿ al-anwār min maṭāliʿ al-anẓār*, Beirut: Dār al-ǧīl 1991.

AL-BAYHAQĪ, ABŪ BAKR AḤMAD: *az-Zuhd al-kabīr*, Beirut: Muʾassasat al-kutub aṯ-ṯaqāfiyya 1996.

AL-BĪṬĀR, BAHĀʾ AD-DĪN: *Fatḥ ar-raḥmān ar-raḥīm bi-maqālat al-quṭb al-Ǧīlī ʿAbd al-Karīm wa l-ḫatm Ibn ʿArabī Muḥyī ad-Dīn*, Beirut: Books Publisher 2013.

AḎ-ḎAHABĪ, ŠAMS AD-DĪN: *Siyar aʿlām an-nubalāʾ*, Beirut: Muʿassasat ar-Risāla 1996.

AḎ-ḎAHABĪ, ŠAMS AD-DĪN: *Tārīḫ al-islām*, Beirut: Dār al-kitāb al-ʿarabī 1998.

AD-DĀMŪNĪ, MUḤAMMAD: *an-Nafaḥāt al-qudsiyya fī šarḥ at-tadbīrāt al-ilāhiyya fī iṣlāḥ al-mamlaka al-insāniyya*, Beirut: Books Publisher 2013.

AD-DAWĀNĪ, ǦALĀL AD-DĪN: *Šarḥ al-ʿaqāʾid al-aḍudiyya*, Beirut: Dār iḥyāʾ at-turāṯ al-ʿarabī 2014.

AL-FARĀHĪDĪ, AL-ḪALĪL B. AḤMAD: *Kitāb al-ʿayn*, Kairo: Dār al-ḥuriyya 1980.

AL-FAYRŪZʾABĀDĪ, MAǦD AD-DĪN: al-Qāmūs al-muḥīṭ, Beirut: Dār ar-risāla 2005.

FOODA, SAʿĪD: *Aṣḥāb an-nār wa-maṣīruhum*, Amman: Dār al-fatḥ 2007.

FOODA, SAʿĪD: *Mawqif al-Imām al-Ġazālī min ʿilm al-kalām*, Amman: Dār al-fatḥ 2009.

FOODA, SAʿĪD: *Naqd at-tadmuriyya*, Amman: Dār ar-rāzī 2004.

AL-ǦANDĪ, MUʿAYYID AD-DĪN: *Šarḥ Muʿayyid ad-Dīn al-Ǧandī ʿalā fuṣūṣ al-ḥikam*, Beirut: Dār al-kutub al-ʿilmiyya 2007.

AL-ǦAWHARĪ, ABŪ MUḤAMMAD AL-ḤASAN: *Ḥadīṯ Abū al-Faḍl az-Zuhrī*, Riad: Maktabat aḍwāʾ as-salaf 1998.

AL-ĞAWHARĪ, ISMĀʿĪL B. ḤAMMĀD: *aṣ-Ṣiḥāḥ*, 3. Aufl., Beirut: Dār al-ʿilm li-l-malāyīn 1984.

AL-ĠAZĀLĪ, ABŪ ḤĀMID: *al-Munqiḏ min aḍ-ḍalāl*, Damaskus: Dār at-taqawā 2010.

AL-ĠAZĀLĪ, ABŪ ḤĀMID: *al-Mustaṣfā min ʿilm al-uṣūl*, Damaskus: ar-Risāla al-ʿilmiyya 2012.

AL-ĠAZĀLĪ, ABŪ ḤĀMID: *ar-Risāla al-laduniyya*, in: *Mağmūʿat Rasāʾil al-Imām al-Ġazālī*, Kairo: al-Maktaba at-tawfīqiyya o. J.

AL-ĠAZĀLĪ, ABŪ ḤĀMID: *Der Erretter aus dem Irrtum*, übers. von Abd Elsamad Elschazli, Philosophische Biblio-thek 389, Hamburg: Felix Meiner 1988.

AL-ĠAZĀLĪ, ABŪ ḤĀMID: *Fayṣal at-tafriqa bayna al-islām wa az-zandaqa*, in: *Mağmūʿat rasāʾil al-Imām al-Ġazālī*, Kairo: al-Maktaba at-tawfīqiyya.

AL-ĠAZĀLĪ, ABŪ ḤĀMID: *Iḥyāʾ ʿulūm ad-dīn*, Beirut: Dār al-maʿrifa 2004.

AL-ĠAZĀLĪ, ABŪ ḤĀMID: *Miʿiyār al-ʿilm*, Beirut: Dār al-kutub al-ʿilmiyya 1990.

AL-ĞAʿBARĪ, MUḤAMMAD: *al-Fiṭra wa al-ʿaqīda al-islāmiyya*, Mekka: King Abdulaziz University 1979.

AL-ĞĪLĪ, ʿABD AL-KARĪM: *al-Insān al-kāmil*, Beirut: Dār al-kutub al-ʿilmiyya 1997.

AL-ĞUNAYD, ABŪ AL-QĀSIM: *as-Sirr fī anfās aṣ-ṣūfiyya*, Kairo: Dār ğawāmiʿ al-kalim 2003.

AL-ĞUNAYDĪ, AḤMAD: *Ḥāšiyyat al-Mullā Aḥmad al-Ğunaydī ʿalā šarḥ al-ʿaqāʾid*, in: AL-MAZĪDĪ, AḤMAD FARĪD (HRSG.): *Šurūḥ wa-ḥawāšī al-ʿaqāʾid an-nasafiyya*, Beirut: Dār al-kutub al-ʿilmiyya 2013.

ĠURĀB, MAḤMŪD: *al-Fiqh ʿind aš-Šayḫ al-akbar Ibn al-ʿArabī*, Damaskus: Maṭbaʿat naḍr 1993.

ĠURĀB, MAḤMŪD: *al Ḫayāl ʿālam al-barzaḫ wa-l-miṯāl*, Damaskus: Maṭbaʿat naḍr 1993.

AL-ĞURĞĀNĪ, AŠ-ŠARĪF ʿALĪ B. MUḤAMMAD: *at-Taʿrīfāt*, Casablanca: Muʾassasat al-ḥusnā 2006.

AL-ĞURĞĀNĪ, AŠ-ŠARĪF ʿALĪ B. MUḤAMMAD: *Šarḥ al-mawāqif*, Kairo: al-Maktaba al-azhariyyya li t-turāṯ 2011.

AL-ĞUWAYNĪ, IMĀM AL-ḤARAMAYN: *al-Burhān fī uṣūl al-fiqh*, Katar: Emirat von Katar 1399H.

AL-ĞUWAYNĪ, IMĀM AL-ḤARAMAYN: *al-Iršād*, Kairo: Maktabat aṯ-ṯaqāfa ad-dīniyya 2009.

(as-Samīn) al-Ḥalabī, Aḥmad B. Yūsuf: *ʿUmdat al-ḥuffāẓ fī tafsīr ašraf al-alfāẓ*, Beirut: Dār al-kutub al-ʿilmiyya 1996.

Ḫān Efendi, Yaʿqūb: *Šarḥ fuṣūṣ al-ḥikam*, Beirut: Books Publisher 2015.

al-Ḥanbalī, Ibn ʿImād: *Šaḏarāt aḏ-ḏahab fī aḫbār man dahab*, Damaskus: Dār Ibn kaṯīr 1993.

al-Ḫarrāz, Abū Saʿīd: *Kitāb aṣ-ṣidq*, Calcuta: Baptist Mission Press 1937.

al-Ḥayyāṭī, Muḥammādī: *al-Manḥā al-ʿaqadī fī tafsīr Ibn Barraǧān bayn al-fahm aṣ-ṣufī wa an-nazʿa al-ašʿariyya*, 2013, http://www.habous.gov.ma/ (zugegriffen am 13.3.2014).

al-Muttaqī al-Hindī, ʿAlāʾ ad-Dīn: *Kanz al-ʿummāl*, Beirut: Muʾassasat ar-risāla 1985.

al-Huǧwīrī, Abū al-Ḥasan: *Kašf al-maḥǧūb*, übers. von Isʿād Qandīl, Beirut: Dār an-nahḍa al-ʿarabiyya 1980.

Ibn al-Abbār, Abū ʿAbdillāh Muḥammad: *at-Takmila li-kitāb aṣ-ṣila*, Beirut: Dār al-fikr 1995.

Ibn al-Abbār, Abū ʿAbdillāh Muḥammad: *Muʿǧam aṣḥāb al-qāḍī al-imām Abī ʿalī aṣ-Ṣadafī*, hg. von Franciscus Codera, Madrid: A.J. Rochas 1884.

Ibn ʿAbd al-Barr, Abū ʿUmar: *al-Istiḏkār*, Damaskus: Dār Qubba li-ṭ-ṭibbāʿa 1993.

Ibn ʿAbd al-Barr, Abū ʿUmar: *at-Tamhīd*, Bd. 18, Rabat: Wizārat al-awqāf 1987.

Ibn ʿAbd al-Barr, Abū ʿUmar: *Ǧāmiʿ bayān al-ʿilm wa-faḍlih*, Dammam: Dār Ibn al-Ǧawzī 1994.

Ibn ʿĀbidīn, Muḥammad Amīn: *Ḥāšiyat radd al-muḥtār*, Beirut: Dār al-kutub al-ʿilmiyya 1994.

Ibn ʿAǧība, Aḥmad: *Miʿrāǧ at-tašawwuf ilā ḥaqāʾiq at-taṣawwuf*, Casablanca: Dār ar-rašād al-ḥadīṯa 2002.

Ibn al-ʿArīf: *Maḥāsinu al-maǧālis*, hg. von Asin Palacios, Paris: Librairie Orientaliste 1933.

Ibn Barraǧān, Abū al-Ḥakam: *A Qurʾān Commentary by Ibn Barrajān of Seville (d. 536/1141): Īḍāḥ al-ḥikma bi-aḥkām al-ʿibra (Wisdom Deciphered, the Unseen Discovered)*, hg. von Gerhard Böwering und Yousef Casewit, Brill 2015.

Ibn Barraǧān, Abū al-Ḥakam: *at-Tafsīr aṣ-ṣufī li l-qurʾān*, hg. von Muḥammad al-ʿAdlūnī, Casablanca: Dar aṯ-ṯaqāfa 2011.

IBN BARRAĞĀN, ABŪ AL-ḤAKAM: *Tanbīh al-afhām ilā tadabbur al-kitāb al-ḥakīm wa-ta'arruf al-a'yāt wa n-naba' al-'aẓīm*, hg. von Fātiḥ Ḥusnī 'Abd al-Karīm, und Ra'fat al-Misrī, Amman: Dār an-nūr al-mubīn 2016.

IBN BAŠKUWĀL, ABŪ AL-QĀSIM: *aṣ-Ṣila*, Kairo: Dār al-kitāb al-miṣrī 1990.

IBN DURAYD, ABŪ BAKR: *Ğamharat al-luġa*, Beirut: Dār al-'ilm li-l-malāyīn 1987.

IBN FĀRIS, ABŪ AL-ḤUSAYN: *Maqāyīs al-luġa*, Beirut: Dār al-fikr 1979.

IBN FŪRAK, ABŪ BAKR: *Kitāb al-ḥudūd fī l-uṣūl*, Beirut: Dār al-ġarb 1999.

IBN FŪRAK, ABŪ BAKR: *Muğarrad maqālāt al-Imām al-Aš'arī*, Kairo: Maktabat aṯ-ṯaqāfa ad-diniyya 2006.

IBN AL-ĞAWZĪ, ABŪ AL-FARAĞ: *Zād al-masīr*, Beirut: al-Maktab al-islāmī 1984.

IBN ḤAĞAR AL-ASQALĀNĪ, AḤMAD B. 'ALĪ: *Lisān al-mīzān*, hg. von 'Abd al-Fattāḥ Abū Ġudda, Beirut: Maktabat al-matbū'āt al-islāmiyya 2002.

IBN ḤAZM, 'ALĪ: *al-Faṣl fī l-milal wa l-ahwā' wa n-niḥal*, Kairo: al-Maktaba at-tawfīqiyya 2003.

IBN MANẒŪR, ĞAMĀL AD-DĪN: *Lisān al-'arab*, Beirut: Dār al-ma'ārif 1998.

IBN MAYMŪN, ABŪ BAKR: *Šarḥ al-iršād*, Kairo: al-Maktaba al-anğlū miṣriyya 1987.

IBN QUNFUḎ, ABŪ AL-'ABBĀS: *Uns al-faqīr wa-'izz al-ḥaqīr fī at-ta'rīf bi aš-šayḫ Abī Madyan wa aṣḥābih*, Kairo: Dār al-muqaṭṭam 2002.

IBN SAWDAKĪN, ISMĀ'ĪL: *Šarḥ at-tağalliyyāt al-ilhāhiyya*, Casablanca: Dār aṯ-ṯaqāfa 2009.

IBN SAWDAKĪN, ISMĀ'ĪL: *Wasā'il as-sā'il*, in: *Bulġat al-ġawwāṣ fī l-akwān ilā ma'din al-iḫlāṣ fī ma'rifat al-insān*, Beirut: Dār al-kutub al-'ilmiyya 2011, S. 233–275.

IBN TAYMIYYA, TAQIYY AD-DĪN: *ar-Rad 'alā al-manṭiqiyyīn*, Lahore: Ma'ārif Lahor 1977.

IBN TAYMIYYA, TAQIYY AD-DĪN: *Dar' ta'āruḍ al-'aql wa n-naql*, Riad: Ğāmi'at al-Imām Muḥammad b. Su'ūd 1991.

IBN AT-TILMISĀNĪ, ŠARAF AD-DĪN: *Šarḥ ma'ālim uṣūl ad-dīn*, Amman: Dār al-fatḥ 2010.

AL-IṢAFAHĀNĪ, ABŪ NU'AYM: *Ḥilyat al-awliyā'*, Beirut: Dār al-kutub al-'ilmiyya 1988.

AL-IṢBAHĀNĪ, ŠAMS AD-DĪN: *Bayān al-muḫtaṣar šarḥ muḫtaṣar Ibn al-Ḥāğib*, Kairo: Dār as-salām 2004.

AL-IṢFAHĀNĪ, AR-RĀĠIB: *Mufradāt al-qur'ān*, Damaskus: Dār al-qalam 2009.

AL-ISFARĀYĪNĪ, 'IṢĀM AD-DĪN: *Ḥašiyyat al-'iṣām 'alā šarḥ al-'aqā'id*, in: AL-MAZĪDĪ, AḤMAD FARĪD (HRSG.): *Šurūḥ wa-ḥawāšī al-'aqā'id an-nasafiyya*, Beirut: Dār al-kutub al-'ilmiyya 2013.

AL-KALĀBĀḎĪ, ABŪ BAKR: *at-Ta'arruf li-maḏhab ahl at-taṣawwuf*, Beirut: Dār al-kutub al-'ilmiyya 2001.

AL-KŪMĪ, ABŪ 'ABDILLĀH: *Taḥrīr al-maṭālib li-mā-taḍammanathu 'aqīdat ibn al-ḥāǧib*, Beirut: Mu'assasat al-ma'ārif 2008.

AL-MAHĀ'IMĪ, 'ALĀ' AD-DĪN: *Ḫuṣūṣ an-ni'am fī šarḥ fuṣūṣ al-ḥikam*, Beirut: Dār al-kutub al-'ilmiyya 2007.

AL-MĀWARDĪ, ABŪ AL-ḤASAN: *Adab ad-dunyā wa d-dīn*, Beirut: Dār iqra' 1985.

AL-MAZĪDĪ, AḤMAD FARĪD (HRSG.): *Šurūḥ wa-ḥawāšī al-'aqā'id an-nasafiyya*, Beirut: Dār al-kutub al-'ilmiyya 2013.

AL-MUḤĀSIBĪ, AL-ḤĀRIṮ: *al-'Aql wa-fahm al-qur'ān*, Beirut: Dār al-fikr 1971.

AL-MUḤĀSIBĪ, AL-ḤĀRIṮ: *Kitāb al-'ilm*, Tunis: ad-Dār at-tūnusiyya li-n-našr 1975.

AL-MUḤĀSIBĪ, AL-ḤĀRIṮ: *Māhiyat al-'aql*, in: *al-Masā'il fī a'māl al-qulūb*, Beirut: Dār al-kutub al-'ilmiyya 2000, S. 168–185.

ĞĀMĪ (MULLĀ), 'ABD AR-RAḤMĀN: *Šarḥ fuṣūṣ al-ḥikam*, Beirut: Dār al-kutub al-'ilmiyya 2004.

AL-MURRĀKUŠĪ, ABŪ MUḤAMMAD: *al-Mu'ǧib fī talḫīṣ aḫbār al-maġrib*, Beirut: al-Maktaba al-'aṣriyya 2006.

ṢABRĪ, MUṢṬAFĀ: *Mawqifu l-'aql wa l-'ilm wa l-'ālam min rabbi-l-'ālamīn*, Bd. 3, Beirut: al-Maktaba al-'aṣriyya 2012.

AN-NĀBULUSĪ, 'ABD AL-ĠANIYY: *Dīwān al-ḥaqā'iq wa-maǧmū' ar-raqā'iq*, Beirut: Dār al-kutub al-'ilmiyya 2001.

AN-NĀBULUSĪ, 'ABD AL-ĠANIYY: Ǧawāhir an-nuṣūṣ fī ḥall kalimāt al-fuṣūṣ, Beirut: Dār al-kutub al-'ilmiyya 2008.

AL-QĀŠĀNĪ, 'ABD AR-RAZZĀQ: *Laṭāyif al-i'lām fī išārāt ahl al-ilhām*, Beirut: Dār al-kutub al-'ilmiyya 2004.

AL-QĀŠĀNĪ, 'ABD AR-RAZZĀQ: *Šarḥ fuṣūṣ al-ḥikam*, Beirut: Dār al-kutub al-'ilmiyya 2007.

AL-QAYṢARĪ, DAWŪD: *Šarḥ fuṣūṣ al-ḥikam*, Beirut: Manšūrāt ar-riḍā 2003.

AL-QUMMĪ, ABŪ AL-ḤASAN: *Tafsīr al-qummī*, Qom: Dār al-kitāb li aṭ-ṭibā'a 1303.

AL-QŪNAWĪ, ṢADR AD-DĪN: *an-Nuṣūṣ fī taḥqīq aṭ-ṭawr al-maḫṣūṣ*, in: AL-MAHĀʾIMĪ, ʿALĀʾ AD-DĪN: *Mašraʿ al-ḫuṣūṣ ilā maʿānī an-nuṣūṣ*, Beirut: Dār al-kutub al-ʿilmiyya 2008.

AL-QŪNAWĪ, ṢADR AD-DĪN: *Iʿǧāz al-bayān fī tafsīr umm al-qurʾān*, Beirut: Dār al-kutub al-ʿilmiyya 2005.

AL-QUŠAYRĪ, ABŪ AL-QĀSIM: *ar-Risāla al-qušayriyya*, Beirut: Dār al-kitāb al-ʿarabī 2005.

AR-RAHŪNĪ, ABŪ ZAKARIYYĀ: *Tuḥfat al-masʾūl fī šarḥ muḫtasar muntahā as-sūl fī uṣūl al-fiqh*, Beirut: Dār al-kutub al-ʿilmiyya 2007.

RAMADĀN EFENDI, IBN MUḤAMMAD: *Šarḥ Ramdān Efendi ʿalā šarḥ as-Saʿd ʿalā al-ʿaqāʾid an-nasafiyya*, Beirut: Dār al-kutub al-ʿilmiyya 2012.

AR-RĀZĪ, FAḪR AD-DĪN: *al-Maḥṣūl fī uṣūl al-fiqh*, Damaskus: Muʾassasat ar-risāla 2000.

AR-RĀZĪ, FAḪR AD-DĪN: *al-Maṭālib al-ʿāliyya min al-ʿilm al-ilāhī*, Beirut: Dār al-Kitāb al-ʿarabī 1987.

AR-RĀZĪ, FAḪR AD-DĪN: *at-Tafsīr al-kabīr*, Beirut: Dār al-fikr 1981.

AS-SARRĀǦ, ABŪ NAṢR: *al-Lumaʿ fī tarīḫ at-taṣawwuf*, hg. von Reynold Alleyne Nicholson, Leiden: Brill 1914.

AŠ-ŠAʿRĀNĪ, ʿABD AL-WAHHĀB: *aṭ-Ṭabaqāt al-Kubrā*, Beirut: Dār al-kutub al-ʿilmiyya 2006.

SCHUBERT, GUDRUN: *Der mystisch-philosophische Briefwechsel zwischen Ṣadr ud-Dīn al-Qōnawī und Naṣīr ud-Dīn-i Ṭūṣī*, Beirut: Orient-Institut Beirut 2011.

AS-SIMLĀLĪ, AL-ʿABBĀS B. IBRĀHĪM: *al-Iʿlām bi-man ḥalla murākuš wa-aġmāt min al-aʿlām*, Rabat: al-Maṭbaʿa al-malakiyya 1993.

AŠ-ŠĪRĀZĪ, ABŪ ISḤAQ: *al-Išāra ila-maḏhab ahl al-ḥaqq*, Beirut: Dār al-kitāb al-ʿarabī 1999.

AS-SULAMĪ, ʿABD AR-RAḤMĀN: *Ḥaqāʾiq at-tafsīr*, Beirut: Dār al-kutub al-ʿilmiyya 2001.

AS-SULAMĪ, ʿABD AR-RAḤMĀN: *Tabaqāt aṣ-ṣūfiya*, Beirut: Dār al-kutub al-ʿilmiyya 2003.

AṬ-ṬABARĪ, ABŪ ǦAʿFAR: *Tafsīr aṭ-ṭabarī*, Kairo: Dār haǧar 2001.

AṬ-ṬABĀṬABĀʾĪ, MUḤAMMAD ḤUSAYN: *al-Mīzān fī tafsīr al-qurʾān*, Beirut: Muʾassasat al-aʿlamī 1997.

AT-TĀDILĪ, ABŪ YA'QŪB B. AZ-ZAYYĀT: *at-Tašawwuf ilā riǧāl ahl at-taṣawwuf*, hg. von Aḥmad at-Tawfīq, 2. Aufl., Rabat: Manšūrat kulliyat al-ādāb 1997.

AT-TAFTĀZĀNĪ, SA'D AD-DĪN: *Šarḥ al-maqāṣid*, Beirut: 'Ālam al-kutub 1998.

AT-TAFTĀZĀNĪ, SA'D AD-DĪN (Hrsg.): *Šarḥ al-'aqā'id*, Kairo: al-Maktaba al-azhariyyya li-turāṯ 2000.

AT-TALĪDĪ, 'ABD ALLAH: *al-Muṭrib bi-mašāhīr awliyā' al-maġrib*, Rabat: Dār al-amān 2003.

ṬĀŠKÖPRÜZĀDE, AḤMAD: *Miftāḥ as-sa'āda*, Beirut: Dār al-kutub al-'ilmiyya 1985.

AT-TILMISĀNĪ, ŠIHĀB AD-DĪN: *Azhār ar-riyād fī aḫbār al-Qāḍī 'Iyyāḍ*, hg. von Muṣtafā as-Saqqā und Ibrahīm al-Abyārī, Kairo: Laǧnat a-Ta'līf wa-Tarǧama wa-Našr 1942.

AT-TILMISĀNĪ, 'AFĪF AD-DĪN: *Šarḥ fuṣūṣ al-ḥikam*, Beirut: Dār al-kutub al-'ilmiyya 2015.

AT-TILMISĀNĪ, 'AFĪF AD-DĪN: *Šarḥ manāzil as-sā'irīn ilā al-ḥaqq al-mubīn*, Beirut: Books Publisher 2013.

AT-TIRMIḎĪ, AL-ḤAKĪM: *Bayān al-farq bayna aṣ-ṣadr wa l-qalb wa l-fu'ād wa l-lubb*, Amman: al-Markaz al-malakī li-l-buḥūṯ 2012.

AT-TURKA, ṢĀ'IN AD-DĪN: *Šarḥ fuṣūṣ al-ḥikam*, Beirut: Dār al-kutub al-'ilmiyya 2012.

AT-TURKA, ṢĀ'IN AD-DĪN: *Tamhīd al-qawā'id aṣ-ṣūfiyya*, Beirut: Dār al-kutub al-'ilmiyya 2005.

AL-WARDĪNĪ, 'ABD AL-QĀDIR: *Buġyat al-muštāq*, Kairo: Būlāq 1881.

YAZICIOĞLU, MUḤAMMAD B. ṢĀLIḤ: *Šarḥ fuṣūṣ al-ḥikam*, Beirut: Dār al-kutub al-'ilmiyya 2012.

AZ-ZABĪDĪ, MURTAḌĀ: *Tāǧ al-'arūs min ǧawāhir al-Qāmūs*, Kuwait: al-Maǧlis al-Waṭanī li-ṯaqāfa wa-l-Funūn 2001.

AZ-ZIRIKLĪ, ḪAYR AD-DĪN: *al-A'lām*, Beirut: Dār al-'ilm li-l-malāyīn 2002.

Weitere Literatur:

'ABD AL-MUHAYMIN, AḤMAD: *Naẓariyyat al-maʿrifa bayn Ibn Rušd wa-Ibn ʿArabī*, Alexandria: Dār al-wafāʾ 2000.

'ABD AR-RAḤMĀN, ṬĀHĀ: *al-ʿAmal ad-dīnī wa-tağdīd al-ʿaql*, Rabat: al-Markaz aṯ-ṯaqāfī al-ʿarabī 1997.

'ABD AR-RAḤMĀN, ṬĀHĀ: *Suʾāl al-ʿamal*, Casablanca: al-Markaz aṯ-ṯaqāfī al-ʿarabī 2012.

'ABD AR-RAḤMĀN, ṬĀHĀ: *Tağdīd al-minhağ fī taqwīm at-turāṯ*, Casablanca: al-Markaz aṯ-ṯaqāfī al-ʿarabī 1994.

ABDULLAH BEREKE, ABDÜLFETTÂH: *Hakîm et-Tirmizî*, in: TÜRKIYE DIYANET VAKFI (HRSG.): *İslâm Ansiklopedisi*, İstanbul 1997.

ABRAHAMOV, BINYAMIN: *Ibn al-'Arabi and the Sufis*, Oxford: Anqa Publishing 2014.

ABRAHAMOV, BINYAMIN: *Ibn al-Arabi's Fusus al-Hikam*, London ; New York: Taylor & Francis Ltd 2015.

ABRAHAMOV, BINYAMIN: *Ibn Arabî's Theory of Knowledge (Part I)*, in: *Journal of The Muhyiddin Ibn 'Arabi Society* 41 (2007).

ABRAHAMOV, BINYAMIN: *Islamic Theology: Traditionalism and Rationalism*, Edinburgh: Edinburgh University Press 1998.

ADANG, CAMILLA: *Shurayh al-Ruʻayni and the Transmission of the Works of Ibn Hazm*, in: ADANG, CAMILLA, MARIBEL FIERRO UND SABINE SCHMIDTKE (HRSG.): *Ibn Ḥazm of Cordoba: the life and works of a controversial thinker*, Leiden: Brill 2013, S. 513–537.

ADANG, CAMILLA: *Zahiris of Almohad Times*, in: FIERRO, MARIBEL UND MARÍA LUISA AVILA (HRSG.): *Estudios onomástico-biográficos de al-Andalus. Vol. X. Biografías almohades II*, Madrid: Consejo Superior de Investigaciones Científicas 2000, S. 413–479.

ADDAS, CLAUDE: *Ibn Arabî et le voyage sans retour*, Paris: Seuil 1996.

ADDAS, CLAUDE: *Ibn ʿArabī, ou, La quête du soufre rouge*, Paris: Gallimard 1989.

'AFĪFĪ, ABŪ AL-ʿALĀʾ: *al-Falsafa aṣ-ṣūfiyya ʿinda Muḥyī ad-Dīn Ibn al-ʿArabī*, Kairo: Dār al-kutub wa al-waṯāʾiq al-qawmiyya 2009.

AL-ʿAĞLŪNĪ, ISMĀʿĪL: *Kašf al-ḫafā wa l-iltibās ʿammā ištahara min al-aḥādīṯ ʿalā alsuni an-nās*, Kairo: Maktabat al-quds 1351.

AHMED, SHAHAB: *What Is Islam?: The Importance of Being Islamic*, Princeton ; Oxford: Princeton Univers. Press 2015.

AKTI, SELAHATTIN: *Gott und das Übel: Die Theodizee-Frage in der Existenzphilosophie des Mystikers Muhyiddin Ibn Arabi*, 1. Aufl., Xanten: Chalice 2016.

ALAND, BARBARA: *Die Gnosis*, Stuttgart: Reclam 2014.

ALAND, BARBARA: *Was ist Gnosis?: Studien zum frühen Christentum, zu Marcion und zur kaiserzeitlichen Philosophie*, Tübingen: Mohr Siebeck 2009.

ALGAR, HAMID: *Reflections of Ibn 'Arabi in Earyl Naqshbandî Tradition*, in: *Journal of the Muhyiddin Ibn ʿArabi Society* 10 (1991), S. 45–66.

AL-ʿISĀWĪ, ʿĀDIL: *Ruḍūḍ Ibn ʿArabī ʿalā al-mutakallimīn min ḫilāl kitāb al-futūḥāt al-makkiyya*, Bagdad: Dār al-kutub wa al-watāʾiq al-waṭaniyya 2010.

ALMOND, IAN: *Sufism and Deconstruction: A Comparative Study of Derrida and Ibn 'Arabi*, Routledge 2004.

ASIN PALACIOS, MIGUEL: *El Islam christianizado: estudio del sufismo a través de las obras de Aben-arabi de Murcia*. Dibujos de Carlos de Miguel, Madrid: Editorial Plutarco 1931.

AL-ʿAṬṬĀR, SULAĪMĀN: *al-Ḫayāl ʿind Ibn al-ʿArabī*, Kairo: Dār aṯ-ṯaqāfa 1991.

AZHARI NOER, KAUTSAR: *The Encompassing Heart: Unified Vision for a Unified World*, in: *Journal of The Muhyiddin Ibn 'Arabi Society* 43 (2008), S. 75–91.

AL-BADRĪ, MUḤAMMAD FĀRŪQ: *Fiqh aš-Šayḫ Muḥyī ad-Dīn Ibn ʿArabī fī l-ʿIbādāt*, Beirut: Dār al-kutub al-ʿilmiyya, 2006.

BAKAR, OSMAN: *Classification of Knowledge in Islam: A Study in Islamic Philosophies of Science*, Cambridge, U.K: The Islamic Texts Society 1998.

BAKKER, JENS: *Normative Grundstrukturen der Theologie des sunnitischen Islam im 12.,18. Jahr-hundert*, Berlin: EB-Verlag 2009.

BASHIER, SALMAN: *Ibn al-'Arabi's Barzakh: The Concept of the Limit and the Relationship Between God and the World*, Albany: State University of New York Press 2004.

BĀSĪL, VICTOR SAʿĪD: *Waḥdat al-wuǧūd ʿind Ibn ʿArabī wa-ʿAbd al-Ġaniyy an-Nābulusī*, Beirut: Dār al-fārābī 2006.

BAUM, PATRICK UND STEFAN HÖLTGEN: *Lexikon der Postmoderne: Von Abjekt bis Zizek - Begriffe und Personen*, Bochum: Projekt 2010.

BAUER, THOMAS: *Die Kultur der Ambiguität: eine andere Geschichte des Islams*, Berlin: Verlag der Weltreligionen 2011

Begley, Wayne E.: *The Myth of the Taj Mahal and a New Theory of its Symbolic Meaning*, in: *The Art Bulletin* 1 (1976), S. 7–37.

Bennett, M.R und P.M.S Hacker: *Philosophie und Neurowissenschaft*, in: Sturma, Dieter (Hrsg.): *Philosophie und Neurowissenschaften*, 4. Aufl., Frankfurt am Main: Suhrkamp Verlag 2008, S. 20–42.

Bertolacci, Amos: *Arabic and Islamic Metaphysics*, in: Zalta, Edward und und Uri Nodelman (Hrsg.): *The Stanford Encyclopedia of Philosophy*, Summer 2015 Aufl., Metaphysics Research Lab, Stanford University 2015, https://plato.stanford.edu/archives/sum2015/entries/arabic-islamic-metaphysics/ (zugegriffen am 7.2.2018).

Bin Ramli, Harith: *The Rise of Early Sufism: A Survey of Recent Scholarship on its Social Dimensions*, in: *History Compass* 8/11 (2010), S. 1299–1315.

Brown, Vahid: *Muhammad b. Masarra al-Jabali and his Place in Medieval Islamicate Intellectual History: Towards a Reappraisal*, Reed College 2006.

Ceyhan, Semih: *al-Qunawi's influence on the Ottoman Mathnawi commentary Tradition: Histo-ry, intellectual context and the case of Abdullah al-Bosnawi*, in: *Journal of the Muhyiddin Ibn ʿArabi Society* 49 (2011), S. 35–68.

Chittick, William C.: *Bildhafte Welten: Ibn Arabi und die Frage der religiösen Vielfalt*, Herrliberg: Edition Shershir 2015.

Chittick, William C.: *Ibn Arabi*, in: Zalta, Edward und Uri Nodelman (Hrsg.): *The Stanford Encyclopedia of Philosophy*, 2015.

Chittick, William C.: *Ibn Arabi: Erbe der Propheten*, Herrliberg: Edition Shershir 2012.

Chittick, William C.: *Ibn Arabi: Heir to the Prophets*, Oxford: Oneworld Publications 2007.

Chittick, William C.: *Imaginal Worlds: Ibn al-'Arabi and the Problem of Religious Diversity*, Albany: State University of New York Press 1994.

Chittick, William C.: *In Search of the Lost Heart: Explorations in Islamic Thought*, hg. von Mohammed Rustom, Atif Khalil und Kazuyo Murata, Albany, N.Y.: State University of New York Press 2012.

Chittick, William C.: *Sufism: A Beginner's Guide*, Oxford, England: Oneworld Publications 2007.

Chittick, William C.: *The Self-disclosure of God: Principles of Ibn al-ʿArabī's Cosmology*, Albany, NY: SUNY Press 1998.

Chittick, William C.: *The Sufi Path of Knowledge: Ibn al-ʿArabi's Metaphysics of Imagination*, SUNY Press 1989.

Chittick, William C.: *Waḥdat al-Wujud in India*, in: ESHOTS, YANIS (HRSG.): *Islamic philosophy yearbook*, Bd. 3, Moscow: Vostochnaya Literatura Publishers 2012.

CHODKIEWICZ, MICHEL: *Le saint illettré dans l'hagiographie islamique*, in: CENTRE DE RECHER-CHES HISTORIQUES (HRSG.): *Les Cahiers du Centre de Recherches Historiques*, 1992, http:// ccrh.revues.org/2799 (zugegriffen am 19.2.2015).

CHODKIEWICZ, MICHEL: *Le Sceau des saints prophétie et sainteté dans la doctrine d'Ibn Arabî*, 2. Aufl., Paris: Gal-limard 2012.

CHODKIEWICZ, MICHEL: *The Diffusion of Ibn 'Arabi's Doctrine*, in: *Journal of the Muhyiddin Ibn 'Arabi Society* 9 (1991), S. 36–58.

CHODKIEWICZ, MICHEL: Un océan sans rivage. Ibn Arabî, le Livre et la Loi, Paris: Seuil 1992.

CHURTON, TOBIAS: *Gnostic Philosophy: From Ancient Persia to Modern Times*, Rochester: Inner Traditions 2005.

CLARK, JANE: *Early Best-sellers in the Akbarian Tradition*, in: *Journal of the Muhyiddin Ibn 'Arabi Society* 33 (2003), S. 22–53.

CLARK, JANE: *Towards a Biography of Ṣadr ad-Dīn al-Qūnawī*, in: *Journal of the Muhyiddin Ibn 'Arabi Society* 49 (2011), S. 1–34.

CLARK, JANE: *Universal Meanings in Ibn 'Arabī's Fusūs al-hikam: Some Comments on the Chapter of Moses*, in: *Journal of The Muhyiddin Ibn 'Arabi Society* 38 (2005), S. 105–129.

COATES, PETER: *Ibn 'Arabi and Modern Thought: The History of Taking Metaphysics Seriously*, Oxford: Anqa Pub 2002.

COATES, PETER: *Ibn 'Arabī and Modern Tought: The Era*, in: MISBĀHĪ, MUḤAMMAD (HRSG.): *Ibn 'arabī and the world today*, Casablanca: Publications of the Faculty of Letters an Human Sciences Rabat 2003, S. 9–17.

CONZE, EDWARD: *Buddhistisches Denken*, übers. von Ursula Richter, 1. Aufl., Frankfurt am Main: Insel Verlag 2007.

CORBIN, HENRY: *Histoire de la philosophie islamique*, 2. Aufl., Paris: Gallimard 2006.

CORBIN, HENRY: *L'imagination créatrice dans le soufisme d'Ibn Arabi*, Paris: Entrelacs 2006.

DAGLI, CANER K.: *Ibn al-Arabi and Islamic Intellectual Culture: From Mysticism to Philosophy*, London; New York: Taylor & Francis Ltd 2016.

DELEUZE, GILLES: *Empirisme et subjectivité*, 8. Aufl., Paris: Presses Universitaires de France 2010.

DEMIRLI, EKREM: *Fütuhat-ı Mekkiyye*, İstanbul: Litera Yayıncılık 2014.

DESCARTES, RENÉ: *Discours de la Méthode /Bericht über die Methode*: Franz. /Dt., übers. von Holger Ostwald, Stuttgart: Reclam 2001.

DEUSSEN, PAUL: *Das System des Vedanta*, Leipzig: Brockhaus 1906.

DĪRKĪ, HIFRŪ MUḤAMMAD: *al-Ma'ifa wa-ḥudūduha 'ind Ibn 'Arabī*, Damaskus: at-Takwīn 2006.

DUDEN: *Herkunftswörterbuch* (Digitale Version), Duden Bibliothek, Graz: Duden 2013.

DUĠAYM, SAMĪḤ: *Mawsū'at muṣṭalaḥāt 'ilm al-kalām*, Beirut: Maktabat lubnān 1998.

EBSTEIN, MICHAEL: *Mysticism and philosophy in al-Andalus: Ibn Masarra, Ibn al-'Arabī and the Ismā'īlī tradition*, Leiden: Brill 2014.

ELGER, RALF: Mustafa al-Bakri: *Zur Selbstdarstellung eines syrischen Gelehrten, Sufis und Dichters des 18. Jahrhunderts*, Schenefeld: EB-Verlag 2004.

ELIADE, MIRCEA: *Geschichte der religiösen Ideen*, Freiburg im Breisgau; Basel; Wien: Herder 2002.

FRAGER, ROBERT UND JAMES FADIMAN: *Essential Sufism*, San Francisco: Harper One 1999.

FRANK, RICHARD M.: *Beings and Their Attributes: The Teaching of the Basrian School of the Mu'tazila in the Classical Period*, Albany: State University of New York Press 1978.

GHANDOUR, ALI: *Die Vielfalt innerhalb der Maḏāhib in ihrer Entstehungs- und Entwicklungsphase am Beispiel des mālikitīschen Maḏhab*, in: MILAD KARIMI UND MOUHANAD KHORCHIDE (HRSG.): *Jahrbuch für Islamische Theologie und Religionspädagogik*, Freiburg: Kalam Verlag 2012.

GOETHE, JOHANN WOLFGANG: *Faust*, Stuttgart: Cotta'sche Verlag 1854.

GOLDZIHER, IGNAZ: *Die Ẓāhirīten*, Leipzig: Otto Schulze 1884.

GRIFFEL, FRANK: *al-Ghazālī's philosophical theology*, Oxford; New York: Oxford University Press 2009.

GUÉNON, RENÉ: *Aperçus sur l'ésotérisme islamique et le Taoïsme*, Paris: Gallimard 1992.

HAJ YOUSEF, MOHAMED: *The Single Monad Model of the Cosmos or: The Days of God: Ibn Arabi's Concept of Time and Creation in Six days*, CreateSpace Independent Publishing Plat-form 2013.

AL-ḤAKĪM, SU'ĀD: *al-Mu'ǧam aṣ-ṣūfī*, Beirut: Dandara 1981.

AL-ḤAKĪM, SU'ĀD: *Ibn 'Arabī wa mawlid luġa ǧadīda*, Beirut: Dandara 1991.

HALVERSON, JEFFRY: *Theology and Creed in Sunni Islam: The Muslim Brotherhood, Ash'arism, and Political Sunnism*, New York, N.Y: Palgrave Macmillan 2010.

ḪAMĪSĪ, SĀ'ID: *Ibn al-'arabī - al-musāfir al-'ā'id*, Beirut: ad-Dār al-'arabiyya li l-'ulūm 2010.

ḪAMĪSĪ, SĀ'ID: *Naẓariyyat al-ma'rifa 'ind Ibn 'Arabī*, Kairo: Dār al-faǧr 2001.

HARNACK, EDGAR W.: Verhaltenstherapie und Tiefenpsychologie: Die notwendige Versöhnung von vita activa und vita contemplativa, in: e-Journal Philosophie der Psychologie 15 (2011), http://www.jp.philo.at/texte/HarnackE1.pdf.

HEIDEGGER, MARTIN: *Sein und Zeit*, 19. Aufl., Tübingen: De Gruyter 2006.

HIRTENSTEIN, STEPHEN: *Der grenzenlos Barmherzige: Das spirituelle Leben und Denken des Ibn Arabi*, übers. von Karin Monte, Zürich: Chalice Verlag 2008.

HIRTENSTEIN, STEPHEN: *The Unlimited Mercifier: The spiritual life and thought of Ibn 'Arabi*, Anqa Publishing 1999.

HOLBROOK, VICTORIA R.: *Ibn 'Arabī and the Ottoman Dervish Tradition: The Melâmî Supra-Order - Part One*, in: *Journal of the Muhyiddin Ibn 'Arabi Society* 9 (1991), S. 18–35.

HOLBROOK, VICTORIA R.: *Ibn 'Arabī and the Ottoman Dervish Tradition: The Melâmî Supra-Order - Part Two*, Journal of the Muhyiddin Ibn 'Arabi society 12 (1992), S. 15–33.

AL-'ADSCHAM, RAFĪQ: *Mawsū'at muṣṭalḥāt at-taṣawwuf al-islāmī*, Beirut: Maktabat lubnān 1999.

IZUTSU, TOSHIHIKO: *Sufism and Taoism: A Comparative Study of Key Philosophical Concepts*, Rev Sub Aufl., Berkeley: University of California Press 1984.

JAAKO HÄMEEN-ANTTILA: *The Immutable Entities and Time, Journal of The Muhyiddin Ibn 'Arabi Society* 39 (2006), S. 15–32.

JONES, LINDSAY (Hrsg.): *Encyclopedia of Religion*, 2 edition Aufl., Detroit: Macmillan Reference USA 2004.

KALIN, IBRAHIM: *From the Temporal Time to the Eternal Now: Ibn al-'Arabi and Mulla Sadra on Time, Journal of The Muhyiddin Ibn 'Arabi Society* 41 (2007), S. 31–62.

KALIN, IBRAHIM: *Knowledge in Later Islamic Philosophy: Mulla Sadra on Existence, Intellect, and Intuition*, New York, NY: Oxford University Press 2010.

KANT, IMMANUEL: *Die drei Kritiken: Kritik der reinen Vernunft*, Frankfurt am Main: Suhrkamp Verlag 1995.

KARADAŞ, CAĞFER: *From the Temporal Time to the Eternal Now: Ibn al-'Arabi and Mulla Sadra on Time*, Uludağ Ü. İlahiyat Fakültesi Dergisi 15/2 (2006), S. 1–17.

KERN, WALTER, HERMANN J. POTTMEYER UND MAX SECKLER: Handbuch der Fundamentaltheologie, 4 Bde., Bd.4, Traktat Theologische Erkenntnislehre, 2. Aufl., Tübingen: UTB 2000.

KÜÇÜK, HÜLYA: *Light Upon Light in Andalusian Sufism: Abū l-Ḥakam Ibn Barrajān (d.536/1141) and Muḥyī l-Dīn Ibn al-'Arabī (d.638/1240) as the Evolver of His Hermeneutism, Part 1: Ibn Barrajān's Life ans Works, Zeitschrift der Deutschen Morgenländischen Gesellschaft* 163/1 (2013), S. 87–116.

KÜÇÜK, HÜLYA: *Light Upon Light in Andalusian Sufism: Abū l-Ḥakam Ibn Barrajān (d.536/1141) and Muḥyī l-Dīn Ibn al-'Arabī (d.638/1240) as the Evolver of His Hermeneutism, Part 2: Ibn Barrajān's Views and Legacy, Zeitschrift der Deutschen Morgenländischen Gesellschaft* 163/2 (2013).

LANDAU, ROM: *The Philosophy of Ibn 'Arabi*, Abingdon, Oxon: Routledge 2007.

LAWSON, TODD: *Reason and Inspiration in Islam: Theology, Philosophy and Mysticism in Muslim Thought: Essays in Honour of Hermann Landolt*, London ; New York : London : New York: I.B.Tauris 2005.

LEGALL, DINA: *A Culture of Sufism: Naqshbandis in the Ottoman World, 1450-1700*, Albany: State University of New York Press 2004.

LIDDELL, HENRY GEORGE UND ROBERT SCOTT: *Liddell and Scott. An Intermediate Greek-English Lexicon*, Oxford: Clarendon Press 1889, http://www.perseus.tufts.edu/.

LIPTON, G.A: *Muhibb Allah Ilāhābādī: South Asian Heir to Ibn 'Arabi*, in: *Journal of the Muhyiddin Ibn ʿArabi Society* 45 (2009), S. 89–120.

LOUAI, EL HABIB: *Key Concepts in the Writings of Ibn Arabi and Hans-Georg Gadamer*, Saarbrücken: LAP LAMBERT Academic Publishing 2013.

MALAMUD, MARGARET: *Sufi Organizations and Structures of Authority in Medieval Nishapur*, in: *International Journal of Middle East Studies* 26 (1994), S. 427–442.

AL-MĀLIḤ, MUḤAMMAD RIYĀḌ: *aš-Šayḫ al-Akbar Muḥyī ad-Dīn Ibn al-ʿArabī*, Abu Dhabi: Abu Dhabi Authority for Culture & Heritage Cultural Foundation 2007.

MASRUḤĪN, MUḤAMMAD YUNUS: *al-Wuǧūd wa az-zamān fī al-ḫiṭāb aṣ-ṣūfī ʿind Ibn ʿArabī*, Beirut: Manšūrāt al-ǧamal 2015.

MASSIGNON, LOUIS: *La Passion de Husayn ibn Mansûr Hallâj (Tome 2-La survie de Hallâj): Mar-tyr mystique de l'Islam exécuté à Bagdad le 26 mars 922*. Étude d'histoire religieuse, Paris: Librairie Orientaliste 1922.

MAYER, MAYER: *Theology and Sufism*, in: WINTER, TIM (HRSG.): *The Cambridge Companion to Classical Islamic Theology*, Cambridge ; New York: Cambridge University Press 2008, S. 258–287.

MELCHERT, CHRISTOPHER: *The Ḥanābila and the Early Sufis*, in: *Arabica* 48/3 (2001), S. 352–367.

Melchert, Christopher: *The Piety of the Hadith Folk*, in International Journal of Middle East Studies 34 (2002), S. 425–439.

Melchert, Christopher: *The Transition from Asceticism to Mysticism at the Middle of the Ninth Century C.E.*, in: *Studia Islamica* 83 (1996), S. 51–70.

Melvin-Koushki, Matthew S.: *The Quest for a Universal Science: The Occult Philosophy of Ṣā'in al-Dīn Turka Iṣfahānī (1369-1432) and Intellectual Millenarianism in Early Timurid Iran*, Yale: Yale University 2012.

MISBĀHĪ, MUḤAMMAD: *Na'am wa-lā: al-Fikr al-munfatiḥ 'ind Ibn 'Arabī*, Beirut: ad-Dār al-'arabiyya li l-'ulūm 2012.

MOJADDEDI, JAWID A.: *Legitimizing Sufism in al-Qushayri's ‚Risala*, in: *Studia Islamica* 90 (2000), S. 37–50.

MUḤAMMAD 'ABBĀS, QĀSIM: *Abū Yazīd al-Bisṭamī*, Damaskus: al-Madā 2004.

MURATA, SACHIKO: *Chinese Gleams of Sufi Light: Wang Tai-yu's Great Learning of the Pure and Real and Liu Chih's Displaying the Concealment of the Real Realm. With a New Translation of Jami's Lawa'ih from the Persian by William C. Chittick*, New York: SUNY Press 2000.

MURATA, SACHIKO, WILLIAM C. CHITTICK UND WEIMING TU: *The Sage Learning of Liu Zhi: Islamic Thought in Confucian Terms*, Cambridge, Mass: Harvard Univ Pr 2009.

NASR, SEYYED HOSSEIN: *Islamic Philosophy from Its Origin to the Present*, New York: SUNY Press 2006.

NASR, SEYYED HOSSEIN: *Shi'ism and Sufism: Their Relationship in Essence and in History*, in: Religious Studies 6/3 (1970), S. 229–242.

NASR, SEYYED HOSSEIN UND OLIVER LEAMAN (HRSG.): *History of Islamic Philosophy*, New York: Psychology Press 1996.

AN-NAŠŠĀR, 'ALĪ SĀMĪ: *Manāhiǧ al-baḥṯ 'ind mufakkirī al-islām*, 2. Aufl., Kairo: Dār as-salām 2012.

NICHOLSON, REYNOLD ALLEYNE: *The Tarjumán al-ashwáq: A Collection of Mystical Odes*, Royal Asiatic society 1911.

NONGBRI, BRENT: *Before Religion: A History of a Modern Concept*, Reprint edition Aufl., New Haven: Yale University Press 2015.

AN-NŪRĪ, ABŪ AL-ḤUSAYN: *Maqāmāt al-qulūb*, Baghdad: Maṭbaʿat al-maʿārif 1969.

NYANAPONIKA: Buddhistisches Wörterbuch: *Kurzgefasstes Handbuch der buddhistischen Lehren und Begriffe in alphabetischer Anordnung*, 4. Aufl., Stammbach: Beyerlein u. Steinschulte 1989.

NYBERG, HENRIK SAMUEL: *Kleinere Schriften des Ibn al-'Arabi: nach Handschriften in Upsala und Berlin zum ersten Mal hrsg. und mit Einleitung und Kommentar versehen*, Leiden: Brill 1919.

OKTEN, ERTUĞRUL: *Jāmī (817-898/1414-1492): His Biography and Intellectual Influence in Herat*, Chicago: The University of Chicago 2007.

OSMAN, YAHYA: *Histoire et classification de l'oeuvre d'Ibn 'Arabi : étude critique*, Damaskus: Institut français de Damas / Centre National de la Recherche Scientifique 1964.

OSMAN, YAHYA: *Mu'allafāt Ibn 'Arabī tārīḫuhā wa-taṣnīfuhā*, Kairo: al-Hay'a al-miṣriyya al-ʿāma li-l-kitāb 2001.

PFEIFER, WOLFGANG: *Etymologisches Wörterbuch* (Online), 1993: Akademie-Verlag, http://www.dwds.de/.

PICKEN, GAVIN: *Ibn Ḥanbal and al-Muḥāsibī: A Study of Early Conflicting Scholarly Methodologies*, in: *Arabica*, Bd. 55, Brill 2008, S. 337–361.

PROFITLICH, MANFRED: *Die Terminologie Ibn „Arabīs im ‚Kitāb wasā'il as-sā'il" des Ibn Saudakīn; Text, Übersetzung und Analyse.*, Freiburg im Breisgau: K. Schwarz 1973.

PRYOR, AMINEH AMELIA: *Psychology in Sufism, Volume One*, San Rafael: International Association of Sufism 2000.

RADHAKRISHNAN, S.: *The Vedanta Philosophy and the Doctrine of Maya*, in: WESTON, BURNS UND FRANK THILLY (HRSG.): *International Journal of Ethics*, Bd. 24, Philadelphia 1914, S. 431–451.

RADTKE, BERND: *A Forerunner of Ibn al-'Arabî: Hakîm Tirmidhî on Sainthood*, in: *Journal of the Muhyiddin Ibn 'Arabi Society* 8 (1989), S. 42–49.

RAHMATI, FATEME: *Der Mensch als Spiegelbild Gottes in der Mystik Ibn 'Arabis*, Wiesbaden: Har-rassowitz 2007.

REICHMUTH, STEFAN: *The World of Murtada al-Zabidi*, Cambridge, U.K.: Gibb Memorial Trust 2009

RENARD, JOHN: *Historical dictionary of Sufism*, Lanham, Md.: Scarecrow Press 2005.

RENARD, JOHN: *Knowledge of God in classical Sufism: foundations of Islamic mystical theology*, New York: Paulist Press 2004.

RIZVI, SAJJAD: *Mysticism and philosophy: Ibn al-ʿArabī and Mullā Ṣadrā*, in: ADAMSON, PETER UND RICHARD C. TAYLOR (HRSG.): *The Cambridge Companion to Arabic Philosophy*, Cambridge: Cambridge University Press 2005, S. 224–246.

ROSENTHAL, FRANZ: *Ibn 'Arabī between ‚Philosophy' and ‚Mysticism': ‚Sūfism and Philosophy Are Neighbors and Visit Each Other'. fa-inna at-taṣawwuf wa-t-tafalsuf yatajāwarāni wa-yatazāwarāni*, in: *Oriens* 31 (1988), S. 1–35.

ROŠKER, JANA: *Epistemology in Chinese Philosophy*, in: ZALTA, EDWARD UND URI NODELMAN (HRSG.): *The Stanford Encyclopedia of Philosophy*, 2015.

EL-ROUAYHEB, KHALED: *Islamic Intellectual History in the Seventeenth Century: Scholarly Currents in the Ottoman Empire and the Maghreb*, New York: Cambridge University Press 2015

RUSSELL, BERTRAND: *Philosophie des Abendlandes*, übers. von Elisabeth Firscher-Wernecke und Ruth Gillischewski, Köln: Anaconda Verlag 2012.

AṢ-ṢĀDIQĪ, AHMAD: *Iškāliyyat al-ʿaql wa l-wuǧūd fī fikr Ibn ʿArabī*, Beirut: al-Madār al-islāmī 2010.

SĀLIM, ZAKĪ: *al-Ittiǧah an-naqdī ʿind Ibn al-ʿArabī*, Kairo: Maktabat at-taqāfa ad-diniyya 2006.

SAPORITI, KATIA: *Weshalb die Welt so ist, wie wir sie sehen - Berkleys These der Unfehlbarkeit unserer Wahrnehmung*, in: PERLER, DOMINIK UND MARKUS WILD (HRSG.): *Sehen und Be-greifen: Wahrnehmungstheorien in der frühen Neuzeit*, Berlin; New York: de Gruyter 2007, S. 265–286.

SCHULZE, REINHARD: *Das Islamische Achtzehnte Jahrhundert*, Die Welt des Islams 30/1 (1990), S. 140–159,

SCHULZE, REINHARD: *Was Ist die Islamische Aufklärung?*, Die Welt des Islams 36/3 (1996), S. 276–325.

SCHUMANN, HANS WOLFGANG: *Buddhismus: Stifter, Schulen und Systeme*, Düsseldorf; Zürich: Diederichs 2005.

SHAIKH, SA 'DIYYA: *Sufi Narratives of Intimacy: Ibn 'Arabi, Gender, and Sexuality*, Chapel Hill: Univ of North Carolina Pr 2012.

SHAKER, ANTHONY F.: *Thinking in the Language of Reality* (Kindle Ebook), Xlibris US 2015.

SHAMS, MOHAMMAD JAVAD UND FARZIN NEGAHBAN: *Bābā Rukn al-Dīn Shīrāzī*, in: MADELUNG, WILFERD UND FARHAD DAFTARY (HRSG.): *Encyclopaedia Islamica* (Online), Brill 2013, http://dx.doi.org/10.1163/1875-9831_isla_COM_0000009.

SHAMSUDDIN, SALAHUDDIN, MUHAMMAD SEMAN UND MUHAMMAD ZAKI ABD RAHMAN: *Fundamental Fictional Mediators: in the theory of Pantheism to Ibn Arabi and its relevance to the Western and Eastern Theories*, Saarbrücken: LAP LAMBERT Academic Publishing 2014.

SHIELDS, CHRISTOPHER: *Aristotle's Psychology*, in: ZALTA, EDWARD UND URI NODELMAN (HRSG.): *The Stanford Encyclopedia of Philosophy*, 2015.

SHIHADEH, AYMAN: *Sufism and Theology*, Edinburgh University Press 2007.

SMITH, WILFRED CANTWELL: *The Meaning and End of Religion*, Fortress Press 1963.

SPEVACK, AARON: *The Archetypal Sunni Scholar: Law, Theology, and Mysticism in the Synthesis of al-Bajuri*, New York: State University of New York Press 2015.

SPIEGELMAN, J. MARVIN: *Sufism Islam and Jungian Psychology*, Scottsdale, Ariz.: New Falcon Publications 1991.

STAVIG, GOPAL: *Ibn ‚Arabi's Influence in Muslim India*, in: *Journal of the Muhyiddin Ibn 'Arabi Society* 45 (2009), S. 121–132.

STROUMSA, SARAH UND SARA SVIRI: *The beginnings of mystical philosophy in al-Andalus: Ibn Masarra and his Epistle on contemplation*, in: *Jerusalem Studies in Arabic and Islam* (JSAI) 36 (2009), S. 316–349.

TAHRALI, MUSTAFA: *The Influence of Ibn Arabi on the Ottoman Era*, in: *Journal of The Muhyiddin Ibn 'Arabi Society* 26 (1999), S. 105–129.

TODD, RICHARD: *The Sufi Doctrine of Man: Sadr al-Din al-Qunawi's Metaphysical Anthropology*, Lam edition Aufl., Leiden: Brill 2014.

VAN ESS, JOSEF: *Die Erkenntnislehre des 'Adudaddin al-Ici*, Otto Harrassowitz Verlag 1966.

VAN ESS, JOSEF: *Ḥaydar-i Āmulī*, in: BEARMAN, P. UND TH. BIANQUIS (HRSG.): *Encyclopaedia of Islam, Second Edition* (Online), Brill 2012, http://dx.doi.org/10.1163/1573-3912_islam_SIM_8612.

VAN GELDER, GEERT JAN: *Heart*, in: MCAULIFFE, JANE DAMMEN (HRSG.): *The Encyclopaedia of the Qur'an*, Leiden: Brill 2001.

GARDET, LOUIS UND J.-C VADET: *„Kalb"*, in: BEARMAN, P., TH. BIANQUIS UND E. BOSWORTH (HRSG.): *Encyclopaedia of Islam*, Second Edition (Online Edition), Leiden: Brill 2014.

VAZQUEZ-PALUCH, DANIEL ANDRZEJ: *The Establishment of the Māliki School in Muslim Spain*, London: School of Oriental and African Studies (University of London) 2008.

WEBER-BROSAMER, BERNHARD UND DIETER M. BACK: *Die Philosophie der Leere: Nagarjunas Mu-lamadhyamaka-Karikas. Übersetzung des buddhistischen Basistextes mit kommentierenden Einführungen*, 2. Aufl., Wiesbaden: Harrassowitz, O 2006.

WENSINCK, ARENT JAN (Hrsg.): *al-Muʿǧam al-mufahras li-alfāẓ al-Ḥadīṯ*, Leiden: Brill 1936.

WILCOX, LYNN: *Sufism and Psychology*, Chicago: Abjad Book Designers & Builders 1995.

WINKEL, ERIC: *Time is not real: Time in Ibn 'Arabi, and from Parmenides (and Heraclitus) to Julian Barbour*, in: *Journal of The Muhyiddin Ibn 'Arabi Society* 51 (2012), S. 77–101.

WOLFSON, HARRY AUSTRYN: *The Philosophy of the Kalam*, Cambridge, Mass: Harvard University Press 1976.

YAZDĪ, MAHDĪ ḤĀ'IRĪ: *The Principles of Epistemology in Islamic Philosophy*: Knowledge by Presence, SUNY Press 1992.

ZARGAR, CYRUS ALI: *Sufi Aesthetics: Beauty, Love, and the Human Form in the Writings of Ibn 'Arabi and 'Iraqi*, Univ of South Carolina Press 2013.

ZĀYIR, ʿADIL ʿADBULĞABBĀR: *Muʿǧam alfāẓ al-ʿilm wa l-maʿrifa fī l-luġa*, Beirut: Maktabat lubnān 1997.

Koranübersetzungen

Der Koran (ÜBERS. HARTMUT BOBZIN), 1. Aufl., München: Verlag C.H. Beck 2010.

Der Koran (ÜBERS. LAZARUS GOLDSCHMIDT), Leipzig: Verlag Julius Kittls Nachfolger 1916.

Der Koran (ÜBERS. MILAD KARIMI), Freiburg, Br; Basel; Wien: Herder 2009.

Der Koran (ÜBERS. THEODOR KHOURY), Gütersloh: Gütersloher Verlagshaus 2007.

Der Koran (ÜBERS. RUDI PARET), 12. Aufl., Stuttgart: Kohlhammer 2014.

Der Koran (ÜBERS. FRIEDRICH RÜCKERT), Köln: Anaconda 2012.

Der Koran (ÜBERS. HANS ZIRKER), 4. überarbeitete Aufl., Darmstadt: Lambert Schneider 2013.

Index

A

ʿAbd al-Ǧabbār 97, 104, 105, 126, 134
ʿālam 94, 157, 194, 202
ʿalā mā huwa bihi 99
ʿaql 8, 13, 30, 32, 41, 79, 81, 128, 129, 131, 132, 133, 140, 162, 169, 170, 171, 172, 173, 174, **175**, 176, 185, 188, 190, 215, 221, 225, 227, 228, 229, 234, 236, 240, 241, 244, 246, 247, 248, 251, 291
al-ʿaql al-qābil 175, 227, 236
al-ʿaql an-naẓarī 174, 175, 227, 236, 241, 247,
antirational 212
awāʾil al-ʿaql 85, 196
Begriffsvermögen 13, 30, 32, 41, 79, 81, 128, 129, 131, 132, 133, 140, 162, 169, 170, 171, 172, 173, 174, ***175****, 176, 185, 188, 190, 215, 221, 225, 227, 228, 229, 234, 236, 240, 241, 244, 246, 247, 248, 251, 291*
intellektuell 302
rational 19, 21, 23, 26, 30, 38, 42, 103, 119, 129, 131, 142, 146, 171, 210, 213, 214, 217, 218, 219, 220, 251, 252, 260, 268, 282, 283, 285
ṭawr al-ʿaql 131, 185, 188
Verstand 106, 172 siehe auch Begriffsvermögen
ʿaqala 173, 227, 241
ʿayn 82
aʿyān al-mumkināt 124, 247
al-aʿyān aṯ-ṯābita 76, 78, 80, 82, 83, 84, ***85****, 86, 87, 88, 148, 151, 155, 166, 186, 187, 197, 202, 221, 247, 248, 262, 267, 285*
Abbildung 220
aḏ-Ḏahabī 48, 49, 50, 54, 55, 239
aġyār 85, 196
aḥadiyya 81, 143, 165, 262
āḫiriyya 262
aḥkām 28, 50, 85, 127, 282
ahl an-naẓar 156
Ähnlichkeit 74, 118, 200, 208, 211, 215, 217
Aktualisierung 151
al-Āmidī 17, 98, 99, 100, 101, 102, 107, 108, 127, 132, 134, 171
allā taʿayyun 81, 257
ʿamal 114, 172
ʿilm
al-ʿilm al-ilāhī 22, 269, 271
al-ʿilm al-ladunī 133, 137, 138, 139, 140, 277
Anfangslosigkeit 262
Auserkorene 111, 114, 130 225, 243
awaliyya 262
awāʾil al-ʿaql 175, 176
awwal at-taʿayyunāt 82
aʿyān 76, 78, 80, 82, 83, 84, 85, 86, 87, 88, 124, 125, 148, 151, 155, 166, 186, 187, 197, 202, 221, 247, 248, 262, 267, 285

B

al-Baġdādī 101, 102, 113
al-Bāǧūrī 278
al-Bāqillānī 59, 98, 99, 100, 105, 134
barzaḫ 194, 198
bāṭin 85, 116, 231, 240
al-Bāṭin 155
Begriffsvermögen 21, 24, 26, 31, 32, 41, 88, 104, 129, 130, 131, 133, 134, 135, 140, 147, 155, 160, 168, 169, 170, 171, 172, 173, 174, 175, 176, 177, 179, 180, 181, 182, 183, 184, 185, 186, 187, 190, 199, 200, 204, 205, 206, 207, 208, 209, 210, 211, 212, 213, 214, 215, 216, 217, 219, 220, 221, 222, 225, 227, 229, 234, 235, 236, 240, 241, 246, 247, 248, 249, 250, 251, 252, 256, 259, 260, 261, 264, 267,

270, 272, 273, 276, 282, 290, 291
Siehe ʿaql
Bewusstsein 78, 86, 87, 125, 154, 155, 157, 158, 159, 167, 168, 194, 200, 227, 228, 229, 236, 238, 239, 240, 246, 249, 262, 263, 294
Brust 168, 228, 230, 231, 232, 233, 234

D

dahša 115
ḏākira 170,
dalīl
dalāʾil 99, 255
Dasein 79, 82, 86, 87, 145, 147, 154, 157, 166, 167, 176, 186, 201, 204, 248, 291
das mentale Dasein 176
ḏawq 129, 254, 278, 292
Denken 25, 32, 38, 44, 46, 66, 114, 120, 122, 124, 125, 128, 134, 135, 141, 154, 155, 156, 171, 173, 174, 175, 176, 185, 186, 198, 199, 200, 203, 214, 221, 222, 241, 259
Dienerschaft 111, 112, 164, 165, 166
ḏikr 167
dīn 20, 21, 22, 23, 24, 25, 28, 62, 116, 117, 139, 160, 161, 217, 234, 235, 236, 246, 264, 289
Ding 78, 93, 95, 101, 102, 103, 121, 122, 123, 142, 146, 147, 148, 149, 199, 215, 257, 283, 284
Dinglichkeit 119, 199, 283

E

Ego 231, 232, 233
Einheit 81, 82, 84, 87, 119, 143, 154, 157, 158, 165, 166, 217, 239, 253, 261, 262, 263, 264, 265, 269, 274, 291
Einheitserfahrung 233
Einheitslehre 230
Einsheit 80, 142, 165, 262
Entifikation 78, 81, 82, 84, 85, 200, 201, 247, 257, 261, 262, 263, 265, 291, 295
Entität
die Entitäten der Kontingenten 297
Entitäten 76, 78, 80, 82, 83, 84, 85, 86, 87, 88, 89, 124, 125, 146, 148, 149, 151, 153, 155, 165, 166, 186, 187, 189, 197, 202, 206, 221, 234, 247, 248, 255, 257, 262, 265, 266, 267, 285
Erfahrung 30, 48, 95, 130, 132, 133, 136, 167, 176, 177, 183, 188, 204, 213, 221, 232, 233, 235, 236, 238, 242, 253, 259, 270, 278, 279, 282, 283, 294, 295
Erfassen 95, 96, 99, 100, 106, 120, 121, 126, 158, 181, 238
Erinnerung 167, 250
Erinnerungskraft 170, 171, 174, 176, 240
Erkenntnis 24, 41, 42, 44, 75, 81, 86, 91, 92, 93, 94, 96, 97, 99, 100, 107, 109, 110, 118, 125, 126, 130, 131, 142, 143, 144, 148, 150, 151, 155, 156, 158, 163, 165, 167, 168, 170, 179, 180, 185, 193, 201, 203, 206, 208, 210, 211, 214, 219, 220, 228, 230, 232, 236, 237, 238, 242, 244, 246, 248, 249, 253, 254, 255, 256, 257, 258, 261, 264, 265, 266, 267, 268, 269, 270, 274, 276, 277, 282, 283, 284, 285, 286, 289, 290, 291, 293, 294, 295
Erkenntnismittel 22, 29, 32, 33, 91, 103, 127, 128, 129, 131, 134, 135, 140, 141, 142, 147, 157, 158, 159, 168, 169, 170, 171, 174, 175, 185, 190, 212, 215, 216, 218, 226, 247, 252, 272, 290, 291, 292, 293, 295
Existenz 19, 21, 25, 28, 54, 78, 79, 80, 82, 84, 85, 87, 88, 89, 101, 102, 104, 111, 119, 133, 134, 142, 145, 156, 196, 200, 214, 256, 272, 283

F

Fantasie 170, 171, 178, 190, 205, 206, 207, 208, 209, 210, 211, 217, 291, 292
Fikh 21, 45, 47, 53, 54, 55, 56, 57, 61, 62, 116, 117, 127, 129, 133
fikr 48, 77, 79, 81, 93, 97, 127, 141, 160, 163, 170, 173, 174, 195, 225, 227, 272
Fiqh. Siehe Fikh
fiṭra 32, 160, 161, 162, 163, 164, 165, 166, 167, 168, 213, 222, 291
fuʾād 229, 230, 231, 232, 233, 241

G

al-Ğandī 66, 198, 252, 277
al-Ġazālī 17, 21, 24, 25, 28, 30, 49, 52, 53, 58, 59, 102, 104, 105, 106, 116, 117, 120, 126, 133, 139, 180, 182, 183, 196, 213, 227, 234, 235, 236, 237, 238, 239, 240, 278, 289, 290
al-Ğuwaynī, Imām al-Ḥaramayn 98
al-Ġaniyy 79, 80, 150, 180, 184, 248
ğahl 92, 96, 258
ğalāl 126, 127
ğamāl 126
Ğāmī 70, 83, 186, 264, 277
ğawhar 174
ġayb muṭlaq 197
Gegenwart 81, 83, 111, 145, 208
Geist 25, 119, 144, 153, 154, 159, 234, 239, 240
Gesandter. Siehe Auserkorene
Gewissheit 125, 126, 148, 214, 232, 282, 283
Gott 19, 22, 23, 24, 25, 26, 29, 30, 40, 75, 79, 81, 96, 97, 98, 103, 104, 105, 111, 112, 113, 114, 116, 124, 140, 141, 156, 162, 163, 167, 189, 214, 220, 222, 230, 240, 251, 253, 259, 264, 267, 277, 282, 291, 294, 295
Gotteserkenntnis 25, 131, 145, 179, 264, 267
göttliche Kunde. Siehe Theologie
Ğunayd 113, 115, 117, 228, 276

H

al-Ḥalabī, as-Samīn 94, 96, 97
al-ḥaqīqa al-kuliyya 143
al-ḥiss al-muštarak 170
ḥāl 149, 150, 244
  aḥwāl 98, 128, 129, 132, 149
al-Ḥaqq 75, 125
ḥadra 298
  ḥaḍrat al-aḥadiyya 81
ḥāfiẓa 170
ḥākim 183
ḥāl 85, 196
  aḥwāl 85, 196
ḥaqīqa 117, 143, 231, 237, 251, 276, 287, 295
ḥarakāt 149
ḫayāl 13, 169, 170, 190, 191, 192, 193, 194, 195, 196, 198, 199, 200, 201, 202, 203, 204, 206, 207, 208
hayba 115
ḥayra 115
Herz 33, 119, 132, 133, 155, 158, 162, 169, 174, 175, 225, 226, 227, 228, 229, 230, 231, 232, 233, 234, 235, 236, 237, 238, 239, 240, 241, 242, 243, 244, 245, 246, 247, 248, 250, 252, 253, 259, 262, 263, 270, 271, 278, 282, 285, 291, 292, 293, 295
ḥiğāb 207, 254, 255, 265
ḥulūl 282

I

al-iqrār bi-l-ʿubūdiyya 165
ʿilm 22, 24, 25, 26, 27, 28, 29, 31, 49, 92, 93, 94, 95, 96, 97, 98, 99, 101, 102, 104, 105, 109, 110, 112, 115, 116, 117, 119, 120, 123, 125, 126, 127, 128, 129,

131, 132, 133, 134, 136, 137, 138, 139, 140, 190, 212, 226, 241, 256, 260, 269, 271, 277, 282, 283, 289, 290, 291, 292, 295
al-ʿilm aḍ-ḍarūrī 134
al-ʿilm istidlālī 303
ʿal-ilm al-muktasab 303
ʿilm al-aḥwāl 128, 129, 132
ʿilm al-asrār 128, 131, 132
al-ʿilm al-badīhī 302
al-ʿilm al-muktasab 134, 140
al-ʿilm al-wahbī 133, 137, 139, 140
ʿilm al-yaqīn 283
ʿilm al-ʿaql 128, 129
al-ʿilm badīhī 302
al-ʿilm bi-llāh 25, 26, 29, 31, 212, 256, 260, 282, 283, 290, 291, 292, 295
ʿilm ḍarūrī 302
ʿilm al-kalām 22, 24, 25, 27, 97, 98, 105, 136. Siehe auch Theologie
Ibn al-ʿArīf 44, 48, 49, 50, 51
Ibn At-Tilmisānī 311
Ibn Barraǧān 48, 49, 50, 51
Ibn Fūrak 59, 97, 98, 99, 102
Ibn Ḥazm 49, 56, 103
Ibn Sawdakīn 33, 44, 65
idrāk 99, 120, 121
iḥsān 22, 114, 117
iḥtiǧāb 254
ilāh 214
Imagination 13, 26, 32, 36, 37, 38, 41, 80, 87, 89, 105, 110, 119, 122, 147, 158, 169, 170, 171, 176, 177, 178, 184, 190, 192, 193, 194, 195, 196, 197, 200, 201, 202, 203, 204, 205, 206, 207, 208, 209, 212, 214, 216, 217, 220, 221, 238, 241, 249, 251, 252, 256, 259, 290, 291, 292, 293
īmān 22
Implikationen 20, 63, 82, 85, 86, 88, 98, 111, 121, 138, 172, 190, 216, 218, 241, 247, 248, 281, 282, 294
Inkarnation 282
Innerste 228
išāra 148
islām 22, 30, 230, 239, 278
iʿtiqād 102

K

al-Kalābāḏī 110, 111, 115, 234
kašf 121, 125, 133, 136, 148, 155, 220, 254, 258, 259, 268, 271, 292
Konkretisierung 88, 241, 249, 263, 265, 283
kufr 126, 163, 267
Kultivierung 250, 276
Kunde
göttliche Kunde 19, 21, 22, 23, 26, 29, 41, 112, 113, 114, 117, 125, 132, 133, 137, 139, 167, 169, 180, 188, 191, 197, 202, 208, 209, 214, 219, 220, 221, 222, 239, 243, 245, 253, 260, 261, 270, 271, 275, 276, 291, 292, 295

L

laṭīfa 119, 153, 154, 155, 158, 241
lā yudrak 121
lubb 229, 230, 231, 232, 233, 241

M

al-Muḥāsibī 24, 52, 116, 117, 226, 227
al-Muḥīṭ 80
māhiyāt 143
maḥsūsāt 146
Manifestation 26, 149, 150, 151, 187, 197, 202, 203, 243, 245, 247, 248, 257, 265, 269, 278, 279, 280, 281, 282, 285, 286, 294
maqām 110, 244
maqāṣid 23, 108, 109, 149
marātib 79, 81
maṭālib kuliyya 299
mawǧūdāt 78, 80, 122, 123, 125, 151, 164

mawhūb 127
maẓāhir 82
maʿdūm 102, 199
maʿdūm al-mustaḥīl 102
maʿlūm 99, 101, 119, 121
maʿlūmāt 120, 142
maʿqūl 146
maʿqūlāt 146
maʿrifa 41, 42, 63, 93, 94, 95, 96, 97, 99, 109, 110, 111, 112, 113, 114, 115, 116, 117, 120, 125, 126, 146, 150, 157, 159, 230, 258, 289
maʿrifat allāh 25
Mensch 30, 34, 35, 40, 41, 61, 124, 126, 131, 136, 142, 144, 145, 147, 148, 149, 153, 155, 157, 161, 162, 163, 164, 165, 168, 170, 174, 179, 186, 188, 190, 191, 197, 199, 202, 203, 204, 205, 209, 213, 218, 220, 221, 222, 223, 233, 235, 240, 242, 245, 248, 249, 258, 262, 263, 274, 278, 279, 280, 285, 286, 291
Metaphysik 23, 63, 214, 219, 289
metaphysisch 61, 220, 235
min ḥayṯ huwa huwa 79
miṯāq 85, 162, 163, 196
Modalität 80, 218
mufakkira 170
Muḥīṭ 80
mukāšafa 235, 289
muktasab 127, 134, 140
mušāhada 232
muṣawwira 170
mutaḫayyalāt 146
mutakallimūn 17, 23, 24, 29, 59, 74, 100, 101, 115, 118, 119, 136, 163, 171, 214, 220, 222, 229, 252, 259, 289
muṭlaq 79, 197, 200, 201, 257

N

an-Nābulusī 68, 73, 79, 150, 180, 184, 200, 248, 251, 252, 277
an-nisab al-ilāhiya 149
nafs 45, 156, 157, 234, 239, 240
naqlī 21
naẓar 24, 104, 126, 156, 174
nisab 81, 124, 143, 149, 257, 282
Normenlehre 57, 61, 63, 65, 75, 212

P

Pfad 117, 140, 148, 277
Philosophie 17, 18, 19, 23, 29, 30, 34, 35, 36, 49, 57, 58, 59, 65, 66, 74, 76, 98, 110, 114, 129, 159, 172, 178, 185, 195, 198, 200, 201, 203, 238, 289
Philosophen 29, 39, 57, 58, 59, 66, 74, 92, 108, 118, 155, 156, 171, 179, 180, 195, 214, 220, 222, 229, 254, 259, 268, 289
Praxis 116, 123, 124, 125, 290
Prophet. Siehe der Auserkorene
Prophetentum 25, 132

Q

al-Qāšānī 66, 69, 75, 77, 78, 81, 84, 119, 143, 154, 206, 210, 211, 247, 264, 277, 281
al-Qayṣarī 66, 67, 68, 69, 77, 80, 81, 82, 154, 202, 248, 252, 262, 277
al-Qūnawī 17, 33, 65, 66, 69, 71, 84, 86, 120, 121, 122, 254, 261, 266, 267
al-Qušayrī 53, 110, 111, 113, 114, 115, 117, 226, 234, 276
qadīm 214, 218
qalb 13, 225, 226, 228, 229, 230, 231, 232, 234, 238, 239, 240, 241, 242, 246, 248

R

ar-Rāzī 17, 22, 24, 58, 59, 97, 98, 99, 100, 101, 104, 105, 106, 107, 108, 120, 128, 163, 171, 213, 290

Ramadān Efendi 109, 135, 169
Realisation 254, 281, 285, 292
Reflektieren 23, 95, 119, 129, 131, 132, 134, 173, 174, 175, 188, 215, 222, 241, 268, 282
Relationen 33, 79, 81, 82, 121, 124, 144, 146, 147, 149, 153, 154, 186, 219, 234, 255, 257, 258, 279, 282
die göttlichen Relationen 124
risāla 29, 93, 100, 104, 112, 161, 178
rubūbiyya 163, 165
rūḥ 119, 159, 234, 239, 240

S

aš-šahāda bi r-rubūbiyya 300
aš-Ša'rānī 48, 73
aš-Šīrāzī 21
Quṭb ad-Dīn aš-Šīrāzī 21, 69
Das Selbst 32, 107, 153, 156, 157, 159, 170, 174, 197, 208, 231, 239, 258, 262, 264, 265, 269, 291, 295
ṣadr 228, 229, 230, 231, 232, 241
šay' 101, 102, 103, 199, 283
aš-šay'iyya 301
šay'iyya wuǧūdīyya 199
šay' wuǧūdī 199
Scharia
šarā'i' 149
Schauplätze 82
Schleier 143, 167, 207, 232, 236, 237, 243, 254, 255, 256, 257, 258, 263, 264, 265, 274, 285, 293
Seele 126, 140, 144, 155, 157, 213, 234, 239, 240
Sein 30, 65, 70, 77, 78, 79, 80, 81, 82, 86, 88, 97, 122, 142, 144, 154, 155, 156, 157, 158, 159, 166, 167, 168, 194, 198, 201, 207, 219, 220, 233, 235, 246, 247, 261, 263, 266, 282
Sinne 134, 135, 146, 153, 158, 159, 170, 176, 177, 178, 179, 180, 183, 204, 208, 211, 215, 233, 248, 249, 259, 273, 274, 279, 283
sirr 131, 228, 241, 284
Spiegelbild 34, 35, 40, 41, 149, 193, 194, 203
Staunen 115, 121
sulūk 45, 69, 125
ṣuwar 165, 202, 247

T

at-taḥaqquq al-ḫāriǧī 104
at-Tilmisānī 49, 66, 99, 102, 103, 110, 186, 211, 277
at-Tirmiḏī 53, 55, 165, 166, 229, 230, 231, 232, 233, 234, 239, 240, 246
at-Turka 84, 186, 251, 264, 277
taǧaddud 151
taǧallī 76, 79, 82, 83, 84, 89, 126, 256, 282, 286
at-taǧallī al-'irfānī 83
taǧaliyyāt 149, 197, 203
taǧallī aš-šuhūdī 83
taḥqīq 86, 254, 261, 266, 267, 270, 281, 284, 285, 292
tahwḥīd 230
tanawwu' 151
tanazzul 241, 249
tanzīh 208, 213, 250, 269, 291, 292
ṭarīqa 117, 231, 237
tašbīh 208, 291
Tāškubrīzādah 21, 23
tawaǧǧuwāt 149
tazkiyya 250
ta'ayyun 78, 81, 84, 200, 257
awwal at-ta'ayyunāt 82
ta'rīf at-tanbīhī 121
Theologie 13, 17, 20, 21, 22, 23, 24, 25, 26, 27, 28, 29, 30, 31, 32, 33, 34, 37, 38, 41, 42, 47, 54, 59, 63, 64, 70, 71, 74, 76, 77, 80, 91, 94, 97, 124, 127, 133, 160, 169, 171, 172, 188, 189, 190,

201, 209, 212, 213, 214, 221, 254, 256, 259, 260, 269, 270, 271, 282, 283, 291, 294, 295
al-ʿulūm ad-dīniyya 21
al-ʿulūm aš-šarʿiyya 21

U

ʾuns 115
ʿubūdiyya 303
Undefinierbarkeit 81, 106, 120, 257
Unvergleichbarkeit 208, 211, 213, 250, 269, 292
Urvertrag 162, 163, 164
uṣūl ad-dīn 22, 23, 25, 28, 62

V

Vermögen 62, 145, 154, 173, 175, 176, 177, 179, 181, 182, 183, 203, 211, 214, 216, 221, 222
Vernunft. Siehe ʿaql
Verschleierung 243, 245, 254, 274
Verstand. Siehe ʿaql
Vertrautheit 115
Verwirrung 115, 121, 206, 296

W

wāḥidiyya 142, 165, 262
wahm 78, 170, 205, 206, 207, 208
waḥy 21, 22, 23, 29, 41, 112, 113, 114, 117, 125, 133, 137, 139, 167, 180, 188, 191, 208, 209, 214, 219, 220, 221, 222, 239, 243, 260, 261, 270, 271, 275, 276, 291, 292, 295
waqt 111
Weisheit 272, 284, 285
Welt 18, 29, 31, 40, 44, 47, 63, 73, 80, 83, 84, 86, 88, 89, 94, 116, 124, 125, 136, 143, 144, 145, 149, 155, 156, 157, 158, 159, 161, 162, 163, 164, 168, 179, 184, 186, 187, 189, 195, 196, 197, 198, 199, 200, 201, 202, 203, 204, 216, 217, 221, 222, 231, 232, 236, 238, 239, 240, 247, 248, 255, 256, 258, 261, 262, 263, 264, 265, 267, 275, 279, 280, 281, 282, 283, 284, 285, 286, 287, 295, 296
Wesenheit 106, 142, 153, 166, 174, 222, 227, 243, 282
Wissen 17, 19, 23, 25, 26, 28, 29, 30, 31, 32, 45, 46, 52, 56, 58, 59, 78, 82, 83, 84, 85, 87, 88, 91, 92, 93, 94, 95, 96, 97, 98, 99, 100, 101, 102, 103, 104, 105, 106, 107, 108, 109, 112, 113, 115, 116, 117, 118, 119, 120, 121, 122, 123, 124, 125, 126, 127, 128, 129, 130, 131, 132, 134, 135, 136, 137, 138, 139, 140, 141, 142, 145, 146, 147, 148, 149, 151, 153, 156, 159, 160, 162, 163, 164, 165, 166, 167, 168, 175, 182, 187, 189, 197, 198, 201, 203, 204, 207, 208, 213, 215, 216, 217, 218, 219, 220, 221, 222, 223, 235, 236, 238, 241, 244, 246, 247, 250, 253, 258, 259, 260, 261, 265, 266, 267, 269, 270, 271, 272, 273, 274, 275, 276, 277, 278, 281, 282, 283, 284, 285, 286, 287, 289, 290, 291, 292, 293, 294, 295
Wissensgegenstand 91, 132, 142, 145, 146, 147, 153, 173, 174, 176, 185, 186, 206, 207, 208, 210, 211, 215, 217, 236, 255, 256, 259, 266, 273, 274, 286, 295
Wissensgegenstände 91, 132, 142, 145, 146, 147, 153, 173, 174, 176, 185, 186, 206, 207, 208, 210, 211, 215, 217, 236, 255, 256, 259, 266, 273, 274, 286, 295
wuǧūd 26, 76, 77, 78, 79, 80, 81, 82, 83, 84, 85, 86, 87, 88, 89, 122, 123, 125, 133, 142, 147, 149, 151, 154, 155, 158, 165, 166, 167, 170, 176, 179, 184, 186, 189, 193, 194, 195, 196, 197, 198, 200, 201, 202, 209, 213, 214, 216, 221,

245, 246, 247, 248, 249, 253, 255, 257, 261, 262, 263, 265, 266, 268, 269, 270, 274, 277, 278, 279, 281, 282, 283, 284, 291, 293, 294, 295
al-wuǧūd aḏ-ḏihnī 176
wāǧib al-wuǧūd 213
wuǧūd al-mutlaq 142
wusʿ al-ilāhī 247

Y

yaqīn 63, 126, 181, 282, 283
Yazicioğlu 314

Z

al-azmān 297
aẓ-ẓann 127, 128
ẓāhir 85, 116, 240
aẓ-Ẓāhir 155
ẓuhūr aḏ-ḏāt nafsihā li-nafsihā 84

Notizen

www.ingramcontent.com/pod-product-compliance
Lightning Source LLC
Chambersburg PA
CBHW080408300426
44113CB00015B/2435
* 9 7 8 3 9 8 1 7 5 5 1 3 8 *